Die Implikationen und Korrelationen Politischer Bildung und Regionaler Identität von Jugendlichen in Wales und Baden-Württemberg

von Alexander C. Böhm

Philosophische Dissertation
angenommen von der Neuphilologischen Fakultät
der Universität Tübingen

am 21. Dezember 2006

Tübingen
2006

Bibliografische Information der Deutschen Nationalbibliothek

Die Deutsche Nationalbibliothek verzeichnet diese Publikation in der
Deutschen Nationalbibliografie; detaillierte bibliografische Daten sind
im Internet über http://dnb.d-nb.de abrufbar.

ISBN 978-3-8325-1470-9

Logos Verlag Berlin
Comeniushof, Gubener Str. 47,
10243 Berlin
Tel.: +49 030 42 85 10 90
Fax: +49 030 42 85 10 92
INTERNET: http://www.logos-verlag.de

Gedruckt mit Genehmigung der Neuphilologischen Fakultät
der Universität Tübingen

Hauptberichterstatter: Prof. Christopher Harvie, Ph.D.

Mitberichterstatter: Prof. Dr. Logie Barrow

Dekan: Prof. Dr. Joachim Knape

Inhalt

THEORIE

EMPIRIE

STATISTIK

ANHANG

Vorwort

Knapp drei Jahre sind vergangen seit ich die Forschungen für diese Arbeit aufgenommen habe. Während des ersten Jahres las ich mich in die themenspezifische landeskundliche und wissenschaftliche Materie ein und isolierte Forschungslücken, um meine Forschungsziele diesen entsprechend zu definieren bzw. zu präzisieren. Das zweite Jahr über beschäftigte ich mich mit aller empirischen Materie, erlernte den Umgang mit SPSS und erweiterte meine Kenntnisse über die empirische Sozialwissenschaft. Das Design der zu Beginn des Statistikteils eingebetteten Fragebögen war in diesem zweiten Jahr ein erster Schritt. Darauf folgte der zu Beginn des Empirieteils dargestellte zeitintensive Datengewinnungsvorgang durch schulische Workshops an walisischen und baden-württembergischen Schulen, in dessen Folge in einem dritten Schritt die gesammelten Daten elektronisch verarbeitet wurden. Im dritten und für mich spannendsten Jahr schließlich fügte sich (trotz der Fußball-Weltmeisterschaft in Deutschland!) durch die Auswertung und Interpretation der gewonnenen Daten und durch die Anwendung aller zuvor vorbereiteten wissenschaftlichen Thesen und Theorien, ein landeskundlich-sozialwissenschaftliches Puzzle zusammen, welches im empirischen Teil dieser Arbeit zusammengefasst ist. Insbesondere dieser Teil der Arbeit sollte ebenso interessante wie auch in Teilen überraschende Ergebnisse, und zuletzt ein Gesamtbild der politischen Bildung und regionalen Identität von Jugendlichen in Wales und Baden-Württemberg präsentieren.

Bei der Artikulation meiner Ergebnisse habe ich eine in heutigen wissenschaftlichen Werken zunehmend anzutreffende politisch korrekte linguistische Geschlechtertrennung nicht vorgenommen. Das weibliche Geschlecht möge mir verzeihen, dass ich den Umfang der Arbeit und die Geduld der Leser nicht durch die platz- und zeitraubende, fortlaufende explizite Erwähnung beider Geschlechter überstrapaziert habe. Diesem Vorgehen liegen selbstverständlich keine Diskriminierungsgedanken zugrunde.

Mein besonderer Dank geht zu aller erst an meinen Doktorvater Prof. Chris Harvie, ohne den diese Arbeit sicherlich nicht zustande gekommen wäre. Chris Harvie ist nicht nur ein äußerst weiser und vielseitiger Mensch, sein Humor sowie seine Großzügigkeit und seine faszinierend unkonventionelle Art sind und bleiben für mich nicht nur an der Universität Tübingen unerreicht. Jedem, der wissen möchte, was es bedeutet sprichwörtlich über den Tellerrand schauen zu können, möchte ich gerne raten, die Bekanntschaft mit Chris Harvie zu machen. In den drei Jahren, in denen ich mit ihm zusammenarbeiten durfte, habe ich weit mehr als wissenschaftliches Fach- und Spezialwissen vermittelt bekommen und ich hoffe, dass ich meiner-

8

seits einiges von Chris' zuvorderst sozial und ökologisch geprägtem Verhalten verinnerlicht habe und weitergeben kann.

Mein Dank gilt darüber hinaus meiner während des Verfassens dieser Dissertation verstorbenen Großmutter. Sie zeigte sich stets sehr interessiert an meiner Arbeit und wies mich mit ihren klugen Fragen so manches Mal auf wichtige Aspekte der Untersuchungen hin. Eines der letzten Zusammenkünfte mit ihr durfte ich im Frühjahr 2005 erleben als ich einen Workshop in einer Schule ihrer Heimatstadt veranstaltet hatte und sie im Anschluss daran besuchte. Ihre aufrichtige Freude über eine frische Butterbrezel, die ich ihr aus Tübingen mitgebracht hatte, wird mir in ewiger Erinnerung bleiben.

Für weitere wertvolle Diskussionen, welche in diese Arbeit eingeflossen sind, danke ich ferner der schlauen Larissa Auwärter, Steffen Barner, meiner ehemaligen Lehrerin Helga Bertsch-Messerschmied, Ingrid und Reinhard Beyer, Giselle Bosse und dem ganzen Aberystwyth-Team um Richard Wyn Jones und Roger Scully, der politisch und menschlich herausragenden Ursula Kurthen mit ihrer Tochter Cordula Kurthen sowie Kateřina Rynešová.

Viele Ideen und Gedanken wurden in den von Chris Harvie und Paddy Bort initiierten und von meiner Kollegin Christine Frasch und mir mitorganisierten jährlichen Freudenstadt Kolloquien vorgetragen und diskutiert. Dafür danke ich neben den Organisatoren insbesondere den Teilnehmern Logie Barrow, Noel Spare, John Osmond, Dafydd Wigley, Hans Gustav Klaus, Cicely Havely und Theo Lippold.

Mein Dank geht ferner an Wales im Allgemeinen sowie im Besonderen nach Troedyrhiw, Merthyr Tydfil an meine ehemalige Chefin Tanya Davies, *Head of the German Department* in der *Afon Taf High School*, und an ihre Kollegen Glynis Jervis, mit der mich eine inzwischen über zwölfjährige enge Freundschaft verbindet, sowie an den politisch engagierten Walisischlehrer Les Davies, der mir freundlicherweise die Fragebögen ins Walisische übersetzt hat.

Gerne hätte ich auch den kooperativen Schulleitern und Lehrern der besuchten Schulen namentlich gedankt. Da dies jedoch der von uns ihnen zugesagten Anonymisierung aller gewonnenen Daten zuwider laufen würde, mögen sich die betroffenen Personen hier auch ohne namentliche Erwähnung eingeschlossen fühlen.

Schließlich danke ich denen, ohne deren Rückhalt und Unterstützung sicherlich kein einziges Wort seinen Weg aufs Papier gefunden hätte. Mein tiefster Dank gilt meiner Familie.

Tübingen im November 2006
Alexander C. Böhm

Meinen Eltern
in Liebe und Dankbarkeit

THEORIE

„Nicht ohne Grund ist gesagt worden: Nichts ist eitler, als vieles zu wissen und zu lernen, das keinen Nutzen bringen kann. Nicht wer viel, sondern wer Nützliches weiß, der ist weise."

Johann Amos Comenius[1]

[1] Comenius, Johann Amos *Große Didaktik*

I. Politische Bildung und Regionale Identität

Nahezu alle demokratischen Staaten der zunehmend globalisierten Welt haben sich heute mit komplexen Fragen über das Ausmaß und die Ausgestaltung ihrer Bildungsanstrengungen, sowie über die Zielvorgaben für ihre Bildung auseinander zu setzen. Nicht zuletzt durch die PISA-, IGLU- und Shell-Studien der vergangenen Jahre ist die dringende Notwendigkeit, die ständig neuen systemischen und inhaltlichen Bildungsherausforderungen anzunehmen und auch offensiv Lösungen für die meist kulturwandelbedingten Probleme zu finden, omnipräsent. Bildung ist und bleibt wichtigstes und wertvollstes Gut – insbesondere dann, wenn sich ein Staat ohne nennenswerte Rohstoffe in einer globalisierten Welt behaupten muss.

Folglich sind die allgemeinen Forderungen an staatliche Bildung ausgesprochen zahlreich: Sie soll Kinder und Jugendliche in möglichst vielen Disziplinen umfassend bilden, dabei aber nicht die menschlichen Individuen, die jungen Einzelschicksale aus den Augen verlieren; soll bilden aber nicht drillen, fördern aber nicht überfordern. Diese an sich schon komplexe Heterogenität potenziert sich durch weitaus variablere, oftmals divergierende interessenspezifische Forderungen an die Bildung: Während etwa Großkonzerne immer jüngere, lückenlos im Ingenieurwesen oder der Jurisprudenz ausgebildete, hoch motivierte und idealerweise prädikatsexaminierte billige Arbeitskräfte möglichst im Praktikanteneinsatz fordern,[2] verlangt das Gesundheitswesen nach bedingungslos bereitstehenden Ärzten und Schwestern, günstigsterweise ohne bindende und lediglich ablenkende Familien, jedoch selbstverständlich gut ausgebildet, noch besser im zwischenmenschlichen Umgang. Und während manche Eltern die staatliche Bildung als Kompensation oder gar Ersatz für ihre eigene insuffiziente Erziehung betrachten, möchte der demokratische Staat im Sinne des Allgemeinwohls durch seine *politische* Bildung mündige, demokratisch denkende und ebenso agierende Menschen erziehen.

Die grundsätzliche Notwendigkeit der Erfüllung dieser letzten Forderung an die politische Bildung ist unumstritten. So belegen alle relevanten Studien in allgemeiner Deutlichkeit, dass die Qualität politischer Bildung eine Schlüsselrolle nicht nur für die individuellen Lebenschancen von Jugendlichen, sondern auch für die Ausbildung eines demokratischen Verhaltens

---

[2] Der Terminus der *Generation Praktikum* wird in der Presse vielfältig problematisiert und findet sich bereits als Homepage unter www.generation-praktikum.de im Internet. Selbst eine Petition an den Deutschen Bundestag mit der Forderung nach einem Ende der Ausbeutung junger Arbeitskräfte und ca. 45.000 Unterzeichnern wurde von Désirée Grebel eingereicht (vgl. http://www.spiegel.de/unispiegel/jobundberuf/0,1518,420295,00.html am 09.09.06). Eine Google Suche am 09.09.06 ergab für das Stichwort ‚Generation Praktikum' insgesamt über 219.000 Treffer. (vgl. zu dieser Thematik beispielsweise die Süddeutsche Zeitung unter http://www.sueddeutsche.de/,tt4m2/jobkarriere/berufstudium/artikel/961/78883/ am 26.06.06 mit ihrem Artikel „Gesucht: Der junge spezialisierte Generalist mit Erfahrung", den *Spiegel* unter http://www.spiegel.de/unispiegel/jobundberuf/0,1518,435861,00.html am 09.09.06, die *Zeit* unter http://www.zeit.de/2005/14/Titel_2fPraktikant_14 am 09.09.06 oder Wikipedia unter http://de.wikipedia.org/wiki/Generation_Praktikum am 09.09.06)

14

eines Volkes einnimmt. Paradebeispiel für erfolgreiche politische Bildung ist die „rasche Ausbreitung von demokratischen Einstellungen (…) sowie die sogenannte ‚Partizipatorische Revolution'"[3] im bundesdeutschen Demokratisierungsprozess der Nachkriegsgeschichte. Dieser Demokratisierungsprozess, der sich auch an stetig steigenden Akzeptanzwerten des Deutschen Bundestages, des Föderalismus oder des deutschen Rechtssystems ablesen lässt, verdankt sein Wirken zu einem nicht unerheblichen Teil der politischen Bildung.

Diese durchaus beachtlichen Erfolge der politischen Bildung sind jedoch Teil der Geschichte. Jüngeren Forschungen aus Deutschland zufolge ziehen aktuell neben einem raschen Kulturwandel auch die zunehmenden Defizite der formalen politischen Bildung ein geringes politisches und geringes soziales Engagement nach sich, welches seinerseits wiederum zu geringer politischer Toleranz führt, deren Folgen beispielsweise politische Apathie, Protestverhalten, Fremdenfeindlichkeit, Extremismus sowie Anfälligkeit für nichtdemokratische Parteien sind.[4] Diese Forschungen werden auch von Studien über deutschen politischen Radikalismus, insbesondere über Rechtsradikalismus belegt: Vor allem Jugendliche, deren Lebensplanung durch Schwierigkeiten in der Ausbildung und bei der Berufsfindung behindert oder verbaut wird, neigen zu radikalem, oft undemokratischem Verhalten.[5]

Auch ein Blick aus Deutschland hinaus auf die westeuropäische Realität bestätigt, dass insbesondere die aktuellen staatlichen Anstrengungen um eine adäquate politische Bildung nicht unbedingt von Erfolg gekrönt sind. So verzeichnen heute praktisch alle westeuropäischen Staaten ein mitunter erschreckend niedriges Partizipationsniveau bei Wahlen sowie bei der ehrenamtlichen politischen Tätigkeit Einzelner. Letztere umfasst nicht nur einen deutlichen Rückgang der Mitgliederzahlen von (insbesondere Volks-) Parteien, sondern auch und gerade einen Mangel an demokratischer Bereitschaft, die politische Willensbildung durch Parteienengagement, Eigeninitiativen oder Demonstrationen zu beeinflussen. Erschreckend ausgeprägt ist dieses Phänomen unter Jugendlichen. Obgleich einige Untersuchungen wie die Shell Studien darauf hinweisen, dass von einem generellen Desinteresse der Jugendlichen an der Politik keine Rede sein kann,[6] ist deren politische Partizipation unterdurchschnittlich und von 1991 bis 2002 kontinuierlich gesunken.[7] Neben diesen Phänomenen sind wachsende Into-

---

[3] Greiffenhagen, Sylvia (2002), S. 56
[4] vgl. Greiffenhagen, Sylvia (2002), S. 56
[5] vgl. Schneider, Reinhart (1992) in Nohlen (Hrsg.), S. 68
[6] Immerhin engagieren sich Jugendliche zunehmend in Interessengruppen für Umweltschutz, sowie auch in politischen Gemeinschaften gegen die Globalisierung und Ausbeutung der Dritten Welt. Außerdem konnte der Verfasser, nebenberuflich als freiberuflicher Unterhaltungskünstler tätig, in einer von ihm organisierten Veranstaltung für Jugendliche, welche alle Tübinger Kandidaten für die dortige Oberbürgermeisterwahl vorstellte, ein ausgesprochen reges Interesse der Jugendlichen für die Politik erkennen. (vgl. http://www.inventertain.de/highfidelity_events_highfidelitygoespolitics.htm, Zugriff am 17. Okt. 2006)
[7] vgl. Burdewick, Ingrid (2003), S. 19ff.

leranz und Rassismus gegenüber andersartigen Menschen, Völkern, Rassen und Religionen, sowie die Entfremdung und Marginalisierung zahlreicher oft arbeitsloser Jugendlicher von Politik, Demokratie und Gesellschaft alarmierende direkte Folgen von sich verändernden europäischen Gesellschaften, deren politische Bildung möglicherweise unzureichend auf einen rasanten Struktur- und Kulturwandel vorbereitet ist oder aber nicht angemessen auf deren gesellschaftlichen Auswirkungen reagiert.[8] Als aktuelles Beispiel für diese Problemkonstellation dürfte auch das Versagen der staatlichen politischen Bildung im Falle der als in der westlichen demokratischen Gesellschaft integriert geglaubten jungen Attentäter des 7. Juli 2005 in London stehen. Es darf angenommen werden, dass eine defizitäre staatsbürgerliche Erziehung die Radikalität der moslemischen Mitbürger wenigstens begünstigt haben dürfte. Betrachtet man unter all diesen Gesichtspunkten die politische Bildung eines demokratischen Staats als unverzichtbares Element eines demokratischen Gesamtkonstrukts mit staatstragender Wirkung, wird deutlich, dass Antworten auf die angedeuteten Fragen dringender denn je benötigt werden.

Education, Education, Education! lautete im Wahlkampf zu den Unterhauswahlen von 1997 Tony Blairs politische und immerhin für seinen Wahlsieg erfolgreiche Antwort auch auf diese Problemkonstellation. Ebenso erkannte sein damaliges deutsches Pendant Gerhard Schröder die (politische) Bedeutung von allgemeiner Bildung für seinen Wahlkampf von 1998. Indem er mit Blick auf die jugendliche und studentische Wählerschaft versprach, Studiengebühren in den Ländern durch ein Bundeshochschulrahmengesetz zu verbieten, um dadurch auch unteren Einkommensschichten einen gerechten Zugang zu den Hochschulen zu ermöglichen, sicherte auch er sich Sympathien und schließlich den Wahlsieg für sich und seine Partei. Obgleich beide in erster Linie politisches Kapital für ihren Wahlkampf aus der Bildung geschlagen haben, haben sie wohl doch auch erkannt, dass die allgemeine Bildung eine der zentralsten Ressourcen für die individuellen Lebenschancen von Menschen und gleichzeitig das wichtigste Kapital eines Staates, welches er fördern und sich zunutze machen kann, darstellt.

---

[8] Folgt man dem output-orientierten überwiegend anglo-amerikanischen Demokratie- und Politikverständnis, so spielen die hier angesprochenen input-Faktoren keine herausragende Rolle für das Funktionieren einer Demokratie. Entscheidend wäre demzufolge nicht die Herrschaft *durch das Volk* (die durch eine input-orientierte Perspektive betont wird), sondern die Herrschaft *für das Volk* (vgl. Scharpf, Fritz (1999) *Regieren in Europa*. Frankfurt am Main: Max-Planck-Institut für Gesellschaftsforschung Working Paper 05/1, S. 16-27), welche durch die staatlichen Gewalten und eine funktionierende Bürokratie gewährleistet ist. Ralf Dahrendorf vertritt diesbezüglich die Ansicht, dass in demokratischen pluralistischen Gesellschaften die Nichtteilnahme einzelner nicht nur tragbar, sondern geradezu wünschenswert sei.

16

Doch leider beschreiben diese beiden Beispiele lediglich einen oberflächlichen politischen Umgang mit komplexen Sachzusammenhängen, denen sich beide Politiker weit weniger enthusiastisch angenommen haben, als es ihre Wahlkampfreden hätten erwarten lassen. Während sich Tony Blairs Politik im Wesentlichen darauf beschränkte, zusätzliche staatliche Gelder nach einem mit Leistungsanreizen versehenen Gießkannenprinzip unter bzw. über den britischen Schulen zu verteilen, sah Gerhard Schröder seine Mission durch die angekündigte Festschreibung eines bald schon vom Bundesverfassungsgericht als unzulässig erklärten Studiengebührenverbots in einem Hochschulrahmensgesetz[9] als erfüllt an.

Schaut man jedoch hinter die Fassade von hochglanzpolierten Wahlkampfreden und politisch motivierten Versprechungen, offenbart sich die politische Realität als hochgradig komplexes Spannungsfeld von Partikularinteressen, welches im Falle Deutschlands von föderalstaatlichen Strukturen noch erheblich verstärkt wird. Denn obgleich die Bedeutung einer hochwertigen, effizienten und gerechten allgemeinen Bildung einerseits unumstritten anerkannt wird, eskalieren derweil andererseits selbst einfache politische Auseinandersetzungen darüber, welcher Weg der richtige für eine Verbesserung der allgemeinen staatlichen Bildung sein kann. Symptomatisch hierfür ist etwa der Streit zwischen Anhängern von mehrgliedrigen Schulsystemen und einer Gesamtschule: Sollen Schüler individuell nach ihren Möglichkeiten in mehrgliedrigen Schulsystemen gefördert werden, oder stellen diese eine ungerechte und prägende Kategorisierung dar, die nur im Klassenverbund einer Gesamtschule überwunden werden kann? Symptomatisch für die Natur der Politik ist auch, dass sich dieser bundesdeutsche Streit nicht etwa auf Bildungs*inhalte* konzentriert, sondern sich lediglich an zwei konträren strukturellen Philosophien entzündet. Dass keines der beiden Systeme *per se* richtig oder falsch sein kann, zeigen mahnend die Ergebnisse der PISA Studien: Während in Deutschland die Schüler von Bundesländern mit mehrgliedrigen Schulsystemen deutlich besser abschnitten als ihre deutschen Altersgenossen in Gesamtschulsystemen, besuchten die Schüler des europäischen PISA-Gewinners Finnland erfolgreiche Gesamtschulen.

Die konkrete Diskussion über Bildungsstrukturen setzt sich fort in Form von allgemeineren Fragen über beispielsweise finanzielle Inhalte: Kann der beachtliche Wert von Bildung von deren Konsumenten überhaupt erfasst werden, solange sie in nahezu allen Belangen umsonst ist? Würden vielleicht Studiengebühren und sogar Schulgeld zu einem allgemeinen Umdenken führen und neben einer neuen Lernbereitschaft der Schüler zu beachtlichen Leis-

---

[9] Im Jahr 2002, immerhin vier Jahre nach Gerhard Schröders Wahlversprechen und gerade noch rechtzeitig vor den neuen Bundestagswahlen, wurde die angesprochene Regelung von der rot-grünen Bundesregierung eingeführt. Am 26. Januar 2005 wurde das Gesetz jedoch nach einer Klage von sechs Bundesländern vom Bundesverfassungsgericht mit der Begründung, der Bund habe seine Gesetzgebungskompetenz überschritten und die Länderrechte maßgeblich verletzt, außer Kraft gesetzt.

tungsverbesserungen führen? Oder schließt diese Möglichkeit sozial schwache von der (weiterführenden) Bildung aus und führt dadurch zu noch gravierenderen sozialen Schieflagen?
Und wenn kleinere oder größere finanzielle Opfer die Bildung aufwerten sollen, wo würden
die Belastungsgrenzen dafür liegen? Genügt es etwa, wenn Schüler wie Studenten auch ihre
Bücher selbst anschaffen?

Verlagert man den Fokus von der allgemeinen schulischen Bildung und strukturellen Fragen hin zur spezifisch *politischen* staatlichen Bildung, ergeben sich neue Fragen, die nicht
minder leidenschaftlich diskutiert werden. Darf, in welchem System auch immer, den Lehrern
überhaupt die Verantwortung für eine Form des politischen Unterrichts übertragen werden,
wo sie doch wie jedes politische Wesen mit persönlichen (partei-)politischen Präferenzen, die
politisch eher unstetigen Jugendlichen durch ihre Ansichten leicht beeinflussen oder gar ma-
nipulieren könnten? Immerhin sind geschichtliche Beispiele hierfür nicht nur in Deutschland
sehr zahlreich. Und wenn einzelnen Lehrkräften Lehraufträge zur politischen Bildung erteilt
werden, sollte diese dann in einem eigenen Fach wie in den meisten deutschen Schulen, oder
als Unterrichtsprinzip aller Fächer nach dem Beispiel Großbritanniens unterrichtet werden?
Für beide Möglichkeiten stellen sich sodann Fragen nach beispielsweise dem Umfang politischer Bildung. Für die deutsche Unterrichtsform mit eigenem politischen Unterrichtsfach:
Wird die politische Bildung als Haupt- oder als Nebenfach behandelt? Wie viele Unterrichts-
stunden sollten dafür vorgesehen werden? Für die britische Unterrichtsform, die politische
Bildung als Unterrichtsprinzip vermittelt: Welche Fächer sollten dafür vorgesehen werden?
Alle? Und wie ließe sich ein wünschenswerter und/oder notwendiger Umfang sowohl definieren als auch staatlich kontrollieren?

Diese hier angedeutete Vielzahl der politisch vehement diskutierten Fragen über die strukturelle Ausgestaltung von Bildung und politischer Bildung stellt in ihrer Menge und Tiefe nur
einen sehr kleinen Teil des tatsächlich existenten wissenschaftlichen und politischen Diskur-
ses dar. Die ihnen zugrunde liegenden politischen Partikularinteressen reflektieren Ideologien,
welche nicht zuletzt aufgrund ihrer betroffenheitsauslösenden Brisanz besonders gerne zu
Wahlzwecken immer wieder ins Blickfeld der Öffentlichkeit gerückt werden. So waren die
Landtagswahlen in Schleswig-Holstein 2005 beispielsweise für die Bürger auch eine Wahl
zwischen einem von den Sozialdemokraten propagierten Wechsel zum Gesamtschulsystem
und dem von Konservativen befürworteten Erhalt des gegliederten Systems. Ähnlich das Beispiel Baden-Württemberg: Da andere Politikfelder im *Musterländle* kaum Wählerstimmen
versprachen, konzentrierte sich der sozialdemokratische Wahlkampf der Landtagswahlen

18

2001 auf die Themen Bildung und landesweite Ganztagsschulen. Obgleich die Herausforderin Ute Vogt mit ihrer Partei im Ergebnis traditionell weit hinter den Konservativen um Ministerpräsident Erwin Teufel zurückblieb, war die zuvorderst bildungspolitisch bedingte Steigerung der SPD im Vergleich zu den Landtagswahlen von 1996 mit über 8% beträchtlich.[10] Auch als Reaktion darauf konzentrierte sich Erwin Teufels Nachfolger Günter Oettinger bei den Landtagswahlen 2006 gezielt auf das Politikfeld Bildung mit der Folge, dass die dann wieder angetretene Vogt mit ihrer SPD auf 25,2% abstürzte und damit nahezu exakt denselben Wert erzielte wie 1996, als das Thema Bildung im Wahlkampf der SPD keine gewichtige Rolle gespielt hatte.

Immerhin verspricht die verabschiedete Föderalismusreform bezüglich der Bildung durch die in der seit 2005 konstituierten großen Koalition vereinten Parteien nicht politisch instrumentalisiert zu werden. Obgleich die Union eher die Chancen eines durch den reformierten kompetitiven Föderalismus hervorgerufenen Wettbewerbs zwischen den Ländern sieht, während die SPD vor ungleichen Bildungschancen in den Ländern warnt, scheint ein Kompromiss in greifbarer Nähe.[11]

Neben strukturellen Fragen über Art und Umfang von Bildung und politischer Bildung werden nicht weniger leidenschaftlich die gestalterischen Möglichkeiten von *Inhalten* diskutiert. Während die Inhalte vieler Bildungsdisziplinen wie etwa der Mathematik oder der Naturwissenschaften einigermaßen deutlich definierbar sind, gestaltet sich dies ungewöhnlich schwierig für die politische Bildung. Muss sie etwa reine Institutionenkunde sein oder soll sie einen, freilich schwerlich greifbaren, demokratischen Gestus vermitteln, welcher gleichwohl als Lebens- und Verhaltenshintergrund der Jugendlichen fortwirkt? Muss politische Bildung das juristische Wissen über politische Vorgänge wie etwa Gesetzgebungsverfahren, Untersuchungsausschüsse und konstruktive Misstrauensvoten vermitteln? Genügen einige zentrale Informationen zum nationalen Wahlsystem in Verbindung mit Diskussionen über politische Sachverhalte im Klassenverbund? Oder ist, wie Joseph Schumpeter meint, politische Erziehung zwar verdienstvoll, jedoch grundsätzlich sogar wirkungslos, da die Resultate zu gering sind?[12] Weitere Beispiele für offene und oftmals unbeantwortet gebliebene Fragen sind neben dem historischen unterrichtlichen Umgang mit Sozialdemokratie und Kommunismus etwa die

---

[10] Eine beachtliche Steigerung auf niedrigem Niveau: Von 25,1% im Jahr 1996 steigerte sich die SPD unter Ute Vogt auf 33,3% in 2001.
[11] vgl. http://www.wdr.de/themen/politik/deutschland/foederalismus/060310_proundcontra.jhtml?rubrikenstyle= politik am Mi, 12.04.06
[12] vgl. Schumpeter, Joseph (1950) *Kapitalismus, Sozialismus und Demokratie*. München: Francke, S. 413-420; In Anspielung auf die Wirksamkeit politischer Bildung erklärt Schumpeter hier, man könne die Menschen nicht die Leiter hinauftragen.

19

jüngere Frage nach dem schulischen Umgang mit kommunistischen Ländern und mit dem ehemaligen deutschen Nachbarn DDR.

Nachdem sich diese Probleme immerhin meist geschichtlich von selbst gelöst haben, dämmern jedoch bereits neue Fragen herauf: Wie ist schulpädagogisch auf die neue weltpolitische Lage zu reagieren? Ist es etwa zulässig, einen Hegemon USA als gutgesinnten Freund und Verbündeten zu präsentieren, während dieser elementare Grundrechte auf Guantanamo ignoriert und Angriffskriege führt, oder sollte dieser zusammen mit den von einer unipolaren Weltordnung ausgehenden Gefahren kritisch reflektiert werden? Müssen im Unterricht eher die Gefahren oder die Chancen der Globalisierung behandelt werden? Wo bleibt in diesem Zusammenhang die buchstäblich nahe liegende Region? Ist es im Spannungsfeld von Globalisierung und Regionalismus überhaupt zulässig, (politische) Präferenzen in den politischen Unterricht einzubringen? Ein letztes Beispiel: Wie sollen der Islam und die grundsätzlichen Gefahren von religiösem Fundamentalismus schulisch behandelt werden?

Da diese neuen offenen Fragen wie schon die älteren nicht nur Zankapfel politischer Partikularinteressen sind, sondern insbesondere für Lehrer ganz konkrete Fragen zur praktischen inhaltlichen Gestaltung ihres schulischen Unterrichts beinhalten, hat sich die Politik nach zähem Ringen wenigstens in Teilen auf einen inhaltlichen Minimalkonsens geeinigt: in Deutschland in Form des *Beutelsbacher Konsenses*, im Vereinigten Königreich im Rahmen des *National Curriculum*. So sollen strittige politische Themen wie etwa die oben angesprochene Janusköpfigkeit der USA im Unterricht immer auch als strittig dargestellt werden. Politische Einflussnahme im Unterricht durch den Lehrer ist nicht gestattet, seine Neutralität unabdingbar. Ziel der politischen Bildung soll es in beiden Ländern sein, die Jugendlichen zu Autonomie, zur Selbstreflexion über politische Sachverhalte und zur verbalen Artikulation sowie Verfechtung politischer Ansichten zu befähigen. Wie sich später zeigen wird, setzt diese Zielvorgabe eine dynamische Entwicklung in Gang. Denn wenn Schüler in der Lage sein sollen, über Politik selbständig zu reflektieren und zu debattieren, dann müssen sie politische Vorgänge und Kontroversen verstehen, was gleichzeitig bedeutet, dass sie verschiedene Aspekte und verschiedene Meinungen zu einem Sachverhalt kennen und verstehen müssen.[13] Das passende Rüstzeug zur dynamischen Umsetzung der politischen Vorgaben umfasst also auch politische Inhalte, die aber wiederum durch die Vorgaben von politischer Subjektivität ausgenommen sind.

---

[13] vgl. Bridges, David (1997), S. 153

20

In der Wissenschaft sind die oben angedeuteten Bildungsstandards, Strukturen und das Niveau von Bildung und politischer Bildung bereits sehr zahlreich und vielschichtig sowohl national isoliert als auch im internationalen Vergleich untersucht worden. Besonders wirksame mediale Aufmerksamkeit erreichten zuletzt die ebenfalls angedeuteten und insbesondere für Deutschland ernüchternden, jedoch seit 2005 einen Aufwärtstrend zeigenden PISA Studien[14] für weiterführende Schulen, sowie die IGLU Studie für Grundschulen. Trotz zahlreicher mahnender Stimmen, wonach diese Studien bereits durch ihre Methodik und Struktur einige Länder wie Großbritannien bevorteilten und besonders Deutschland aufgrund seiner abweichenden pädagogischen Schwerpunkte sowie aufgrund seines hohen Anteils von ausländischen Mitbürgern benachteiligte, war die Betroffenheit über das überwiegend schlechte Abschneiden Deutschlands groß, ebenso die Anzahl von Ideen als Wege aus der Krise.

Obgleich die PISA Studien für beispielsweise Deutschland und das Vereinigte Königreich auch regional ausdifferenziert publiziert wurden und damit implizit die Bedeutung der Region herausgestellt wurde, ist sowohl im politischen Diskurs als auch in der Wissenschaft ein Rückgang auf niedrigem Niveau von regionalistisch orientierten Arbeiten zu verzeichnen. Auch die außerhalb der Wissenschaft regelmäßig wiederkehrende Thematisierung von regionalen Bildungsstandards in den deutschen Bundesländern und den britischen substaatlichen Einheiten, insbesondere bei Wahlkämpfen, kann nicht darüber hinwegtäuschen, dass der gesellschaftliche und wissenschaftliche Fokus inzwischen auf der Bildung der nationalen Ebene liegt. In Anspielung auf das Vereinigte Königreich der 1960er Jahre gilt für die Presse heute Deutschland und gerade nicht Schleswig-Holstein, Brandenburg oder Bremen als der bildungspolitisch *Kranke Mann Europas*. Arbeitgeber und Hochschulen kritisieren bundesweit, nicht nur in den einzelnen Ländern, ein erschreckend niedriges Bildungsniveau mit beträchtlichen Bildungslücken vieler Bewerber. Schließlich ist es nicht etwa die *Humboldt Universität* oder die *Freie Universität* von Berlin, sondern die deutsche Hochschullandschaft im generalisierend Allgemeinen, die laut Personalchefs unzureichend für den Arbeitsalltag vorbereitete Absolventen hervorbringt. Eine vermeintlich schlechtere Allgemeinbildung – wodurch diese sich kennzeichnet, geht in aller Diskussion normalerweise unter – wird, wie auch das meist subjektiv empfundene schlechte Benehmen von Jugendlichen, als gesamtgesellschaftliches und nicht etwa auch als regionales Problem wahrgenommen.

---

[14] Nach Meinung einiger Wissenschaftler hängt das schlechte Abschneiden Deutschlands auch mit einer suboptimalen Integration und damit verbundenen sprachlichen Problemen von Migranten und Migrantenkindern zusammen und reflektiert nicht unbedingt den wahren Zustand des deutschen Bildungssystems. Zum Zeitpunkt der Publikation dieser Arbeit waren leider keine diesbezüglichen statistischen Daten zugänglich.

Dieser Ansicht schließt sich ein großer Teil der Wissenschaftsgemeinde an. Zahlreiche Projekte untersuchen den Stand der jugendlichen Allgemein- und/oder Spezialbildung auf einem nationalen Niveau. Ebenso wird in diesem Kontext die jugendliche Identität in nationalen Zusammenhängen analysiert. Untersuchungsgegenstände hierbei sind etwa der subjektive Nationalstolz und/oder nationales Selbstbewusstsein in Abhängigkeit von mehr oder weniger stark ausgeprägten nationalen Identitäten. Zu den Forschern zählen unter anderem Detlcf Oesterreich mit seiner Reflektion des *Civic Education* Projekts, David Miller, Terence McLaughlin und Palmira Juceviciene. Mit Fokus auf Litauen erklären beispielsweise McLaughlin und Juceviciene, dass: „education more broadly can help to shape a national identity in society as a whole through its wide ranging influence upon culture, the media and political life."[15]

Neben Bildung und Identität auf der nationalen Ebene ist inzwischen auch zusätzlich deren Bedeutung für eine europäische Identität, erneut unter Exklusion der regionalen Ebene, ins Blickfeld der Wissenschaft gerückt. Robert Blackledge beispielsweise erklärt, dass eine europäische Identität nur gedeihen könne, wenn bereits Jugendliche mit der europäischen Idee konfrontiert und schulisch über ihre Möglichkeiten und Probleme unterrichtet werden. Auch und besonders im zusammenwachsenden Europa nähmen die politischen Elemente der Bildung für das Erwachen und Erwachsen einer kollektiven subjektiven europäischen Identität eine wichtige Rolle ein: Eine erfolgreiche europäische Einigung könne es nur mittels einer präsenten und stetig wachsenden europäischen Identität geben.[16]

Darüber hinaus werden Bildung und Identität insbesondere seit den 1990er Jahren durch die Wissenschaft auch aus einer globalen Perspektive beleuchtet. Im globalen Wettbewerb vertrauen insbesondere rohstoffarme Staaten auf die Qualität ihrer Bildung. Nur ein bedeutender Vorsprung in Bildung und daraus resultierende wirtschaftliche Effizienz und intellektuelle Überlegenheit können angemessene Löhne und wirtschaftlichen Wohlstand westlicher Sozialstaaten gegenüber niedriger qualifizierten Billiglohnarbeitern garantieren. Sobald jedoch die humanen Wirtschaftsressourcen eines Staates durch defizitäre Bildung nachlassen, wandern getreu einem kapitalistischen Gesetz – Kapital ist mobiler als Menschen – Investitionen und damit Arbeitsplätze in andere Länder ab. Probatestes Mittel gegen diese Manifestation der in Unternehmerkreisen populären globalen neoliberalen Marktwirtschaft ist ein auf technischem Know-how beruhender Effizienz- und Innovationsvorsprung in mindestens dem Maße, in dem lohngünstigere Wettbewerber anderer Nationen mit den in der Regel rohstoff-

[15] McLaughlin, Terence/Juceviciene, Palmira (1997), S. 23
[16] vgl. Blackledge, Robert (1986), S. 138 – 178

22

armen westlichen Ländern konkurrieren.[17] In einer global zunehmend interdependenten Hand-
lungsverschränkung von staatlichen und wirtschaftlichen Akteuren markiert also eine fort-
schrittliche und effiziente Bildung den bedeutenden Grundstock und im Ergebnis den entscheidenden Wettbewerbsvorteil. Diese Phänomene werden politisch und wissenschaftlich
mehr und mehr erkannt und thematisiert sowie auf ihre Bedeutung für die nationalen Bildungssysteme hin analysiert.

Während diesbezüglich insbesondere wirtschaftswissenschaftliche Autoren die globalen
Bildungszusammenhänge reflektieren und problematisieren, bleibt die Forschung über mögliche Zusammenhänge zwischen regionaler Bildung und Identität ein unterschätztes Feld der
Wissenschaft. Folgt man jedoch der durch Mühler und Opp zu Recht artikulierten und auch
vom Verfasser vertretenen Annahme, „dass trotz europäischer Einigung und Globalisierung
die unmittelbare soziale Umgebung für eine Person weiterhin der Lebensmittelpunkt ist und
dass sich entsprechend die regionalen Bindungen nicht verändert haben oder sogar intensiviert
werden,"[18] dann wird vor dem hier dargelegten Forschungshintergrund deutlich, dass eine
Fokussierung auf regionale Zusammenhänge im Kontext von Bildung und Identität von der
Wissenschaft nicht länger vernachlässigt werden darf.

Diesem Defizit nimmt sich die vorliegende Arbeit anhand eines einigermaßen ungewöhnlichen[19] Vergleichs zwischen dem britischen Wales und dem in vielerlei Hinsicht davon divergierenden deutschen Bundesland Baden-Württemberg an. Die oft nur augenscheinlich gravierenden Unterschiede der beiden Regionen werden hierbei aufgrund zahlreicher Parallelen
mehr als Chance denn als Inkompatibilität interpretiert. So werden beispielsweise zwar einerseits zwei konträre Staatsorganisationsprinzipien – Zentralstaat in Großbritannien und Föderalstaat in Deutschland – miteinander verglichen, andererseits ordnen sich jedoch beide Regionen zwei ähnlichen Systemen einer partiellen Selbstverwaltung – Devolution und Föderali-
lismus – unter. Einerseits erscheint das Jahrhunderte alte Wales im Vergleich zum jungen
zergliederten Kunstprodukt Baden-Württemberg als besonders homogenes Gebilde, andererseits jedoch wird, wie auch in Baden-Württemberg, in Wales sehr genau unterschieden zwischen beispielsweise denen aus Cardiff, den *Valley People* und jenen überwiegend walisisch
sprechenden Walisern aus dem Nordwesten. Insofern ist auch diesbezüglich ein augenschein-
licher Gegensatz beider Gebiete viel weniger manifest als auf den ersten Blick anzunehmen

---

[17] Auf die Notwendigkeit dieses Effizienz- und Innovationsvorsprung wurde mehrfach von Gerhard Schröder
und Angela Merkel gleichermaßen hingewiesen.
[18] Mühler, Kurt/Opp, Karl-Dieter (2004), S. 55f.
[19] In den Folgekapiteln werden die Gründe für die Auswahl dieser beiden Untersuchungsobjekte sowie die daraus resultierende Problemkonstellationen ausführlich dargelegt werden.

wäre. Da sich derartige Beispiele für zahlreiche weitere Elemente der beiden Gebiete anführen lassen, erscheint ein Vergleich zur Aufdeckung von Gemeinsamkeiten und Unterschieden der politischen Bildung und ihrer Resultate in beiden Gebieten als besonders attraktiv.

Denn nicht trotz, sondern gerade wegen der Gegenüberstellung des alten Wales mit dem jungen Baden-Württemberg, von junger Devolution im Vereinigten Königreich mit bereits älteren föderativen Strukturen in Deutschland, drängen sich für diese beiden Länder Fragen über den regionalen Charakter von Bildung und Identität auf: Was, wenn staatliche politische Bildung auch auf regionale Identitäten wirken sollte, worin lägen dann die Unterschiede zwischen einem zentralstaatlich regierten Vereinigten Königreich und der föderativen Bundesrepublik Deutschland, die Kraft ihrer Verfassung den Parlamenten der Länder das alleinige Recht auf die Ausgestaltung der schulischen und universitären Bildung einräumt? Hat beispielsweise Baden-Württemberg durch die föderative Nähe seiner Bildungspolitik zur Schule besser (politisch) gebildete Schüler als Wales? Hat es gar stärkere regionale Identitäten als Wales, da die föderative Bildung neben bundespolitischen Inhalten auch regionale Themen im Auge behält? Besteht möglicherweise sogar eine Korrelation zwischen Identitäten und Bildungsniveau? Sind die Jugendlichen in Baden-Württemberg vielleicht politisch engagierter als jene in Wales, da sie sich mehr mit ihrer Region identifizieren? Oder verhält sich wiederum alles genau gegenteilig, da Wales mit seiner Jahrhunderte alten Kultur regionale Traditionen gepflegt und gelebt hat, an denen es dem jungen *Ländle* Baden-Württemberg mit seiner etwa 50-jährigen Geschichte eventuell mangeln könnte? Sind also die walisischen Jugendlichen möglicherweise regional mehr verwurzelt als ihre deutschen Altersgenossen? Liegt vielleicht gerade im alten, im lange und langsam gewachsenen Wales ein höherer Grad von Identifikation mit einer – gegenüber dem zergliederten Baden-Württemberg – homogenen Region vor?

Die vorliegende Arbeit befasst sich auch mit diesen Fragen. Wie später detailliert dargelegt werden wird, wurden für diese Arbeit an zahlreichen Schulen in Wales und Baden-Württemberg wissenschaftliche Workshops durchgeführt, in deren Rahmen mit Hilfe von Fragebögen die angesprochenen Sachverhalte geprüft und detaillierte Datensätze gewonnen werden konnten. Gewürzt wurden die Workshops durch zusätzliche Vorträge von universitären Dozenten und Professoren, Diskussionen über die Thematik sowie durch die weiterführende Aufgabenstellung an die Schüler, im Rahmen des Workshops einen Aufsatz zum Thema *Baden-Württemberg heute in zehn Jahren oder was es bedeutet, Baden-Württemberger zu sein/Wales in ten years from now or what it means to be Welsh* zu schreiben. In der Regel eine Woche nach Durchführung des Workshops wurden die Klassen erneut besucht und mit den statistisch aufbereiteten Ergebnissen in Gegenüberstellung zu jenen ihrer Altersgenossen in Wales oder Baden-Württemberg konfrontiert. Durch dieses pädagogisch wertvolle zweite Zusammentreffen von Schule und Wissenschaft wurden die Schüler nachhaltig für regionale Zusammenhänge sensibilisiert und gleichzeitig eine möglicherweise Interessen weckende Vertrautheit zur Universität etabliert. Daneben wurde es auch genutzt, um die gewonnenen Eindrücke der Wissenschaftler zu vertiefen und um die dann eingeladene Presse zu informieren.

Die Vorgaben haben einerseits zur Folge, dass sich die Arbeit auf die schulische politische Bildung beschränkt. Die außerschulische politische Bildung beispielsweise im Rahmen gemeinnütziger Veranstaltungen und Organisationen oder für Immigranten stellt, wie schon die schulische Bildung, zwar ein interessantes, aber eben auch ein äußerst weitläufiges Feld dar, welches den Rahmen dieser Arbeit nicht nur finanziell sprengen würde. Andererseits folgt aus den Vorgaben, dass die Arbeit ausschließlich auf den Output der Schüler, also auf ausschließlich das Wissen und die Identitätswerte, welche durch die Workshops reflektiert werden, fokussiert. Die Schulstrukturen wurden durch Untersuchungen von beispielsweise eingesetzten Schulbüchern, der Lehrerausbildung oder Lehrplänen, sowie durch Abhandlungen über die relevanten involvierten Institutionen bereits hinreichend erforscht und dokumentiert.[20]

Als Ergebnis dieser politisch-soziologischen Gesamtkonstellation können schließlich die zwei übergeordneten Fragen dieser Arbeit isoliert werden, erstens: *Welche Aufschlüsse über das Niveau politischer Bildung und über die Extensität regionaler Identität 15- bis 19-jähriger Schüler erlauben die mit Hilfe von Workshops gewonnenen Daten?* Und zweitens: *Existieren möglicherweise nachweisbare Zusammenhänge zwischen politischer Bildung und regionaler Identität?*

Die aus diesen Fragen resultierenden Probleme liegen auf der Hand. So ist nicht nur eine objektive und zuverlässige Messung der Wirkungen politischer Bildung äußerst komplex, auch die exakte Qualifizierung regionaler Identifikation entpuppte sich, insbesondere im finanziell und logistisch eingeschränkten Rahmen dieser Arbeit, als sehr schwierig. Ebenso seien an dieser Stelle bereits Probleme durch eine mögliche Verflechtung von Bildungsniveau und Identitätsintensität vorweg zu nehmen. So könnte beispielsweise einerseits eine *Wirkung* regionaler Identifikation darin liegen, dass ein Jugendlicher sich in seiner Region verstärkt politisch engagiert. Dieses Engagement wiederum könnte jedoch andererseits zeitlich vorver-

---

[20] Andere Arbeiten, wie beispielsweise die umfassend angelegte Studie der Bundeszentrale für politische Bildung *Europa in der Schule: Zur politischen Bildung in der Bundesrepublik Deutschland, in Dänemark, Frankreich, Großbritannien und den Niederlanden* befassen sich inputorientiert mit oft ungenau beschriebenen Soll-Bestimmungen, etwa in Lehrplänen. Dieser Fokus wird hier ausgeklammert. Ziel ist die outputorientierte Reflexion und wissenschaftliche Untersuchung des aktuellsten Ist-Zustands in Wales und Baden-Württemberg.

setzt ebenso *Ursache* für eine gute politische (Selbst-) Bildung sein. Hierdurch könnte also eine später unter Umständen als Wirkung von politischer Bildung angenommene starke regionale Identifikation zu einem späteren Zeitpunkt auch eine Ursache für ein höheres Wissensniveau politischer Bildung sein und damit gleichfalls die Fragestellung der Arbeit erheblich verkomplizieren. Zur Lösung dieser Problematik ist, neben der Zuhilfenahme wesensverwandter Studien und Daten, eine vielschichtige Analyse mehrerer Faktoren gleichzeitig vorgesehen. Hierfür wurde eigens auf dem Fragebogen ein Set von Kontrollvariablen erstellt (im dritten Teil des Fragebogens), mit dessen Hilfe die theoretisch relevanten Variablen in alle Richtungen gezielt erfragt und die aufgestellten Hypothesen überprüft werden können. Auf die diesbezüglichen Detailfragen wird bei der Vorstellung des Fragebogens eingegangen werden.

Aufgrund einer ausgeprägten Begriffsproblematik – sowohl *Politische Bildung* als auch *Regionale Identität* sind weitläufige Begriffe, über die in der Wissenschaft kein Konsens darüber herrscht, was sie bedeuten – wird in den folgenden Kapiteln der Versuch einer Annäherung durch Aufspaltung der Untersuchungsgegenstände in ihre Schlüsselelemente – Bildung, politische Bildung, Region und Identität – unternommen. Jedes Kapitel orientiert sich hierbei inhaltlich am Gesamtkontext dieser Arbeit und weist jeweils eine ähnliche Gliederung auf: nach erstens einer wissenschaftlichen Definition des Begriffs mit Überblicken zum Stand der Forschung und zu Forschungskontexten wird zweitens die jeweilige Problemstellung der Begriffe erläutert und drittens schließlich werden häufig Leitfragen zum Kontext dieser Untersuchung (welche im späteren empirischen Teil beantwortet werden) sowie die beabsichtige Art der Verwendung des Begriffs formuliert. Somit wird im nächsten Kapitel zunächst der Begriff der *Bildung* und darauf in Kapitel III der für diese Arbeit relevante Begriff der *Politischen Bildung* definiert. Ebenso wird stringent eine Untersuchung der Problematik beider Begriffe durchgeführt. Das vierte Kapitel über die *Region* wird nach einer Definition die Problemstellung der begrifflichen Zusammenhänge und das dieser Arbeit zugrunde liegende Verständnis von Region darlegen. Das fünfte Kapitel schließlich stellt verschiedene Identitätskonzepte vor und bezieht in seine Definition von *Identität* auch philosophische und psychologische Theorien über die Herausbildung und Existenz von (regionalen) Identitäten mit ein. Ausführlich werden hierbei die mit dem Begriff der Identität verbundenen Probleme dargelegt und das dieser Arbeit zugrunde liegende Verständnis von Identität erörtert und gerechtfertigt. Ein daran anschließendes zweiteiliges *Geschichtskapitel* über die Entwicklungen von Bildung und politischer Bildung in Wales und in Baden-Württemberg leitet schließlich auf den zweiten Teil dieser Arbeit über, welcher die empirischen Ergebnisse der Forschungen darlegt.

II. Bildung

Nach Daniel Goeudevert ist Bildung ein umfassender, vielschichtiger und nie abgeschlossener Prozess, in dessen glücklichem Verlauf eine selbstständige und selbsttätige, problemlösungsfähige und lebenstüchtige Persönlichkeit entstehen kann.[21] Der Begriff der Bildung beschreibt also einerseits einen *Prozess* der Beeinflussung von Personen durch sich selbst (die innere Bildung eigener Anlagen und Einstellungen), sowie durch andere Personen, Institutionen und/oder Ereignisse. Andererseits beschreibt der Begriff das *Ergebnis* dieses Prozesses, welches einem Individuum Handlungskompetenz (durch herausgebildete Vernunft und durch soziales Bewusstsein) verleiht. Als Ergebnis des Prozesses können einem Menschen unter anderem Bildungsmerkmale als Bestandteil seiner Identität zugeschrieben werden.[22]

Während Jean-Jaques Rousseau in *Emile* (1762) den Bildungsprozess als entscheidendes Moment von individueller Formung in den Vordergrund rückt – der Mensch ist von Natur aus zwar gut, wird jedoch durch die Gesellschaft und Zivilisation korrumpiert, folglich können die Übel der Zivilisation einzig an deren Wurzel einer falschen oder schlechten Erziehung angepackt und aus der Welt geschaffen werden – stellt Henning Kössler das Ergebnis des Prozesses in den Mittelpunkt seiner Definition: "Bildung ist der Erwerb eines Systems moralisch erwünschter Einstellungen durch die Vermittlung und Aneignung von Wissen derart, dass Menschen im Bezugssystem ihrer geschichtlich-gesellschaftlichen Welt wählend, wertend und stellungnehmend ihren Standort definieren, Persönlichkeitsprofil bekommen und Lebens- und Handlungsorientierung gewinnen. Man kann stattdessen auch sagen, Bildung bewirke Identität"[23] Der Philosoph Max Scheler definiert als Ergebnis guter Bildung einen Menschen, „dem man nicht anmerke, dass er auf der Universität gewesen sei, falls er auf der Universität gewesen sei, dem man aber auch nicht anmerke, dass er keine Hochschule besucht habe, wenn er keine Hochschule besucht habe."[24] Bildung bezeichnet also sowohl „den Prozeß, innerhalb dessen ein Mensch seine geistige Gestalt gewinnt, als auch das Ergebnis dieses Prozesses, d.h. die geistige Gestalt des Individuums sowie das dafür grundlegende Wissen."[25]

Für Schrader und Kuebart enthält der Prozess die Aspekte von

- *Organisation* (Der Prozess ist beiläufig oder absichtsvoll.),

- *Differenzierung* (Der Prozess hat einheitliche oder unterschiedliche Formen.)

---

[21] vgl. Goeudevert, Daniel (2001), S. 49ff.
[22] Schrader, Achim/Kuebart, Firedrich (1997), S. 99
[23] Kössler, Henning (1989), S. 56
[24] zit. nach Goeudevert, Daniel (2001), S. 30
[25] Greiffenhagen, Sylvia (2002), S. 53

- *Zielsetzung* (Der Prozess hat bestimmte (durch etwa den Lehrplan vorgegebene) oder unbestimmte (durch Begriffe wie „Brüderlichkeit" oder „Friedensliebe"[26] angedeutete) Ziele.),

- *Situation* (Der Bildungsprozess findet in einer gewöhnlichen Situation wie dem Unterricht oder in einer ungewöhnlichen Situation statt (In diesem Kontext im zufälligen Alltag: Wenn beispielsweise ein gebranntes Kind das Feuer scheut, dann hat es zuvor mit großer Wahrscheinlichkeit einen Bildungsprozess in einer ungewöhnlichen Situation durchlaufen.).),

- *Professionalisierung* (Der Prozess wird von ausgebildeten Lehrern oder von unprofessionalisierten Lehrkräften gestaltet.),

- *Inklusionsgrad*[27] (Der Prozess findet für alle Mitglieder eines Jahrgangs oder nur für einzelne Gruppen statt während andere von dem Prozess ausgeschlossen bleiben. Hierdurch variiert die Menge der im Bildungsprozess inkludierten Personen.) und

- *Selektivität* (Der Prozess kann folgenlos oder karrierebestimmend sein.).

Bildung als Ergebnis hingegen bezieht sich auf Qualifikationen, auf bestimmte – hauptsächlich abgeschlossene – Bildungsprozesse. In dieser Form erfüllt sie sieben gesellschaftliche Funktionen:

- Die Ermöglichung von Kommunikation und Orientierung,

- die Vermittlung von Werten und Normen einer Gesellschaft an (zumeist) junge Menschen,

- die Sinnvermittlung von Gesellschaftsstrukturen und die Stabilisierung der Gesellschaft,

- die Ermöglichung der Selbstfindung und –bestimmung von Individuen,

- die Ermöglichung der Qualifikation zur Erlangung bestimmter Berufe und Positionen,

- die Erhöhung der Arbeitsproduktivität und schließlich

- die Förderung der individuellen Chancengleichheit.

Seit der Antike ist der Bildungsbegriff eng mit dem Begriff der Pädagogik, welcher der antiken Idee der *Paideia*[28] entspringt, verknüpft. Beide Begriffe, Pädagogik wie *Paideia*, ver-

---

[26] In der Landesverfassung Baden-Württembergs Art 12, Abs. 1 festgeschrieben.

[27] Wie die PISA Studie aus dem Jahr 2000 belegt, findet in Deutschland trotz einer allgemeinen Lockerung seit den beiden Nachkriegsjahrzehnten noch immer eine strenge soziale Selektion statt, die sehr eng mit der sozialen Herkunft der Jugendlichen zusammenhängt: „Etwa die Hälfte der Jugendlichen aus den höchsten Sozialschichtgruppen besuchen das Gymnasium, während nur wenig mehr als 10% der Jugendlichen aus Arbeiterfamilien in dieser Schulform anzutreffen sind. Das Pendant dazu ist die Hauptschule, die von fast 40% der Jugendlichen aus Arbeiterfamilien besucht wird, aber von nur gut 10% der Jugendlichen aus der Oberschicht." (Jürgen Baumert (2003))

29

weisen auf den Bildungs*prozess*, und hierbei einerseits auf Erziehungsinhalte und andererseits auf die Methoden, diese Inhalte zu vermitteln. Diese begriffliche Zweiteilung des Bildungs-prozesses rückte insbesondere seit dem 18. Jahrhundert durch die dann besonders in Deutsch-land populäre Stellung des Bildungsromans ins Bewusstsein einer breiten Öffentlichkeit, so z. B. durch den fiktiven Kaufmannssohn Wilhelm Meister in Goethes *Wilhelm Meisters Lehr-jahre* (1795/96), der aus den wohlhabenden Verhältnissen seiner Familie ausbricht, um sich in der Welt des Theaters zu orientieren und selbst zu finden. In diesem Kontext versinnbildlicht Goethe die Zweiteilung des prozessualen Bildungs- und Pädagogikbegriffs durch die Gegen-überstellung zweier konkurrierender Vorstellungen von sowohl Erziehungsinhalten als auch von Erziehungsmethoden. Während der Protagonist Wilhelm Meister einerseits zwischen der elterlichen und seinen eigenen, sich immer deutlicher herauskristallisierenden Vorstellungen von Erziehungsinhalten schwankt, konkurrieren andererseits die elterlichen konservativen Erziehungsmethoden mit denen der vom aufklärerischen Realismus geprägten Theatergruppe, die einzig Wert auf eine innere Selbsterziehung und -bildung legt.

Durch seine Auseinandersetzung mit divergierenden Bildungsinhalten illustriert Goethe ferner eine seit dem Mittelalter bestehende Konkurrenz von *materialen* und *formalen* Bil-dungsinhalten.[29] Während sein Elternhaus für die von der Gesellschaft für wertvoll und für vermittlungsbedürftig erachteten *materialen* Bildungs- und Wissensinhalte steht, also für die Frage des *Was?*, fokussiert Wilhelm Meister selbst auf *formale* Inhalte, auf die Möglichkeiten zur Entwicklung und zur Förderung seiner selbst als Individuum, also auf die Frage des *Wie?*. Formale Bildung beschreibt also insbesondere die Art und die Dauer von Bildung, Schulbil-dung sowie universitäre Bildung und/oder Ausbildung. Verwendet man also im heutigen Sprachgebrauch den Ausdruck einer *guten Bildung*, so impliziert dies in erster Linie die mate-riale Dimension von größerem Wissen durch etwa höhere Ausbildungsgänge und erst in zwei-ter Linie die formalen Bildungsinhalte.

Spätere Bildungsromane wie etwa Gottfried Kellers *Der Grüne Heinrich* (1854/55) fokus-sieren nicht mehr so sehr auf einer Zweiteilung von Bildungsbegriff oder Bildungsinhalten,

[28] Der Begriff der *Paideia* stammt aus dem Griechischen und steht für Erziehung, Bildung. Er beschreibt ein altgriechisches Erziehungsideal, das vor allem die musische, gymnastische u. politische Erziehung umfasst. Die wohl erste dokumentierte Erwähnung des Begriffs erfolgte durch den griechischen Schriftsteller und Historiker Xenophon in seiner *Kyrou Paideia*, einer fürstenspiegelähnlichen Biographie über den persischen König Kyros, worin Xenophon seine Vorstellungen einer guten Erziehung eines Herrschers darlegt.
[29] Die quantitativ und qualitativ ungleiche Verteilung dieser beiden Dimensionen ist gleichzeitig Ursache für und – wie als jüngst beispielsweise die IGLU Studie ermittelt hat – Folge von gesellschaftlichen Statusunterschieden. Die am 28.01.2004 in Berlin vorgestellte Studie kommt diesbezüglich für die deutschen Grundschulen zu über-raschend deutlichen Ergebnissen. So erklärt IGLU-Forschungsleiter Wilfried Bos: „Die Tochter der türkischen Putzfrau hat es trotz guter Leistungen deutlich schwerer, eine Gymnasialempfehlung zu erhalten als der Sohn des Chefarztes, der nur mittlere Schulleistungen bringt." (SPIEGEL ONLINE vom 28.01.2004, vgl. www.spiegel.de) Gute materiale und formale Bildung bleibt also weitestgehend höheren sozialen Schichten vorbehalten.

sondern reflektieren kritisch die Zerbrechlichkeit *formaler* Bildungsinhalte der neuhumanistischen Bildungstheorien. Der Protagonist Heinrich Lee wird hier von seiner Mutter großgezogen und mit Hilfe ihrer Ersparnisse ausgebildet. Bald erkennt er jedoch sein mangelndes Talent, welches weder die materiale noch die humanistisch geprägte formale Bildung kompensieren kann. Schließlich scheitert er sowohl beruflich als auch zwischenmenschlich an einer Reihe von missglückten Liebesbeziehungen. Während seine Mutter aus Gram über die Ignoranz und Erfolglosigkeit ihres Sohnes wirtschaftlich ruiniert stirbt, folgt ihr der grüne Heinrich aufgrund seines gebrochenen Herzens. Die innere Entwicklung des Protagonisten in *Der Grüne Heinrich* verläuft zwar gerade nicht, wie noch von Goethe reflektiert, nach den Idealen des Humanismus als Versöhnung des Protagonisten mit der Welt. Dennoch formuliert auch dieser Roman, wenngleich in kritischer Distanz, ein Bildungsverständnis, wonach ein Mensch sowohl methodisch als auch inhaltlich gebildet wird bzw. sich selbst bildet.

Formale Bildungsinhalte, im späteren Bildungsroman des 20. Jahrhunderts insbesondere von Hermann Hesse (z.b. *Demian* (1919)) und Thomas Mann (z.B. *Der Zauberberg* (1924)) literarisch verarbeitet, beschreiben also einerseits die Heranziehung einer nachwachsenden Generation durch ältere Generationen zu deren Lebensform und andererseits die antike Idee einer Formung des Menschen „nach der Idee seines Selbst".[30] Als Folge dessen impliziert Bildung und Erziehung stets eine innere Spannung zwischen Kollektivgeist und Individualität, Freiheit und Herrschaft, Tradition und sozialem Wandel.[31]

Während Sylvia Greiffenhagen den oben angesprochenen inhaltlichen Aspekt des Bildungsprozesses in materiale und in formale Aspekte aufteilt, unterscheidet Wuthe zwei unterschiedliche *Methoden* des Bildungsprozesses, eine *strukturale* und eine *sozialpsychologische* Komponente.[32] Die strukturale Komponente des Bildungsprozesses stellt hierbei die objektiven materiellen Grundlagen, die sozio-ökonomischen und die politisch-institutionellen Strukturen eines Sozialsystems in den Vordergrund. Die sozialpsychologischen Methoden der Bildung hingegen fokussieren auf die subjektiven Bewusstseinsmomente, auf Werthaltungen und Einstellungen und auf die Grundlagen der politischen Kultur einer Gesellschaft. Somit ähnelt Wuthes Unterscheidung der Bildung in eine wirtschaftliche und in eine individualistische Komponente dem Verständnis Sylvia Greiffenhagens, jedoch mit dem Unterschied, dass Greiffenhagen die prozessualen *Inhalte* und Wuthe die prozessualen *Methoden* von Bildung analysiert. Fasst man alle hier aufgezeigten Aspekte von Bildung graphisch zusammen, so erhält man folgendes vereinfachendes Schaubild.

[30] Blankertz, Herwig (1969) *Bildung im Zeitalter der Großen Industrie*
[31] vgl. Greiffenhagen, Sylvia (2002), S. 53
[32] vgl. Wuthe, Gerhard (1987) S. 198f.

BILDUNG

PROZESS — ERGEBNIS

INHALTE — METHODEN — INTERN — EXTERN

MATERIALE — FORMALE — STRUKTURALER ANSATZ — SOZIALPSYCHO-LOGISCHER ANSATZ — GESAMTGE-SELLSCAHFTLI-CHER FOKUS — PERSÖNLICHER FOKUS

(INFRA-)STRUKTURELL — CURRICULAR — SCHÜLER — ELTERN — LEHRER

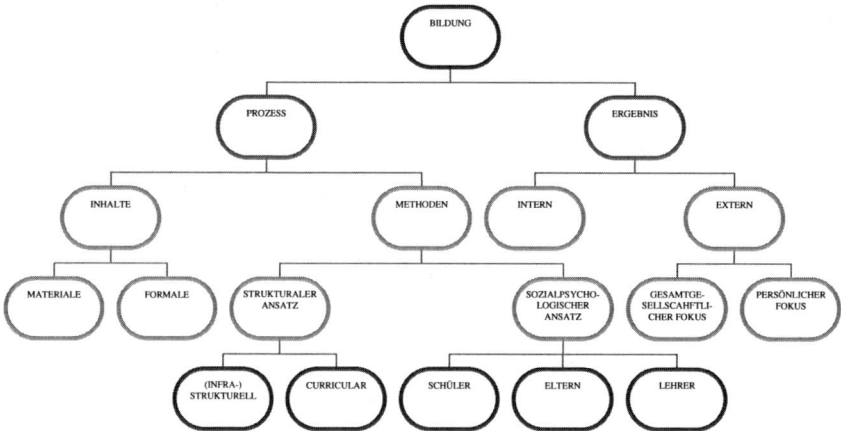

Bedeutungsebenen von Bildung

Sowohl aus ihrer Vielschichtigkeit als auch aus allen jeweils einzelnen Ebenen und Elementen dieser Struktur resultieren theoretische Probleme für den weiteren Umgang mit dem Begriff der Bildung. So verhindert alleine die Vielzahl der verschiedenen Bedeutungen, Verständnisse und Bedeutungsebenen des Bildungsbegriffs normalerweise ein einheitliches Verständnis für die Thematik. Sobald beispielsweise einem Diskurs mehrere Ebenen von Bildung zugrunde liegen – und die Grafik veranschaulicht wie schnell dies der Fall sein kann – ist an einen unmissverständlichen Umgang mit der Materie nicht mehr zu denken.

In der Praxis hingegen gehen diese begrifflichen Probleme noch weit über die abstrakte Form hinaus. Konkret ergeben sich im praktischen Ablauf von Bildungsprozessen insbesondere rein individuelle Probleme. Diese können auf der prozessualen Ebene zwischenmenschlicher Natur sein, wenn etwa das Verhältnis vom Lehrer zum Schüler gestört ist und/oder ein Lehrer und/oder Schüler problematische Charaktermomente aufweisen. Ein resultierendes Desinteresse von Seiten eines oder mehrerer Schüler, oder von Seiten des Lehrers gegenüber seiner Klasse, kann die negative Folge sein. Weitere alltägliche praktische Probleme können beispielsweise aus einem suboptimalen Verständnis eines Lehrers für die mitunter komplexen Sachzusammenhänge seines Faches resultieren.

Auf der Ebene der Bildungsinhalte herrschen Divergenzen sowohl in materialer (Welche Bildungsinhalte sollen vermittelt werden?) als auch in formaler (Welche Lehrmethoden sollen angewandt werden?) Hinsicht. Prekär ist diese Dimension aufgrund der Vielzahl unterschiedlicher Interessengruppen und Unmengen daraus resultierender Weg-Ziel Konflikte. So überbieten sich Lehrer, Lehrerverbände, Schüler, Eltern, Elternvertreter, Elternverbände, Presse und Politik gegenseitig mit neueren, fortschrittlicheren und vermeintlich besseren Bildungsinhalten. Addiert man diesem Gefüge noch die unvermeidbare Subjektivität des Lehrers hinsichtlich Inhalt und Methoden hinzu, ist die Komplexität des Aspekts perfekt.

Hinzu kommt eine Vielzahl potentieller schulinterner Probleme, der Einfluss von Rektor und Fachlehrer, die Orientierung einzelner Schulen, unterschiedliche pädagogische Schwerpunkte, usw., auf die hier nicht näher eingegangen werden kann. Entscheidend für diesen Kontext ist einzig die Tatsache, dass der Schwerpunkt dieser Arbeit alleine auf den *Ergebnissen* von Bildung liegt. Die Untersuchung politischer Bildung und regionaler Identität von Jugendlichen in Wales und Baden-Württemberg mittels Fragebögen und Workshops erfragte hierbei gezielt die *externen* Ergebnisse von Bildung mit Fokus auf sowohl gesamtgesellschaftlichen als auch auf individuellen Komponenten. Weitere Gründe für beschriebenes Vorgehen werden aus der folgenden Betrachtung von politischer Bildung ersichtlich.

III. Politische Bildung

Schon ein erster Gedanke über die politische Bildung veranschaulicht die Notwendigkeit einer solchen ergebnisorientierten Betrachtung. Im Gegensatz zur (institutionalisierten) Bildung, beginnt die politisch-soziale Bildung eines Menschen in der Regel sehr früh und individuell und lässt sich folglich nur ungenau in seinen zeitlichen und sozialen Dimensionen lokalisieren und dadurch schwerlich zuverlässig untersuchen. Da politische Bildung nicht erst in einer gymnasialen Oberstufe oder einer *Upper Sixth Form*, ebenso wenig in einer Mittelstufe, oder *Primary School*, oder gar in einer Grundschule oder einem Kindergarten, sondern vielmehr bereits im frühen Kindesalter beginnt, und hierbei fast ausschließlich vom direkten sozialen Umfeld der Kinder vermittelt wird, steht jeder einzelne Schüler bei der späteren schulischen politischen Bildung, insbesondere in Bezug auf das Wissen über und Einstellungen zu Politik, auf einem höchst individuellen Niveau.

Als unmittelbare Folge bedeutet dies zunächst, dass die pädagogische Gestaltung von prozessualer politischer Bildung durch Politik und Pädagogen eine höchst diffizile Aufgabe darstellt. Basil Bernstein weist beispielsweise darauf hin, dass allein das spezifische Vokabular von Kindern aus Arbeiterfamilien derart vom innerschulischen Vokabular der Lehrer und Mitschüler aus anderen sozialen Schichten divergiert, dass selbst ein grundsätzlich gleiches Bildungsangebot schlicht durch sprachliche Hürden den Schüler nicht grundsätzlich gleich erreicht.[33] Ähnlich einem Samenkorn, welches im einen Fall begünstigt durch fruchtbare Umgebung aufgeht, sich in vielen anderen Konstellationen aber nie entwickelt, so muss auch der Erfolg von politischer Bildung, wie auch immer dieser genau verstanden sein mag, von zufälligen und oft unkontrollierbaren Faktoren der Umwelt seit der frühen Kindheit eines Individuums abhängig gemacht werden. Folglich müsste also der individuelle Erfolg politischer Bildung bereits durch einen sprachlich-sozialen Nährboden, den Kinder mit zur Schule und damit zur staatlichen politischen Bildung bringen, vorgezeichnet und nur bedingt politisch beeinflussbar sein.

Untersuchungen und staatliche Bildungsberichte[34] bestätigen diese These in mehreren Punkten. So kommen unterschiedliche Persönlichkeitsstrukturen von Kindern und Jugendlichen unterschiedlichen Geschlechts, variierenden gesellschaftlichen Umfelds, sozialer Status und familiärer Hintergrund in kaum einem Schulfach derart deutlich zum Tragen, wie in der politischen Bildung. Während beispielsweise in einem Fach wie Mathematik das Geschlecht wenn überhaupt neben persönlichen Präferenzen tatsächlich eine messbare Auswirkung auf

---

[33] vgl. Bernstein, Basil (1961)
[34] vgl. hierzu den *Newsom Report*, Quelle: Entwistle, Harold (1971), S. 20

das Interesse an und die Leistung im Fach hat, muss sich die politische Bildung mit einer Vielzahl weiterer Faktoren auseinandersetzen. Erschwerend kommt hinzu, dass sich „politisches Interesse (…) bei Jugendlichen im allgemeinen erst im Alter zwischen 20 und 30 Jahren"[35] herausbildet und dadurch oftmals keinerlei Zugang zu den Jugendlichen hergestellt werden kann. Außerdem lehnt eine zunehmende Masse von Schülern im Unterricht zunächst einmal partizipatorisches und politisches Verhalten ab und/oder kennt es erst gar nicht. Hierdurch müssen einige tragende Säulen politischer Bildung – demokratische Argumentationskultur, politische Partizipation und individuelle thematische Auseinandersetzung mit gesellschaftlichen Sachverhalten – zunächst unterrichtet und vom Schüler erlernt werden. Folgende Beispiele mögen Zufall, Unberechenbarkeit und Probleme von politischer Bildung illustrieren.

Zufällig erfahrene Gespräche von erwachsenen Familienmitgliedern und von Respekts- und Autoritätspersonen über etwa die vermeintlich ‚schlechte Politik in der Hauptstadt' oder die ‚lügenden Politiker, denen ohnehin nicht vertraut werden darf', beeinflussen beispielsweise die politischen Einstellungen von Kindern weit nachhaltiger, als das bisher angenommen wurde. Nach Meinung von David Easton und Jack Dennis sieht ein Kind während einer frühen, weitestgehend unpolitischen Phase seines Lebens „a vision of holiness when he chances to glance toward government – a sanctity and rightness of the demigoddess who dispenses the milk of human kindness. The government protects us, helps us, is good, and cares for us when we are in need (…)."[36] Politik berührt das Kind in diesem Alter nicht unmittelbar, es erkennt lediglich die politische Führung und akzeptiert diese bedingungslos. „When the child emerges from his state of political innocence, therefore, he finds himself a part of a going political concern which he ordinarily adopts immediately as a source of nurture and protection."[37] Sobald das Kind jedoch seine Ideale aufzugeben beginnt und damit in eine politische Phase[38] seines Lebens eintritt, geschieht dies synchron mit einer Aufgabe der eigenen ideellen Gedanken und kann in negativen Fällen (aufgrund der Artikulationen Erwachsener) ein lebenslanges traumatisches Element der persönlichen Einstellungen zur Politik sein.

Diese persönlichen Einstellungen von Kindern zur Politik, so der Passauer Politologe Gerd Strohmeier 2005 in einem Aufsehen erregenden Beitrag für die Zeitschrift *Aus Politik und Zeitgeschichte*, werden im unmittelbaren sozialen Umfeld nicht nur durch Erwachsene,

---

[35] Allensbach Untersuchung 1999, S. 9
[36] Easton, David/ Dennis, Jack (1969), S. 137
[37] Easton, David/ Dennis, Jack (1969), S. 137
[38] Die hier angesprochene politische Phase soll freilich nicht suggerieren, dass jeder Mensch als aristotelessches *zoon politikon* in gleichem Maße politisch ist. Die politische Phase eines Menschen ist hier im Kontrast zur angesprochenen unpolitischen Phase eines jeden Kindes zu sehen.

sondern in zunehmendem Maße auch durch Kindermedien beeinflusst, die sich bisher nicht dem Verdacht der politischen Einflussnahme ausgesetzt sahen.[39] Strohmeier verweist hierbei auf seine Untersuchungen über die beliebten und in Deutschland weit verbreiteten Kinderhörspiele *Benjamin Blümchen und Bibi Blocksberg*, deren politischen Inhalte er unter die Lupe genommen hat. Hierbei stellt er fest, dass die Politik in der Fiktion, repräsentiert durch einen autokratisch regierenden, majestätischen Bürgermeister von Neustadt, als inkompetent, korrupt und nur am eigenen Wohl interessiert, präsentiert wird. Daneben wird die Wirtschaft, repräsentiert durch Figuren die lügen und betrügen, um ihren Profit zu maximieren, als verlängerter Arm der Politik dargestellt. Einzig Benjamin Blümchen und Bibi Blocksberg, zusammen mit der sensationsgierigen Reporterin Karla Kolumna, bilden eine rühmliche Allianz der Guten. In ihren Handlungen verhalten sie sich pazifistisch, bisweilen antikapitalistisch und anarchistisch und präsentieren sich in dieser Form für die kindlichen Konsumenten der Hörspiele als Vorbilder. Strohmeier erklärt, dass die Hörspiele den Kindern im Alter bis zu zwölf Jahren, also in genau einer Zeit, in der sich eine politische Grundpersönlichkeit herausbildet, ein zweifelhaftes Politikbild vermitteln, weist aber gleichzeitig darauf hin, dass die politische Sozialisation ein vielschichtiger Prozess ist und gerade in diesen Zusammenhängen nicht unbedingt eindeutige Wirkungen festgestellt werden können.

Und was für *Benjamin Blümchen und Bibi Blocksberg* gilt, muss selbstverständlich aller übrigen Kinder- und Jugendliteratur zugerechnet werden. Klassisch erfüllen beispielsweise Kinderbibeln oder die britische *Children's Encyclopaedia* eine zwar versteckte, jedoch bedeutende Rolle im frühen Bildungsprozess. Für die populäre Literatur wäre an die Werke Rudyard Kiplings oder später an die zahlreichen populären *Harry Potter* Episoden zu denken. Ferner muss beim Fokus auf Kinder für Wales auch unbedingt dem *Urdd Eisteddfod* als kulturelles Event mit seinen Ursprüngen in den *Welsh Sunday Schools* speziell für junge Waliser, ein beachtliches Moment der (politischen) Bildung zugeschrieben werden. Die Möglichkeiten und Grenzen politischer Bildung sind jedoch hier, wie in den meisten Fällen, verschwommen und schwer messbar.

Diesbezüglich kann ebenso der ehemalige Ostblock die Komplexität, Unberechenbarkeit und die Grenzen politischer Bildung anschaulich illustrieren. In ihren Forschungen über die Folgen politischer Bildung in den dann kommunistischen Staaten folgte eine Mehrzahl der Wissenschaftler ursprünglich einer von dem Dissidenten Alexander Sinowjev in den 1970er Jahren formulierten These, wonach sechzig Jahre Diktatur in der Sowjetunion einen neuen

---

[39] vgl. hierzu den Spiegel Online Artikel *Wie Bibi Blocksberg Kinder Politisch verhext* vom Mi, 19.10.05 unter http://www.spiegel.de/unispiegel/studium/0,1518,380238,00.html und http://www.spiegel.de/unispiegel/studium/0,1518,380238-2,00.html

Menschentypus, den *Homo Sowjeticus* hervorgebracht hätte, welcher durch sein schulisch-staatlich indoktriniertes Umfeld außerstande sei, den Staat und insbesondere die Staatsform zu kritisieren und schließlich zu stürzen. Daraus wurde wiederum gefolgert, dass die geistige Struktur dieses Menschentypus dauerhaft derart verändert worden sei, dass der unbegrenzte Fortbestand des Totalitarismus gesichert wäre.[40] Die geschichtlichen Entwicklungen seit den 1990er Jahren haben Sinowjews These eindrucksvoll widerlegt, erinnern jedoch gleichwohl mahnend daran, dass politische Bildung eben gerade nicht automatisiert mit exakten politisch erwünschten Ergebnissen aufwarten und ein Volk zu guten Menschen erziehen kann.

Dies kann sie weder als kommunistische und totalitäre, noch als demokratische politische Bildung, was ein Vergleich der messbaren Ergebnisse politischer Bildung in Großbritannien mit jenen anderer westlicher Demokratien verdeutlicht. Obgleich Länder wie Frankreich, Deutschland und die USA mit einer stärkeren Präsenz der politischen Bildung in ihren Lehrplänen, mit separaten Schulfächern und mit einem weit verzweigten Netz von überschulischen Institutionen, ungleich größere Anstrengungen für die politische Bildung unternehmen als Großbritannien, wo politische Bildung als Unterrichtsprinzip aller Schulfächer wirken soll und ansonsten keine bedeutende gesellschaftliche Präsenz aufweist, können sie in den bisher gemessenen Bereichen nicht mit signifikant besseren Ergebnissen aufwarten. Jüngste Ergebnisse haben gezeigt, dass die politische Bildung in Frankreich, Deutschland und den USA beispielsweise nicht automatisch eine größere Partizipationsbereitschaft zur Folge hat. Großbritannien, das unter den genannten Staaten in der Vergangenheit sicherlich den geringsten Wert auf schulische politische Bildung gelegt hat, erreicht in etwa dieselben Werte politischer Apathie in der Bevölkerung wie die Vergleichsstaaten.

Michael Oakeshott fasst die zahlreichen Phänomene politischer Bildung so zusammen:

„There will always remain something of a mystery about how a tradition of political behaviour is learned, and perhaps the only certainty is that there is no point at which learning it can properly be said to begin. The politics of a community are not less individual (and not more so) than its language, and they are learned and practised in the same manner. We do not begin to learn our native language by learning the alphabet, or by learning its grammar; we do not begin by learning words, but words in use (…). And this is also true of our political education (…). The greater part – perhaps the most important part of our political education we acquire haphazard in finding our way about the world into which we are born, and there is no other way of acquiring it.[41]

Will man nun also, basierend auf diesen Überlegungen, einen Versuch unternehmen, den Begriff der politischen Bildung wissenschaftlich zu definieren, so findet man sich hierbei schon bald vor ähnliche Schwierigkeiten gestellt wie bei dem Begriff der Bildung oder jenem

[40] vgl. Todd, Emmanuel (2003) S. 53
[41] Oakeshott, Michael Joseph (1962) *Rationalism in Politics and other Essays*, zitiert nach: Entwislte, Harold (1971), S. 7

der politischen Kultur, die sich laut Max Kaase verhält wie Wackelpudding, den man an die Wand nageln möchte. Behrmann versucht es mit einem funktionalistischen Ansatz und bezeichnet politische Bildung als eine der Institutionen, die „im permanenten politisch-soziokulturellen Wandel Teile der politischen Kultur institutionell abstützt und stabilisiert, indem sie diese als Bildungswissen in einen Bildungskanon aufnimmt."[42] Behrmann spielt mit seiner insgesamt gelungenen Definition auf die vielen Aspekte von Bildung, die auch für die politische Bildung gelten, an. So kann, wie die Bildung, die politische Bildung im Wesentlichen sowohl einen Prozess, als auch das Ergebnis dieses Prozesses beschreiben. Prozessual betrachtet beschreibt politische Bildung die Vermittlung, sowie den aktiven oder passiven Wissenserwerb über politische Institutionen, Strukturen und politisches Verhalten. Die Verfügbarkeit dieses Wissens, sowie angeeignete Handlungsstrategien, die das lernende Subjekt in die Lage versetzen, politisch-gesellschaftliche Sachverhalte bei subjektiv rationalem und demokratischem Handeln verstehen und beurteilen zu können, können demgegenüber als das Ergebnis dieses Prozesses bezeichnet werden.

Wie der spätere geschichtliche Überblick noch ausführlich zeigen wird, entsprangen die Inhalte des politischen Bildungsprozesses zunächst einem individuellen familiären Umfeld, welches seine Nachkommen zu einem nützlichen Glied von Familie und Gesellschaft erziehen wollte. Meist standen religiöse Werte im Mittelpunkt dieser familiären Erziehung. Die Religion diente als Richtschnur, die jedes Individuum dazu befähigen sollte, die vermeintlich richtigen, weil göttlich religiöse Werte zu erlernen und Inhalte an die Um- und Nachwelt weiterzugeben. Während diese ursprüngliche Form von gesellschaftlicher Bildung nur rudimentär institutionalisiert war, erkannten Staaten und Herrscher zunehmend die Bedeutung von ausgesuchten geistigen Eliten und legten mit dieser Einsicht den Grundstein für den Beginn des öffentlichen Schulwesens im 16. und 17. Jahrhundert. Als Folge der Aufklärung, und später von 1871 bis 1878 als Folge des Kulturkampfes zwischen Bismarck und der katholischen Kirche, verloren religiöse Bildungsinhalte zunehmend an Bedeutung, und die Weitergabe von sittlichen und auch ideologischen Werten rückte mehr und mehr in den Vordergrund. Diese Verweltlichung der Bildungsinhalte wurde ferner verstärkt durch neu entstandene staatliche Notwendigkeiten, etwa Bilanzen anzufertigen und kaufmännische Korrespondenzen zu führen, wodurch sich zu den religiös geprägten Schulen noch zusätzlich städtische Schreib-, Lese- und Rechenschulen für den kaufmännischen Nachwuchs gesellten.

Diese Entwicklung begründete eine Tendenz, die bis in die Gegenwart andauern sollte. Mehr und mehr und zunehmend verschiedenartige Akteure bemühten sich um die Vermittlung

---

[42] Behrmann, Günter C. (1987), S. 362

von Inhalten im politischen Bildungsprozess. Waren dies zunächst die Kirchen und dann nur einige staatliche Stellen, die aus zwar variierenden, jedoch stets staatlichen Motiven heraus den Prozess der politischen Bildung versuchten zu steuern, so entstanden mit dem Aufkommen der sozialen Frage im 19. Jahrhundert viele nichtstaatlich selbstorganisierte Bewegungen mit dem Ziel, den politisch unmündigen Bürger über seinen Status und über marktwirtschaftliche Ungerechtigkeiten aufzuklären und ihn in letzter Konsequenz zu einem befreiten mündigen Bürger zu erziehen. In Südwales waren dies einflussreiche Gewerkschaften, die auch beeinflusst von den Zielen der *Fabian Society* und unterstützt vom massiven wirtschaftlichen Wohlstand durch den Kohlebergau, zahlreiche *Welsh Miners' Libraries* als Bildungsinstitutionen sowie die *Miners' Welfare Institutions* ins Leben riefen. Insbesondere in den stark industrialisierten Regionen Europas gab es ähnliche Bestrebungen von Parteien, Gewerkschaften und Arbeitervereinen, die zunehmend verschiedene Formen organisierter politischer Bildung zur politischen Einflussnahme instrumentalisierten. In Deutschland geschah dies überwiegend in so genannten *Arbeiterbildungsvereinen*, einem institutionalisierten Versuch,[43] die deutsche Arbeiterschaft gesellschaftlich zu emanzipieren. Solche oder ähnliche nichtstaatliche politische Bildungsinstitutionen vermehrten sich insbesondere seit dem Europa des frühren 20. Jahrhunderts zusehends und präsentieren sich heute in Form von gemeinnützigen Organisationen wie der Friedrich Ebert- und Konrad Adenauer Stiftung, oder aber als spezialisierte Gewerkschaften.

Die prozessuale politische Bildung ist also weder institutionell noch kindheits- und jugendgenetisch eindeutig und vollständig lokalisierbar und stellt die Wissenschaft demzufolge vor echte Herausforderungen. Politische Bildung ist neben dem Prozess selbst das Ergebnis überwiegend kultureller Prozesse, die etwa familiär oder andernorts gruppendynamisch ablaufen können; den einen Ort politischer Bildung gibt es jedoch nicht. Folglich stellen prozessuale staatliche Formen politischer Bildung etwa in Schulen oder durch die *Landeszentralen* und die *Bundeszentrale für Politische Bildung* nur einen kleinen Teil eines größeren Komplexes dar und als Konsequenz dessen kann sich der traditionelle schulische Politikunterricht[44] als vermutlich zentralste Stätte des staatlichen politischen Bildungsprozesses bei vielen Individuen nur für einen kleinen Teil einer möglicherweise individuell erworbenen größeren Gesamtheit von politischem Wissen verantwortlich zeichnen.

---

[43] Aus diesen meist in der Mitte des 19. Jahrhunderts gegründeten Institutionen gingen später zahlreiche politische und gewerkschaftliche Organisationen hervor.
[44] Der Begriff des *Politikunterrichts* steht in dieser Arbeit für alle bekannten variantenreichen Bezeichnungen wie Sozialkunde, Gemeinschaftskunde, Gesellschaftslehre, politischer Unterricht oder sozialwissenschaftlicher Unterricht.

Doch auch und gerade an diesem für viele Menschen wichtigen, weil oft einzigen Ort gezielter politischer Bildung setzt sich die Komplexität politischer Bildung, insbesondere in
ihren prozessualen Unterkategorien (Inhalt und Methoden) fort. Symptomatisch hierfür ist
eine wissenschaftliche Kontroverse zwischen Theodor Wilhelm[45] und seinem Kritiker Litt.[46]
Da er die Demokratie als Lebensform begriff, war die politische Bildung für Wilhelm in erster
Linie Charakterbildung. Daher war es für ihn essentiell, dass Demokratie in jedem Lebensbe-
reich gelebt und erfahren wird. Für die praktischen Inhalte und Methoden schulischer politischer Bildung würden diese Gedanken Wilhelms eine Fokussierung auf das Individuum und
das Unterrichten von demokratischem Verhalten in möglichst allen Fächern als Unterrichtsprinzip bedeuten. Entscheidend wären hierfür nicht unbedingt nur die Inhalte politische Bildung, sondern vielmehr die Form des Lehrens und Lernens. Demokratie wird für Wilhelm
auch im sozialen Umgang etwa in Diskussionen und schulinternen Wahlen, sowie in gemeinschaftlichen schulischen Institutionen wie einer Schülermitverwaltung gelernt und praktiziert.

Litt hingegen begriff die Demokratie als Staatsform und politische Bildung als eine auf
Staat und Politik gerichtete Bewusstseinsbildung. Zur Erlangung eines politischen Bewusst-
seins standen also eher die faktischen Momente von Staat und Politik im Vordergrund, während die Methoden des Lehrens und Lernens von politischer Bildung für Litt eine untergeordnete Rolle spielten. Diese Kontroverse ist paradigmatisch für die unterschiedlichen Auffas-
sungen über Methoden und Inhalte politischer Bildung. Für Deutschland zeichnet sich seither
ein Verständnis von politischer Bildung ab, welches eher den Ansichten Wilhelms folgt.

Spätestens an dieser Stelle ergibt sich für den Gesamtkontext der vorliegenden Arbeit eine
Reihe weiterer, vorerst unbeantworteter, insbesondere praktischer Leitfragen. Wie wird beispielsweise die Qualität von politischer Bildung definiert und – daraus resultierend – wie wird
diese gemessen? Durch Multiple Choice Fragen, durch Interviews oder mit Hilfe von Textantworten? Welchem inhaltlichen und methodischen Verständnis von politischer Bildung
folgt diese Arbeit? Muss politische Bildung das Wissen über Institutionen, Geschichte, Wirtschaft, über Akteure und Prozesse vermitteln oder ist sie, wie Wilhelm meint, reine Charakterbildung? Und wenn dem so sein sollte, wie ließe sich dieser Charakter messen? Ferner: Wo
wird die politische Bildung überhaupt gemessen? Wenn sie in Schulen gemessen wird, in
welchen Fächern könnten möglicherweise wissenschaftlich untersuchende Workshops statt-
finden? Schließlich: Reichen die hier als relevant definierten Aspekte politischer Bildung für
eine Bewertung überhaupt aus, oder müssen nicht auch Faktoren, wie politisches, eventuell

[45] Theodor Wilhelm publizierte zahlreiche Arbeiten unter dem Pseudonym Oetinger.
[46] das Folgende: Vgl. Behrmann, Günter C. (1987), S. 361

eigeninitiatives Interesse, interdisziplinäres Denken und taktisches Verständnis ebenso berücksichtigt werden? Und sollte dies der Fall sein, wie ließen sich diese Aspekte überhaupt messen? Die Beantwortung dieser Fragen obliegt dem empirischen zweiten Teil der Arbeit.

Darin wird auf das der Arbeit inhärente Verständnis des komplexen Begriffs der Region eingegangen werden.

IV. Region

Danach gefragt, was Zeit sei, antwortete Augustinus ‚Solange mich niemand danach fragt, ist es mir, als wüsste ich es; fragt man mich aber und soll ich es erklären, dann weiß ich es nicht mehr.' Diese Erkenntnis gilt auch für den weitläufigen Begriff der Region: Alle reden davon, im festen Glauben zu wissen, worüber, während die präzise Bedeutung hierbei meist ungeklärt bleibt, ja Gesprächen oder Diskussionen mehrerer Personen oft – bewusst oder unbewusst – zahlreiche verschiedene Verständnisse zugrunde liegen. Während Anthony Giddens in *The Constitution of Society*[47] diesbezüglich darauf hinweist, dass aus US-amerikanischer Sicht eine Region gleich mehrere nationale Bundesstaaten umfasst, und ‚regionale Probleme' selbst mehrere Staaten, beispielsweise im Mittleren Osten, umfassen können, erklärt Christopher Harvie hierzu:

„The ambiguity of the term meant that it straddled several schools of interpretation, without integrating them. As part of state administration, region fell into old-fashioned national history; as ‚city-region' it was part of urban history; as ‚culture-nation' part of the intensely political history of peoples aspiring to their own state; as ‚industrial region' a central aspect of economic history. As we have already seen, the definitions don't stop there."[48]

Insofern kann es nicht verwundern, dass der Begriff „völlig unterschiedliche Assoziationen etwa hinsichtlich der Größe einer Region, deren Abgrenzungskriterien oder der von ihr wahrzunehmenden Funktionen"[49] hervorruft.

Zur inhaltlichen und strukturellen Klarheit wird hier, basierend auf der, dieser Aussage inhärenten Grundannahme, eine Dreiteilung des Regionenbegriffs in erstens eine geographische, zweitens eine subjektive und drittens eine funktionale Komponente vorgenommen. Erstens soll die Region als Reflexion eines *geographisch* lokalisierbaren physischen Gebiets, welches mehr oder weniger eindeutig mit Hilfe einer Landkarte isoliert werden kann, verstanden werden. Zweitens kann und, wie später zu zeigen sein wird, müssen diesem physischen Verständnis individuelle *subjektive* Assoziationen zugrunde liegen. Schließlich soll drittens eine aus den erstgenannten Faktoren resultierende *funktionale* Komponente der Region als strukturelles Element analysiert werden.

Bei einer Definition der Region muss also zunächst einmal festgehalten werden, dass assoziierten Regionenbegriffen wie Wales, Baden-Württemberg, Süddeutschland, Rhondda Val-

---

[47] Giddens, Anthony (1984)
[48] Harvie, Christopher (2006), S. 15
[49] Raich, Silvia (1995), S. 23; Die Autorin weist darauf hin, dass es u.a. Arbeitsmarktregionen, Agrarregionen, Berg- und Küstenregionen, Grenzregionen, Grenzüberschreitende Regionen, Montanregionen, Schiffsbauregionen, usw. gibt.

ley, Schwaben, usw. normalerweise eine geographisch-territoriale Dimension zugrunde liegt. Es existiert also ein Territorium, welches die angegebenen Begriffe auf einer Landkarte theoretisch reflektieren kann. Dieser Annahme folgten etwa der Europarat für europäische Regionen in seiner 1978 verabschiedeten Erklärung von Bordeaux und das Europäische Parlament in seiner 1988 beschlossenen Gemeinschaftscharta der Regionalisierung, wonach unter einer Region die größte gebietsmäßige Einheit eines Landes bzw. ein Gebiet, das aus geographischer Sicht eine deutliche Einheit bildet, verstanden wird.[50] Diese rein geographische Definition der Region wirft jedoch bereits zahlreiche Fragen auf: Wie entstehen und verändern sich geographische Regionen? Im Mittelalter stammte deren Fläche noch weitestgehend mit einer örtlichen Diözese überein, schon bald vergrößerten sie sich jedoch zu topographischen, industriellen, linguistischen und kulturellen Zonen,[51] bedeutet dies, dass sich Regionen vielleicht überlagern und selbst über nationale Grenzen hinausreichen können? Und können sich folglich einzelne Individuen sowohl geographisch als auch subjektiv nicht auch mehreren Regionen zugehörig fühlen?[52] Schließlich: Kann eine Region überhaupt bestehen, wenn sie nicht als solche von ihren Bewohnern wahrgenommen wird?

Die Beantwortung dieser Fragen entpuppt sich als höchst komplex. Denn bei der Einbeziehung einer subjektiven Komponente in eine Regionendefinition stößt man schon bald an die Grenzen der verlockend einfach klingenden geographischen Begriffs-Territoriums-Kontinuität. Untersucht man nämlich das subjektive Verständnis geographischer Begriffe genauer, so erhält man, wie Lilli und Diehl 1999[53] belegen konnten, ein Raumverständnis, welches oft gerade nicht mit geographischen Grenzen oder Verwaltungsgrenzen identisch ist. Obgleich Wales beispielsweise einerseits als eine geographisch und verwaltungstechnisch eindeutig lokalisierbare Region gilt, divergieren seine subjektiv empfundenen Grenzen teilweise erheblich. Dies belegte etwa Dennis Balsom mit seinem *Three-Wales Model*, demzufolge Wales nicht etwa ein homogener Raum, sondern vielmehr ein in drei Teile – *Y Fro Gymraeg* (die Englische Übersetzung hierfür ist *Welsh-speaking heartland*, das walisischsprechende Landesinnere), *Welsh Wales und British Wales* – zerteiltes heterogenes Gebiet ist, welches insbesondere an dessen Rändern zu England subjektiv als solches wahrgenommen wird. Ebenso lässt sich Baden-Württemberg zwar auf einer Landkarte lokalisieren, die Grenzen zwischen den verschiedenen regionalen Gruppierungen und Identitäten sind allerdings

---

[50] Zit. nach Raich, Silvia (1995), S. 23f.

[51] Harvie, Christopher (2006), S. 19

[52] Dieses Phänomen erscheint in der wissenschaftlichen Literatur unter dem Begriff der *konzentrischen Loyalitäten*.

[53] Lilli, Waldemar/Diehl, Michael (1999), S. 101 - 121

selbst zwischen den Gebieten von Baden und Württemberg fließend und nicht eindeutig definierbar.[54]

Auch deswegen sind „Versuche, eine einheitliche operationalisierbare Definition des Begriffs ‚Region' außerhalb eines konkreten Funktionszusammenhangs zu leisten, mit der zusätzlich der extrem heterogenen Regionalstruktur in den einzelnen Mitgliedstaaten der Europäischen Union Rechnung getragen wird, (…) bislang weder einer wissenschaftlichen Fachdisziplin noch in der politischen Praxis gelungen."[55] Der Begriff der Region ist äußerst weitläufig und kann für eine Vielzahl von „historisch gewachsenen territoriale[n] Einheiten unterhalb der Ebene des Nationalstaats"[56] stehen. So gibt es „a vast range of regional disciplines – geographical, ethnological, sociological, political, economic, anthropological".[57] Für Großbritannien wurden sogar „nearly a hundred different regional structures ranging from the six regional crime squads covering England and Wales to the nine Bee Health Inspection regions of the Ministry of Agriculture, Fisheries and Food"[58] festgestellt. Trotz aller Komplexitäten, Überlagerungen und Perzeptionen ist dessen ungeachtet einem subjektiven Regionenverständnis zufolge das Hauptmerkmal der Region, wie auch des Regionalismus, das Zugehörigkeits- und Zusammengehörigkeitsgefühl ihrer Bewohner, welches durch ethnische, religiöse und/oder kulturelle Gemeinsamkeiten entsteht und den Bürgern oft die Möglichkeit der Identifikation gegenüber ihrem großen, in Bezug auf die Region möglicherweise unpersönlichen Nationalstaat bietet. Wie schon Adam Ferguson im 18. und frühen 19. Jahrhundert, weist auch Wehling diesbezüglich auf die Bedeutung des Wir-Gefühls einer Region hin: „Der äußeren, politisch definierten und historisch tradierten Grenze entspricht eine mentale Grenze bei Individuen und Gruppen: Die politische Kultur eines Landes, einer Region oder auch einer Kommune wird begrenzt durch ein entsprechendes Wir-Bewußtsein. Dieses Wir-Bewußtsein produziert Eigenbilder und provoziert Fremdbilder."[59]

Mühler und Opp zählen zu den Merkmalen eines als Einheit empfundenen und mit Namen versehenen Raums „z.B. das Ausmaß, in dem die in einem Gebiet wohnenden Menschen rela-

[54] Wehling weist diesbezüglich auf den Begriff der konzentrischen Loyalitäten hin: „Man ist zugleich Nürnberger, Franke, Bayer, Deutscher. Je nach Zeitumständen und konkreter Situation kehrt man mehr das eine oder andere besonders hervor." (Wehling, Hans-Georg (1987), S. 262); Prisching hingegen fokussiert mehr auf die divergierenden Identitäten verschiedener Regionen wenn er die problematische Lokalisierung regionaler Einheiten mit abgestuften Identitätspotentialen erklärt (vgl. Prisching, Manfred (1994), S. 51ff.), die, so präzisiert Bausinger, „bei Bedarf und je nach Situation abgerufen werden können und die man sich idealtypisch in konzentrischen Kreisen gelagert denken kann (Wohnung, Haus, Nachbarschaft, Viertel, Stadt, Region, Land), die aber in Wirklichkeit nicht so präzise geordnet sind." (Bausinger, Hermann (1996), S. 10)
[55] Raich, Silvia (1995), S. 23
[56] Kilper, Heiderose/Lhotta, Roland (1996), S. 32; vgl. hierzu die Definition der Versammlung der Regionen Europas weiter unten in diesem Kapitel.
[57] Harvie, Christopher (1994), S. X
[58] Bogdanor, Vernon (1999), S. 269
[59] Wehling, Hans-Georg (1987), S. 262

44

tiv viele, als wichtig betrachtete Eigenschaften gemeinsam haben. Beispiele für solche Eigenschaften sind gemeinsame Sprache und Kultur, gleiche ethnische Herkunft und Geburt in der Region. Weiter ist die gemeinsame Geschichte von Bedeutung (…)."[60] Hieraus folgt, dass sich Regionenbegriffe ebenso auf Sachverhalte wie etwa die Sprache oder andere kulturelle Inhalte, die vom Menschen konstruiert wurden, beziehen können, dass jedem individuellen Regionenverständnis also eine subjektive, in Schnittmengen kollektive, Sinnordnung zugrunde liegt. „'Sinnordnung' könnte bedeuten, dass Regionenbegriffe Sachverhalte bezeichnen, die Akteure bewusst geschaffen haben, d.h. die aus der Sicht von Akteuren einen ‚Sinn' oder einen ‚Zweck' haben. Bei solchen Äußerungen bleibt [jedoch] offen, was denn genau die Sachverhalte sind, auf die sich Regionenbegriffe beziehen."[61]

Von dieser subjektiv geprägten Definition unterscheidet sich schließlich jene strukturell und funktional geprägte von Harvie und Hrbek/Weyand. Für Harvie impliziert der Terminus der Region stets den Aspekt der Teilung von Macht: „Region implies a *division* of government. First used to describe the internal arrangements of the Roman empire."[62] Hrbek und Weyand bezeichnen demgegenüber die Regionen als territoriale Einheiten, „die unmittelbar unterhalb der Zentralregierung, aber über der kommunalen Ebene angesiedelt sind, die für die territoriale Organisation der Verwaltung von Bedeutung sind und in deren Rahmen Entscheidungsträger, die nicht unmittelbar dem Zentralstaat angehören, bestimmte Aufgaben wahrnehmen."[63] Demnach dient die Region der Abgrenzung von Räumen zur Festlegung von Zuständigkeiten: „Sie definiert Einfluß- und Geltungsbereich und unterscheidet zwischen denen, die dazugehören, und den anderen, die ausgeschlossen sind."[64] Auch die Versammlung der Regionen Europas definiert die Region funktionalistisch als die „unmittelbar unterhalb der zentralstaatlichen Ebene bestehenden Gebietskörperschaften mit einer politischen Vertretung."[65] Unter einem strukturellen Fokus im weitesten Sinne ist auch die Definition des Soziologen Anthony Giddens zu sehen. Giddens bezeichnet die Region als ein Foyer sozialer (Inter-)Aktionen, die sich von der Familie bis hin zum Nationalstaat erstrecken.[66] Ein Definitionsversuch der Rechtswissenschaft, wonach Regionen „das Produkt einer aus juristischer

[60] Mühler, Kurt/Opp, Karl-Dieter (2004), S. 13
[61] Mühler, Kurt/Opp, Karl-Dieter (2004), S. 14
[62] Harvie, Christopher (2006), S. 19
[63] Hrbek, Rudolf/Weyand, Sabine (1994), S. 18f.
[64] Bausinger, Hermann (1996), S. 8
[65] Laufer, Heinz/Münch, Ursula (1997), S. 211
[66] vgl. Giddens, Anthony (1984), S. 120-143

45

Sicht übergeordneten Autorität"[67] sind, schließt sich anderen strukturellen Verständnissen an, muss allerdings aufgrund der deutlichen Verschiedenartigkeit subnationaler Strukturen mit unterschiedlich gewichteten übergeordneten Autoritäten als unvollständiger Definitionsversuch untergeordnet werden.

Schließlich sind in diesem Zusammenhang als Manifestation einer funktionellen Definition der Region noch die Industrieregionen und industrielle Netzwerke zu erwähnen, welche sich einerseits vorhandene regionale Strukturen zunutze machen und davon profitieren und andererseits neue regionale Strukturen etablieren und ausbauen. Als Beispiel eines erfolgreichen industriellen Netzwerks kann die Großregion Stuttgart mit ihrer Konzentration auf die Automobilproduktion, vertreten durch Mercedes Benz und Porsche, angeführt werden, welche von Firmen wie Bosch, Behr oder BBS und sogar durch enge Kooperationen mit den technischen Lehrstühlen der Universität Stuttgart getragen wird. Nicht umsonst heißt es im Volksmund: *Geht es Mercedes Benz gut, dann geht es auch der Region gut* und: *Muss Mercedes Benz niesen, hat die ganze Region einen Schnupfen.* Ebenso gilt für die USA, wo wie bereits angedeutet die Region in größeren Maßstäben betrachtet wird, dass es dem Land dann gut geht, wenn ihr weltweit größter Automobilhersteller GM wirtschaftlich erfolgreich ist. Weniger erfolgreich, so Kritiker einer kurzsichtigen Wirtschaftspolitik von Gordon Brown und Tony Blair, haben sich britische Regionen und *City Regions* in Wales entwickelt. Zwar siedelten sich seit den 1990er Jahren zahlreiche ausländische Investoren dort an, mangels eines historisch gewachsenen industriellen Netzwerks profitierte die dortige Bevölkerung aber nur marginal von den immensen Investitionen.

Keines der drei Verständnisse kann alleine den Begriff der Region ausreichend erklären. Zwar spricht vieles dafür, dass die Konstitution der Region wie die Abgrenzung von Räumen insbesondere eine Frage von individuellen Perspektiven und subjektivem Denken ist. Dennoch kann nur eine komplexe Symbiose der drei vorgestellten Perspektiven die Region erfassen. Bausingers Zusammenfassung – „Menschen unterscheiden zwischen ‚Wir' und den ‚Anderen', und räumliche Grenzen erleichtern diese Prozedur."[68] – verschmilzt beispielhaft die subjektive mit der geographischen Komponente. Hierauf aufbauend inkludiert Bausinger noch das funktionale Verständnis von Region: „Schließlich – und das hängt eng mit dieser Wir-Perspektive zusammen: Der so nach außen abgegrenzte Raum wird intensiv angeeignet. Auch dies gilt sowohl auf der institutionellen wie auf der individuellen Ebene. Die Festlegung von

[67] Merciai, Patrizio/ Saint-Ouen, François (1987) *Sur la notion juridique de région*, zit. nach Raich, Silvia (1995), S. 23
[68] Bausinger, Hermann (1996), S. 8

Räumen ermöglicht deren administrative Durchdringung, die so intensiv werden kann, daß sie den Einzelnen empfindlich einengt. Aber auch das Individuum erlebt bestimmte Räume als Binnenraum, der intensiver angeeignet wird und mit dem man sich stärker identifiziert als mit den externen, den nicht-eigenen Räumen."[69]

Für Wales wird Bausingers Symbiose von subjektiver und geographischer Regionendimension von der *Welsh Election Study* (WES) aus dem Jahr 1979 gestützt.[70] Auf die Frage "'Do you normally consider yourself to be Welsh, British, English or something else?' The WES survey found 57% of the Welsh electorate believing itself to be Welsh, 34% British, 8% English and 1% something else."[71] Im Norden und Westen von Wales stieg die Zahl der sich als Waliser fühlenden Menschen sogar noch auf fast zwei Drittel an. Dies könnte darauf hindeuten, dass „Schottland, Yorkshire, Wales, Ulster – nicht Großbritannien"[72] als Regionen bezeichnet werden könnten. Mehr noch, das dortige Aufbegehren gegen den Zentralstaat in all diesen Regionen würde das weiter oben angesprochene Moment der individuellen sozialen Erfahrung des ‚Wir' gegen die ‚Anderen' innerhalb räumlicher Strukturen reflektieren. Nicht minder deutlich ist eine Umfrage aus dem Jahr 1995 für Schottland, wonach sich „34 per cent of Scots and 21 per cent of the Welsh felt more Scottish or Welsh than they did British, while similar numbers did not feel British at all."[73]

Betrachtet man ergänzend David Millers Aufzählung von Kennzeichen für eine Nation sowie nationale Identität in Abgrenzung zu anderen kollektiven Quellen für persönliche Identität, verstärkt sich der Eindruck, dass durch ein komplementäres Regionenverständnis insbesondere in Wales, in bescheidenerem Maße aber auch in Baden-Württemberg, Indizien für eine ausgeprägte Eigenständigkeit beider Regionen vorliegen. Miller zählt zu den Aspekten, die unterschiedliche Menschen zu einer (nationalen) Gemeinschaft machen:

- Der *Glaube* an die Gemeinschaft, sowie das geglaubte *Wissen* darüber, zu dieser Gemeinschaft zu gehören:[74] „The belief that we resemble our ancestors – that Shakespeare, say, is more like a modern Englishman than a modern Frenchman or German – may be unreasonable, but by existing it influences conduct."[75]

---

[69] Bausinger, Hermann (1996), S. 8f.
[70] Dennis Balsom weist ausdrücklich darauf hin, dass die angesprochenen Daten trotz ihres Alters sehr wertvoll sind: „Although this data is now somewhat dated, it remains the most comprehensive database available. Later opinion polls have provided fragments of further evidence but nothing of the quality of the material gathered by the WES survey." (Balsom, Dennis (1985), S. 2)
[71] Balsom, Dennis (1985), S. 2f.
[72] Kilper, Heiderose/Lhotta, Roland (1996), S. 33
[73] Freedland, Jonathan (1998), S. 219
[74] vgl. hierzu auch Anderson, Benedict (1991) *Imagined Communities*. London: Verso.
[75] Miller, David (1995), S. 37

- *Historische Kontinuität* der Gemeinschaft, sowie signifikante (positive wie negative) Ereignisse der Vergangenheit, die die Gemeinschaft verbinden: „We have discovered that, when assessing national identities, we need to look not only at what the identity presently consists in – what people believe it means to be Italian or Japanese – but at the process by which it has arisen."[76]
- Der *aktive* Charakter der Gemeinschaft, die Entscheidungen trifft und sich verändert,
- die geographische *Lokalisierung* der Gemeinschaft und
- eine gemeinsame *politische Kultur*

Nichts spricht dagegen, diese von Miller als *nationale* Voraussetzungen für eine *nationale* Gemeinschaft definierten Aspekte auch auf Regionen anzuwenden und ihre Gültigkeit für Wales und mit einer gewissen Einschränkung der historischen Kontinuität für Baden-Württemberg, also für diesen Fall auf substaatlicher regionaler Ebene anzunehmen. Ebenso darf angenommen werden, dass viele von Millers Aspekten einem historischen Wandel unterliegen und früher sehr viel wichtiger und bestimmender waren als heute.

So fungierten beispielsweise der Glaube an und die aktive Unterstützung der Gemeinschaft früher in bedeutendem Maße als Garant eines sicheren oder gar wohlhabenden Lebensumfeldes. Die unmittelbare, geographische Nahumgebung hatte neben sozialer, vor allem rein praktische Bedeutung.

- Verderbliche Lebensmittel wie insbesondere Milch und Milchprodukte konnten nur in einem räumlich eingegrenzten Raum transportiert und unbedenklich konsumiert werden
- Die Qualität von Konsumgütern und Dienstleistungen war durch soziale Netzwerke bei deren Herkunft aus der regionalen Umgebung eher gewährleistet als von fremden Orten.
- In einer prämodernen Infrastruktur konnte effektives Regieren und Verwalten nur in überschaubaren Einheiten gewährleistet werden, da die Reichweite von Gesetzen und Erlassen durch die Region definiert wurde.

Die oben zusammengestellte Symbiose dreier unterschiedlicher Regionenverständnisse kann den Begriff also immerhin zufrieden stellend erfassen. Darauf aufbauend muss allerdings exkursiv auf einen ausgeprägten wissenschaftlichen Dissens darüber, welche Auswir-

---

[76] Miller, David (1995), S. 40

48

kungen die neueren, insbesondere technologischen Entwicklungen auf Region und Regionenverständnis haben und haben werden, hingewiesen werden.

In der modernen Welt von Telekommunikation und endloser Mobilität scheint es auf den
ersten Blick, als verlören regionale Bezüge ihre Bedeutung, als würde die Region einen leisen
Tod sterben. Als Ergebnis werden Sinn und Zweck von Region und Heimat bereits in Frage
gestellt. Der Kommunikationsphilosoph Vilém Flusser folgert aus den modernen Entwicklungen, dass man sich vom Heimatbegriff verabschieden sollte, da Heimat lediglich eine Mysti-
fikation sei, der aufgrund des Geburtsorts eine überhöhte Bedeutung zugesprochen wird.[77]
Von diesem rationalistischen Standpunkt aus müsste die heimatliche Region ebenso als ein
rein zufälliges Geburtsumfeld, deren Geschichte, Traditionen und Kultur als dessen zufällige
Beigabe definiert werden. Wie ein Mensch in eine Familie hineingeboren wird, findet er sich
auch in einem nachbarschaftlichen Umfeld, einer Region wieder, die er als gegeben zu betrachten hat. Alle Bindungen von Mensch, Familie, Nachbarschaft, Stadt oder Dorf, Region
und Land würden jedoch mit wachsender Durchdringung des Lebens von Individuen durch
eine Telekommunikationsinfrastruktur, in der eher via Internet mit anderen Kontinenten, als
mit Familie, Nachbar oder Gemeinde kommuniziert wird, früher oder später irrelevant. Denselben Effekt würde der kommunikationsphilosophischen Theorie Flussers zufolge ein Mobiltelefon ausüben, welches zwar theoretisch ununterbrochene Erreichbarkeit gewährleisten,
nicht aber persönliche Kontakte im familiären, lokalen oder regionalen Umfeld ersetzen könnte. Neben diesen weltweiten Telekommunikationsgelegenheiten müsste schließlich die
scheinbar unbegrenzte, durch *Last Minute* und *Low Cost Airlines* weiter forcierte physische
Mobilität den Individuen ihre übrig gebliebenen regionalen Bezüge rauben.

Diesen von Flusser angestoßenen Überlegungen widerspricht jedoch eine Lebenswirk-
lichkeit von Menschen, die sich in ihren „Kommunikationsakten und -strategien nicht in
weltweiten und überwiegend auch nicht in überregionalen Bezügen"[78] bewegen. Nach wie vor
leben die Menschen an einem Wohn*ort*, haben im Idealfall einen Arbeits*platz* und bewegen
sich – physisch und geistig – hauptsächlich in ihrer Umgebung. Wenn nach einer Infrateststu-
die 88% aller Deutschen erklären, dass sie gerne dort leben, wo sie wohnen, dann ist allein
das schon ein Hinweis auf die Fortdauer jener raumbezogenen Identität, der von Flusser eine
schwindende Bedeutung zugeschrieben wird.[79]

---

[77] Vgl hierzu insbesondere das 3. Kapitel aus Flussers viertem Band seiner Schriften Reihe: Flusser, Vilém
(1996) *Kommunikologie*
[78] Bausinger, Hermann (1996), S. 11
[79] vgl. Bausinger, Hermann (1996), S. 11

Aber man kann sogar noch weiter gehen und die vermeintlich anti-regional wirkende Technologisierung und Globalisierung als final regionenfreundlich umdeuten, da diese eine natürliche Bindung zur unmittelbaren Umgebung verstärken. Die Regionendefinition des Schweizer Philosophen Denis de Rougemont als „the space for civic participation in which man comes alive to the world and to himself at the same time,"[80] unterstreicht den direkten Bezug der Region zum Individuum. Ebenso Jane Jacobs in *The Death and Life of great American Cities*[81] und Patrick Geddes in *Cities in Evolution*[82], worin beide betonen, dass die unmittelbare Umgebung, also idealerweise natürlich gewachsene lokale städtische und überregionale Strukturen der Region im Allgemeinen und dem Individuum im Besonderen von unschätzbarer Bedeutung sind.

Die individuelle subjektive Orientierungslosigkeit im Fortschrittsdschungel sowie ein allgemeiner Mangel persönlicher Bezüge und menschlicher Nähe, führen zu einer Rückbesinnung auf das Altbewährte, das Einfache, das Regionale. *Spiegel* Autoren berichten bereits von Jugendlichen, die ein Mobiltelefon grundsätzlich ablehnen oder sogar aufgegeben haben und diese Entscheidung als Befreiung vom Diktat der dauerhaften Erreichbarkeit empfinden. Ebenso berichten sie über einen insbesondere im Osten Deutschlands aufkommenden Trend, Freunde ohne Vorankündigung zu besuchen, genau so, wie es zu DDR-Zeiten ohne Telefon noch Usus war. Auch hier kann der Besuch ohne ankündigenden (Mobil-)Telefonanruf als Rückbesinnung auf traditionelle regionale und lokale Strukturen interpretiert werden.

Gerade *weil* die ehemals überschaubaren Strukturen von Familie, Lokalität und Region verbleichen, die Netzwerke größer und die Welt unüberschaubar geworden ist, „ist ein starkes Bedürfnis entstanden nach einem strukturierten und transparenten Binnenraum, in dem man sich mit einiger Sicherheit bewegen kann. (...) Die Menschen erwarten trotz und wegen der globalen Vernetzung, daß es einen Bereich gibt, in dem sie genauer Bescheid wissen, (...) in dem sie sich zugehörig und zuhause fühlen können. Dabei ist angemessen, von Lokalität und Regionalität zu sprechen: Für den Raum mit Bedarf an verdichteter Kommunikation, differenzierter Information und stärkerer gefühlsmäßiger Bindung läßt sich kein Radius und lassen sich keine festen Konturen bestimmen. Lokale und überlokale, regionale und überregionale Orientierungen hängen dabei eng zusammen."[83] Özkirimli fasst diese Gedanken wie folgt zusammen: „National identities are gradually eroded by the forces of globalization which increase the interdependence of the planet on the one hand and lead to the formation of strong

[80] de Rougemont, Denis (1983), S. 219
[81] Jacobs, Jane (1993)
[82] Geddes, Patrick (1997)
[83] Bausinger, Hermann (1996), S. 12

50

local identities on the other."[84] Miller fügt diesen *Pull*-Faktoren ergänzend hinzu, dass daneben die individuell perzipierten staubigen und veralteten Bilder des Nationalstaats als *Push*-Faktoren weg von einer national orientierten Gesellschaft führen. Demnach sind die Menschen

> "repelled by the raucous form that nationalism often takes in countries that are less developed and less liberal – the military parades, the contrived displays of national solidarity, the pompous speeches of the national leaders – and they think it a mark of civilization not to be affected by the vulgar emotions that nationality evokes."[85]

Auch durch die nachhaltige Erhöhung von Energie- und insbesondere Kraftstoffpreisen seit dem Ende der 1990er Jahre scheint die Bedeutung von unmittelbaren regionalen und lokalen Strukturen zugenommen zu haben. Die durch einen sich vergrößernden Weltmarkt angespannten Rohölpreise sowie durch energiepolitische Entscheidungen wie etwa der Ökosteuer und einem staatlich zugelassenen Wettbewerbsabbau in der Strom- und Gasindustrie Deutschlands oder einen beträchtlichen staatlichen Steuersatz auf Treibstoffe wie in Großbritannien, führen neben einer allgemeinen Verteuerung der Lebenshaltung insbesondere zu verteuerter privater Mobilität und in längerfristiger Konsequenz zu Preisanstiegen bei den öffentlichen Verkehrsmitteln. Obgleich die Mobilität der europäischen Gesellschaften über die Jahre hinweg stetig gewachsen ist, gibt es jüngst Anzeichen dafür, dass die angesprochenen Entwicklungen zu einer Stagnation oder gar Umkehr von Mobilitätsgewohnheiten führen. Neben einer Stagnation der Fahrgäste in den öffentlichen Verkehrsmitteln – freilich auch bedingt durch die Billigkonkurrenz von steuerlich begünstigten Airlines – nimmt auch die Menge des absolut getankten Benzins an den europäischen Zapfsäulen kontinuierlich ab.[86]

Diesen Entwicklungen steht eine expandierende Telekommunikationsindustrie gegenüber, die weltweite Verbindungen aller Art von Mobiltelefonen, Computern und Laptops, PDAs und weiteren Geräten an allen Orten möglich macht und damit die Bedeutung der individuellen Mobilität reduziert. Die Effekte dieser Veränderungen sind derzeit schwer abschätzbar, neben der an anderen Stellen bereits ausreichend thematisierten Globalisierung menschlichen Handelns scheint durchaus ein Bedeutungsgewinn des Regionalen Folge dieser Entwicklungen zu sein: Individuen ziehen sich zurück auf das Überschaubare, die Heimat, die Region. Arbeit, obgleich oft global in ihrer Wirkung, wird mehr und mehr lokal, von den modernen

---

[84] zit. nach Mühler, Kurt/Opp, Karl-Dieter (2004), S. 56
[85] Miller, David (1995), S. 15
[86] Während in Deutschland der jährlich getankte Treibstoff mit 68 Milliarden Litern in 2004 stagnierte, 2005 um 6% abnahm und bis 2020 um prognostizierte 20% absinken wird. Vgl. hierzu http://www.spiegel.de/wirtschaft/0,1518,351724,00.html am Sa, 16.04.05 und http://www.sueddeutsche.de/,tt4m2/wirtschaft/artikel/913/73840/ am Sa, 15.04.06

Heimarbeitsplätzen aus, verrichtet. Lokale und regionale Netzwerke familiärer und nachbar-schaftlicher Art gewinnen an Relevanz.

In der englischsprachigen Forschungsliteratur wird bereits der von den Wissenschaftlern Jeremy Rifkin und Robert Putnam geprägte Begriff der *Glocalisation* für die zwangsläufige Symbiose von Globalisierung und Lokalisierung verwendet. Allein der Ausdruck macht die Abhängigkeit des einen Phänomens vom anderen deutlich, die der Globalisierung inhärente Lokalisierung. Neben dieser Quasi-Kausalität von globalen und regionalen Veränderungen impliziert die künstliche Konstruktion des Begriffs aber auch eine Unnatürlichkeit der Sache, was allein durch die Gegensätzlichkeit der beiden Phänomene gerechtfertigt ist. *Glocalisation* verdeutlicht daneben das menschliche Bedürfnis nach räumlich geordneten und überschauba-ren Strukturen, welche von industriellen und politischen Progressionsfanatikern bereits als überkommen und altmodisch abgestempelt worden waren.

Das dieser Arbeit zugrunde liegende Verständnis von Region soll den oben genannten Faktoren Rechnung tragen und wie bereits angedeutet von einem dreischichtigen Regionen-modell ausgehen. Demzufolge kann Wales *geographisch* durch seine historisch definierte Grenze zu England, *subjektiv* als Ergebnis zahlreicher Studien, darunter die oben angespro-chene Umfrage aus dem Jahr 1995 sowie die Daten des später vorgestellten empirischen Teils dieser Arbeit und schließlich *funktional* als devolutionierte Organisations- und Verwaltungs-ebene des Vereinigten Königreichs, als Region interpretiert werden.[87]

Weitaus schwieriger stellt sich eine derartige Klassifizierung für Baden-Württemberg als Ganzes dar. Obgleich zusammen mit Wales als assoziiertem Mitglied Teil der regionalen Zu-sammenarbeit im Rahmen der *Vier Motoren Europas*, muss der regionale Charakter einer Einheit Baden-Württemberg ausgiebig hinterfragt werden. Ist ein föderalstaatliches Bundes-land wie Baden-Württemberg *per se* eine Region? Oder kann es in diesem konkreten Fall we-gen seines Bindestrich-Problems gerade keine sein? Kann das nach dem Zweiten Weltkrieg von den Besatzungsmächten künstlich konstruierte und als Einheit erst seit 1952 existierende geographische Gebiet den dort lebenden Individuen überhaupt eine subjektiv empfundene heimatliche Region sein? Oder ist Baden-Württemberg historisch betrachtet gar ausschließlich eine kühl durchdachte, Effizienz steigernde funktionale Abgrenzung von Räumen zur Festle-gung von Zuständigkeiten? Welche Rolle spielt das Phänomen der *Glocalisation*, ist es viel-

---

[87] Dennis Balsom fasst in anderem Zusammenhang ähnlich zusammen: „Wales' claim to a distinct and separate identity rests overwhelmingly upon two factors: the existence of a territorial entity that defines the boundaries of Wales, and the continued existence of the Welsh language together with a long established linguistic and cultural tradition." (Balsom, Dennis (1985): 2)

52

leicht sogar ein integratives Element im möglicherweise heterogenen Baden-Württemberg, indem es zur subjektiven Rückbesinnung auf eigene Werte (wie Fleiß, Erfindergeist, Präzision und Effizienz) und auf Errungenschaften wie ein überdurchschnittliches Bildungssystem und niedrige Arbeitslosenzahlen beiträgt, und in den Baden-Württembergern eine regionentypische Abgrenzung zu ‚den anderen' hervorruft? Eine Auseinandersetzung mit diesen und einer Vielzahl weiterer Fragen zum konkreten Regionencharakter insbesondere von Baden-Württemberg und analog dazu eine Auseinandersetzung mit der Frage über die Zulässigkeit eines Vergleichs mit Wales erscheinen angebracht.

Während also Wales durchaus als eine Region definiert werden könnte, wird in Deutschland „und vielleicht im Südwesten ganz besonders (…) der Begriff Region offiziell und inoffiziell im allgemeinen auf Räume gemünzt, die kleiner sind als die Länder. In Baden-Württemberg ist Region die amtliche Bezeichnung für eine mehrere Kreise umfassende Kooperationseinheit; umgangssprachlich zielt der Begriff auch auf noch kleinere Räume, die manchmal durch die einseitige historische Gliederung definiert sind."[88] Erschwerend kommt hinzu, dass viele baden-württmebergische Regionen, darunter die Oberrheinregion um Basel und Lörrach, die Unterrheinregion um Mannheim sowie die städtisch geprägte Region in und unmittelbar um Ulm mit Neu-Ulm sowohl Länder- als auch Staatsgrenzen überschreiten können. Aufgrund dieser Konstellation vertreten viele Forscher die Ansicht, dass das etwas mehr als 50 Jahre alte und insofern geschichtsarme Konstrukt Baden-Württemberg bestenfalls als eine aus kleineren Regionen zusammengesetzte, föderalstaatliche organisatorische Subebene, nicht aber als eine triadische Region aufgefasst werden sollte. Historisch gewachsene Regionen wie Baden, Hohenzollern oder Württemberg tauchen allenfalls als konstitutive Elemente eines bindestrichproblembehafteten Kunstprodukts auf, welches zwar erstens geographisch lokalisiert und zweitens als funktionale Organisations- und Verwaltungsebene interpretiert werden kann, dem jedoch drittens kein den geographischen oder verwaltungstechnischen Grenzen identisches oder wenigstens verwandtes subjektives Raumverständnis zugrunde liegt.[89]

Mitursächlich hierfür ist ein evidenter und anhaltender Mangel einer homogenen baden-württembergischen Identität, welchen Wehling anhand einer Reihe von Beispielen anschaulich illustriert. So grenzt er beispielsweise die Schwaben im württembergischen Teil des Lan-

[88] Bausinger, Hermann (1996), S. 61
[89] Ein problematisches und subjektiv variierendes Raumverständnis resultiert im Falle Baden-Württembergs auch aus historisch häufigen Verwerfungen, wie die umfassende Neuordnung durch Napoleon oder aus der durch die Besatzungsmächte aufoktroyierten Struktur nach dem Zweiten Weltkrieg.

53

des ab als fleißige und selbstgenügsame, pietistische Menschen, die im privaten Bereich zwar weitestgehend unfähig zu Muße und Lebensgenuss sind, dafür jedoch ökonomisch eine krisenfeste, führende Industrieregion geschaffen haben, welche in den übrigen Teilen des Landes ihresgleichen sucht. Gleichzeitig betont Wehling jedoch, dass seine Beobachtungen keinesfalls für ganz Baden-Württemberg gelten, ja nicht einmal für Württemberg insgesamt, sondern „ausschließlich für die altwürttembergischen Kernlande, die bis zur napoleonischen Neuordnung Deutschlands das Herzogtum Württemberg bildeten."[90]

Zahlreiche weitere Beispiele für Abgrenzungen unterschiedlicher badener und württembergischer Sub-Einheiten können angeführt werden. Finden sich im Badener Raum noch mit Freiburg, Mannheim, Heidelberg und Karlsruhe mehrere die Region prägende Städte, existiert für Württemberg mit Stuttgart lediglich eine Großstadt, welche mit ihrem Stuttgarter Großraumgürtel für eine Art württembergischer Zentralismus im Kleinen mitverantwortlich ist. Im Ergebnis haben diese Strukturunterschiede auch Auswirkungen auf die badischen und württembergischen Regionen und Identitäten. Aussagekräftig für soziale Zusammenhänge möge auch ein Beispiel aus dem Sport sein: Während etwa mit dem Badenerlied – besonders populär bei Fußballspielen des SC Freiburg – und dem württembergischen ‚Preisend mit viel schönen Reden' von Justinus Kerner, gruppenspezifische Identifikationsmerkmale existieren, gibt es keine gemeinsame baden-württembergische Landeshymne, die alle diese Gruppierungen vereinen würde. Ein Versuch eines Fernsehteams der Abendschau im SWR (damals Südwest 3), ein neues Baden-Württemberg-Lied anhand von eingesandten Vorschlägen der Hörer zu küren, scheiterte 1986 an der mangelnden Akzeptanz und Partizipation der Bürger. Die hierdurch reflektierte baden-württembergische Heterogenität setzt sich fort in beispielsweise Clustern von divergierendem Wahlverhalten – die Württemberger wählen grundsätzlich konservativer als die Badener – sowie in unterschiedlichen Konfessionsclustern und Traditionen.

Eine Vertiefung des Fokus enthüllt unterdessen auch unterhalb der Einheiten von Baden und Württemberg weitere noch kleinere Sub-Regionen, Nachkommen der alten Territorien von vor 1806. Deren Existenz kann bis in die heutige Gegenwart wahrgenommen werden, unter anderem durch ein Hohenzollernlied, durch konfessionell gebündelte Gebiete – das überwiegend katholische Rottenburg ist beispielsweise nur wenige Autominuten vom protestantischen Tübingen entfernt – oder durch scheinbar zufällige, gewohnheitsmäßig definierte Verhaltensmuster, welche sich durch regional orientierte Lebensgewohnheiten artikulieren. Diese Muster nehmen in der Regel keine Rücksicht auf heutige Stadt-, Kreis- oder Länder-

[90] Wehling, Hans-Georg (1987), S. 260 f.

grenzen, meist stehen sie vielmehr für eine Fortexistenz von historisch gewachsenen Gebieten vergangener Jahrhunderte.

Das nach wie vor heterogen geprägte Verhalten von den Bürgern der verschiedenen Sub-Einheiten Baden-Württembergs deutet also einerseits darauf hin, dass die Neubildung des Landes von 1948 bis 1952 gerade nicht eine Verstärkung des Trends zum föderalstaatlichen Zentralismus hin erwirkte, sondern im Gegenteil die starken historisch fundierten dezentralen und heterogenen Elemente konserviert geblieben sind. Folglich scheint also die „Fortexistenz kleiner Gebiete in den Köpfen, das emphatische Bekenntnis zu überholten historischen Einheiten, kulturelle Verbindungen ohne Rücksicht auf Landesgrenzen und die Leichtigkeit, mit der diese Grenzen überspielt werden (...) dem Land selber keine großen Chancen als Identitätsfaktor einzuräumen."[91] Dies wiederum würde bedeuten, dass für Baden-Württemberg aufgrund des Mangels eines einheitlichen subjektiven Regionenverständnisses, das dritte Regionenmerkmal der subjektiven Assoziationen nicht erfüllt ist.

Andererseits macht jedoch eine Vielzahl von integrativen Elementen Baden-Württemberg ebenso zu einem identitäts*stiftenden* und *ex aequo* homogenen Bundesland. Allein die Tatsache, dass Baden-Württemberg als Teil der föderativen Bundesrepublik mit Sitz und Stimmen im Bundesrat, einer eigenen Ländervertretung in Berlin sowie mit seinen wirtschaftlich starken Ressourcen und eigenen Interessen (wie etwa eine beim Bundesverfassungsgericht eingeklagte gerechte Neuregelung des Länderfinanzausgleichs), *wahrgenommen* wird, verstärkt die regionstypischen subjektiven Assoziationen seiner Bürger. Und so erscheint es kaum verwunderlich, dass seitens der Bürger Baden-Württembergs durchaus ein waches und reges Interesse an dem Bundesland als Ganzheit herrscht. Indiz hierfür ist beispielsweise der landesweit kollektive Ärger über negative Befunde und Schlagzeilen, die das Land betreffen (etwa im erfolgreichen landesspezifischen regionalen Fernsehprogramm): gestiegene Arbeitslosenzahlen, sportlicher Misserfolg gegenüber anderen deutschen Bundesländern oder ‚nur' ein zweiter Rang in der PISA Bildungsqualitätsstudie hinter den Bayern, sind gemeinschaftliche Ärgernisse und nicht etwa jene von einzelnen Untergruppierungen. In gleichem Maße deutet der kollektiv wahrgenommene Stolz auf das Bundesland in seiner Ganzheit auf integrative Momente hin: niedrig(er)e Arbeitslosenzahlen, Rekordzahlen bei Patentanmeldungen, die Produktion von Aushängeschildern der automobilen Ingenieurskunst,[92] Erfindergeist und Tüftlertum, sind Assoziationen, die dem Bundesland als Ganzes in Abgrenzung zu weniger erfolgreichen Bundesländern zugeschrieben werden. Das von Bausinger beschriebene Mo-

---

[91] Bausinger, Hermann (1996), S. 58
[92] Mercedes Benz produziert beispielsweise Teile seiner erfolgreiche A-Klasse sowohl im württembergischen Stuttgart, als auch im badischen Rastatt bei Karlsruhe.

ment des ‚wir' gegen ‚die anderen' tritt also hier sehr eindeutig zutage und löst durch das kollektive Denken in letzter Konsequenz selbst das baden-württembergische Bindestrichproblem: In den beschriebenen Kontexten wird plötzlich nicht mehr von einem komplexen Bindestrichkonstrukt, sondern vom *Ländle* oder gar dem liebevoll übersteigerten *Musterländle* – also von Begriffen, mit denen sich alle Baden-Württemberger identifizieren – gesprochen. Dann ist auch nicht mehr vom geteilten Baden-Württemberg, sondern vom ‚Gewinner der PISA Studie' oder dem ‚Süddeutschen Erfolgsmodell' die Rede. Diese Ausdrücke stellen nicht weiter die Teilung des Landes durch einen metaphorischen Bindestrich in die Mitte, sondern heben dessen Einheit und gemeinsamen Werte hervor. Nicht Baden oder Württemberg oder weitere Elemente sind von Bedeutung, einzig der Erfolg des Landes als Ganzes – erreichbar durch Fleiß, Leistung und Ideenreichtum – zählt und in genau dieser Erkenntnis herrscht konstruktive landesweite Einigkeit.

Leider jedoch beantworten auch diese Erkenntnisse die Frage nach der allgemeinen subjektiven Perzeption und daraus resultierend nach dem Regionencharakter Baden-Württembergs nach wie vor nur unvollständig. Auch ein abschließender Blick auf den diesbezüglichen wissenschaftlichen Diskurs zeigt ein zwiespältiges Bild. Einerseits existiert eine Vielzahl von Publikationen über Baden-Württemberg als Ganzheit, jedoch betrachten diese andererseits das Land meist nicht als eine einzelne Region, sondern vielmehr als einen Verbund zahlreicher verschiedener konstitutiver Regionen. In beispielsweise der parallelen Entwicklung einer Reihe von Bänden der *Landeszentrale für Politische Bildung* zu den Regionen von Südbaden, Oberschwaben, Hohenlohe, Hohenzollern und Kurpfalz, kommt diese Ansicht von offizieller Seite zum Ausdruck. In zahlreichen weiteren Publikationen der *Landeszentrale* findet man diese Ansicht bestätigt. Ebenso wurden bei der staatlichen Konzeption der Werbekampagne des Landes – *Wir können alles. Außer Hochdeutsch.* – die Regionen als unumgehbare Größen vorausgesetzt und produktiv einbezogen, was zwar einer Art von offiziellem, zentralstaatlichem Ritterschlag für die Vitalität der Regionen in Baden-Württemberg[93] gleichkommt, jedoch die hier gestellte Frage auch nicht beantwortet.

Immerhin das Dilemma ist eindeutig: Baden-Württemberg weist sowohl als Einheit als auch in seinen Sub-Einheiten Regionenmerkmale auf. Einerseits ist das Land in seinem historisch ausgesprochen kurzen Integrationsprozess seit 1952 – insbesondere perzeptorisch – bereits sehr weit fortgeschritten, allerdings lässt andererseits die Fortexistenz kleinerer Gebiete in den Köpfen der Menschen und ein daraus resultierender Mangel eines gemeinschaftlichen subjektiven Regionengefühls die Bezeichnung *Region* für Baden-Württemberg als Ganzheit

---

[93] vgl. http://www.lpb.bwue.de/aktuell/puu/1_01/baustein_c.htm (Zugriff am Mi, 15.02.06)

56

nicht zu. Dem gegenüber stünde mit Wales eine Einheit eines Nationalstaats, der, wie Schottland, mitunter sogar eine Art Nationencharakter zugeschrieben wird: "It is quite often argued that these are separate nations, so that, rather than thinking in terms of British national identity at all, we should think of Britain as a multinational state in which common political institutions hold together communities with separate identities."[94] Für diese Arbeit würde dies wiederum bedeuten, dass Wales als Region mit *einer* eigenen Identität verglichen würde mit einem komplexen baden-württembergischen Regionenpatchwork, dessen heterogenen Identitäten wohl kaum einen Vergleich zulassen würde. Dürften folglich Wales und Baden-Württemberg gar nicht gegenübergestellt werden?

Dem ist aus drei Gründen zu widersprechen. Erstens erscheint ein Vergleich trotz diffiziler Regionenproblematik durchaus zulässig, da die beiden als Untersuchungsgegenstände Wales und Baden-Württemberg einander als gegenseitige Kontrollvariablen dienen und sich daher gar nicht durchgehend identisch sein dürfen. Das bedeutet, dass gerade die zwei in Teilen unterschiedlichen Systeme mit dem Ziel verglichen werden sollen, ihre jeweiligen Vor- und Nachteile, Gemeinsamkeiten und Unterschiede zu erforschen. Konkret manifestiert sich dies in Gegenüberstellungen von föderalstaatlichen vs. devolutionären Bildungsstrukturen[95], von politischer Bildung als eigenem Fach vs. politischer Bildung als Unterrichtsprinzip, von baden-württembergischer Identität vs. walisischer Identität sowie von einer mehr europaorientierten vs. einer weniger europaorientierten Einheit. Die Zusammenhänge, Unterschiede und Auswirkungen dieser Faktoren könnten nicht untersucht werden, sofern beide Untersuchungsgegenstände sich diesbezüglich zu sehr annähern würden. Genau genommen ist es vor dem Hintergrund dieser Untersuchungsmerkmale sogar unerheblich, ob der eine Untersuchungsgegenstand eindeutig als Region, der andere jedoch nicht oder nur schwerlich und vage so definiert wird, solange andere Ähnlichkeitsmerkmale vorliegen und das Wissen um mögliche partielle Unterschiede spätere Fehlinterpretationen verhindert. Aus diesem Grund werden die Strukturen von Wales und Baden-Württemberg mit Fokus auf die politische Bildung im späteren historischen Kapitel erneut vertieft und die soziologische Dreiteilung von Wales im empirischen Teil dieser Arbeit reflektiert werden.

Zweitens existiert neben allen bereits aufgezeigten Unterschieden auch eine große Anzahl von Ähnlichkeitsmerkmalen, welche beide Untersuchungsgegenstände verbindet. Beispielsweise ist das Argument, der Mangel einer jahrhundertealten Geschichte mache Baden-

[94] Missler, David (1995), S. 173; vgl. hierzu auch: Crick, Bernard (1991) ‚The English and the British', in: Crick, Bernard (ed.) *National Identities*. Oxford: Blackwell.
[95] Sowohl Schottland als auch Wales verfügen ihrer Meinung nach über ein allgemein besseres Bildungsniveau als England, eine Meinung die indirekt auch schon Thomas Carlyle in *Sartor Resartus* (S. 152 und S. 366) vertrat.

Württemberg zu keinem potentiellen Vergleichsobjekt für Wales, nur bedingt korrekt, da, wie oben bereits gezeigt wurde und später noch weiter ausgeführt werden wird, das deutsche *Ländle* mit seinen Regionen ebenso alte und tiefe historische Wurzeln vorweisen kann. Hinzu kommt, dass Wales wie Baden-Württemberg ein Land mit ausgesprochen heterogenen Zügen ist, welche dort zwar keinen explizit namentlichen Niederschlag finden, jedoch in ähnlichem Maße vorhanden sind. Heterogen ist Wales zum einen durch die bereits angesprochene, von Balsom erforschte, *soziologische* Dreiteilung in *Y Fro Gymraeg*, *Welsh Wales* und *British Wales*. In dieser Dreiteilung ähnelt es beispielsweise Baden-Württemberg mit seinen drei Gründungselementen von 1952, Wüttemberg-Baden, Württemberg-Hohenzollern und Baden. Des weiteren ist Wales wie Baden-Württemberg *linguistisch* heterogen, in diesem Falle durch eine Zweiteilung: Während Baden-Württemberg insbesondere durch die dominierenden badischen und schwäbischen Mundarten zweigeteilt ist, existiert in Wales eine Zweiteilung zwischen Wales und Anglo-Wales, eine Zweiteilung die nach Meinung Tom Nairns nicht überwindbar ist: „there can be no culture and nation worth speaking of without the language. Hence those who have lost it are no longer real nationals: there are no (...) real Welshmen in South-Eastern Wales. This implies ultimately redrawing the nation's boundaries to coincide with the linguistic area, and dismissing the rest as lost cause."[96] Schließlich existiert für beide Regionen eine *individuelle* Zweiteilung. Beide Untersuchungsgegenstände sind Subeinheiten von erfolgreichen Nationalstaaten mit daraus resultierenden dualen walisisch-britischen und baden-württembergisch-deutschen Identitäten.[97] Als Folge dessen kann es in Wales genauso wenig wie in Baden-Württemberg die *eine* walisische Nationalität geben, auf die oben bereits überspitzt angespielt wurde.

Auch existierten in Wales wie in Baden-Württemberg unterhalb der sub-nationalen Ebene weitere zahlreiche Diversifizierungen, welche sich zwar weniger historisch, dafür durchaus soziologisch ähneln. Während Baden-Württemberg mit verschiedenen Konfessionen, Wahlverhaltensmustern und sozialen Gewohnheiten auf der lokalen Ebene aufwarten kann, existieren für Wales ähnliche gewohnheitliche lokale Verhaltensmuster. Diese äußern sich unter anderem durch ein ebenfalls regionenspezifisches Wahlverhalten – Nordwales wählt eher nationalistisch, Südwales *Labour*, Ostwales oftmals konservativ[98] – sowie durch zahlreiche verschiedenartige Dialekte innerhalb von kleinsten Räumen. Diese Räume werden oft durch

---

[96] Nairn, Tom (1981), S. 210f.
[97] Miller, David (1995), S. 157 und Osmond, John (1985) S. xxvii ff.
[98] Dennis Balsom hat dies anhand seiner Studie eindrucksvoll belegt. Während die von ihm als *Y Fro Gymraeg* bezeichnete Gruppe von Nord- und Westwalisern 1979 zu einem beachtlichen Teil Plaid Cymru wählte, votierten 66% der *Welsh Wales* Menschen für *Labour* und 47% der Bürger aus dem östlichen *British Wales* für die Konservativen. (Balsom, Dennis (1985), S. 8)

umgangssprachliche Namensgebungen reflektiert, wie beispielsweise durch den Ausdruck der *Valley People* als südwalisische Bezeichnung derer, die nur wenige Kilometer nördlich von Cardiff in den Tälern wohnen, oder durch jenen der *North Welsh People* für die Menschen, die im Norden Wales' leben und nur walisisch sprechen. Schließlich muss hier auch noch auf den allgemein bekannten Umstand hingewiesen werden, dass soziologische Untersuchungen eben grundsätzlich nicht mit klinisch reinen Faktoren operieren können, sondern die Natur ihrer Sache – unterschiedliche Menschen als Untersuchungsgegenstände – ohnehin eine grundsätzliche Fehlermöglichkeit mit sich bringt.

Drittens schließlich ist ein Vergleich der politischen Bildung und regionalen Identität von Wales mit Baden-Württemberg durchaus gerechtfertigt, da der beschriebenen diffizilen Ausgangslage durch eine offene und gezielte Fragestellung auf den Fragebögen (siehe Anhang *Statistik*) Rechnung getragen wird. So wird beispielsweise die in diesem Kapitel aufgeworfene Frage ‚Ist Baden-Württemberg überhaupt eine Region?' durch die Untersuchungsgegenstandspaarung Nationalstaat vs. Sub-Nationalstaat auf den Fragebögen (z. B. Frage 9) gar nicht erst relevant. Ebenso wird durch Negativdefinitionen der eigenen Einheit (in den Fragen 9, 13, 14 und 15) gezielt eine Abgrenzung des ‚wir' gegen ‚die anderen' herbeigeführt und hierdurch erneut die komplexe Frage nach dem Regionencharakter beider Einheiten überwunden. Schließlich werden der schwäbische Dialekt[99] und die walisische Sprache als weitere offene Momente ins Spiel gebracht, wodurch länderinterne Grenzen verschwimmen und die Bedeutung der so als näher wahrgenommenen Region zunimmt. Diese letzte Maßnahme zur Überwindung der Regionenproblematik hat für den baden-württembergischen Teil der Untersuchung zur Folge, dass bei der Arbeit eine Konzentration auf den schwäbischen Dialekt und den Verdichtungsraum[100] Stuttgart stattfindet.

Dieses Kapitel hat gezeigt, dass Region und Identität nicht isoliert voneinander betrachtet werden dürfen. Da die Zusammenhänge zwischen Regionenmerkmalen, subjektivem Wir-Gefühl und Identitäten für die spätere Frage nach regionalen Identitäten in Wales und Baden-Württemberg von entscheidender Bedeutung sind, wird im folgenden Kapitel die Identität definiert, problematisiert und deren Relevanz für diese Arbeit dargelegt.

---

[99] in Schulen des schwäbischen Raums
[100] vgl. Knodt, Michèle (1998), S. 72 ff.; Daneben waren natürlich auch rein praktische Gründe ursächlich für eine Konzentration auf den Verdichtungsraum Stuttgart: Logistisch und finanziell wäre eine Ausdehnung der Untersuchungen auf das ganze Baden-Württemberg nicht machbar gewesen.

V. Identität

Der deutsche Duden unterteilt den Begriff der Identität in zwei Aspekte. Erstens beschreibt die Identität eine auf Dinge oder Personen bezogene vollkommene Gleichheit oder Übereinstimmung, eine Wesensgleichheit sowie das Existieren von jemandem oder etwas als ein Bestimmtes, Individuelles, Unverwechselbares. Zweitens schildert die psychologisch verstandene Identität die als Selbst erlebte innere Einheit der Person. Die psychologische Identität ist in ihrem Kern Ergebnis einer Summe von individuellen Erfahrungen und bildet insofern eine weitestgehend stabile Einheit mit einem Individuum. Im Gegensatz zu den meisten Tierarten ist sich der Mensch seiner eigenen Identität bewusst und erkennt sich als einzigartiges Individuum (beispielsweise im Spiegel, wo sich die meisten Tiere nicht als sich selbst wahrnehmen) mit einzigartiger Identität, welche als das Ich eines Subjekts individuell wahrgenommen wird.

Folglich werden also bereits über das Wesen des Individuumsbegriffs zwei sehr unterschiedliche Naturen miteinander vereint: auf der einen Seite eine Form von bedingungsloser und exakter Gleichheit mehrerer Elemente und auf der anderen Seite die Einmaligkeit menschlicher Individuen. Während die Seite der Gleichheit im Wesentlichen von der algebraischen Mathematik, der Logik[101] und der Philosophie[102] repräsentiert wird, behandeln neben der Psychologie insbesondere die Sozialwissenschaften die innere Identität menschlicher Individuen. Bezug nehmend auf deren sozialwissenschaftliche Komplexität erklärt Manfred Prisching lapidar: „Identität gibt es, aber sobald man sie näher zu beschreiben versucht, entgleitet sie einem zwischen den Fingern."[103] Balsom erklärt noch deutlicher: "Social scientists probably could not agree upon an acceptable definition of identity, let alone a strategy for analysis."[104]

Ein besonders schwieriges Moment der Identität aus Sicht der Sozialwissenschaft ist die Tatsache, dass sich viele Menschen einer spezifischen Identität oft gar nicht bewusst sind und eine solche sich folglich schwer reflektieren und messen lässt. So berichtete beispielsweise ein Holländer dem Verfasser, dass er sich zum ersten Mal im Juni 1988 seiner eigenen Identität bewusst wurde und darauf stolz war – aufgrund des Sieges der holländischen Fußballmannschaft über die Deutschen. Eine ähnliche abgrenzende Identität mögen zahlreiche walisische Rugbyfans beim einmaligen Sieg ihrer Mannschaft über die Neuseeländischen *All Blacks* verspürt haben. Die Dominanz ihres Teams im *Triple Crown* Wettbewerb zu Beginn des 20.

---

[101] In der Logik bedeutet Identität insbesondere den gleich bleibenden Wert und Inhalt eines durch logische Argumentation thematisierten Begriffs.
[102] Ihr zufolge sind Geist und die Materie nur die Folge von einer einzigen Wirklichkeit.
[103] Prisching, Manfred (1994), S. 55
[104] Balsom, Dennis (1985), S. 1

Jahrhunderts hat hierbei möglicherweise ebenso viele Waliser für deren Identität sensibilisiert.[105] Wie wichtig der sportliche Wettkampf in Verbindung mit einer daraus resultierenden Abgrenzung gegenüber anderen besonders für Jugendliche ist, wurde auch in vielen der dieser Untersuchung zugrunde liegenden Fragebögen deutlich. Ein exemplarischer Schüler steht stellvertretend für viele andere: „To be Welsh is to support the Welsh rugby team even when they are losing."[106]

Schließlich berichten auch viele Deutsche nach längeren Auslandsaufenthalten, dass sie nur dadurch erfahren konnten, was es nun genau bedeutet, deutsch zu sein. Der These, dass die psychologische Identität in der Regel erst individuell erkannt werden muss, schließt sich indirekt auch George Orwell mit seiner These an, dass die Begegnung mit einer andersartigen Kultur der beste Weg sei, um zu verstehen, was denn genau besonders an der eigenen ist.[107]

Zahlreiche Beispiele für erfolgreiche Versuche, die psychologische Identität zu thematisieren und in diesem Zuge immerhin näher zu beschreiben, stammen aus der belletristischen Literatur. Für die Suche nach der individuellen Identität steht in der deutschsprachigen Literatur wie kaum ein anderer Max Frisch, dessen Charaktere nach ihrer eigenen Identität in einer ihnen fremden oder, wie im Falle von beispielsweise *Stiller*[108] (1954), in einer ihnen fremd gewordenen Umgebung suchen und in der Regel daran scheitern. In der englischen Literatur steht Doris Lessing für die Identitätssuche von Frauen. Ihr berühmtester Roman und Bestseller, *The Golden Notebook* (1962) über den Versuch einer Frau, ihre Depressionen mittels mehrerer Tagebücher zu überwinden, gilt als einer der Klassiker der emanzipativen Frauenliteratur über weibliche Identitätsfindung. Neben der individuellen Identität haben sich zahlreiche Autoren mit der Identitätsthematik von Völkern und Ethnien auseinandergesetzt, so zum Beispiel der Literaturnobelpreisträger von 1992, Derek Walcott, mit seinem wiederkehrenden Hauptmotiv einer nach Identität suchenden karibischen Gesellschaft oder der Schotte Robin Jenkins insbesondere mit seinem Buch *Fergus Lamont* (1969), worin ein Schotte nach seiner individuellen Identität sucht.

In der Wissenschaft wird die Identität als eine „zentrale Kategorie der politischen Kultur"[109] mit zahlreichen verschiedenen, oft divergierenden Forschungsansätzen und Identitätskonzepten untersucht. So unterteilt ein Forschungsstrang die Identität schlicht in die zwei Kategorien einer individuellen und einer kollektiven Identität: Während die unter anderem von

---

[105] vgl. Kinealy, Christine (1999), S. 111
[106] Fragebogen w0164
[107] vgl. Miller, David (1995), S. 156
[108] Symptomatisch für die Identitätsproblematik des Buches ist gleich dessen Einleitungssatz: „Ich bin nicht Stiller!" (aus: Frisch, Max (1992, Erstauflage: 1954) *Stiller*. Frankfurt am Main: Suhrkamp, S. 9.)
[109] Dornheim, Andreas/Greiffenhagen, Sylvia (2003), S. 21

Erik H. Erikson erforschte individuelle Identität auf einzelne Individuen fokussiert und dort nach individuellen (auch regionalen) Verhaltensmustern sucht, gehen die Forscher der kollektiven Identität davon aus, dass Identität als Teil der politischen Kultur eine Art Gruppenphänomen ist, welches nur in Gruppen auftaucht und sich möglicherweise aber nicht zwangsläufig durch bestimmte regionale oder lokale politische Kulturen unterscheiden lässt.[110] Manuel Castells hingegen unterteilt die Identität, die für ihn „Quelle von Sinn und Erfahrung für die Menschen"[111] ist, in 3 Formen: erstens in eine legitimierende Identität, zweitens in eine Widerstandsidentität und drittens in eine Projektidentität. In Anspielung auf Ostdeutschland fragen schließlich Dornheim und Greiffenhagen, ob es so etwas wie eine nachgeholte Identität gibt.[112] John Osmond gibt ihnen in dieser Frage am Beispiel von Wales recht, indem er erklärt, dass sich die Waliser erst im frühen 20. Jahrhundert aufgrund der Unterdrückung durch die Engländer sowie 1997 durch die Etablierung der *Welsh Assembly* ihrer eigenen Identität bewusst geworden sind.[113] Auch aus diesem Grund, so Osmond, ist Wissenschaftlern, die behaupten, eine singuläre, ausgeprägte walisische Identität existiere überhaupt nicht, zu widersprechen. Denn die Tatsache, dass sich Wales als unterdrückte und vom Nationalstaat bedrohte Einheit wahrnimmt, bedeutet im Umkehrschluss, dass es durch seinen Status einer gefühlten Einheit als Teil subjektiver walisischer Identitäten existiert.[114] Diese subjektive Wahrnehmung einer walisischen Identität bezeichnet Balsom als die Basis aller Identität: „at the most basic level, Welsh identity must be defined as those who consider themselves to be Welsh. Any more positive attributes of identity, be they attitudes, actions or beliefs, must, logically, stem from this primary characteristic."[115]

Bereits im vorangegangenen Kapitel wurde auf diesbezügliche Fragen im Zusammenhang mit dem Regionencharakter von Wales und Baden-Württemberg sowie mehrmals auf die Bedeutung von regionaler Identität und Identifikation als konstitutive Merkmale einer Region hingewiesen.[116] Umgekehrt sind jedoch ebenso die unmittelbare Umgebung und die Region

---

[110] Zur kollektiven Identität vgl. Niethammer, Lutz (2000) *Kollektive Identität: Heimliche Quellen einer unheimlichen Konjunktur*; Freilich ist auch diese Zweiteilung nicht unstrittig. Wehling unterscheidet nicht zwischen individueller und kollektiver Identität, da für ihn die Herausbildung eines Wir-Gefühls mit daraus resultierender bewusster oder unbewusster Abgrenzung von Gruppen, entscheidend ist. (Wehling, Hans-Georg (2002) ‚Regionale/Lokale politische Kultur', in: Greiffenhagen, Martin/Greiffenhagen, Sylvia (Hg.) *Handwörterbuch zur politischen Kultur der Bundesrepublik Deutschland*. Wiesbaden: Westdeutscher Verlag, 521-525.)
[111] Castells, Manuel (2002), S. 8, 10
[112] Dornheim, Andreas/Greiffenhagen, Sylvia (2003), S. 22
[113] Osmond, John am 04.07.04 im Freudenstadt Colloqium
[114] vgl. Osmond, John (1985), S. xix
[115] Balsom, Dennis (1985), S. 2
[116] Dort wurde betont, dass die Region idealerweise eine Deckungsgleichheit von subjektiv regionaler Identität, geographischer- und politisch-administrativer Strukturen benötigt. Eine Abweichung von dieser Deckungsgleichheit war und ist oft ursächlich für innerstaatliche Spannungen, die in extremen Fällen zu Bürgerkriegsszenarien führen können. Als Beispiele für Spannungen aufgrund stark ethnisch geprägter Identitäten seien hier die

Faktoren, welche in individuellen Lernprozessen bewusst oder unbewusst als Teilaspekte von Identitäten übernommen werden. Aus dieser Introjektion von Eigenschaften der Region sowie von Ansichten anderer über die Region folgt eine affektive oder emotionale Beziehung zu, beziehungsweise eine Bindung an diese,[117] wodurch eine Identifikation mit der Region entsteht, welche wiederum Teil der Identität einer Person ist. Infolgedessen gibt es keinen Grund, weshalb die Identität als ein von der Region isoliertes Gebilde betrachtet werden dürfte.

Obgleich sich die Identität eines Menschen graduell und in verschiedenen Entwicklungszyklen insbesondere während der Kindheit, Jugend und Adoleszenz herausbildet und danach eine weitestgehend stabile Einheit darstellt, unterliegt sie dennoch stets Schwankungen in einem dynamischen Prozess. Während konstante Faktoren wie Konfession, Kultur, Geschichte, Geographie oder ethnische Faktoren die subjektive Identität erst mitprägen und dann stabilisieren, können neben diesen Faktoren selbst etwa tagesaktuelle Ereignisse, politische Veränderungen oder persönliche Überlegungen Anlass dazu sein, dass diese sich punktuell und graduell verändert.

Da bei derartigen Veränderungen geographisch, politisch und persönlich näher gelagerte Ereignisse für den Einzelnen von größerer Bedeutung sind als ferne, wirken auch hier die lokalen oder regionalen Strukturen unmittelbarer auf individuelle Identitäten als fernere.

> „Konkret bedeutet dies, daß jedermann ein Netzwerk regelmäßiger Kontakte hat, das am Ort und in der näheren Umgebung in der Regel dichter ist, das aber nicht an irgendeiner Verwaltungsgrenze endet. Auch die Reichweite der Erfahrung geht nicht nur bis zu einer klar bestimmbaren lokalen oder regionalen Grenze, aber die Erfahrungen sind meist dichter gelagert in größerer Nähe."[118]

Darüber hinaus gehen Untersuchungen zur Sozialisation von Individuen davon aus, dass die Intensität regionaler Identifikation maßgeblich von dem Umstand beeinflusst wird, ob eine Person in einer Region geboren und aufgewachsen oder dorthin zugewandert ist. So stellt etwa Heiner Treinen in seiner Untersuchung einen Zusammenhang zwischen einem individuel-

---

Kurdenproblematik oder die Vielvölkerkonstellation auf dem Balkan angeführt. Während konfessionsbedingte Identitätsspannungen in Nordirland nachgelassen haben, ist der durch Al Quaida heraufbeschworene (und durch US-Präsident George Bushs Rhetorik eines Kreuzzugs der westlichen Welt forcierte) Krieg gegen den Islam gegen das Christentum auch auf eine Identitätsproblematik zurückzuführen: in Abgrenzung zu einem vermeintlichen Gegner, einer religiös vermeintlich falsch orientierten Welt wird die Verstärkung subjektiver Identität und individuellen Raumbezugs zum politischen Instrument von Machterhalt und demagogischer Beeinflussung. Harald Müller (2003: 71) sieht diese Vorgänge als nahezu unausweichlich an: „Die große Fundamentalismus-Studie der American Academy of Sciences hat folgerichtig den Fundamentalismus als eine universale Reaktionsweise auf die Herausforderungen der Globalisierung aufgespürt: Es gibt ihn im Christentum, im Judaismus, im Islam, im Buddhismus, im Hinduismus, bei den Sikhs und im japanischen Shintoismus. Es handelt sich um die energische Selbstvergewisserung der eigenen Identität gegenüber einem als bedrohlich wahrgenommenen Ansturm von ‚Fremdem' – in der Funktion für den Zusammenhalt der Gesellschaft und die Stabilisierung von Individuen ist er dem Ethnizismus, Rassismus oder Nationalismus vergleichbar; der Fundamentalismus wählt lediglich ein anderes Medium der Identität."

[117] Hierbei handelt es sich um die in der Literatur am häufigsten verwendete Definition von *Identifikation*.

[118] Bausinger, Hermann (1996), S. 10

len Heimatbegriff und Primärsozialisation her.[119] Wurde eine Person in einer Region geboren und wuchs diese Person dort auf (Primärsozialisation), so deklarierte diese die Region mit größerer Wahrscheinlichkeit als *Heimat* als zugewanderte oder nicht dort geborene Personen. Icek Ajzen und Martin Fishbein begründen diesen Sachverhalt in ihrer Theorie[120] mit dem Umstand, dass „Personen, die in einer Region geboren und aufgewachsen sind, in so hohem Maße positive Erlebnisse in der Region hatten, dass die Identifikation besonders stark ist."[121]

Neben den bisher thematisierten Aspekten von sozialem Umfeld, geographischen Wechselwirkungen und politischer Kultur dienen auch geschichtliche Hintergründe und Entwicklungen als identitätsstiftendes oder -beeinflussendes Moment. Ein für den ersten Teil dieses Buches abschließender Blick auf die historischen Entwicklungen der politischen Bildung erscheint daher notwendig.

---

[119] Zit. nach Mühler, Kurt/Opp, Karl-Dieter (2004), S. 23f.
[120] vgl. Ajzen, Icek/Fishbein Martin (1980)
[121] Mühler, Kurt/Opp, Karl-Dieter (2004), S. 24

VI. Geschichte

1. Baden-Württemberg und Deutschland

Angesichts der Vielzahl von ausführlichen Arbeiten über ein weitläufiges Thema gestaltet es sich schwierig, eine kurze und klare vergleichende Zusammenfassung der politischen Bildung in Baden-Württemberg und Wales zusammenzustellen. Zahlreiche Autoren, darunter Klaus Behrmann, Herwig Blankertz, Hans-Werner Kuhn, Peter Massing, Wilhelm Roessler, Paul Röhrig, Wolfgang Sander und Werner Skuhr für Deutschland und Baden-Württemberg sowie Carsten Quesel, Gareth Elwyn Jones, Helen Wilkinson & Geoff Mulgan für Großbritannien und Wales haben ihre diesbezüglichen Forschungsresultate bereits in meist umfangreichen Publikationen dargestellt, in denen sie sich einzig auf spezielle Aspekte oder Epochen der politischen Bildung konzentrieren, um diese im Detail zu veranschaulichen. Beispielhaft hierfür ist etwa Friedrich Paulsens 1885 veröffentlichte *Geschichte des gelehrten Unterrichts auf den deutschen Schulen und Universitäten*, die sich unter Hinweis des Autors, keinesfalls Vollständigkeit beanspruchen zu können, auf über 800 Seiten umfassend mit der deutschen Bildung vom Ausgang des Mittelalters bis zum Ende des 19. Jahrhunderts befasst.

Dieses Kapitel gibt zunächst einen einleitenden Kurzüberblick über die Entwicklungen von Bildung und politischer Bildung bis zum Ende des 19. Jahrhunderts, um hierauf die sich daran anschließenden relevanten Entwicklungen des 20. Jahrhunderts in drei Abschnitten[122] zu beleuchten. Diese sind erstens das bildungspolitische Stückwerk der Weimarer Republik, welches zweitens eine nationalsozialistische Manipulation der politischen Bildung wenigstens begünstigte, manchem Forscher zufolge sogar provozierte, und drittens die Demokratisierung Deutschlands nach dem Zweiten Weltkrieg, die schließlich die erstmalige Einführung eines eigenen Schulfachs für politische Bildung vorsah. Zunächst jedoch steht die Frage im Raum, wann politische Bildung überhaupt beginnt.

Insbesondere eine teilweise ungesicherte geschichtliche Quellenlage, sowie die Folgefrage nach der Notwendigkeit einer inhaltlichen Unterscheidung zwischen Bildung und *politischer* Bildung erschweren die Beantwortung dieser Eingangsfrage. Denn folgt man etwa dem aus dem Griechischen stammenden Politikbegriff der *Tà politikà*, wonach Politik „die auf die Polis bezogenen öffentlichen Angelegenheiten [bezeichnet], die alle Bürger (= *polités*) betreffen

---

[122] Abweichende Einteilungen von dieser finden sich bei anderen Publikationen zu diesem Thema. Während etwa Friedrich Paulsen (Paulsen 1884: 1ff.) in seinen Betrachtungen bis zum Ende des 19. Jahrhunderts von drei großen Flutwellen referiert, teilt Sander die politische Bildung in Deutschland ab dem ausgehenden Mittelalter in insgesamt acht Abschnitte ein, wovon er im Nachkriegsdeutschland in je einem Kapitel die politische Bildung für die BRD und DDR separat untersucht. Einzig die Erkenntnis über die Notwendigkeit einer Unterteilung der komplexen Materie in Abschnitte ist nahezu allen Arbeiten, die sich mit der Geschichte der Bildung in Deutschland befassen, gemeinsam.

66

und verpflichten"[123], dann ergibt sich als Konsequenz, dass nahezu jede beliebige Lebensform durch die Erziehung ihres Nachwuchses zu einem möglichst sozialen und nützlichen Mitglied ihrer Polis, bzw. ihres Gemeinwesens, eine aktive, an öffentlichen Angelegenheiten orientierte, *politische* Bildung betrieb. Da es bei diesem Verständnis von politischer Bildung unerheblich wäre, in welcher sozialen Organisationsform sich eine Gemeinschaft manifestiert, ließe sich politische Bildung folglich nicht ausschließlich als Merkmal des modernen Staates interpretieren, sondern auch durchaus absolutistischen Gesellschaften der Antike oder gar noch weiter zurückliegenden Gemeinwesen zuschreiben.[124]

„Wenn man Bildung im Sinne von formatio, Formung, versteht", erklärt dazu Paul Röhrig, „dann gibt es politische Bildung, seit Menschen in größeren Ordnungsgefügen zusammenleben."[125] Nach Meinung von Wolfgang Sander existieren Vorformen politischer Bildung bereits seit lange vor dem Beginn des öffentlichen Schulwesens im 16. und 17. Jahrhundert, allerdings ließen sich verlässliche Aussagen aufgrund der unsicheren Quellenlage für diese Zeit nur sehr schwerlich machen.[126] Folgt man hingegen der in Kapitel III gemachten Definition von Günther Behrmann, wonach politische Bildung eine Institution ist, die „im permanenten politisch-soziokulturellen Wandel Teile der politischen Kultur institutionell abstützt und stabilisiert, indem sie diese als Bildungswissen in einen Bildungskanon aufnimmt",[127] so stößt man bei der hier im Einklang mit Röhrig, Sander und mit dem oben angesprochenen *polis*-Gedanken beabsichtigten Festlegung der politischen Bildungsgenese auf etwa die ältesten bekannten Bildungssysteme Ägyptens, Chinas und Indiens erneut an argumentative Grenzen.

Im alten Ägypten unterrichteten Tempelschulen einem kleinen Teil des Volkes die Religion, daneben Naturwissenschaften, Architektur, Mathematik und das Schreiben. In China markierte das von Konfuzius mündlich weitergegebene Wissen über Religion und Philosophie einen wichtigen Ursprung von Bildung, was von seinen Schülern schriftlich festgehalten und davon ausgehend weitergegeben wurde. In Indien schließlich gaben buddhistische Priester innerhalb der Mauern ihrer Klöster das überwiegend religiöse Wissen an Mönche weiter und beeinflussten damit neben China den gesamten fernen Osten. Inwieweit diese Bildung aber politisch geprägt oder motiviert ist, bleibt fraglich. Insbesondere die Tatsache, dass diese

[123] Schultze, Rainer-Olaf (1998), S. 488
[124] Auch kann allein die Kenntnis einer Sprache wie Walisisch als Teil der Bildung eine politische Dimension erreichen, wie beispielsweise während der Herrschaft des walisischen Geschlechts der Tudors (1485-1603) oder heute, da die Beherrschung des Walisischen in vielen Fällen nicht mehr der Arbeiterklasse, sondern oftmals den höher gebildeten Schichten zugerechnet wird.
[125] Röhrig, Paul (1964), S. 7
[126] Sander, Wolfgang (2003), S. 11
[127] Behrmann, Günter C. (1987), S. 362

Form von Bildung keinen maßgeblichen institutionellen Rahmen hatte und folglich nur kleinen, zuvorderst religiös geprägten Kreisen des Volkes mit dem Ziel der Bildung, bzw. *Nachbildung* des Menschen nach dem Vorbild Gottes vorbehalten blieb, steht nicht im Einklang mit Günther Behrmanns Definition, wonach politische Bildung Teile der politischen Kultur institutionell abstützen und stabilisieren soll. Allenfalls kleine Gruppierungen elitärer institutioneller Stützen lassen sich in Form der angesprochenen Gruppierungen ausmachen, wohingegen die Massen des Volkes von (politischer) Bildung, ausgeklammert bleiben. Neben den *formellen* Defiziten ursprünglicher Bildungsmanifestationen stellt sich aber auch die Frage nach den *materiellen* Inhalten des vermittelten Wissens.

Während sich die oben genannten Institutionen inhaltlich auf das Wissen über Religion, Mathematik, Architektur, Naturwissenschaften sowie über die Philosophie beschränkten, folgte das alte Judentum dem durch die Thora vorgegeben Brauch, wonach die Eltern eines Kindes diesem das Schwimmen, eine Fremdsprache sowie berufliche Kenntnisse beibringen. Diese bis heute gängige jüdische Praxis sichert zweierlei: Erstens schafft sie im Rahmen der *formellen* Dimension ein breites, weil häuslich-familiäres Bildungsfundament, welches durch den Aspekt der Berufsbildung nicht einseitig von der Religion dominiert wird und gleichzeitig die familiär-institutionalisierte Vermittlung von Bildung durch Kultur ermöglicht. Dies hat wiederum zur Folge, dass zweitens die *materiellen* Inhalte der jüdischen Wissensvermittlung einen von Behrmann angesprochenen gesellschaftsrelevanten Bildungskanon einschließen, welchem durch seine Regulierungswirkung des jüdischen Zusammenlebens im Sinne Röhrigs auch eine politische Dimension zugeschrieben werden kann.

Mit der Herrschaft des Kaisers Konstantin des Großen (306-337) wurde das Christentum zur Staatsreligion des Römischen Reichs, wodurch in der Folge zunächst Vorformen schulischen Unterrichts in Klöstern, Dom-, Stifts-, und Klosterschulen im Mittelalter von der Kirche ausgingen.[128] Aufgrund des sich ausbreitenden Handels und die dadurch entstehende Notwendigkeit von Bilanzierungen sowie kaufmännischen Korrespondenzen gesellten sich seit dem 14. Jahrhundert zu den religiös geprägten Schulen zusätzlich städtische Schreib-, Lese- und Rechenschulen für den kaufmännischen Nachwuchs,[129] welcher, wie die Schüler der kirchlichen Schulen, aus höheren Schichten stammte. Den breiten Bevölkerungsschichten wurde bis zum Ende des Mittelalters keinerlei oder nur ein äußerst bescheidenes Maß an Bildung zuteil. „Das mittelalterliche Schulwesen insgesamt war ständisch gebunden und erreich-

[128] vgl. Paulsen, Friedrich (1884), S. 10
[129] vgl. Sander, Wolfgang (2003) S. 11

68

te nur eine kleine Minorität der Bevölkerung."[130] Erst die Erkenntnis der Notwendigkeit einer planvollen „Vorbereitung der nachwachsenden Generation auf die gesellschaftlich-politische Realität auf dem Wege der schulischen Erziehung,"[131] die Reformation sowie die beschleunigte Vergrößerung des vorhandenen Wissens durch die Erfindung des Buchdrucks zum Ende des Mittelalters förderten schließlich die Anfänge eines öffentlichen deutschen Schulwesens im 16. und 17. Jahrhundert sowie die Gründung deutscher Universitäten seit dem 14. Jahrhundert. [132] Parallel zur Entstehung von Universitäten wurden zur Vorbereitung auf akademisches universitäres Arbeiten Lateinschulen und zur Vorbereitung auf den Staats- und Militärdienst Ritterakademien wie das *Collegium Illustre*[133] in Tübingen oder dessen walsisches Äquivalent das *Jesus College* in Oxford für Stipendiaten aus Wales gegründet. Während die Lateinschulen ihrerseits als generelles Fundament für die späteren Gymnasien in Deutschland sowie für die *Grammar Schools* in Großbritannien gelten, wurden die Ritterakademien später zu meist humanistischen Gymnasien umgewandelt.

Mit der Verbreitung demokratischer Prinzipien und der Ausdehnung des Wahlrechts vergrößerte sich die Zahl wahlberechtigter Bürger und dadurch der Einfluss unterer Schichten auf den Staat. Da zur Vermeidung staatsfeindlicher Bewegungen eine gebildete Bevölkerung immer mehr an Bedeutung gewann,[134] wurden die Bildung und Politisierung des Volkes schließlich zur Sache staatlichen Interesses. Basierend auf den Ideen und Anregungen des 17. Jahrhunderts bildete sich eine Vielzahl neuer Schulen, darunter die ersten Realschulen[135], Handelsschulen, Lehranstalten für Land- und Forstwirtschaft, Handwerkerschulen, Fachschulen für Bauwesen und Bergbau sowie Zeichenschulen.[136]

Einer der Hauptgründe für die erfolgreiche Errichtung dieser Schulen war ein breiter Konsens aller gesellschaftlichen Kräfte: der Mensch sollte dazu befähigt werden und sein, seine

---

[130] Sander, Wolfgang (2003), S. 11
[131] Sander, Wolfgang (2003), S. 11
[132] Seit der Mitte des 14. Jahrhunderts entstanden parallel zu den bereits angesprochenen Schulen die deutschen Universitäten aus der Notwendigkeit heraus, dem Klerus die neuen und sich verändernden Wissenschaften zu lehren. Ab dem 13. Jahrhundert pilgerten zunächst die nach Bildung Strebenden nach Paris, Bologna und Salerno, wo die ersten Universitäten die Philosophie und Theologie, die Rechtswissenschaften und die Medizin unterrichteten. Erst die Gründung deutscher Universitäten, 1386 die erste im heutigen Deutschland, der Universität Heidelberg, beendete die Tradition des Bildungstourismus. Vgl. hierzu Paulsen, Friedrich (1884), S. 14f.
[133] Das *Collegium Illustre* wurde 1589 in Tübingen gegründet und gilt als die erste deutsche Ritterakademie. Ihr Unterricht kann insofern als politisch bezeichnet werden, als dort auch staatsrechtliche Fragen erörtert wurden.
[134] Interessanterweise setzte sich bis in die Gegenwart eine dem Ursprüngen gegenüber exakt gegenteilige Annahme über die Bildung durch. Während bis ins 16. Jahrhundert hinein die Fürsten, wenn überhaupt dann nur das Lesen zur herrschaftlichen Befehlsvermittlung als notwendiges Bildungsziel betrachteten, gesellten sich immer mehr Kompetenzvorgaben dazu, bis schließlich das Ziel einer umfassenden Bildung zum allgemeinen Konsens wurde.
[135] Im Jahr 1747 führte Johann Julius Hecker, ein Schüler des unten angesprochenen Pietisten August Hermann Francke, die erste dauerhafte Realschule ein.
[136] vgl. Blankertz, Herwig (1969), S. 23

69

Bestimmung in der ihm angewiesenen Berufsaufgabe zu erfüllen.[137] Während die Merkantilisten in der Bildung ausschließlich die Möglichkeit der staatlichen Wohlstandsmaximierung sahen und ihr daher ohnehin positiv gegenüberstanden, gaben Katholiken und auch Pietisten ihren ursprünglichen Widerstand gegen institutionalisierte Bildung wegen der Integration religiöser Aspekte in die Bildung,[138] sowie wegen der sich abzeichnenden Möglichkeit, das Christentum einem breiteren, gebildeteren Volk verständlich zu machen, auf.[139] Die größere ideologische Nähe der protestantischen Kirche zu den Vorstellungen des Staates sowie die Praxis des Summepiskopats[140] ermöglichten die überwiegend frühere Einführung der allgemeinen Schulpflicht in protestantischen Ländern.[141] Vorreiter für die allgemeine Schulpflicht war, wie auch in der politischen und ökonomischen Entwicklung Deutschlands, Preußen unter Friedrich Wilhelm I, wo sie vom fünften bis zum 12. Lebensjahr im Jahr 1717 angeordnet wurde.[142] Obgleich sich die allgemeine Schulpflicht deutschlandweit durchgängig erst ab der Mitte des 19. Jahrhunderts durchsetzte, machte sich ausgehend von Preußen schon früh einer der nachhaltigsten Nebeneffekte des sich ausbreitenden Schulsystems bemerkbar: Das gegen den Widerstand der Fabrikherren durchgesetzte Verbot von Kinderarbeit zur Erfüllung der Schulpflicht symbolisiert als unmittelbare und konsequente Folge der allgemeinen Schulpflicht nicht nur einen – freilich damals unbedeutenden – Teilerfolg der sich formierenden Arbeiterbewegung gegenüber der wirtschaftlichen Ausbeutung durch die Arbeitgeber, sondern bildet auch einen Meilenstein in der Entwicklung demokratischer Sozialstaaten.

Politische Bildung wurde dennoch immer mehr ein Instrument der Obrigkeit, dessen Notwendigkeit darin bestand, „politische Loyalität zu stiften und Loyalitätskrisen entgegenzuwirken. Politische Bildung wurde als innenpolitisches Instrument zur Stabilisierung bestehender Machtstrukturen im Interesse von Regierungen und herrschenden Interessengruppen betrachtet, hier, gegen Ende des 18. Jahrhunderts, als Instrument zur Stabilisierung des absolutistischen Staates. *Herrschaftslegitimation* war in diesem Motiv die zentrale Aufgabe politischer Bildung."[143]

---

[137] vgl. Blankertz, Herwig (1969), S. 24
[138] vgl. Sander, Wolfgang (2003), S. 16 wonach der Religionsunterricht bis weit ins 19. Jahrhundert hinein das dominierende Fach der Elementarschulen war.
[139] Der einflussreiche pietistische Pädagoge August Hermann Francke deutete die Bildungsinstitutionen nach seinem Sinne als die Möglichkeit, den christlichen Auftrag zu Arbeit und Tüchtigkeit zu erfüllen und wirkte dadurch mit an einer Zerstreuung der Widerstände religiöser Bewegungen.
[140] Demnach oblag den Fürsten gemäß der Praxis des *cuius regio eius religio* die Leitung der Landeskirchen. Dies hatte zur Folge, dass der Religionsunterricht von den Landesherren nach ihren Vorstellungen beeinflusst, ja manipuliert werden konnte und auch wurde.
[141] Während des 18. Jahrhunderts wurde etwa das neu aufgenommene Fach Geschichte zunächst nur an den Schulen protestantischer Länder unterrichtet.
[142] Die ersten Schulordnungen vor diesem Datum entstanden dezentral und waren dann in den vom Fürsten erlassenen Kirchenordnungen enthalten.
[143] Sander, Wolfgang (2003), S. 22

Die Französische Revolution und ein neuer Status von Pädagogik und Erziehung in Frankreich verstärkten den Fortschrittsdruck auf das aufgeklärt absolutistische Deutschland und forcierten damit die Bemühungen der Obrigkeit, sich gegen rein aufklärerische Tendenzen zu stellen. So wurden die progressiven Gedanken jetzt gezielt unterdrückt und Schulen und Universitäten durch verschiedene Maßnahmen politisch derart kontrolliert, dass einerseits staatsfeindliche Bewegungen seitens der Schüler- oder Lehrerschaft angegangen, und andererseits durch politisch-religiöse Bildung die Loyalität zum Staat unterstützt wurde. Obgleich strittig war, welche Schichten der Gesellschaft überhaupt in den Genuss der ‚politisch korrekten' anti-aufklärerischen politischen Bildung kommen sollte und wie groß die Autonomie der Bildung gegenüber dem Staat zu sein hatte, setzte sich bis zum Ende des 18. Jahrhunderts die Einsicht durch, dass der moderne Staat allein zur Funktionstüchtigkeit und Führungskräfterekrutierung nicht mehr auf staatlich gelenkte und kontrollierte politische Bildung in den Schulen verzichten konnte.

Nach den Niederlagen gegen Napoleon in den Schlachten von Jena und Auerstedt und dem Zusammenbruch des Alten Reiches leitete Friedrich Wilhelm III[144] ab 1807 umfangreiche Reformen – von vielen Historikern auch als *Revolution von oben* bezeichnet, um die drohende Revolution von der „Untertanenmasse des Obrigkeitsstaats"[145] zu vermeiden – in Verwaltung, Wirtschaft, Militär und Bildungssystem ein, mit dem vorrangigen Ziel, Preußen wieder zu alter Größe zurückzuführen. Als wesentlicher Pfeiler dieses Vorhabens galt eine von den Grundsätzen des Neuhumanismus geprägte Bildungsreform, die die Entfaltung der neuen, bürgerlichen Gesellschaft absichern sollte.[146] Die Bereitschaft für Veränderungen in dieser Phase war groß, sowohl innerhalb der Gesellschaft, als auch seitens des Königs, der großzügig Mittel für die Bildung bereitstellte. 1809 wurde Wilhelm von Humboldt zum ersten Direktor der neu geschaffenen Abteilung für Kultus und Unterricht ernannt[147] und als solcher initiierte er, nach den gesellschaftstheoretischen Ausarbeitungen des liberalen Schweizer Pädagogen Johann Heinrich Pestalozzi, fundamentale strukturelle und inhaltliche Reformen des Bildungssystems. So stellte Humboldt die Weichen für nachhaltige bildungspolitische Veränderungen in Deutschland, etwa indem er die Allgemeinbildung in die Elementarschule, das Gymnasium und die Universität aufteilte, und ihr gegenüber die unabhängige und von der Industrie zu regulierende Spezialbildung in Form von Berufsausbildungen stellte. Zusätzlich

---

[144] Insbesondere die Herren Freiherr vom Stein, August Gneisenau, Karl August Fürst von Hardenberg als politisch Verantwortliche für die Agrar- und Heeresreform, Selbstverwaltung der Städte, Einführung der Gewerbefreiheit, sowie der unten angesprochene Wilhelm Freiherr von Humboldt für die Bildungspolitik spielen hier neben Friedrich Wilhelm III entscheidende Rollen.
[145] Kuhn, Hans-Werner/ Massing, Peter/ Skuhr, Werner (1993), S. 14
[146] vgl. Sander, Wolfgang (2003), S. 24
[147] Ein eigenes Kultusministerium gab es in Preußen erst im Jahr 1817.

unterstellte er das gesamte Unterrichtswesen der staatlichen Aufsicht und gründete noch im Jahr seiner Ernennung neue humanistische Gymnasien, sowie weiterführende Bildungsinstitutionen wie etwa 1810 die Humboldt Universität in Berlin. Die Lehrbefähigung der Lehrkräfte ergab sich durch Humboldts Reformen nicht mehr ausschließlich und automatisch aus einem theologischen Studium, sondern wurde durch das Studium der Alterswissenschaften erlangt, wodurch *ex aequo* der Berufsstand des Philologen geschaffen war.[148] Hintergrund dieser Reform war der Gedanke, dass das Studium der alten Sprachen *per se* einen adäquaten Bildungsstand der Lehrenden herstellen würde. Die implizierte Annahme, dass sich insbesondere gesellschaftsrelevantes Wissen aus dem Studium der alten Sprachen ableiten ließ – das Studium der alten Griechen sollte ein Studium des Menschen überhaupt sein[149] – erklärt, warum es noch immer kein separates Fach für politische Bildung oder die Gegenwartspolitik gab. Zwar reflektierten die Nebenfächer Geschichte und Geographie die Erkenntnis über die Notwendigkeit der Vermittlung politischer Inhalte, etwa durch die Schulung rhetorischer Fähigkeiten im Geschichtsunterricht zur Befähigung für eine spätere Teilnahme an politischen Auseinandersetzungen,[150] dies kann aber trotzdem nicht darüber hinwegtäuschen, dass „in der preußischen Reformbewegung das Problem der politischen Bildung kaum explizit reflektiert wurde"[151]. Zwar wurde nach neuen humanistischen Lehrmethoden in diesen wie auch in den übrigen Unterrichtsfächern der Gymnasien - Griechisch, Latein, Deutsch und Mathematik als Hauptfächer sowie als Nebenfächer Hebräisch, die Naturwissenschaften, Zeichnen, Kalligraphie und, seit 1812 erstmals als nicht prüfungsrelevantes Nebenfach die Religion – ein eigenverantwortliches, selbsttätiges Handeln der Schüler gefordert und gefördert, leider allerdings entziehen sich die Erkenntnisse über Erfolge dieses Bildungsideals aufgrund der Kürze dieser Phase sowie aufgrund der Messproblematik der Variablen und mangelnder historischer Daten der wissenschaftlichen Auswertung.

Das Potential der Bildung zur eigenen Herrschaftslegitimation erkennend, erhöhten ab etwa 1870 fast alle Staaten Westeuropas ihre Bildungsausgaben beträchtlich. In Preußen manifestierte sich dies mittelfristig unter anderem in einer deutlich veränderten Schüler-Lehrer-Relation. Während 1870 noch 75 Schüler von einem Lehrer unterrichtet wurden, waren es 1910 bereits nur noch 56. Eine konstant sinkende Quote von Analphabeten[152] von 14% im

[148] vgl. Sander, Wolfgang (2003), S. 27
[149] vgl. Paulsen, Friedrich (1884), S. 531ff.
[150] vgl. Sander, Wolfgang (2003), S. 35
[151] Sander, Wolfgang (2003), S. 30
[152] in den Ländern Belgien, Frankreich, Niederlande, Norwegen, Österreich, Preußen, Schweden, Schweiz

Jahr 1890 auf knapp über 7%[153] im Jahr 1910 war eine der Folgen dieser Maßnahme. 1872, unter dem Eindruck von Bismarcks weniger restaurativen Politik und Wilhelm Liebknechts Dresdner *Wissen ist Macht – Macht ist Wissen* – Rede wurden von dem neu ernannten preußischen Kultusminister Falk erneut liberalisierte Bestimmungen für die Schulen angeordnet, die mehrklassige Volksschulen vorsahen, sowie ferner jedem Kind eine Fläche von mindestens 0,6 Quadratmetern, Schultische und –bänke in ausreichender Zahl und in nicht gesundheitsgefährdender Form garantieren sollten.[154]

Einen „Meilenstein in der Geschichte der politischen Bildung" und einen entscheidenden „Anstoß für die Diskussion um ein eigenständiges Unterrichtsfach der politischen Bildung in der Schule" nennt Sander den *Allerhöchsten Ordre* Wilhelms II. vom 1. Mai 1889, der auch den Beginn der „unmittelbare[n] Indienstnahme der Schule für die Bekämpfung des innenpolitischen Gegners"[155] markiert. Bezug nehmend auf innenpolitische Unruhen spricht der Kaiser in seiner nationalen Anordnung von der Notwendigkeit, die Schule in ihren einzelnen Abstufungen nutzbar zu machen, um dadurch der Ausbreitung sozialistischer und kommunistischer Ideen entgegenzutreten. Die Schule, so Wilhelm II., müsse bestrebt sein, „schon der Jugend die Überzeugung zu verschaffen, daß die Lehren der Sozialdemokratie nicht nur den göttlichen Gesetzen und der christlichen Sittenlehre widersprechen, sondern in Wirklichkeit unausführbar und in ihren Konsequenzen dem Einzelnen und dem Ganzen gleich verderblich sind."[156] Sander sieht in Wilhelms II. *Allerhöchstem Ordre* die Begründung für die Notwendigkeit politischer Bildung und damit die Rechtfertigung für die jetzt umfassende und gezielte Indienstnahme der Schule für den preußischen Staat reflektiert: „Politische Bildung ist nicht (wie in der Aufklärungspädagogik) um der freien Entfaltung der Bürger und der Verbesserung der Staatsverwaltung willen notwendig, sie ist auch nicht auf die Bildung künftiger Eliten reduzierbar (…), sondern sie ist politisches Instrument des modernen Staates zur Legitimationsbeschaffung bei der Masse der Bevölkerung und Kampfmittel in der Auseinandersetzung mit der inneren Opposition. Treffend wurde schon 1911 konstatiert: ‚Die Angst vor der Sozialdemokratie ist die Mutter der ‚staatsbürgerlichen' Erziehung'."[157] Demgegenüber erhält der *Allerhöchste Ordre* seine herausragende Bedeutung für die politische Bildung als Unterrichts-

---

[153] vgl. Schneider, Reinhart (1992), S. 63; vgl. auch Todd, Emanuel (2003) *Weltmacht USA – Ein Nachruf.* München und Zürich: Piper. Hier stellt Todd einen direkten Zusammenhang zwischen Analphabetismus, Bildungsniveau und Qualität von politischem Denken und Handeln von Völkern her. Todd prognostizierte in diesem Zusammenhang beispielsweise die demokratischen Revolutionen im Ostblock durch ein gut gebildetes Bürgertum mit niedriger Analphabetisierungsrate schon lange vor deren tatsächlichem Eintreten.
[154] vgl. Sander, Wolfgang (2003), S. 37f.; Die Umsetzung dieser Bestimmungen erfolgte allerdings nur zögerlich.
[155] Sander, Wolfgang (2003), S. 40f.
[156] Zit. nach Kuhn, Hans-Werner/ Massing, Peter/ Skuhr, Werner (1993), S. 35
[157] Sander, Wolfgang (2003), S. 41

fach in Deutschland durch die Tatsache, dass in ihm „von höchster staatlicher Stelle die Behandlung von politischen Gegenwartsthemen in allen Schulen gefordert"[158] wird und diese Forderung mit präzisen intentionalen, inhaltlichen und zum Teil sogar didaktisch-methodischen Vorgaben präzisiert ist.

Die theoretische Basis für die daraufhin geforderte und erst später unterrichtete Staatsbürgerkunde schuf der Pädagoge und Schulreformer Georg Kerschensteiner in seinem 1901 veröffentlichten Hauptwerk *Die staatsbürgerliche Erziehung der deutschen Jugend.*[159] Kerschensteiner, Wegbereiter für die den Werkunterricht betonende Arbeitsschule, plädierte unter anderem für die obligatorische Einführung einer Berufsschule und betrachtete staatsbürgerliche Erziehung im Wesentlichen als Gesinnungsbildung, als Erziehung zum Staat. Ferner mahnte er an, dass Bildung als klassenloses gesellschaftliches Gut jedem Bürger gleichermaßen zugänglich sein müsste, eine Forderung, die angesichts verschwindend geringer Studentenzahlen aus dem Arbeitermilieu ebenso akut wie verständlich war. „Wenn noch vor wenigen Jahren der Bildungstrieb des englischen Arbeiters ein unvergleichlich größerer war als der des deutschen, und wenn die revolutionären Arbeiterparteien dort einen ungleich ungünstigeren Nährboden haben als bei uns, so ist diese Erscheinung neben anderen Ursachen sicher auch dem Umstande zuzuschreiben, dass jeder Tüchtige dort Einrichtungen findet, die ihm das Aufwärtssteigen auf der sozialen Leiter überall ermöglichen. Gefährlich wird eine große gleichartige Masse Unzufriedener nur dann, wenn die staatlichen und gesellschaftlichen Einrichtungen auch den Tüchtigen an die Galeeren schmieden; ein kluger Stratege aber weiß, daß er feindliche Massen am ehesten bezwingt, wenn es ihm gelingt, sie auseinander zu ziehen."[160]

Außer Kerschensteiner stand auch Friedrich Wilhelm Dörpfeld für die Forderung nach einem *Gesellschaftskunde* genannten eigenen Schulfach der politischen Bildung, welches der Gesinnungsbildung des Einzelnen dienen und gerade nicht als rechtfertigende staatliche Herrschaftssicherung missbraucht werden sollte. Für diese Forderung war Dörpfeld schon 1872 auf einer Schulkonferenz eingetreten, konnte sich dort aber trotz prominenter Unterstützung durch das liberale Bürgertum – Friedrich Naumann, Max Weber, Walther Rathenau und Hugo Preuß standen ebenso in Opposition zu den kaiserlichen Vorstellungen über die staatsbürger-

---

[158] Sander, Wolfgang (2003), S. 41
[159] Mit diesem Werk gewinnt Kerschensteiner ein von der konservativen Königlichen Akademie gemeinnütziger Wissenschaften in Erfurt initiiertes Preisausschreiben, welches die Preisfrage stellte: „Wie ist unsere männliche Jugend von der Entlassung aus der Volksschule bis zum Eintritt in den Heeresdienst am zweckmäßigsten für die bürgerliche Gesellschaft zu erziehen?" (vgl. Kuhn/Massing/Skuhr (1993), S. 24)
[160] Kerschensteiner, Georg (1909), S. 28f

liche Erziehung[161] – wie auch Kerschensteiner nicht durchsetzen. Dies galt ebenfalls für die junge SAP/SPD, deren politische Agitation sich auf strukturelle Elemente wie Klassengrößen, Schulgebäude oder den unentgeltlichen Unterricht konzentrierte, dabei aber ein ausgereiftes inhaltlich-didaktisches Konzept vermissen ließ. Inhaltliches Ziel der sozialdemokratischen Bildungspolitik war in erster Linie die geistige Befähigung und daraus folgend die physische Bereitschaft der Bürger zum proletarischen Klassenkampf, sowie eine schulisch-systematische Vermittlung der sozialistischen Weltanschauung. Dadurch setzte sie „der Instrumentalisierung politischer Bildung für die Herrschaftslegitimation letztlich nur eine andere Instrumentalisierung entgegen: politische Bildung als Mission, als Verbreitung einer vorgegebenen Weltanschauung, die vom Einzelnen lediglich zu übernehmen war. (…) Politische Bildung [also] als Gegenindoktrination, aber eben doch als Indoktrination."[162]

Mit dem Zusammenbruch des Kaiserreichs, der Bildung einer parlamentarischen Regierung unter Friedrich Ebert und den tief greifenden politischen und sozialen Neuerungen des Übergangs von Monarchie zur Demokratie veränderten sich erneut die Anforderungen, die von Seiten der Politik und Gesellschaft an die politische Bildung gestellt wurden. Über die grundsätzliche Notwendigkeit staatsbürgerlicher Erziehung zu einer Staatsgesinnung für Aufbau und Absicherung der neuen Demokratie in Deutschland herrschte nicht zuletzt dank Kerschensteiner und Dörpfeld ein breiter Konsens, der sich unter anderem darin artikulierte, dass von Experten zahlreiche kongruente Verfassungsvorschläge diese Thematik betreffend an die Nationalversammlung gemacht wurden. Obgleich in nahezu allen gesellschaftlichen Gruppen die Frage nach der Notwendigkeit staatlicher politischer Bildung in den Schulen weitestgehend unstrittig war, entzündeten sich während ihrer Ausarbeitung und insbesondere nach der Verabschiedung der Weimarer Reichsverfassung am 11. August 1919 kontroverse Debatten über die Frage nach dem *Wie*. Die bisher unbeantwortet gebliebenen Fragen lasteten hierbei wie eine Hypothek auf den jetzt beabsichtigten Fortschrittsabsichten. Folglich reflektierte der zuversichtlich formulierte Artikel 148 der Weimarer Verfassung auch nur eine scheinbare Beantwortung der offen gebliebenen Fragen.

„(1) In allen Schulen ist sittliche Bildung, staatsbürgerliche Gesinnung, persönliche und berufliche Tüchtigkeit im Geiste des deutschen Volkstums und der Völkerversöhnung zu erstreben.

(2) Beim Unterricht in öffentlichen Schulen ist Bedacht zu nehmen, daß die Empfindungen Andersdenkender nicht verletzt werden.

---

[161] vgl. Sander, Wolfgang (2003), S. 51
[162] Sander, Wolfgang (2003), S. 52

(3) Staatsbürgerkunde und Arbeitsunterricht sind Lehrfächer der Schulen. Jeder Schüler erhält bei Beendigung der Schulpflicht einen Abdruck der Verfassung.

(4) Das Volksbildungswesen, einschließlich der Volkshochschulen, soll von Reich, Ländern und Gemeinden gefördert werden."[163]

Dem progressiven Wortlaut nach führt dieser Verfassungsartikel im Deutschen Reich zwar ein eigenes Fach der Staatsbürgerkunde ein und schützt dieses durch Absatz zwei neben allen weiteren Unterrichtsinhalten vor einer einseitigen manipulierenden Ideologisierung von jeglicher Seite des politischen Spektrums und erfüllt damit die beiden zentralen Forderungen zahlreicher prominenter Wortführer der letzten Jahrzehnte nach einem Unterrichtsfach für politische Bildung und einem am Staat und nicht an politischen Parteien oder Herrschern ausgerichteten Unterrichtsinhalt. In der Realität jedoch blieb neben der Verfassungsforderung nach der Übergabe von Verfassungsexemplaren bei Beendigung der Schulpflicht auch jede weitere Vorgabe unerfüllt. Trotz ihrer Verankerung in der Verfassung blieb es herrschende Meinung, dass die Staatsbürgerkunde kein eigenes Fach benötigte, sondern vielmehr im Rahmen anderer Fächer, insbesondere im Rahmen des Geschichtsunterrichts, aber auch des Deutsch- und Geographieunterrichts, als Unterrichtsprinzip unterrichtet werden sollte. So sahen sich bereits in der Reichsschulkonferenz von 1920 die Fürsprecher der beiden zentralen Forderungen unter Legitimationsdruck gegenüber einerseits den „Gegnern der Demokratie"[164] sowie andererseits gegenüber den Demokraten, deren nicht unbegründete Besorgnis vor einem erneuten Missbrauch der politischen Bildung diesmal durch rechte antidemokratische Kräfte mitursächlich für ihre reservierte Haltung war. Als Berichterstatter der Kommission mussten sich die prominentesten Fürsprecher eines entfanatisierten, nicht-ideologisierten politischen Staatsbürgerkundefachs Paul Rühlmann und Gustav Lambert Radbruch schließlich mit dem kleinsten gemeinsamen Nenner, nämlich der wie schon die Bestimmungen des Artikel 148 der Weimarer Reichsverfassung schlussendlich ebenfalls unverwirklicht gebliebenen Forderung nach einer Betonung des Unterrichtsprinzips sowie nach einem Unterrichtsfach lediglich in den Abschlussklassen aller Schulen, zufrieden geben.

Der letzte Versuch demokratischer Reformen im Weimarer Schulsystem wurde schließlich nach der Ermordung Walter Rathenaus ab 1922 im Zuge einer Konferenz der Unterrichtsminister der Länder sowie einem resultierenden Ausschuss angestoßen. Während die Unterrichtsministerkonferenz Richtlinien verabschiedete, worin sie beispielsweise eine demokratische Überarbeitung der Geschichtslehrbücher und den staatsbürgerlichen Unterricht in allen Schulen forderte, war es Aufgabe des Ausschusses, auf der Basis dieser beschlossenen

---

[163] http://www.documentarchiv.de/wr/wrv.html (am So, 13.06.04)
[164] Sander, Wolfgang (2003), S. 56

76

Vorgaben ein mehrheitsfähiges Konzept vorzulegen. Dieses bestand allerdings erneut aus einfachen Forderungen, die zudem weit hinter den Grundgedanken der Unterrichtsministerkonferenz zurückblieben und zahlreiche strittige Fragen erneut nicht beantwortete. Ein eigenes Fach der Staatsbürgerkunde war erneut nicht mehrheitsfähig, und obgleich der Ausschuss mit seiner Forderung nach staatsbürgerlicher Erziehung lediglich als Unterrichtsprinzip mit einem nicht näher definierten Stundenkontingent noch immer deutlich hinter den Vorgaben der Unterrichtsministerkonferenz zurückblieb, konnten sich die Befürworter umfangreicher politischer Bildung mit ihren Vorstellungen im schulischen Alltag erneut nicht durchsetzen.

Da die Schulen allerdings durchaus nicht apolitisch waren, verschärfte dieses Versagen der Politik eine ohnehin angespannte Situation. Durch ihre unzureichenden didaktischen Rahmenvorgaben sahen sich die antidemokratischen Gegner der Republik in ihrer Position bestärkt und trugen diese ohne Scheu in die deutschen Klassenzimmer. Die Geschichtslehrer beispielsweise entzogen sich einer Diskussion über die Aufgaben ihres Unterrichts und verwendeten bedenkenlos Geschichtsbücher, die Halbwahrheiten über den Versailler Vertrag oder die SPD enthielten und nur selten objektiv die Geschichte nach dem Ersten Weltkrieg behandelten. Im Deutschunterricht wurde oftmals das Konzept der *Deutschkunde* umgesetzt, womit interdisziplinär das gesamte kulturelle Erbe Deutschlands stofflich in den Unterricht inkludiert und das gesamte Stoffgebiet der übrigen Fächer um das zentrale Fach der *Deutschkunde* gelegt – und an ihm orientiert – war. In den Fremdsprachen wurden nationalistische Ressentiments durch eine bewusste Abgrenzung der deutschen Sprache und Kultur gegenüber den Fremdsprachen gestärkt und/oder bestätigt. Im Sportunterricht schließlich wurden vermeintlich deutsche Tugenden wie Führungs- und Willensstärke oder Durchsetzungsvermögen gefördert, was den Sportunterricht eher zu einer Erziehung oder gar Rekrutierung zum Militär als zu einem physischen Ausgleich für die mentale Arbeit in den übrigen Fächern machte. Als Konsequenz dieser Entwicklung war es den Nationalsozialisten schließlich ein Leichtes, ihre Ideologie über ein Schulsystem zu legen, das, wie auch die Republik, nicht gelernt hatte, sich wehrhaft gegen seine Feinde zu stellen.

Die bildungspolitischen und didaktischen Veränderungen im Übergang der Schulen von der Weimarer Republik zum Nationalsozialismus werden von Historikern und Wissenschaftlern als „fast vollständigen Bruch mit den wichtigsten abendländischen erzieherischen Traditionen und mit der bisherigen Geschichte und Entwicklung der politischen Bildung"[165], aber auch als logische Konsequenz einer undemokratischen und politisch inkonsequenten Bil-

---

[165] Kuhn, Hans-Werner/ Massing, Peter/ Skuhr, Werner (1993), S. 81

77

dungspolitik interpretiert. Richtig ist diese These insoweit, als der nationalsozialistische Rassismus ohne weiteres an antisemitische Traditionen seit Wilhelm II und seither entstandenen nationalistischen Bewegungen anknüpfen konnte. So zeigte sich insbesondere bei den Lehrinhalten eine Kontinuität in sowohl den Lehrplänen, die im Wesentlichen bis 1937 weiter galten, als auch in den Lehrmethoden vieler Fächer. Der Geschichtsunterricht etwa lehrte die Geschichte unter einer nationalistischen oder nationalsozialistischen Betrachtungsweise, der Fremdsprachenunterricht folgte seiner jungen Tradition der nationalistischen Abgrenzung zum Ausland und den Sportunterricht charakterisierte weiterhin sein militärisches Moment sowie die obrigkeitsstaatliche Intention der Rekrutierung junger Soldaten. Lediglich der Religionsunterricht bewahrte sich in der Regel ein bescheidenes Maß an Autonomie und widersetzte sich damit erfolgreich der Gleichschaltung durch die Nationalsozialisten. So wie die Lehrerschaft für die vordergründige Kontinuität von Weimarer Republik zum Nationalsozialismus mitverantwortlich ist, bestimmte der einzelne Lehrer in der Regel auch den Grad dieser Kontinuität. Offenes Aufbegehren gegen die nationalsozialistische Ideologie war selten, so dass sich oftmals die Ablehnung der Nationalsozialisten im Stillen vollzog und einzig darin äußerte, dass manche Pädagogen weniger lautstark für die neuen Machthaber eintraten als andere.

Schon alleine die nationalsozialistische Terminologie, die vom Heranzüchten kerngesunder Körper, von Rasse, Rassegefühl und Rassenseele, von Blut, Kameradschaft, Führertum und Ehre, sowie von Formung stellvertretend für Erziehung sprach, macht allerdings deutlich, dass sich die angesprochene Kontinuität der Bildung nur auf einige Aspekte der Erziehung konzentrierte. Die Förderung des Nationalbewusstseins durch politische Bildung, die nationalsozialistische *Formung* der Jugend, war unter den Nationalsozialisten das vermeintlich wichtigste herrschaftssichernde und –legitimierende Instrument des Regimes. Folglich stellten die Nationalsozialisten jedes einzelne Schulfach schon nach der Machtergreifung aber insbesondere nach der Veröffentlichung der neuen Lehrpläne 1938[166] in den bedingungslosen Dienst der Ideologie, in deren Zentrum der nationalsozialistische Rassegedanke steckte. Insofern bekam beispielsweise der Geschichtsunterricht durch eine rassistische Interpretation der Geschichte als Kampf zwischen arischer Herrscherrasse und minderwertigen Rassen und einer daraus resultierenden nationalsozialistischen Revolution auch eine neue inhaltliche Dimension. Im Mathematikunterricht bestätigten Textaufgaben antisemitische Vorurteile über raffgierige jüdische Geschäftsleute oder fragten scheinheilig nach der Summe der Kosten aller Geisteskranker pro Jahr und der Menge von Ehestandsdarlehen, die theoretisch an deren Stel-

---

[166] Die neuen Lehrpläne beinhalteten ferner Regelungen für eine nationalsozialistische Gewichtung der Fächer mit veränderten Stundenzahlen.

78

le gewährt werden könnten. Für den Deutschunterricht erschien ab 1935 ein mehrbändiges reichseinheitliches Lesebuch, welches den nationalsozialistischen Einfluss im zuvor *Deutschkunde* genannten Kernfach sicherte, während der Unterricht von den ausschließlich indogermanischen neuen Fremdsprachen in erster Linie die Rassenverwandtschaften veranschaulichen sollte. Der Sportunterricht – jetzt Leibeserziehung – schließlich nahm in der nationalsozialistischen Ideologie eine herausragende Stellung im Gesamtgefüge der Schulfächer ein und verdeutlichte damit einen weiteren Kernpunkt der nationalsozialistischen Erziehungsdoktrin, wonach „der Mensch vor allem ein emotionales und nicht ein intellektuelles Wesen ist."[167] Gedacht als Erziehung zur Wehrhaftigkeit trug er nicht nur entscheidend zur Militarisierung der Schule bei, sondern reflektierte auch durch seine exponierte Stellung die nationalsozialistische Rangfolge schulischer Erziehungsaufgaben. An erster Stelle stand der Körper des Schülers, darauf folgte der Charakter, während der gesunde Geist als logische Folge der Erstgenannten nach der Vorstellung Hitlers erst an letzter Stelle stehen konnte. Da nur in einem gesunden Körper auch ein großer Geist stecken könne, habe, so Hitler, der „völkische Staat (…) in dieser Erkenntnis seine gesamte Erziehungsarbeit in erster Linie nicht auf das Einpumpen bloßen Wissens einzustellen, sondern auf das Heranzüchten kerngesunder Körper. Erst in zweiter Linie kommt dann die Ausbildung der geistigen Fähigkeiten. Hier aber wieder an der Spitze die Entwicklung des Charakters, besonders die Förderung der Willens- und Entschlußkraft, verbunden mit der Erziehung zur Verantwortungsfreudigkeit, und erst als letztes die wissenschaftliche Schulung."[168]

Dieser Körperkult ging so weit, dass körperliche Leistungsfähigkeit – die von der Rassenlehre definierten körperlichen Merkmale ohnehin – zum Kriterium für die Aufnahme in höhere Schulen wurde. Daran wird erschreckend die für alle Fächer gültige Tatsache deutlich, dass die Politik und deren Ideologie über Schule, Lehrern und Fächern stehend ein Primat „über die wissenschaftliche, didaktische und pädagogische Fundierung des Unterrichts"[169] angestrebt und auch erreicht hatte. Durch die resultierend fächerübergreifende Politisierung fast aller Fächer stellte sich die Frage nach Staatsbürgerkunde als einst von Kerschensteiner so leidenschaftlich gefordertem und nie konsequent durchgesetztem eigenständigem Fach schließlich nicht mehr, was ein abermaliges Scheitern – freilich unter anderen Rahmenbedingungen als in der Weimarer Republik – der demokratischen Politischen Bildung markiert.

Der zitierte Textausschnitt von Hitler macht ein weiteres charakteristisches Merkmal nationalsozialistischer Bildung deutlich. So verfügten die Nationalsozialisten zwar über ein aus-

---

[167] Kuhn, Hans-Werner/ Massing, Peter/ Skuhr, Werner (1993), S. 81
[168] Hitler, Adolf (1925), S. 452
[169] Sander, Wolfgang (2003), S. 82f.

geprägtes ideologisches Fundament. Weitaus weniger ausgeprägt oder gar, wie von manchen Historikern behauptet, nicht-existent waren allerdings der intellektuelle Anspruch und das stimmige, umfassende pädagogisch-didaktische Bildungskonzept. So wurden zwar einerseits zahlreiche nationalpatriotische Feste anstelle des wichtigeren Schulunterrichts gefeiert, dem Führer an seinem Geburtstag gehuldigt oder der Hitlerjugend mittwochs und samstags die Hausaufgaben erlassen, andererseits aber kein Ausgleich für die dadurch nur mäßig vermittelten Wissensinhalte geschaffen. Die Jugend wurde von einem alle humanistischen und liberalen Bildungsvorstellungen ablehnenden Regime nicht gebildet, sondern vielmehr zur Konformität erzogen in einem geschlossenen System systemtreuer Institutionen, worin die inhaltliche Arbeit von Schülern nur dann gewürdigt wurde, wenn sie ausreichend ideologisch motiviert und fundiert war. Zwar war der ideale Weg eines Kindes von Hitler vordergründig vorgezeichnet, vom Jungvolk in die Hitlerjugend, von dort in die Partei oder Arbeitsfront und dann in die SA oder SS[170] – bezeichnenderweise erwähnt Hitler in dem zitierten Textausschnitt die Schule mit keiner Silbe – eine hintergründige, schlüssige inhaltlich-didaktische Theorie lag allerdings nicht im Geringsten vor: „Zu keinem Zeitpunkt verfügte der Nationalsozialismus über eine durchdachte, in sich widerspruchsfreie bildungspolitische Konzeption, auf deren Grundlage eine langfristig geplante Neugestaltung des Schulwesens möglich gewesen wäre. Blickt man hinter die Kulissen propagandistisch behaupteter Gradlinigkeit, so ergibt sich ein geradezu chaotisches Bild ungeklärter Kompetenzregelungen zwischen Staats- und Parteiinstanzen, parteiinterner Machtkämpfe und persönlicher Rivalitäten, die durch gelegentliche ‚Führerbefehle' immer nur vorübergehend geschlichtet werden konnten."[171]

Mit dem Ende des Nationalsozialismus am 8. Mai 1945 stellten sich insbesondere vor dem Hintergrund dieser Epoche der nationalsozialistischen Bildungsmanipulation zahlreiche grundlegende Fragen, deren Beantwortung wegweisend für die Entwicklung der politischen Bildung im bundesrepublikanischen Deutschland sein sollte: Waren die Schulen und/oder die praktizierte Form der politischen Bildung an den Schulen verantwortlich oder mitverantwortlich für das Scheitern der Weimarer Demokratie und den Aufstieg des nationalsozialistischen Regimes? Worin genau lagen die Defizite des Systems und wie würden diese in einem reformierten System ausgeschlossen werden können? Und schließlich: Wäre eine demokratische politische Bildung in Deutschland überhaupt das Fundament für eine demokratische Gesellschaft und somit Garant für eine Demokratisierung der Gesellschaft? Obgleich die vorrangigsten Probleme der Gesellschaft in der Bewältigung der mannigfaltigen Kriegsfolgen lagen,

---

[170] vgl. Sander, Wolfgang (2003), S. 19f.
[171] Herrlitz, Hans-Georg/ Hopf, Wolf/ Titze, Hartmut (1993), S. 155

80

wurde unter Berücksichtigung dieser Fragen die Notwendigkeit einer grundlegenden Reform des Bildungssystems durch alle Besatzungsmächte schon früh erkannt und angegangen.

Das vorrangigste Ziel der politischen Bildung nach dem Krieg war nicht etwa ein Bruch mit den Traditionen der Weimarer Republik, sondern vielmehr eine umfassende von den jeweiligen Besatzungsmächten beeinflusste Neuschaffung der alten Werte unter Veranschaulichung der durch die Nationalsozialisten pervertierten Umgangsformen. Der schon kurz nach dem Krieg durch die Alliierten erzielte grundsätzliche Konsens über eine Demokratisierung des deutschen Bildungssystems, eine Erziehung der Jugend zur Übernahme von Mitverantwortung für Mitmenschen und über die schulische Übung mitmenschlicher Tugenden währte allerdings nicht lange. Mit Beginn des Kalten Krieges und dem Aufbau einer sozialistischen Ostzone gingen die Bildungssysteme von Ost- und Westdeutschland grundsätzlich unterschiedliche Wege. Während in der Sowjetisch Besetzten Zone (SBZ) durch die Entlassung aller Lehrer mit nationalsozialistischer Vergangenheit viele neue, oft zu schlecht oder zu schnell ausgebildete systemkonforme Lehrer zum späteren Schaden der Gesellschaft eingestellt wurden,[172] setzte sich in den Westzonen das (vielleicht über-) optimistische Konzept der amerikanischen Besatzungsmacht einer *Re-education* der „mentally sick German people"[173] gegen ein liberales britisches Konzept des Deutschland *re-educating herself* und gegen die französischen Vorstellungen eines laizistischen Schulsystems durch. Nachdem die ursprüngliche Absicht, das deutsche dreigliedrige Schulsystem abzuschaffen und an dessen Stelle ein nach dem Vorbild des amerikanischen Schulsystems weniger sozial selektives zu stellen, an dem Widerstand konservativer deutscher Kräfte gescheitert war, wurden Elemente der US-amerikanischen Bildung, darunter Elternbeiräte und Schülermitverwaltungsorgane zur Schulung demokratischer Verhaltensweisen eingerichtet, neue Schulbücher angeschafft, neue Lehrpläne entworfen und im Rahmen eines neuen kooperativen Unterrichtsstils umgesetzt. Nach Ansicht der Amerikaner war das „einzige und beste Werkzeug, um noch im gegenwärtigen Geschlecht in Deutschland die Demokratie zu erreichen, (...) die Erziehung."[174] Auch aufgrund dieses klaren Bekenntnisses der amerikanischen Erziehungskommission konnte selbst die Einrichtung eines eigenen Faches für politische Bildung nach dem Vorbild der US-amerikanischen *Social Studies* 1946 erstmals in Hessen sowie nach kontroversen Diskussionen der Landeskultusminister in den 1950er Jahren auch ab den 1960er Jahren schließlich in

---

[172] Da sich diese Arbeit mit der politischen Bildung von Wales und Baden-Württemberg befasst, muss an dieser Stelle leider von einer näheren Betrachtung der politischen Bildung in der SBZ/DDR abgesehen werden. Zur weiterführenden Lektüre sei verwiesen auf die sehr guten und kompakten Übersichten zu diesem Thema von Sander, Wolfgang (2003) und Kuhn, Hans-Werner/ Massing, Peter/ Skuhr, Werner (1993).
[173] Bungenstab, Karl Ernst (1970), zitiert nach: Gagel, Walter (2003), S. 6 (aus: *Aus Politik und Zeitgeschichte*)
[174] Kuhn, Hans-Werner/ Massing, Peter/ Skuhr, Werner (1993), S. 111)

fast allen Bundesländern Wirklichkeit werden.[175] In Baden-Württemberg ist laut Landesverfassung seit 1953 in „allen Schulen (...) Gemeinschaftskunde ordentliches Lehrfach."[176]

Als optimistisch wurde oben der Gedanke einer fundamentalen Umerziehung des deutschen Volkes als Voraussetzung für die demokratische Neuordnung des Landes besonders
deswegen bezeichnet, da die Möglichkeiten der amerikanischen *Re-education* nach heute
herrschender Meinung eindeutig überschätzt wurden.[177] Der Versuch, als Besatzungsmacht
diktatorisch zu demokratischem Verhalten umzuerziehen, sowie der Glaube an die Möglichkeit, eine ganze Gesellschaft kollektiv durch den Eingriff in ein einzelnes gesellschaftliches
Element umfassend umformen zu können, verdeutlichte neben einer Reihe offensichtlicher
Widersprüche auch eine amerikanische Neigung zur Simplifizierung komplexer Zusammenhänge, die mehr auf einer überoptimistischen Einschätzung ihrer Problemlösungskompeten-
zen als auf einer mangelhaften Erkenntnis über realpolitische Erfordernisse basieren musste.
Trotz dieser Defizite darf aber der Einfluss der Besatzungsmächte und insbesondere jener der
Amerikaner auf das bundesrepublikanische Schulsystem sowie auf die erstmalige Etablierung
eines Schulfachs zur politischen Bildung keinesfalls unterschätzt werden. Die richtungwei-
senden Vorstellungen der Besatzungsmächte über die politische Bildung waren für die langfristige demokratische Entwicklung des deutschen Schulsystems ebenso maßgeblich wie für
die unmittelbar nach dem Krieg getroffenen bildungspolitischen Entscheidungen.

So ermöglichte der mittlerweile bescheidene Einfluss der US-Amerikaner eine Einigung
der Kultusminister der Länder in den 1950er Jahren im Rahmen mehrerer Soll-Bestimmungen
zwar noch nicht – mit Ausnahme Hessens – auf die verbindliche bundesweite Umsetzung
politischer Bildung in einem eigenen Schulfach, dafür aber auf ein von politischen Inhalten
befreites und für alle Fächer an allen Schulen verbindliches Unterrichtsprinzip, welches insbesondere in den Geschichtsunterricht einfließen sollte. Die selbst auferlegte Beschränkung
der politischen Bildung hatte unterdessen zwei Hauptursachen. Erstens erschien den Kultus-
ministern aufgrund einer zunehmenden Stofffülle zunächst das Konzept von politischer Bildung als Unterrichtsprinzip ohne zusätzliches Fach, verbunden mit der Praxis des interdis-
ziplinären exemplarischen Lernens[178] allgemeiner Phänomene durch stellvertretende Einzelsi-

---

[175] Die französische Zone Württemberg-Hohenzollern folgte dem Beispiel Hessens bereits 1949, als sie ebenfalls
ein spezifisches Unterrichtsfach für die politische Bildung einführte.
[176] Verfassung des Landes Baden-Württemberg vom 19. November 1953, Artikel 21, Absatz 2; siehe
http://www.lpb.bwue.de/bwverf/bwverf.htm (Zugriff am Fr, 24.02.06)
[177] Zuletzt haben insbesondere die demokratischen Revolutionen in Osteuropa Ende der 1980er Jahre gezeigt,
dass es – ob mit vermeintlich guten oder schlechten Absichten – auch nach Jahren der zum Teil massiven politischen Einflussnahme auf Generationen von Schülern nicht unbedingt gelingen muss, eine systemkonforme Gesellschaft zu erziehen.
[178] Die Grundlage für das exemplarische Lernen wurde 1951 in den sogenannten *Tübinger Beschlüssen* gelegt.
Vertreter aus höheren Schulen und Universitäten kamen dort darin überein, dass ursprüngliche „Phänomene der

tuationen, als schlanker und zugleich effizienter Weg, eine demokratische Schulbildung zu gewährleisten. Zweitens sollte die Demokratie nach Meinung der US-Amerikaner den Deutschen in erster Linie als Lebensform und keinesfalls als reine Institutionenkunde oder gar als Ideologie vermittelt werden, daher wurde das Instrument des Unterrichtsprinzips anstelle eines eigenen Faches zunächst als die erfolgversprechendste Möglichkeit dafür erachtet. Ein neues inhaltliches Verständnis von politischer Bildung als Unterrichtsprinzip – Theodor Wilhelm[179] gilt mit seinem Pseudonym Friedrich Oetinger als prominentester Vertreter dieses Verständnisses – wurde populär. Basierend auf diesen Entwicklungen war eine Folge des neuen Verständnisses von politischer Bildung als Unterrichtsprinzip, dass im Unterricht jetzt weniger eine didaktisch strukturierte, inhaltliche Auseinandersetzung mit Themen gefordert war und stattfand, sondern in erster Linie die Vermittlung bestimmter Verhaltensformen in der unterrichtlichen Interaktion im Vordergrund standen.[180] Dieses Verständnis von politischer Bildung als Unterrichtsprinzip ohne eine vordergründige Konfrontation mit der deutschen Vergangenheit harmonierte sehr mit einem gesellschaftlichen Umfeld, worin die Menschen noch nicht bereit für eine umfassende Auseinandersetzung mit der deutschen Vergangenheit waren. Obgleich sich die bildungspolitischen Prioritäten inzwischen verschoben haben, werden für Baden-Württemberg die damaligen Beschlüsse auch heute noch von den Bestimmungen zur Erziehung[181] der Jugend zu politischer Verantwortlichkeit und zu freiheitlicher demokratischer Gesinnung[182] in Artikel 12 der Baden-Württembergischen Landesverfassung von 1953 reflektiert.

Günther Behrmann sieht in diesen Anfängen der demokratischen politischen Bildung den Grundstein für ein ganzes Geflecht von Einrichtungen, das ab den 50er Jahren in der BRD entstanden ist und mittelbar oder unmittelbar der politischen Bildung dient.[183] Zu dem Geflecht von Einrichtungen gehören nach Behrmann ferner zahlreiche außerschulische Einrichtungen wie etwa das an den Hochschulen in den 1950er Jahren neu eingeführte Fach der Poli-

---

geistigen Welt (…) am Beispiel eines einzelnen, vom Schüler wirklich erfaßten Gegenstandes sichtbar werden," (Kuhn, Hans-Werner/ Massing, Peter/ Skuhr, Werner (1993), S. 178) können, dies jedoch nicht durch eine Anhäufung von bloßem Stoff, der ohnehin nicht verstanden und daher ohnehin bald wieder vergessen würde, möglich ist.

[179] Für Theodor Wilhelm spielt das kooperative exemplarische Lernen eine außerordentlich bedeutende Rolle. So geht er davon aus, dass Situationen von sozialen Kleingruppen auf Institutionen und Großgruppen exemplarisch übertragen und dadurch politische Zusammenhänge auf der Basis sozialer Interaktion in Kleingruppen erfasst werden können. Das reine Wissen über Politik spielte folglich für Wilhelm eine untergeordnete Rolle. Nach Meinung zahlreicher Wissenschaftler gingen von Wilhelm die wichtigsten Anstöße zu einer Weiterentwicklung der politischen Pädagogik nach dem zweiten Weltkrieg aus. (vgl. Kuhn, Hans-Werner/ Massing, Peter/ Skuhr, Werner (1993), S. 145)

[180] Sander, Wolfgang (2003), S 119

[181] Als verantwortliche Erziehungsträger nennt die Landesverfassung in ihren Bereichen die Eltern, den Staat, die Religionsgemeinschaften, die Gemeinden und die in ihren Bünden gegliederte Jugend.

[182] http://www.lpb.bwue.de/bwverf/bwverf.htm (am So, 20.06.04)

[183] vgl. Behrmann, Günter C. (2002) S. 356

tikwissenschaft als sogenannte Demokratiewissenschaft sowie der Bundesjugendplan mit seinem Ziel, erhebliche finanzielle Mittel für außerschulische politisch bildende Einrichtungen wie beispielsweise kirchliche Jugendprogramme, Bildungsstätten und internationale Jugendbewegungen einzusetzen. In diesem Zusammenhang sind sicherlich auch die erziehenden und bildenden Kinderfernsehprogramme wie *Löwenzahn* oder *Die Sendung mit der Maus* zu sehen. Aber auch im Rahmen der Erwachsenenbildung wurden seit den 50er Jahren zahlreiche Einrichtungen der politischen Bildung, insbesondere Volkshochschulen und politische Stiftungen wie die Friedrich Ebert Stiftung, die Konrad Adenauer Stiftung oder die Friedrich-Naumann-Stiftung mit ihren Veranstaltungen und politischen Seminaren für interessierte Bürger, ideell und/oder finanziell unterstützt. Daneben zählt Behrmann Institutionen wie den Zivildienst und die Bundeswehr mit ihrer so genannten *Inneren Führung*, einem wenigstens wöchentlich ablaufenden Pflichtprogramm für alle Soldaten, worin politische Vorträge meist aus den Reihen der Soldaten gehalten werden und im Anschluss daran darüber diskutiert wird, oder das für politisch interessierte Soldaten eingerichteten Seminarsystem, sowie Kirchen und Gewerkschaften zu dem demokratischen Geflecht politischer Bildungseinrichtungen. Für die Allgemeinheit konzipiert sind ferner die Landeszentralen für politische Bildung sowie die 1952 gegründete Bundeszentrale für politische Bildung.[184] Ebenfalls von der öffentlichen Hand getragen bieten sie seit den 1950er Jahren ein weitgehend kostenfreies, breites Angebot für die Bürger in Form von Publikationen, Tagungen, Vorträgen, Seminaren, Gesetzestexten oder Informationen in und über die neuen Medien, wie das Beispiel des bei den Europa- und Bundestagswahlen außerordentlich populären Internet-*Wahl-O-Mat*[185] gezeigt hat.

Die Folge einer von Kritikern wie Erich Hylla und Thomas Ellwein als zu vage und wissenschaftlich nicht ausreichend untersucht beanstandeten Vermittlung von politischer Bildung als Unterrichtsprinzip folgte ab dem Ende der 50er Jahre die durch Kurt Gerhard Fischers Publikation *Der Politische Unterricht* maßgeblich forcierte und erst *post festum* so getaufte *didaktische Wende*. Während Ellwein insbesondere die Tatsache kritisierte, dass politische Bildung als Unterrichtsprinzip in der Luft hinge und keine planmäßige Ausrichtung der Schularbeit erkennbar sei,[186] setzten sich Hylla und Fischer mit ihrer Forderung nach einer

---

[184] Insbesondere die wöchentlich erscheinende Zeitung *Das Parlament* sowie die Broschüre *Informationen zur politischen Bildung* bieten ein umfassendes politisches Angebot, welches von Lehrern bereitwillig angenommen und häufig in den Unterricht integriert wird. Signifikante und ähnlich weit verbreitete Äquivalente existieren für Großbritannien für die Sekundarschulen nicht.
[185] Der *Wahl-O-Mat* ist ein von der Bundeszentrale für Politische Bildung auf deren Internetseite bereitgestelltes populäres Set von Fragen, dessen Beantwortung dem Besucher ein Ergebnis liefert, welches eine Orientierung über seine Wahl- und Parteipräferenzen geben soll. (vgl. http://www.bpb.de/methodik/P20LEK,,0,Willkommen_beim_WahlOMat.html oder http://www.wahl-o-mat.de (am Mi, 30.06.04))
[186] vgl. Sander, Wolfgang (2003), S. 123

kombinierten Vermittlung politischer Bildung sowohl in einem eigenen Fach, als auch als Unterrichtsprinzip bereits seit langem vor der *didaktischen Wende* für eine deutliche Ausweitung der politischen Bildung ein. Neben diesen Forderungen sind die an Fahrt gewinnende ideologische Auseinandersetzung mit dem Kommunismus im Kalten Krieg, eine Reihe von neonazistischen Grabschändungen jüdischer Friedhöfe sowie eine daraus resultierende beginnende Entwicklung der zunächst überwiegend sozialliberal geprägten Politikdidaktik als wissenschaftlicher Forschungsbereich hauptsächlich dafür, dass es ab den 1960er Jahren auch in den verbliebenen Bundesländern, die nicht die politische Bildung unterrichteten, schließlich zur Einführung eines eigenen Schulfachs für politische Bildung kam, was eine Reihe von weitergehenden Auswirkungen zur Folge hatte, die die politische Bildung in Deutschland zusätzlich unterstützen und verbreiten sollten. Die politische Bildung erfuhr nie da gewesene Popularitätszuwächse seitens der Politik und Gesellschaft, was wiederum zur generösen staatlichen Einrichtung weiterer Lehrstühle für die junge Wissenschaftsdisziplin der Politikwissenschaft und zu steigenden Studentenzahlen führte. Pädagogische Inhalte und Fragen über Unterrichtsmethoden wurden zum Gegenstand der politikwissenschaftlichen Forschung, die – die Behebung des von Ellwein proklamierten Mankos einer unzureichenden Fachdidaktik für den Politikunterricht im Sinn – politische Bildung mit Hilfe von wissenschaftlichen Theorien über politisches Lernen zu vermitteln suchte. Ausgehend von diesem konstruktiven Umfeld wurden in den 1960er Jahren zahlreiche politikdidaktische Theorien von der so genannten ersten Generation der Politikdidaktik[187] publiziert, deren Inhalte lange diskutiert und so konstant weiterentwickelt wurden, dass manche bis in die Gegenwart hinein ihre Gültigkeit beanspruchen. Aus dieser Zeit stammen beispielsweise Wolfgang Hiligens 1961 zunächst als Aufsatz, später in zuletzt 1991 aktualisierten Buchform publizierte politikdidaktische Arbeit *Worauf es ankommt* (später: *Zur Didaktik des politischen Unterrichts* und: *Didaktische Zugänge in der politischen Bildung*) und Hermann Gieseckes auflagenstärkstes erstmals 1965 erschienenes politikdidaktisches Buch *Didaktik der politischen Bildung*.

Mit Giesecke und der Einführung eines eigenen Unterrichtsfachs wich die Entwicklung der politischen Bildung in Deutschland von einer Linie ab, die bis in die 1960er Jahre hinein erkennbar war. Während der politische Unterricht nach dem Krieg von dessen Verdrängung sowie der „weit verbreiteten Tendenzen zur Konfliktscheu, zur Harmonisierung gesellschaftlicher und politischer Kontroversen und [von der] Betonung von Gemeinschaft"[188] gekennzeichnet war, hob Giesecke jetzt die Bedeutung des politischen Konflikts hervor und forderte,

---

[187] vgl. Sander, Wolfgang (2003), S. 128
[188] Sander, Wolfgang (2003), S. 134

dass dessen kontroverse Strukturen auch im Unterricht reflektiert sein müssten.[189] Dies hielt Giesecke für umso mehr notwendig, als die bis dato praktizierte Vermittlung politischer Bildung als simples Unterrichtsprinzip die von ihm kritisierte Konfliktscheu durch ungenau definierte Unterrichtszuständigkeiten und ein mangelndes Forum für inhaltliche politische Debatten, tolerieren, ja langfristig sogar zementieren würde. Nur die politische Beteiligung des ebenso von Ralf Dahrendorf[190] zuvor kritisierten unpolitischen Deutschen konnte für Giesecke als zentrales Ziel des politischen Unterrichts[191] die Demokratisierung festigen und die notwendige Auseinandersetzung mit der deutschen Geschichte gewährleisten. Während die Bewältigung der nationalsozialistischen Vergangenheit aufgrund der mangelnden gesellschaftlichen wie schulischen Debatte zuvor lange nur Stückwerk blieb, veränderte in den 1960er Jahren eine mit von Giesecke auf den Weg gebrachte neue Sensibilität für die deutsche Geschichte den Umgang mit sowohl der Vergangenheit als auch der politischen Bildung an Schulen.

Vor dem Hintergrund von mehr Demokratie wagender Entspannungspolitik und der Ende der 60er Jahre eingeleiteten neuer Ostpolitik Willy Brandts in Verbindung mit wachsendem materiellem Wohlstand wurde eine Kritik der gesellschaftlich-politischen Verhältnisse populär. Ebenso wurde die Kritik an einer mit der deutschen Vergangenheit hadernden Nachkriegspolitik, sowie an Kultur und Ideologie des kapitalistischen Wirtschaftssystems insbesondere seitens der weit über ihre sozialphilosophischen Inhalte hinaus bekannten *kritischen Theorie* der Frankfurter Schule lauter. Als eine der bedeutendsten soziologisch-philosophischen Strömungen erreichten „insbesondere Max Horkheimer, Theodor W. Adorno und Herbert Marcuse aus der älteren Generation sowie Jürgen Habermas aus der jüngeren Generation dieser Schule (…) eine prägende Wirkung auf das geistige Klima der Bundesrepublik auch weit über die 1960er- und 1970er-Jahre hinaus."[192] Faschistische Strukturen wurden jetzt nicht mehr nur im Kapitalismus, sondern auch in den vermeintlich autoritären und elitären Bildungs- und Erziehungsstrukturen der Bundesrepublik vermutet, die Forderung nach einer Demokratisierung aller Lebensbereiche folgte konsequent. Eine Bewegung hin zu mehr antiautoritärer Erziehung und Bildung war ebenso wie eine Abkehr von elitären zugunsten von egalitären Bildungsstrukturen die unmittelbare Folge. Diese gravierenden Veränderungen, Resultat der Frankfurter Schule, deren Wirkungsgeschichte zusammen mit dem sich verändernden bundesrepublikanischen Klima für einen neuen Prozess der sich herausbilden-

---

[189] Giesecke orientierte sich hierbei im Wesentlichen an der Konflikttheorie Ralf Dahrendorfs, der im Konflikt eine wichtige Säule der deutschen politischen Kultur sieht. (vgl. Massing, Peter (2003) ,Ralf Dahrendorf', in: Massing, Peter/Breit, Gotthard (Hrsg.) *Demokratie-Theorien von der Antike bis zur Gegenwart.*. Bonn: Bundeszentrale für Politische Bildung, S. 223-232.)
[190] vgl. Dahrendorf, Ralf (1961), S. 253ff
[191] vgl. Kuhn, Hans-Werner/ Massing, Peter/ Skuhr, Werner (1993), S. 224
[192] Sander, Wolfgang (2003), S. 138

86

den politischen Kultur[193] und für *Die intellektuelle Gründung der Bundesrepublik*[194] steht, blieben allerdings nicht ohne Wirkung. Einerseits nahm bis in die 1970er Jahre hinein der Einfluss der politischen Bildung in Schule und Hochschule sowie die Zahl von Studenten und Professoren, Publikationen, neu reformierten Lehrplänen und Schulbüchern zwar deutlich zu, andererseits aber wurde sie dadurch auch als innenpolitisches Wahlkampfthema zum Gegenstand massiver politischer Auseinandersetzungen zwischen den politischen Lagern.

Zu einem vorläufigen Abklingen dieser Kontroversen über die politische Bildung in Deutschland hat zunächst eine von der Baden-Württembergischen Landeszentrale für politische Bildung durchgeführte Fachtagung namhafter Fachdidaktikern der politischen Bildung im schwäbischen Beutelsbach beigetragen. Dort fasste der Tübinger Politikprofessor und Kommunalpolitikexperte Hans-Georg Wehling die Gemeinsamkeiten der kontrovers diskutierenden Teilnehmer der Tagung in drei Punkten zusammen:

1. Schüler dürfen zur Gewährleistung einer Grenze zwischen politischer Bildung und Indoktrination nicht zur politischen Parteinahme überredet oder gezwungen werden. (*Überwältigungsverbot*)

2. Schüler sollen befähigt werden, die eigenen Interessen, politischen Einstellungen und Einflussmöglichkeiten zu erkennen und zu analysieren.

3. Der Unterricht soll dann kontrovers erscheinen, wenn auch die Wissenschaft, Politik und gesellschaftliche Realität kontrovers ist.[195]

Auf der Nachfolgetagung ergänzte Rolf Schmiederer das Überwältigungsverbot mit dem so genannten Tabuisierungsverbot, wonach es ebenso unzulässig sein muss, bestimmte gesellschaftlich relevante Themen und Tatbestände im Unterricht zu ignorieren und dadurch den Schüler wie die zuvor thematisierte Überwältigung an der Gewinnung eines selbständigen Urteils hindern kann.[196] Obgleich die Auswirkungen dieser heute als *Beutelsbacher Konsens* bekannt gewordenen Einigung für die Entwicklung der politischen Bildung in Deutschland durchaus beachtlich sind, bedeutet der Minimalkonsens gerade nicht, wie in verkürzten Zusammenhängen oft übertrieben behauptet wird, dass ein grundsätzlicher Konsens der politischen Lager über die politische Bildung gefunden wurde. Er bedeutet vielmehr, „dass Dissens in Wissenschaft und Politik und also auch in politischer Bildung selbstverständlich ist. Es ging daher nicht um einen Konsens zwischen den konkurrierenden Konzepten politischer Bildung, sondern um Regeln für die pädagogische Praxis, die unter einem öffentlichen Auftrag

[193] vgl. Sutor, Bernhard (2002), S. 17
[194] vgl. dazu die umfassenden Ausführungen in Albrecht, Clemens (1999)
[195] Verkürzt wiedergegeben nach Wehling, Hans-Georg (1977), S. 179f
[196] vgl. Kuhn, Hans-Werner/ Massing, Peter/ Skuhr, Werner (1993), S. 289

steht. In diesem Sinne wurde das, was als Minimalkonsens formuliert war, von den am Gespräch beteiligten in der Folge akzeptiert."[197] Obgleich der Konsens den wiederaufkeimenden bildungspolitischen Kontroversen zwischen CDU/CSU und der SPD ab dem Beginn der 1980er Jahre, flankiert von Kontroversen über den NATO Doppelbeschluss, standhielt und von allen grundsätzlichen Diskussionen ausgenommen war, blieben die allgemeinen bildungspolitischen Differenzen der politischen Lager bestehen. Aufgrund seiner meist impliziten Verankerung in zahlreichen Lehrplänen und der paradigmatischen Anwendung und Weitergabe seiner Inhalte in Wissenschaft und Lehre sowie einer daraus resultierenden Nachhaltigkeit und Wirkung des Kompromisses bis in die Gegenwart, kann jedoch die Bedeutung des *Beutelsbacher Konsens* für die jüngste politische Bildung als durchaus richtungweisender und die politische Bildung inhaltlich strukturierender Meilenstein kaum deutlich genug hervorgehoben werden.

Obgleich der *Beutelsbacher Konsens* der politischen Bildung in Deutschland eine planmäßigere Ausrichtung der Schularbeit ermöglichte und ihr eine inhaltlich wie strukturell neue Qualität verlieh, begann ab den 1980er Jahren „für die Bildungspolitik insgesamt (...) eine Phase der Stagnation. Eine hohe Lehrerarbeitslosigkeit, Ergebnis einer mit wenig Weitsicht betriebenen expansiven Einstellungspolitik in den frühen 1970er-Jahren, kam hinzu; Folgen waren ein drastischer Rückgang der Studierendenzahlen in den Lehramtsstudiengängen sowie, da ein gewissermaßen ‚natürlicher' Transportweg für Innovationen in die Schule, die neu ausgebildeten Lehrerinnen und Lehrer, verschlossen war, eine zunehmende Abkopplung der Institution Schule von den Entwicklungen in der Erziehungswissenschaft und den Fachdidaktiken. Für die politische Bildung entwickelten sich die 1980er-Jahre zu einer ‚bleiernen Zeit'."[198]

Wie Sander weiter ausführt, wurde etwa vom Ende der 1970er- bis hinein in die 1990er Jahre keine einzige durch Emeritierung frei gewordene politikdidaktische Stelle in Deutschland neu besetzt. Ein Teufelskreis von folglich niedrigeren Studentenzahlen, weniger (Nachwuchs-)Forschung und Netzwerke und daraus resultierend die fälschliche Annahme seitens der Politik, dass die zögerliche Unterstützung der politischen Bildung an den Universitäten gerechtfertigt sei, nahm seinen langen Lauf.

Erst die deutsche Wiedervereinigung, durch die in vielerlei Hinsicht eine der politischen Bildung durch das Nachkriegsdeutschland bereits bekannte ähnliche Ausgangssituation für die politische Bildung geschaffen war, konnte diesen Negativtrend stoppen. Auch die erneute Ausuferung rechter Gewalt durch Brandanschläge auf Auslanderwohnheime, Übergriffe auf

---

[197] Sutor, Bernhard (2002), S. 24
[198] Sander, Wolfgang (2003), S. 149

ausländische Mitbürger und rechtsextreme Aufmärsche überzeugte, wie schon die neonazistischen Grabschändungen in den 1960er Jahren, eine durch die sozialistische Staatsbürgerkunde ihres alten Regimes reserviert gebliebene ostdeutsche Öffentlichkeit von der Notwendigkeit demokratischer politischer Bildung. Ihr erneuter Aufschwung drückt sich „unter anderem in einer erheblichen Belebung der wissenschaftlichen Publizistik aus, darunter der Neugründung von Fachzeitschriften und Buchreihen."[199] Daneben nutzt insbesondere die Bundeszentrale für politische Bildung zwischenzeitlich auch konstruktiv die neuen Medien als Mittel der politischen Bildung. So finden sich auf deren Internetseiten Verweise auf politische Veranstaltungen sowie beispielsweise ihr umfassendes Angebot überwiegend kostenloser wissenschaftlicher Publikationen auf allen gängigen Datenträgern, also auch Material, wie Lernsoftware für Jugendliche auf CD oder Filme auf DVD/Video. Das gezielte und offensive Zugehen auf die Jugend durch etwa das Sponsoring der bei Jugendlichen beliebten Sendung *Giga TV* durch die Bundeszentrale für politische Bildung verspricht ebenfalls wichtige Erfolge im Bemühen um weitere Fortschritte. Fasst man insbesondere die zuletzt aufgelisteten Entwicklungen der Bundesrepublik zusammen, dann „kann (…) die politische Bildung in Deutschland auf eine Erfolgsgeschichte zurückblicken. Erstmals in der deutschen Geschichte ist es gelungen, demokratische politische Bildung in der pädagogischen Praxis zu verankern, institutionell zu sichern und wissenschaftlich-konzeptionell zu untermauern."[200] Deshalb, so Sander weiter, kann mit guten Gründen vermutet werden, dass die politische Bildung in ihren schulischen und außerschulischen Praxisfeldern einen wichtigen Anteil an der Beheimatung der Demokratie in Deutschland hat.

Dennoch bleiben insbesondere in der schulischen Praxis Defizite bestehen. Der oftmals fachfremd erteilte Unterricht durch zuletzt überalterte Lehrer[201] in zudem noch vergleichsweise geringer Stundenzahl gemessen an anderen Fächern, sind zentrale Probleme, die von einer 1990 veröffentlichten breit angelegten Studie alarmierend veranschaulicht wurden.[202] Die problematisch messbaren Negativfolgen der durch diese Praxis dauerhaft suggerierten Unterordnung der politischen Bildung unter andere Disziplinen, die dadurch auch außerhalb von Politikunterricht[203] und Schule ihre Fortsetzung findet, werden sicherlich einer Befreiung der politischen Bildung aus ihrem verhältnismäßig stiefmütterlichen Dasein nicht gerade dienlich

---

[199] Sander, Wolfgang (2003), S. 151
[200] Sander, Wolfgang (2002), S. 36
[201] Glaubt man den Landesregierungen und Bildungsministerien, so ist durch demographisch bedingte größere Pensionierungswellen eine umfassende Verjüngung bestehender Altersstrukturen zu rechnen.
[202] vgl. Kuhn, Hans-Werner/ Massing, Peter/ Skuhr, Werner (1993), S. 299
[203] Bezeichnenderweise gibt es in Deutschland noch immer keine einheitliche Fachbezeichnung für die politische Bildung. Während an den Schulen wie oben erwähnt Begriffe wie *Gemeinschaftskunde, Sozialkunde* oder *Politik* verwendet werde, konnte sich bisher erst die Wissenschaft auf die Bezeichnung *Politikunterricht* einigen.

sein. Auch wird insbesondere von Seiten der Wissenschaft kritisiert, dass die zahlreichen durch umfassende Forschungen erarbeiteten Erkenntnisse der Politikdidaktik nicht, noch nicht oder schlichtweg nicht ausreichend in den Schulen umgesetzt werden. Eine größere Sensibilisierung aller Akteure für diese komplexe Problematik erscheint wünschenswert. Da sich diesbezüglich bisher noch keine klaren Entwicklungen abschätzen lassen, muss abgewartet werden, inwieweit sich diese Tendenzen insbesondere in einer wirtschaftlich und sozial schwierigen Zeit fortsetzen werden.

2. Wales und Großbritannien

Seit dem *Act of Union* aus dem Jahr 1536 befindet sich Wales in einem latenten, eruptiv manifesten Spannungsfeld zwischen integrativen unionistischen Momenten und separatistischen Bestrebungen. Einerseits durchlief Wales seit dem frühen 16. Jahrhundert, als noch der englische Einfluss nur in einigen befestigten walisischen Städten sowie in Pembrokeshire geltend gemacht werden konnte, einen umfassenden vereinigenden kulturellen und politischen Assimilationsprozess von walisischen und englischen Institutionen, andererseits war Wales jedoch parallel dazu stets bemüht, insbesondere seine kulturelle Eigenständigkeit zu bewahren. Integrative Momente unter diesem Fokus sind beispielsweise der Protestantismus, wodurch sich Wales und England, später in Union mit Schottland, gegen die katholischen Iren, aber auch gegen die verfeindeten Franzosen[204] absetzte. Gegen letztere wurden außerdem Kriege, in denen überdurchschnittlich viele Schotten und Waliser für das Vereinigte Königreich kämpften und starben, geführt, wodurch einheitliche schottische und walisische Identitäten ebenfalls forciert wurden. Schließlich fungierte obendrein der Kolonialismus als dritte große Säule einer walisisch-englischen Union. Großbritannien als angeblich überlegene Kultur musste sich im Zuge einer gemeinsamen nationalen Anstrengung um die Zivilisierung der Unzivilisierten bemühen, ein Kraftakt, der vereinte – auch und insbesondere die vermeintlich übergeordnete Zivilisation.

Sehr viel zahlreicher als diese unionistischen Elemente waren und sind jedoch die Manifestationen walisischer Eigenständigkeit. Kulturelle, religiöse und politische Differenzen zu England bestanden trotz politischer Einheit meist unter der Oberfläche fort, von wo aus sie seit der Mitte des 19. Jahrhunderts zunächst durch die calvinistisch-methodistische Kirche, dann im 20. Jahrhundert durch die Unruhen der Bergleute, fulminant wieder auftauchen soll-

---

[204] Symptomatisch für das Spannungsfeld zwischen integrativen und unionistischen Momenten steht Wales Verhältnis zu Frankreich. Zwar stand Wales in Union mit England seit dem späteren Mittelalter gehäuft in Opposition gegen Frankreich, bis ins frühe 15. Jahrhundert profitierte es jedoch von der Unterstützung Frankreichs im walisischen Widerstand gegen die englische Besatzung.

ten. Bereits seit dem 18. Jahrhundert manifestierte sich eine präsente walisische Parallelkultur durch die wiederbelebte regelmäßige *Eisteddfod* Tradition, die seit ihrer ersten nationalen Realisierung 1861 in Aberdare zu einem inzwischen integralen Bestandteil der walisischen Kultur geworden ist. Der Grundstein für diese ausschließlich in walisischer Sprache gepflegte Tradition wurde bereits im Jahr 1588 durch die von Elizabeth I angeordnete Bibelübersetzung ins Walisische gelegt. Während diese den vorläufigen Erhalt der walisischen Sprache bis ins 18. Jahrhundert insbesondere über die Kirche sicherte, zementierte schließlich die *Eisteddfodd* Tradition die walisische Kultur und Sprache. Letztere erreichte ihren Höhepunkt im Jahr 1911, als über eine Million Menschen walisisch sprachen, eine bisher historische Zahl, die seither nicht wieder erreicht werden konnte. Neuere Zahlen klingen jedoch viel versprechend. Während noch im Jahr 1999 die walisische Sprache von ungefähr 19% der Einwohner beherrscht wurde,[205] hat sich diese Zahl bis 2001 auf 21% erhöht. Aus dem damaligen *Census* geht sogar hervor, dass sich weitere 7% der Waliser eine teilweise Kenntnis der Sprache attestieren.[206] Die Tatsachen, dass Walisisch in Schulen heute Pflichtfach ist und an vielen Schulen Walisisch sogar als erste Unterrichtssprache verwendet wird, haben sicherlich zu diesem Trend beigetragen. Zugleich Ursache und Wirkung dieser Ausbreitung der walisischen Sprache sind daneben der walisischsprachige Fernsehkanal *S4C*, welcher ebenfalls politische Bildung vermittelt, und in sowohl Englisch, als auch walisisch verfasste Zeitschriften wie *„Barn, Planet* [und] *The New Welsh Review,"*[207] Medien wie *„Sianel Pedwar Cymru, Radio Cymru and the Papurau* Bro"[208] oder selbst der Weltkonzern *Microsoft,* der seit 2000 in seinem Textverarbeitungsprogramm *Word* die walisische Sprache als Auswahlmöglichkeit anbietet.

Neben der Sprache untermauert die walisische (meist bis ins 19. Jahrhundert) und anglowalisische (mit weltweitem Bekanntheitsgrad, häufig aus dem 20. Jahrhundert stammende) Literatur die Eigenständigkeit Wales'. Hierfür stehen beispielsweise John Ceiriog Hughes, Owen M. Edwards und John Saunders Lewis oder die Barden Golyddan (John Robert Pryse) und Eben Fardd (Ebenezer Thomas) sowie die Lyrik des John Blackwell. Für eine Abgrenzung gegen England steht Robert Ambrose Jones (Emrys ap Iwan), der sich gegen das *English Fever* ausspricht, im 20. Jahrhundert wenden sich dann zahlreiche Künstler gegen die kulturelle und industrielle Ausbeutung von Wales. Lewis Jones, ein Bergarbeiter, tut dies von einem kommunistischen Standpunkt aus, Richard Llewellyn mit *How Green was my Valley,*

---

[205] vgl. Sturm, Roland (1999), S. 11

[206] vgl. http://de.wikipedia.org/wiki/Wales#Bev.C3.B6lkerung am Sa, 11.02.06; 19% bedeutete damals unterdessen eine Stagnation seit mindestens 1981: Schon damals ergab der *Census,* dass ungefähr 19% der Waliser in der Lage waren, walisisch zu sprechen. (Balsom, Dennis (1985), S. 3)

[207] Harvie, Christopher (1998), S. 575

[208] Balsom, Dennis (1985), S. 15

John Morris-Jones mit *A Welsh Grammar, Historical and Comparative*, Gwyn Thomas und Glyn Jones fokussieren auf dem Verlust der walisischen Kultur und Identität. Zu den jüngeren walisischen Autoren des 20. Jahrhunderts zählen Alun Lewis mit seinen literarisch aufgearbeiteten Erfahrungen des Zweiten Weltkriegs, Dylan Thomas, Raymond Williams mit seiner Problematisierung der ostwalisischen Gebiete und R. S. Thomas.

Schließlich fungieren Religion und insbesondere die walisische Kultur als Reflektion und Katalysator von walisischer Eigenständigkeit. Noch vor 1920 waren die vier walisischen Diözesen nur ein Teil von Canterbury, die anglikanische *Church of England* offizielle Staatskirche in England und Wales. Nach langen Bemühungen allerdings erfolgte das sog. *Disestablishment*. Als heute hinter der englischen Kirche zweitgrößte Glaubensgemeinschaft in Wales genoss die calvinistisch-methodistische *Presbyterian Church of Wales* fortan den Status der walisischen Kirche.[209] Noch viel wichtiger waren und sind jedoch kulturelle Elemente. So setzt sich die Tradition von walisischen Chören in der Gegenwart fort durch klassische Komponisten wie Karl Jenkins, der das Musikprojekt *Adiemus* ins Leben gerufen hat und leitet, sowie durch äußerst erfolgreiche Künstler der Popkultur, neben Tom Jones gibt es eine Fülle international erfolgreicher walisischer Musiker wie die *Stereophonics*, die *Manic Street Preachers* oder *Catatonia*. Neben der hier zusammengefassten regionalen walisischen Position im Spannungsfeld zwischen Union und Eigenständigkeit ist jedoch insbesondere der nationale Kontext relevant für den historischen und gegenwärtigen Umgang der Briten mit der politischen Bildung.

Die britische Geschichte reflektiert im Gegensatz zu der deutschen eine Konstanz, die weltweit ihresgleichen sucht. Sieht man einmal von der Zeit Oliver Cromwells ab, – in die eine Parlamentsauflösung von 1629, der Englische Bürgerkrieg von 1642-1647, und die Schaffung einer englischen Republik (*Commonwealth*) fallen – kennt „die englische Geschichte keine echten Revolutionen und momentanen gesellschaftlichen Umbrüche."[210] Gravierende Umbrüche und Revolutionen in Frankreich, Deutschland oder Amerika gingen an den Briten vorüber. Sie transformierten ihr System langsam und gemächlich. Genauso, wie ihr Rechtssystem durch die Schaffung und Anwendung neuer Präzedenzfälle wuchs, wuchs auch der Staat. Plötzliche radikale Erneuerungen wären nicht nur non-konform mit geschichtlichen Erfahrungen, sie wären für das britische Volk möglicherweise unlogisch und nicht nachvollziehbar. Diese Ausgangslage instrumentalisieren sowohl Befürworter als auch Gegner einer schulischen politischen Bildung.

[209] vgl. Morgan, Kenneth O (1999), S. 202ff.
[210] Weber, Helmut (1998) S. 186

92

Einerseits, so die Gegner einer expliziten politischen Bildung an Schulen, erschien es herkömmlicherweise auf den britischen Inseln als evident, „dass die eigene Verfassungstradition einer solchen pädagogischen Zurüstung nicht bedürfe.“[211] Im Gegensatz zu etwa dem Einwanderungsland USA, dem von seinen Revolutionen geprägten Frankreich oder dem von historischen Brüchen wie dem Dritten Reich gekennzeichneten Deutschland, benötige das kontinuierlich zusammengewachsene und vermeintlich homogene Vereinigte Königreich weder eine *Civic Education*, noch *Instruction Civique* oder generell jegliche Form politischer Bildung. Unterstützt wird diese These von der Tatsache, dass renommierte Eliteschulen wie Rugby oder Eton „für lange Zeit die Überzeugung [verkörperten], dass das politische System sehr gut auch ohne politische Instruktion bestehen könne.“[212] In deren gewachsener Pädagogik (mit dem integralen Bestandteil des sportlich fairen Wettkampfs), die auf die Erziehung der jungen Menschen zu aufgeschlossenen und verantwortungsbewussten Gentlemen, die die (demokratische) britische Tradition zu würdigen und dadurch das politische System zu stützen wissen, zielte, sahen Traditionalisten die Bestätigung für die Notwendigkeit einer Fortsetzung der bisherigen Lehrmethoden ohne eine explizite Vermittlung von politischer Bildung im Vereinigten Königreich. Denn solange die britischen Schulen in der Lage waren, politisch interessierte und sensibilisierte *Gentlemen* zu generieren, konnten folglich keine Defizite in der politischen Bildung vorliegen. Hinzu kam das verbreitete Ressentiment, eine staatlich verordnete politische Bildung könnte die einzelnen Schulen, Lehrer und Eltern des traditionell dezentrale britische Schulsystems bevormunden und gleichfalls eine künstliche Einheit der politischen Landschaft generieren, die nicht vorhanden war.

Andererseits jedoch, so die erst zum Ende des 20. Jahrhunderts zahlreich gewordenen Befürworter von schulischer politischer Bildung, stellt sich die Frage nach der Notwendigkeit von politischer Bildung in einem System, welches keine institutionalisierten Strukturen der politischen Bildung vorsieht, ganz besonders. In Zeiten von sinkender Wahlbeteiligung, Politikverdrossenheit und sich ausbreitendem Desinteresse, auch und insbesondere unter Jugendlichen, bedarf es eines besseren soziokulturellen Unterbaus der Demokratie akuter denn je zuvor in der britischen Geschichte. Aus diesen Gegensätzen resultieren Wert- und Mittelkonflikte zwischen zahlreichen gesellschaftlichen Kräften im Vereinigten Königreich, die, wie später zu zeigen sein wird, erst durch die zum Ende des 20. Jahrhunderts erzielten Kompromisse teilweise gelöst werden konnten.

---

[211] Quesel, Carsten (2003), S. 335
[212] Quesel, Carsten (2003), S. 336

Bildung in Großbritannien war vor dem 19. Jahrhundert weitestgehend dezentral und nur den höheren Schichten zugänglich. Hierfür vorgesehen waren kostenpflichtige Schulen, welche später den Namen *Grammar Schools* erhielten. Gleichzeitig blieb den armen Schichten der Zugang zu Bildung verwehrt, deren Analphabetismusrate sehr hoch. Wie in anderen Teilen Europas führte in Großbritannien zu Beginn des 18. Jahrhunderts das Wachstum von Industrie und Handel in Verbindung mit einem expansiven Bankenwesen zu allgemeinem wirtschaftlichen Wohlstand und zur Herausbildung neuer Klassen, insbesondere der Arbeiterklasse. Dies in Verbindung mit einem wachsenden Bedarf von gebildeten, alphabetischen Arbeitskräften, führte dazu, dass die Kirchen neue *Church Schools* insbesondere für die *Middle Classes* etablierten. Aufgrund dieser von Glaubensgemeinschaften selbständig finanzierten und eigenverantwortlich organisierten Bildungsinstitutionen wurde die Kirche zur ersten und zunächst einzigen britischen Instanz, welche beträchtlich auch ärmliche Teile der Bevölkerung bildete.

Dem gegenüber erkannte der Staat die Bedeutung von Bildung und Erziehung politisch gebildeter Bürger zunächst nicht und schloss sich infolgedessen der kirchlichen Praxis nur sehr zögerlich an. So zum Beispiel in den 1830er Jahren mit der bescheidenen Unterstützung des Baus einiger Grundschulen oder später durch die langsame Ausdehnung der Unterstützungsleistungen auf Lehrmittel und auf die Ausbildung von Lehrern.

Nicht zuletzt aufgrund des Bestrebens der Regierung, mehr Einfluss auf Inhalte und Organisation der Bildung zu gewinnen, sowie der Einsicht, dass eine strukturierte Bildung und politische Bildung von staatlicher Bedeutung sind, wurde 1856 der *Education Act* erlassen, worin die Aufgaben und Pflichten von Schulen und von der Bildungsbehörde des *Privy Council* definiert und spezielle Schulinspektoren, die Vorgänger der heutigen *HMIs (Her Majesty's Inspectorate of Schools)*, eingesetzt wurden. Obgleich die Zahl von analphabetischen Kindern ohne jegliche schulische Bildung hoch blieb, können diese staatlichen Maßnahmen als Beginn der britischen staatlichen Schulpolitik gedeutet werden. Diese wurde im Jahr 1870 in einem weiteren, weitaus wichtigerem Gesetz, dem *Education Act,* präzisiert, in Folge dessen erstens ein dualistisches System von öffentlichen und privaten Schulen im Elementarschulbereich entstand und zweitens jedem Kind ein Platz in einer Grundschule garantiert werden sollte. Aufgrund dieser progressiven Maßnahmen wurde der *Education Act* von 1870 auch „the blueprint for mid-century reconstruction"[213] genannt.

---

[213] Simon, Brian (1987), S. 99

Die walisische Sprache in Schule und Gesellschaft blieb in diesen zögerlichen positiven Entwicklungen von offizieller Seite jedoch unberücksichtigt. Für die britische Regierung besaß sie – die *Blue Books* aus dem Jahr 1847, worin die walisische Sprache als Ursache der Rückständigkeit Wales' ausgemacht wurde, reflektieren das – die Aura der Rückständigkeit, folglich war es aus englischer Perspektive konsequent, wenn ihrem Fortbestand durch gezielte erzieherische Maßnahmen wie dem in seiner geschichtlichen Bedeutung möglicherweise überschätzten *Welsh Not* in der Schule sogar aktiv entgegen gewirkt wurde. Offiziellen Charakter erhielt dieses Vorurteil durch eine Bildungskommission der Zentralregierung in den 1840er Jahren, welche die Waliser als kulturell rückständig und durch die walisische Sprache in ihrem Fortschritt gehemmt bezeichnete. Während diese Annahme aus Sicht des kolonialistischen unionsfixierten England durchaus logisch war, führte es bei den Walisern zu einem separatistischen Effekt: Für sie war nun offensichtlich, dass die walisische Identität und Kultur gegen einen aggressiven englischen Kultur- und Sprachimperialismus in Gesellschaft und Schule verteidigt werden musste. Vereint gegen einen spätestens jetzt allgemein demaskierten Feind galt es nun, die Symbole walisischer kultureller Eigenständigkeit zu schützen und zu wahren.

Unter dem Eindruck der englischen Gefahr wurden insbesondere die walisischen Intellektuellen des 19. Jahrhunderts ausgesprochen selbstbewusst und produktiv. Die Zahl der walisischen literarischen Publikationen stieg stark an, die Veröffentlichung der *Welsh Manuscripts Commission* über die walisische Geschichte ab 1836, sowie eigenständige walisische Lyrik wie die von John Blackwell (seine Gedichte wurden 1851 in *Ceinion Alun* zusammengefasst), Ieuan Glan Geirionydd (namentlich sein *Notebook* aus den 1830er bis 1840er Jahren) und John Ceiriog Hughes und die walisische Literatur von Daniel Owen, dem ersten walisisch schreibenden Romanautoren (mit *Rhys Lewis* (1885) und *Enoc Huws* (1891)), vertieften die individuelle Verbundenheit mit der Region. Gestützt wurde diese Entwicklung wie auch die Gründung der ersten walisischen Universität 1872 mit ihrem bedeutenden Zentrum für altwalisische Literaturstudien, von einer steten Zunahme der Alphabetisierungsquote. Hinzu kam die industrialisierungsbedingte Zuwanderung von zunächst nordwalisischen Arbeitern ins rohstoffreiche Südwales. Dies führte zunächst dazu, dass deren Enthusiasmus für walisische Musik und Literatur Städte wie Merthyr Tydfil zu Zentren der walisischen Kultur machte.

Demgegenüber hatte die walisische Sprache in der Schule weiterhin einen schweren Stand. Da Englisch weiter als die Weltsprache des Fortschritts und der Kultur betrachtet wurde, fand der Unterricht in walisischen Schulen ausschließlich auf Englisch statt. Hierbei wurde eine massive Benachteiligung von Kindern und Jugendlichen aus monolingualen walisi-

schen Elternhäusern in Kauf genommen, ebenso die systematische Unterdrückung der walisischen Kultur in einem Schulsystem, welches junge Generationen dazu erzog, einen Teil ihrer
walisischen Wurzeln zu vergessen. Besonders brisant war diese Praxis allein aufgrund der
Tatsache, dass die bis zur Ausbreitung der Industrialisierung fortbestehende geographische
Isolation Wales' äußere kulturelle und sprachliche Einflüsse minimierte und eine weitestgehend ländlich okkupierte und kommunal orientierte Bevölkerung zur Aufgabe ihrer Sprache
in der Schule gezwungen wurde. 1851 wurde Wales noch von etwas mehr als einer Million
Menschen bevölkert, wovon etwa zwei Drittel auf dem Land lebten und in überwiegenden
Teilen traditionell walisisch sprachen.[214] Vor diesem Hintergrund erscheint es nicht weiter
verwunderlich, dass, insbesondere das Verbot der walisischen Sprache in der Schule zunächst
zu einer massiven Verstärkung des walisischen Identitätsgefühls geführt und Forderungen
nach größerer Autonomie von Kirche und Bildungssystem bis zur Mitte des 19. Jahrhunderts
hin forciert haben.

Am Ende des 19. Jahrhunderts begann jedoch eine Phase des manifesten walisischen kulturellen Selbstbewusstseins aufgrund der gesamtgesellschaftlichen Entwicklungen bereits
wieder auszuklingen. So trafen die drastischen Entwicklungen neuer, besserer und schnellerer
Transportmittel in Verbindung mit dem rasant steigenden Bedarf walisischer Bodenschätze
die walisische Kultur mit äußerster Härte: praktisch über Nacht wurde Wales transformiert
von "a marginal province into a sector of an imperial economy."[215] Der notwendig gewordene
Ausbau der Verkehrsinfrastruktur erfolgte auf einer Ost-West-Achse, wodurch Wales in zwei
Teile geteilt wurde: in einen nördlichen Teil, welcher an die Lancashire Region um Manchester angebunden war, und in einen südlichen Teil, der mit der Region um Bristol sowie bis
nach London kooperierte. Die wachsende und in ihrem zweigeteilten Charakter bis heute unverändert gebliebene Infrastruktur leistet unterdessen keinen Beitrag zur regionalen Integration von Wales. Im Gegenteil, bis heute steht sie symptomatisch für die Zweiteilung einer Nation. Während Nordwales von ländlichen Strukturen geprägt war, wurde Südwales durch seine Bodenschätze zu einem bedeutenden Sektor der imperialen Wirtschaftsmacht und trug
nicht zuletzt deshalb auch den Namen *American South Wales*. Der Bedarf an Kohle wuchs in
einer wachsenden Industrie, hinzu kam eine wachsende Anzahl von Rüstungsvorhaben, was
dazu führte, dass mehr und mehr Menschen auch von außerhalb Wales' zuwanderten. Lebten
1750 noch ca. 500.000 Menschen in Wales, waren es 1851 bereits 1.600.000 und vor dem
Ersten Weltkrieg 2.600.000. Dennoch hatte der vorläufige Niedergang der walisischen Sprache insbesondere in Balsoms *Three Wales Model* später als *Welsh Wales* titulierten Gebiet

---

[214] vgl. Osmond, John (1985), S. xxviii
[215] Williams, Gwyn Alf (1985), S. 173

bereits eingesetzt. Erst mit der sehr viel späteren Einführung eines walisischen Unterrichtsfaches konnte diese Entwicklung langsam wieder umgekehrt werden. Die politische Bildung der Bevölkerung unterlag in dieser Phase der industriellen Prosperität insbesondere nonkonformistischen und sozialistischen Einflüssen, fand ihre Unterstützung durch Zeitgenossen wie den Marxisten Noah Ablett sowie durch Robert Blatchford und die *Fabian Society*, und konnte beispielsweise in *Miners' Libraries* oder später (ab 1911) im *Central Labour College* London lokalisiert werden.

Immerhin wuchs zu Beginn des 20. Jahrhunderts auch das staatliche Interesse an schulischer Bildung insbesondere im Bereich des Sekundarschulwesens und der Erwachsenenbildung stark an, was ein Gesetz des konservativen Premierministers Arthur Balfour im Jahr 1902 für staatlich geförderte Sekundarschulen reflektiert. Obgleich die Sekundarschule noch immer gebührenpflichtig, dabei theoretisch offen für alle war, konnten aufgrund einer limitierten Anzahl von Kapazitäten und Gebühren nach wie vor nicht alle Kinder eine weiterführende Schule besuchen. 1911 besuchten etwa 82.000 ehemalige Grundschüler eine *Secondary School*, zusammen immerhin etwa 60% der ursprünglichen Schülerzahl in der Grundschule.[216] Schlechtere wirtschaftliche Rahmenbedingungen führten jedoch schon bald zu einem Rückgang nationaler Bestrebungen und bescherten den *Secondary Schools* ein vorläufiges Schattendasein mit wechselhafter Prominenz. Der gesellschaftliche Fokus verlagerte sich für die Waliser ohnehin weg von schulpolitischen Notwendigkeiten und hin zu einer Angst vor Arbeitslosigkeit in einer sich verschlechternden wirtschaftspolitischen Lage, wodurch die nationalliberale Politik der *Liberal Party* gegenüber der noch jungen *Labour Party* in den Hintergrund trat und schulische Belange an Bedeutung verloren. 1925 wurde *Plaid Genedlaethol Cymru*, die nationalistische Partei von und für Wales gegründet. Aufgrund divergierender innerparteilicher Interessen war das zentralstes Anliegen der Partei die Forderung nach einer Stärkung der walisischen Identität zur Verhinderung einer walisisch-britische Mischidentität. Als Folge dessen war es eine der zentralsten Forderungen der Partei, dass die walisische Sprache als einzige in Wales und besonders in walisischen Schulen zugelassen sein und gefördert werden sollte.

Während unter dem Einfluss des Zweiten Weltkriegs das *Army Bureau of Current Affairs* als staatliche Institution einigermaßen erfolgreich die politische Bildung der britischen Solda-

---

[216] vgl. Stephens, W. B. (1998), S. 104

ten verbesserte,[217] markiert nicht zuletzt aufgrund seiner Schaffung eines stabilen strukturellen Rahmens für das heutige britische Schulsystem der 1944 erlassene *Butler Education Act* die nächste bedeutende zivile bildungspolitische Veränderung des 20. Jahrhunderts. Obgleich noch einige Schulgebäude vom Krieg zerstört oder vernachlässigt waren, garantierte das Gesetz erstmals eine Sekundarstufe, die sowohl für alle Schüler offen, als auch durch ausreichende Schulen tatsächlich frei zugänglich war. Revolutionär an dem Gesetz war insbesondere die Abschaffung von Schulgebühren in allen staatlichen Schulen.[218] Der nach dem konservativen Politiker R. A. Butler benannte *Education Act* regelte ferner, dass anstelle eines *Board of Education* nun ein *Ministry of Education* mit einem ihm vorangestellten Minister aufsichtsführende Kontrolle über die Schulen ausüben sollte. Außerdem wurde ein dreiteiliges Bildungssystem, bestehend aus den drei unterschiedlichen staatlichen Schultypen der *Grammar-, Technical-* und *Secondary Modern School*, eingeführt. Dieses sah vor, dass sich sowohl Schüler in eine ihren Begabungen entsprechende Schule integrieren konnten und dabei gleichzeitig alle zukünftigen Anforderungen des Staates nach guten technisch-, intellektuell- und allgemein gebildetem Nachwuchs gesichert waren. Hierbei waren vorgesehen die *Grammar Schools* für Akademiker und Intellektuelle, die *Technical Schools* für Naturwissenschaftler, Ingenieure und Techniker und die *Secondary Modern Schools* insbesondere für Jugendliche, die sich um vergleichsweise einfache Arbeiten bemühten.

Neben den Schultypen wurde die Bildung dreigeteilt: nach der *Primary Education* in einer *Primary School* folgte die allgemeine *Secondary Education* und danach schließlich die *Further Education*. Diese klaren Strukturen und die Attraktivität der *Further Education* führte schließlich zu einem Anstieg des Abschlussalters der Schüler: gingen sie 1947 noch bis zum 15. Lebensjahr in die Schule, verließen sie im Jahr 1972 die Schule erst mit 16. Diese Zahlen stiegen bis zum heutigen Tag weiter an.

Bald schon waren jedoch die Schwächen dieses dreiteiligen Schulsystems evident. Eine selektive alles-oder-nichts-Prüfung nach der *Primary School*, die *eleven-plus-examination*, zur Ermittlung der weiterführenden Schule eines Kindes, bedeutete für die jungen Menschen erstens einen massiven psychischen Druck und zweitens war deren Ergebnis für die Selektion der Sekundarstufenform entscheidend und für Dauer des weiterführenden Schulbesuchs bindend. Folglich waren viele Schüler durch diese frühe Entscheidung in ihren Schulen für Jahre fehlplaziert. Daneben reflektiert auch die Zusammensetzung der Schultypen gravierende Un-

---

[217] Winston Churchill bezeichnete diese Praxis als militärische Zeitverschwendung.
[218] Obgleich noch immer vereinzelte Schulen Gebühren verlangten, war diese Maßnahme mitursächlich für Großbritanniens zwischenzeitlich erfolgreiche Bildungspolitik.

gerechtigkeiten. Während etwa 25% der Kinder die meist elitären *Grammar Schools* besuchten und nur ca. 5% eine *Technical School*, waren nahezu 70% in einer *Secondary Modern
School*.

Die *Labour Party* war die erste Partei, die diese Probleme erkannte und sich ihrer annahm.
Durch sie entstand und wuchs während der 1950er und 1960er Jahre ein zunächst kontrovers
diskutiertes System, das *Comprehensive System*. Dieses sah eine Abschaffung des dreigeteil-
ten Systems mit der Schaffung einer *Comprehensive School* für alle Schüler vor. Flankiert
wurde die neue Politik von *Labour* durch Michael Young, federführend im *Labour* Wahlpro-
gramm von 1945, der 1958 ein satirisches Buch, *The Rise of the Meritocracy*, veröffentlichte
und darin das selektive System als Ursprung von Ungerechtigkeit und in letzter Konsequenz
als mögliche Ursache für eine Revolution darstellte.

Aufgrund finanzieller Probleme löste sich das dreigeteilte System bereits in den 1950er
Jahren ohnehin auf: Durch die Schließung von nahezu allen *Technical Schools* blieben noch
Grammar- und *Secondary Modern Schools*. Zögerlich schlossen sich darauf auch die in den
1950er und 1960er Jahren überwiegend regierenden Konservativen der *Labour* Auffassung an
und ebneten damit den Weg für die ersten *Comprehensive Schools* in West Riding, Coventry,
Anglesey und Leicestershire im Jahr 1949. Die flächendeckende Einführung von *Comprehensive Schools* leitete jedoch erst *Labour* unter Harold Wilson im Jahr 1965 mit seinem *Circular
10/65* ein. Unterstützt wurde er in seiner Sympathie für die *Comprehensive School* durch die
entschiedene Ablehnung der *Grammar School* seines Kultus- und Wissenschaftsministers von
1965-1967, Anthony Crosland, der erklärte, „if there's one thing I do, I will smash every fu-
cking grammar school in the country"[219] Ein Gesetz der Konservativen, wonach die Entschei-
dungsfreiheit über Schultypen bei den lokalen Schulverwaltungen (LEAs, *Local Education
Authorities*) belassen werden sollte, verlangsamte unterdessen nur vorübergehend den Prozess. Nach mehr als 10 Jahren war Wilsons Entscheidung während seiner zweiten Amtszeit
schließlich weitestgehend implementiert.

Die politische Bildung – vor und unmittelbar nach dem Zweiten Weltkrieg noch auf der
politischen Agenda – spielte in der späteren Nachkriegsgeschichte nur eine marginale Rolle,
eine Auseinandersetzung über eine fachliche Implementierung oder Optimierung fand selten
statt:

„Periodically, however, interest in political education erupts at times of national or international crisis. In
Britain, where observers have noted a tendency to neglect overtly political teaching (…), the period before
and immediately following the Second World War was such a period of heightened interest in the training of
citizens and the development of civics in schools. But by the mid-fifties, much of the sense of urgency for

[219] http://en.wikipedia.org/wiki/Tony_Crosland am Mo, 06.02.06

political education seemed to have diminished and, throughout the sixties, the increasing clamour for participation contrasted oddly with the neglect of political education in schools."[220] Ergebnis dieser Vernachlässigung war, dass in den 1980er Jahren weniger als 50% der britischen Schülerinnen und Schüler regelmäßige politische Instruktionen erhielten.[221]

Diese Vernachlässigung der politischen Bildung ist auch vor dem Hintergrund einer allgemeinen Krise des *Comprehensive Systems*, welches trotz zahlreicher Vorschusslorbeeren die hohen Erwartungen nicht erfüllen konnte, zu sehen. Die Bildungsstandards waren weiterhin schlecht, sowohl infrastrukturell, als auch personell. Staatliche Gelder flossen nur äußerst spärlich, besonders aus der Befürchtung heraus, diese könnten wirkungslos in Systemen versickern, worüber keine staatliche Autorität die Kontrolle hat. Aus diesem Grund wurde unter Margaret Thatcher das *Local Management of Schools* (LMS) eingeführt: Schulen sollten vollständige und eigenständige Kontrolle über ein ihnen zugewiesenes Budget erhalten. Flankiert wurde diese Maßnahme von der Einführung eines nationalen Curriculums, welcher die Bildungsstandards anheben sollte. Die allgemeine Krise des Wohlfahrtsstaats war nicht nur ursächlich für eine Neubewertung der Schulpolitik, sondern auch Anstoß für neue Gedanken über die politische Bildung.

Nach einer Bildungsreform, die keine explizite Form der politischen Bildung vorsah, wurde unter Margaret Thatcher im Jahr 1988 eine vom *Speaker* des *House of Commons*, Bernard Weatherill, geleitete überparteiliche Kommission einberufen, deren Aufgabe darin bestand, den Begriff *Citizenship* im Allgemeinen und als Teil dessen, die aufgeworfenen Fragen über Notwendigkeit politischer Bildung im Besonderen, zu beantworten.[222] Die 1990 in dem Bericht *Encouraging Citizenship* vorgelegte Antwort war insofern kaum überraschend, als nicht etwa eine der beiden oben genannten extremen britischen Ansichten zur politischen Bildung – politische Bildung ist traditionell nicht notwendig vs. politische Bildung muss sofort als eigenes Schulfach eingeführt werden – als Teil der Lösung betrachtet, sondern vielmehr in der britischen Tradition der Stärkung individueller Verantwortung und Lebensführung, neben unfassender politischer Information der Bürger auch eine Stärkung seiner persönlichen Einsatzbereitschaft im Staat gefordert wurde. Bildungspolitischer Hintergrund dieser nicht unbedingt neuen Überlegung ist der Gedanke, dass „the most effective political education is that which comes out of political participation itself."[223]

[220] Entwistle, Harold (1971), S. 2
[221] vgl. Quesel, Carsten (2003), S. 340; zu diesen Zahlen liegen leider keine längerfristigen Vergleichswerte vor.
[222] vgl. Quesel, Carsten (2003), S. 338 f.; Der Begriff *citizenship* wurde anstelle von *nationality* gebraucht, da er die zahlreichen *unterschiedlichen* kulturellen, ethnischen und religiösen Formen, britisch zu sein, hervorhebt und keine nicht-existente nationale Einheit suggeriert.
[223] Entwistle, Harold (1971), S. 6; Eine Überlegung, die nicht neu war. Bereits 1967 kritisierte beispielsweise Abramson, dass „British children in non-selective schools are taught to accept relatively non-participatory roles in the political system"

Zwar bedeutete dies für die politische Bildung an Schulen, dass neben der Information über politische Zusammenhänge und Institutionen zuvorderst die Partizipationskompetenz zum Gemeinwohl der Gesellschaft geschult werden sollte. Konkrete Vorgaben für Schule, Schüler oder Lehrer konnten in *Encouraging Citizenship* allerdings wie schon in der Bildungsreform von 1988 nicht ausgemacht werden. Diesbezügliche Vorgaben folgten dann in den folgenden Jahren aus Veröffentlichungen des *National Curriculum Council*, worin neben der Schulung der Partizipationskompetenz die Ausgestaltung einer fächerübergreifenden politischen Bildung zunehmend thematisiert wurde. Zu den Vorschlägen gehören unter anderem die grundsätzliche Vorgabe an den Unterricht, den Schüler schon ab dem Alter von 5 Jahren zur Einnahme einer aktiven *Citizenship* zu befähigen und dessen Partizipationsbereitschaft zu fördern. Diese Förderung soll beispielsweise den natürlichen Spieltrieb von Kindern nutzen. Da sich Kinder normalerweise sehr spontan imitativen Spielen öffnen (In früher Kindheit besteht dieses vielleicht aus dem Familien-Spiel mit Puppen oder Freunden und der Rollenannahme von Vater, Mutter, Doktor, Kind, Verkäufer, usw.), könnten Schulen vom Spieltrieb in Form von einer gelebten Simulation politischer Strukturen Gebrauch machen. Wenn Kinder an der Schule bereits politische Partizipation in Form von Schülermitbestimmung *leben*, simulieren sie die demokratische Partizipation als Staatsbürger und lernen damit spielerisch ihre Rolle einer aktiven *Citizenship*.

Ferner sollen beispielsweise im Fach der Wirtschaftslehre die Form der politischen Debatte geschult, sowie Fragen zur Gerechtigkeit der Konzentrierung des weltweiten Wohlstands in der westlichen Welt und zur Wirtschaftspolitik erörtert werden. Kontroverse Themen wie Umweltschutz, Rüstungspolitik und Sozialstaatsprobleme sollen bei unterrichtsfachlicher Relevanz ebenso kontrovers angesprochen und diskutiert werden, wie sie der Natur ihrer Sache nach auch sind.[224] Oberstes Ziel dieser Vorgaben ist die Verhinderung politischen Desinteresses bei gleichzeitiger Sensibilisierung der Jugendlichen Staatsbürger für die Geschichte der britischen sozialstaatlichen und demokratischen Traditionen. Da sich durch die hier angedeuteten Deklarationen des *National Curriculum Council* in den frühen 1990er Jahren der konzeptionelle Bogen des nationalen Curriculums von der Familie als Kerngemeinschaft im kommunalen Raum über den Staat bis hin zur Europapolitik und zu den Vereinten Nationen[225] erstreckt, können sie zumindest in der Theorie als neue Elemente der politischen Bildung im Großbritannien des späten 20. Jahrhunderts interpretiert werden.

---

[224] Diese Vorgabe des *National Curriculum Council* ähnelt auffällig stark dem oben angesprochenen deutschen *Beutelsbacher Konsens* von 1977, in dessen drittem Punkt vom Unterricht verlangt wird, genau dann kontrovers zu erscheinen, wenn auch die Wissenschaft, Politik und gesellschaftliche Realität kontrovers sind.
[225] vgl. Quesel, Carsten (2003), S. 341

In der Praxis bleiben allerdings die Erfolge der Umsetzung dieser Ideen des *National Curriculum Council* größtenteils fragwürdig. Empirisch messbar waren sie kaum. Auch für die 1990er Jahre belegt eine 1995 publizierte Demos-Studie ein sehr niedriges Niveau politischer Partizipation von Jugendlichen. Gerade einmal 43% der 18- bis 24-Jährigen machten bei den Unterhauswahlen 1992 von ihrem Wahlrecht Gebrauch. Enttäuschende 3% der Frauen und 9% der Männer dieses Alters sind politisch aktiv, während lediglich 6% der 15- bis 34-Jährigen sich selbst als sehr interessiert in Politik beschreiben.[226] Derartige Werte, das belegen langfristige Studien, könnten zwar als durchaus normales Phänomen demokratischer Gesellschaften interpretiert werden, da schwächere politische Neugier und Partizipation jüngerer Staatsbürger sich bisher ebenfalls in bescheidenen Dimensionen bewegten. Helen Wilkinson und Geoff Mulgan sehen allerdings eine durchaus rückläufige Entwicklung der politischen Bildung in Großbritannien in den 1990er Jahren: „For many young people in Britain today politics has become something of a dirty word."[227] Die langfristigen Daten der *British Social Attitudes* belegen diese Vermutung. Hierin weisen Indizien auf eine „tendenzielle Abnahme des Engagements"[228] Jugendlicher in den späten 1990er Jahren im Vergleich zu früheren Jahren hin. Obgleich also die politische Partizipation etwa in Form der Wahlbeteiligung mit steigendem Alter zunimmt, kann die Zielvorgabe des *National Curriculum Council*, gerade Jugendliche zu einem höheren Grad an *Citizenship* zu erziehen, diesen Zahlen zufolge, zumindest kurzfristig, als kaum erreicht bezeichnet werden. Eine weitere Untersuchung, die zwischen 1994 und 1998 im Rahmen der *British Social Attitudes* durchgeführt wurde, untermauert die unzureichende Dimension politischer Bildung zusätzlich, indem sie belegt, dass sowohl das politische Interesse bei Jugendlichen im Alter von 12 bis 19 Jahren insgesamt gesunken, als auch bei Jugendlichen von 16 bis 19 Jahren das politische Wissen schwächer als vier Jahre zuvor ist und folgert daraus, dass die britische Zivilkultur von einer schleichenden Erosion bedroht sei.[229]

Folgerichtig setzt sich die von Bernard Weatherills Nachfolgerin Betty Boothroyd geleitete *Advisory Group on Education for Citizenship and the Teaching of Democracy in Schools* in ihrem 1998 vorgelegten Abschlußbericht nachdrücklich für eine schnelle und nachhaltige Stärkung der politischen Bildung ein. Beauftragt vom neuen *Labour* Minister für Bildung und Beschäftigung David Blunkett knüpfte die Kommission an die Vorarbeiten des Konzepts des

---

[226] vgl. Wilkinson, Helen/ Mulgan, Geoff (1995), S. 98 f.
[227] vgl. Wilkinson, Helen/ Mulgan, Geoff (1995), S. 98
[228] Quesel, Carsten (2003), S. 343
[229] vgl. Quesel, Carsten (2003), S. 342 ff.

Encouraging Citizenship und an die des *National Curriculum Council*, unter Berücksichtigung der zwischenzeitlich offen gelegten empirischen Defizite, an. Sie kommt zu dem grundsätzlichen Schluss, dass der politischen Bildung eine wichtige Funktion bei der Verklammerung von Eigenständigkeit und Gemeinsinn zukommt. Folglich geht es „in dieser Perspektive darum, soziale Netzwerke durch die Kultivierung des politischen Selbstbewusstseins zu stärken. Die intensivierte Bürgerbeteiligung soll sicherstellen, dass die marktwirtschaftliche Konkurrenz nicht zu sozialer Desintegration führt."[230] Teil dieser Überlegungen ist auch die Forderung, der Marginalisierung von Jugendlichen und daraus resultierendem Desinteresse, politischer Apathie und Partizipationsverweigerung entgegenzuwirken. „Knowledge of democratic principles reduces social distance."[231] Und da nur durch den Vollzug der politischen Alphabetisierung aktive Bürger ihre Bürgerrechte und –pflichten wahrnehmen können und durch ihr freiwilliges politisch-soziales Engagement die Strukturen des demokratischen Staates wahren sowie seine Handlungsfähigkeit sichern können, schlug die Kommission eine an Schulen praktizierte Form der Mitbestimmung Jungendlicher vor, die die von ihr geforderten Kompetenzen bereits in jungem Alter schulen sollte.[232]

Praktisch umgesetzt werden sollten diese grundsätzlichen Vorschläge mit Hilfe von konkreten Empfehlungen der *Advisory Group on Education for Citizenship and the Teaching of Democracy in Schools*. Die Hauptempfehlung lautet, politische Bildung vom Jahr 2000 an fest im Curriculum für alle Schüler von 5 bis 16 Jahren zu verankern. Die *Advisory Group* schlägt vor, dass insgesamt 5% der Unterrichtszeit auf die politische Bildung verwendet werden, sei es als eigenständiges Fach oder durch Einbindung in andere Fächer. Die politische Bildung ist nach dieser Konzeption bei den jüngeren Schülern fächerübergreifend in Verbindung mit *Personal, Social and Health Education* (PSHE) zu vermitteln. Darüber hinaus lasse sie sich mit Fächern wie Geschichte, Geographie oder Englisch verbinden. Gleichwohl sei es bei den älteren Schülern unabdingbar, politische Themen in konzentrierter Form in einem eigenständigen Unterrichtsfach zu behandeln."[233] Leider zeigt hierbei die Unterrichtspraxis, dass politische Bildung ohne eigenes Unterrichtsfach überwiegend in Geschichte unterrichtet wird und hierbei durch die britische Besessenheit vom deutschen Nationalsozialismus sich nahezu ausschließlich mit dem Dritten Reich befasst.

Auch die Vielzahl progressiver Gedanken über Bildung und deren Verbesserung vermochte unterdessen die strukturellen Probleme des Systems nicht lösen. Die Abschaffung von

[230] Quesel, Carsten (2003), S. 346
[231] Kirsch S., zit. nach Entwistle, Harold (1971), S. 22
[232] Ein Konzept, das bereits in ähnlicher Form ab 1774 in Johann Bernhard Basedows Philanthropischen Schulen praktiziert wurde. Vgl. hierzu Kapitel VI, 1. in dieser Arbeit.
[233] Quesel, Carsten (2003), S. 346

immer mehr *Grammar Schools* führte dazu, dass viele wohlhabende Eltern ihre Kinder in Privatschulen schickten und damit einerseits den Niedergang des Bildungsniveaus der *Comprehensive Schools* beschleunigten und andererseits die Kluft zwischen Arm und Reich vergrößerten. Für diese problematische Konstellation konnten zum Ende des 20. Jahrhunderts weder *Labour* noch die Konservativen, die sich mehr und mehr gegen das *Comprehensive System* stellten, mit Lösungen aufwarten. Auch Tony Blair, 1997 mit seinem Ruf nach *Education! Education! Education!* überlegener Sieger der Unterhauswahlen, konnte den in ihn gesetzten Erwartungen nach wie vor nicht gerecht werden. Der Trend einer Zweiteilung der Bildung in einen privaten und einen staatlichen Sektor setzte sich fort und konnte auch durch Blairs Maßnahmen von Verkleinerungen der Klassengrößen, *Education Action Zones* oder einer Transformation von *Comprehensive Schools* in sogenannte *Specialist Colleges* nicht gestoppt werden.

Immerhin haben Anregungen der *Advisory Group on Education for Citizenship and the Teaching of Democracy in Schools* unterdessen zu beachtlichen Veränderungen der politischen Bildung an Schulen geführt. Seit dem Schuljahr 2000/2001 ist der nationale Curriculum dahingehend geändert, dass alle Schüler der Primarstufe politische Bildung als Element des Schulfachs *Personal, Social and Health Education* (PSHE) vermittelt bekommen. Seit dem Schuljahr 2002/2003 wurde für die Sekundarstufe ein neues eigenständiges Fach *Citizenship* eingerichtet, worin noch gezielter als in der Primarstufe politische Bildung unterrichtet werden kann. Diese Verbesserungen wurden bereits als großer Erfolg gefeiert und im Zuge der Publikation der europäischen PISA Ergebnisse gar als „lesson in school reform"[234] für andere Länder bezeichnet.

Sie können jedoch nicht darüber hinwegtäuschen, dass einige gravierende Defizite bestehen bleiben. Dazu gehört sicherlich die enorme Bandbreite der Qualität von *Comprehensive Schools*. Mitbeeinflusst von deren *Catchment Area* können diese ausgesprochen gut oder aber lediglich ein komplexer Schmelztiegel niedriger sozialer Schichten sein. Selbst innerhalb dieser Schichten kristallisiert sich durch die Verbreitung der walisischen Sprache ein zweischichtiges Proletariat heraus, bestehend aus einer gebildeten, walisisch sprechenden und einer schlecht gebildeten, nicht walisisch sprechenden Gruppe. Diese Problematik verschärft die spannungsgeladene Ausgangslage innerhalb von durchschnittlichen oder unterdurchschnittlichen *Comprehensive Schools* weiter. Ebenso konnte das Problem der sozialen Selektion nicht gelöst werden. Diese findet fortwährend statt: Reiche Eltern schicken ihre Kinder in Privat-

---

[234] Whitty, Geoff (1997), S. 88

schulen oder ziehen in bessere *Catchment Areas*, wodurch die Kinder besseren Schulen zuge-
teilt werden. Dadurch werden arme Gegenden und Schulen schlechter, finden schwerlich gut
qualifiziertes Personal und drehen sich in eine Abwärtsspirale, die kaum aufzuhalten ist. Ruth
Kelly, Kultus- und Wissenschaftsministerin von 2004 bis 2006, fasst die Defizite so zusammen: "Comprehensive schools have raised standards and done well for many pupils, but they
do not seem to have been the universal engine of social mobility and equality that Crosland
hoped they would be (…). For too many people they have not delivered what he called social
equality, what today we call social justice."[235]

Status Quo sind heute gute private Schulen für die wohlhabenderen Mittelschichten und
schlechtere *Comprehensive Schools* für die Arbeiterklasse. Tony Blair und *New Labour* waren
bisher noch nicht in der Lage, diese Situation positiv zu verändern. Es muss abgewartet werden, ob eine Umsetzung viel versprechender Gedanken des *Labour Manifesto 2005* stattfindet
und Erfolg hat. Ob jedoch die durch alle Medien geisternden *Public Private Partnerships* eine
Lösung für die Probleme des Bildungssektors darstellen, erscheint derzeit mehr als fragwürdig.

---

[235] Smithers, Rebecca (2005), 'Comprehensive System is flawed: Thinktank to be told'. in: *The Guardian Online*,
http://education.guardian.co.uk/schools/story/0,5500,1448039,00.html am Do, 13.10.05

EMPIRIE

„Das Ziel der Erziehung (…) muss die Formung von Herz, Urteilskraft und Verstand sein, und das in dieser Reihenfolge. Die meisten Lehrer (…) betrachten den Erwerb und die Ansammlung von Wissen als die einzige Aufgabe einer glanzvollen Erziehung und bedenken nicht, dass oftmals ein gelehrter Tor törichter ist als ein unwissender."

Jean-Jaques Rousseau

I. Forschungskonstrukt und Empirischer Rahmen

Bisherige empirische Studien zum Stand der politischen Bildung sind in ihren Ergebnissen meist „eher ernüchternd und zeichnen ein überwiegend kritisches Bild von Qualität und Professionalität des Unterrichts in der politischen Bildung."[236] Außerdem hat die „Forschung zu Wirkungen der politischen Bildung (…) bislang nur wenige positive Ergebnisse erbracht. Denn es bereitet große Schwierigkeiten, mit den gängigen Instrumenten empirischer Forschung festzustellen, ob kurzfristig meßbare Effekte auch langfristig Bestand haben."[237] Wenn schließlich überhaupt die langfristigen Effekte von politischer Bildung untersucht worden sind, dann geschah dies in der Regel unter einem nationalen Fokus. Vernachlässigt worden ist unterdessen der regionale Aspekt.[238] Diesem wissenschaftlichen *Status Quo* entgegenwirkend lauten die beiden Leitfragen: *Welche Aufschlüsse über das Niveau politischer Bildung und über die Extensität regionaler Identität 15- bis 19-jähriger Schüler erlauben die mit Hilfe von Workshops gewonnenen Daten?* und darüber hinaus: *Existieren möglicherweise nachweisbare Zusammenhänge zwischen politischer Bildung und regionaler Identität?* Damit widmet sich diese Arbeit sowohl dem Stand von politischer Bildung als auch ihren möglichen Wirkungen, beides unter einem regionalen Fokus.

Während die Untersuchung des Stands der politischen Bildung in Wales und Baden-Württemberg, wie bereits angedeutet, hier ausschließlich outputorientiert erfolgt, also gerade nicht nach Schulstrukturen, Lehrplänen oder der Ausbildung von Lehrern fragt, sondern vielmehr das durch die im Folgekapitel vorgestellten Fragebögen erfragte und reflektierte (auch außerhalb der Schule erworbene) Wissen der Jugendlichen analysiert, erfolgt eine Untersuchung der Wirkungen politischer Bildung vor dem Hintergrund möglicher Wechselwirkungen von Bildung und regionaler Identität. Ein derartiger Nachweis einer möglichen Korrelation ist sozialwissenschaftlich schwer zu führen. Vergleicht man zwei beliebige divergierende Untersuchungsobjekte miteinander, so mag sich hieraus eine vermeintliche Verbindung ergeben, die sich jedoch bei genauerer Betrachtung kaum als Korrelation herausstellt. Berühmtestes Beispiel hierfür ist etwa der dramatische Rückgang von Störchen, welcher von Paul Watzlawick ironisch in einen Zusammenhang mit dem konstanten Geburtenrückgang in westeuropäischen Staaten seit dem Ende der 1960er Jahren gestellt wurde. Eine Korrelation beider Phänomene liegt selbstverständlich nicht vor.[239]

---

[236] Sander, Wolfgang (2003), S. 154
[237] Behrmann, Günter C. (1987), S. 362
[238] vgl. Wehling, Hans-Georg (1987), S. 259
[239] vgl. Watzlawick, Paul (1976) *Wie wirklich ist die Wirklichkeit*

Übertragen auf die Thematik dieser Arbeit könnte dies bedeuten, dass beispielsweise im Rahmen eines Vergleichsmaßstabs walisische vs. baden-württembergische Jugendliche kurzerhand behauptet würde: Wenn walisische Jugendliche durch die Fragebögen ein gutes politisches Wissen und eine starke regionale Identität reflektieren, baden-württembergische Schüler sich im Vergleich dazu jedoch als schlechter gebildet und weniger stark von einer regionalen Identität geprägt herausstellen, dann liegt ein Zusammenhang zwischen Bildung und Identität vor. Selbstverständlich könnten zahlreiche Einwände gegen diese monokausale Annahme gemacht werden: isoliert unklare Vergleichsmaßstäbe verfälschen das Ergebnis, unterschiedliche Systeme werden verglichen. Dieser Kritik würde sich sicherlich auch Catrin Kötters-König anschließen: Lernerfolge in modernen und in traditionellen Klassen, so eine ihrer Studien, können signifikant variieren.[240] Demnach könnten die hypothetisch besser und schlechter gebildeten Jugendlichen aus dem Beispiel genauso gut unterschiedlich erfolgreiche moderne und traditionelle Unterrichtsmethoden genossen haben, während deren Unterschiede in der regionalen Identifikation aus Geschichte und Kultur und für Baden-Württemberg möglicherweise aus der Nichtexistenz von beidem resultieren könnten. Hierdurch wäre also ein vermeintlicher Zusammenhang aus kritischer Distanz wenigstens in Frage zu stellen. Sollten sich jedoch bei der Untersuchung der ersten Frage, *Welche Aufschlüsse über das Niveau politischer Bildung und über die Extensität regionaler Identität 15- bis 19-jähriger Schüler erlauben die mit Hilfe von Workshops gewonnenen Daten?* innerhalb mehrerer Vergleichmaßstäbe – neben Wales vs. Baden-Württemberg z. B. die drei Regionen von Balsoms *Three-Wales Model* – ähnliche Tendenzen ergeben, könnten diese immerhin als Indizien für eine Verbindung von politischer Bildung und regionaler Identität interpretiert und in einem zweiten Schritt untersucht werden.

Im Folgenden wird sich Kapitel II in drei Abschnitten mit der Beantwortung der ersten Leitfrage befassen. Abschnitt 1 stellt hierbei zunächst die deutschen, englischen und walisischen Fragebögen vor. Hierbei wird nach einer Übersicht über Zielsetzung, Aufbau und Struktur selbiger eine kurze Zusammenfassung über empirische Rahmendaten, Teilnehmer der Studie, Auswahl der Schulen, Ablauf der Datengewinnungsvorgänge, usw., gegeben. Ferner werden alle einzelnen Fragen vorgestellt und sowohl deren Ergebnisse als auch deren Relevanz für den Gesamtkontext dargelegt. Im Abschnitt 2 werden Wales und Baden-Württemberg zueinander in Relation gesetzt und die Ergebnisse beider Einheiten miteinander

---

[240] vgl. Kötters-König, Catrin (2001) ‚Handlungsorientierung und Kontroversität. Wege zur Wirksamkeit der politischen Bildung im Sozialkundeunterricht' in: *Aus Politik und Zeitgeschichte*, B 50/2001, S. 10ff. und http://www.bpb.de/files/28ZJ69.pdf am So, 19.02.06; Eine ‚moderne' Klasse ist für Kötters-König eine offene, die Schüler fordernde und aktivierende Schulklasse. ‚Traditionell' sind hingegen Frontalunterricht und klassische Lehrmethoden.

verglichen. Dieser Abschnitt kann mit einigen besonders interessanten Ergebnissen bezüglich der Identität und Bildung von Jugendlichen in beiden sub-staatlichen Einheiten aufwarten. So werden die Daten unter anderem ein deutlich schlechteres Leistungsniveau der walisischen Schüler in Verbindung mit einem ausgeprägten regionalen Selbstbewusstsein reflektieren. Abschnitt 3 schließlich befasst sich mit Bildung und Identität unter Berücksichtigung von Balsoms *Three-Wales Model* und zeigt auf, dass die von Balsom kommunizierte Dreiteilung Wales' nicht nur für die Intensität regionaler Identität oder für verschiedene Wahlverhaltensstrukturen, sondern auch für regionale Denkstrukturen sowie für Bildungs- bzw. Wissensniveaus von erheblicher Bedeutung ist.

Kapitel III befasst sich im Anschluss daran mit der zweiten Leitfrage dieser Arbeit, damit ob möglicherweise nachweisbare Zusammenhänge zwischen politischer Bildung und regionaler Identität der Jugendlichen vorliegen könnten. Hierzu werden zunächst in Abschnitt 1 die zuvor gemachten Ergebnisse zum *Three-Wales Model* wieder aufgegriffen und mögliche Anzeichen für eine Korrelation von Bildung und Identität dargelegt. Hierauf folgen in den Abschnitten 2 bis 5 die Betrachtungen des schulischen Wissensniveaus in Abhängigkeit von Variablen und zuvor definierten Gruppen mit variierenden Identitätsintensitäten. Abschnitt 2 befasst sich mit dem Alter der Jugendlichen Probanden. Abschnitt 3 analysiert die Sprache, die artikulierte Abgrenzung zum Nationalstaat und die rationale Identität in Vergleich zu den Identitätsergebnissen. Abschnitt 4 macht sich die *Hypothese der Lebensqualität* zunutze, welche besagt, dass Menschen, welche die Lebensqualität einer Region positiv einschätzen, eine starke emotionale Bindung an die Region haben und sich im Resultat mit dieser überdurchschnittlich identifizieren. Abschnitt 5 nimmt schließlich die *Exit, Voice and Loyalty* Theorie zur Hilfe, um Indizien für eine Korrelation zwischen politischer Bildung und regionaler Identität aufzuzeigen.

Das genaue Vorgehen sowie absatzspezifische Hypothesen werden in Kapitel III jeweils einleitend dargelegt. Jeder Abschnitt in sowohl Kapitel II als auch Kapitel III folgt einer weitestgehend identischen Struktur: neben (a) einer Beschreibung von Untersuchungsvariable und Datenstand wird (b) eine untersuchungsvariabelspezifischen Hypothese hergeleitet, (c) diese geprüft sowie für Kapitel III nach Korrelationen gesucht und (d) schließlich ein Ergebnis formuliert. Zunächst jedoch erfolgt zum Verständnis des Gesamtprojekts zu Beginn von Kapitel II der angekündigte einleitende Abschnitt über das Forschungsvorgehen sowie die Fragebögen der Untersuchung.

II. Das Niveau politischer Bildung und die Extensität regionaler Identität in Wales und Baden-Württemberg

1. Fragebogen und erste Ergebnisse

Die folgende empirische Untersuchung ist Teil eines umfangreichen Projekts der Universitäten Tübingen und Aberystwyth, Wales. Im Rahmen einer Forschungskooperation zwischen dem Tübinger *Welsh Studies Centre* und dem *Institute of Welsh Politics* (welches mit dem *Jean Monnet Centre of Excellence* kooperiert) wurden seit November 2003 zunächst zahlreiche Kolloquien (u. a. in Freudenstadt) und wissenschaftliche Konsultationen in Wales und Baden-Württemberg organisiert, welche neben der Publikation dieser Arbeit zu einem Buch, *The Rise of Regional Europe*, von Prof. Christopher Harvie über den Regionalismus in Europa geführt haben.[241] Insbesondere im Rahmen einer assoziierten *WiRE goes local* Initiative wurden die für diese Arbeit relevanten Ziele festgelegt, Strukturen erstellt und Forschungen durchgeführt. Die hierfür kooperativen Forschungselemente umfassten hauptsächlich die finanzielle Unterstützung durch Wales sowie die gemeinsame Durchführung von universitären Workshops an Schulen in Wales und in Baden-Württemberg.

Diese Workshops mit festen Strukturen hatten einerseits zum Ziel, die Distanz zwischen Schule und Universität besonders für Schüler zu verringern und eine Nähe zur Universität zu schaffen, um dadurch möglicherweise einige Jugendliche zu einem späteren Hochschulstudium zu animieren. Gleichzeitig wurden die geknüpften Kontakte dafür genutzt, um Jugendlichen in Wales und Baden-Württemberg auf Anfrage europäische Austauschpartner zu vermitteln und um einigen Schulen direkte Kooperationen zu ermöglichen. Schließlich führten auch einige Workshopkontakte dazu, dass Schülerinnen und Schülern aus Wales Studienplätze an der Universität Tübingen vermittelt werden konnten. Andererseits dienten die Workshops in erster Linie als wissenschaftliche Rahmenveranstaltung der universitären Forschungen über Region und Identität. In standardisierten Abläufen wurden Schüler für dieses Thema zunächst sensibilisiert, Fragebögen ausgegeben und ausgefüllt und anschließend mitunter leidenschaftlich über Meinungen und Ergebnisse diskutiert.

Dies alles geschah mit dem primären Ziel, den *Status Quo* von politischer Bildung und regionaler Identität von Jugendlichen in Wales und Baden-Württemberg zu messen und um möglicherweise einen Zusammenhang zwischen den beiden Elementen herauszuarbeiten und wissenschaftlich belegen zu können. Sollte der Grad regionaler Identifikation denn tatsächlich (mit-)abhängig von der politischen Bildung sein, könnte dies für heterogene und von geringer

---

[241] für weitere Details siehe http://www.aber.ac.uk/interpol/wire/

regionaler Identifikation geprägte Gebiete bedeuten, dass eine Intensivierung der politischen Bildung zu mehr regionaler Integration führen könnte. Falls umgekehrt die regionale Identifikation ebenfalls Auswirkungen auf Interesse für und Wissen über Politik und/oder regionale Belange haben sollte, könnte sich die Pädagogik an diesem Phänomen orientieren und Menschen mit großer regionaler und/oder nationaler Identifikation gezielt fördern und jene mit geringerer Identifikation bilden. Gemessen an Umfang des Fragebogens, personellen und finanziellen Ressourcen mutet diese Zielsetzung des Fragebogens optimistisch an. Dennoch kann, wie einleitend dargelegt, mit Hilfe der hier vorgestellten Fragebögen und mehreren wesensverwandten Studien das Vorhaben gelingen.

Der dreisprachige (deutsch, englisch und walisisch) Fragebogen (siehe Anhang und dieses Kapitel weiter unten) besteht aus einem einleitenden empirischen in weiten Teilen *multiple-choice* Teil sowie aus einem abschließenden Textteil, worin die Schüler über die Inhalte, für die sie durch den ersten Teil sensibilisiert wurden, frei reflektieren konnten. Während dieser Textteil zwei Fragen stellt, *Baden-Württemberg heute in zehn Jahren oder was es bedeutet, Baden-Württemberger zu sein/Wales in ten years from now or what it means to be Welsh/[a] Cymru ymhen deng mlynedd; neu [b] Beth mae'n ei olygu i fod yn Gymro/Gymraes,* ist der einleitende empirische Teil wiederum in drei Einheiten untergliedert. In einem ersten Abschnitt mit acht Fragen wurde das Wissen über Politik erfragt, im zweiten Abschnitt mit erneut acht Fragen die regionale Identität und der dritte Abschnitt des ersten Teils beinhaltet neun persönliche Fragen etwa über Alter, Schulbildung und Jahrgangsstufe. Die Daten dieses dritten Abschnitts dienten überwiegend als Kontrollvariablen in der Auswertung. Insgesamt wurde darauf geachtet, dass der Fragebogen mit insgesamt fünfundzwanzig Fragen sehr kompakt bleibt. Ein Nachlassen von Interesse und/oder Konzentration bei den Schülern im Verlauf der Befragungen aufgrund eines ausufernden Fragebogenkatalogs hätte zu schwerwiegenden Verfälschungen geführt und durch seinen größeren Zeitbedarf die Durchführung einer anschließenden Diskussion sowie die offene Fragestellung des zweiten Teils nicht zugelassen. Insofern hat eine einfache Interessenabwägung ergeben, dass der Erhalt geringer Quantitäten von zuverlässigen Daten für die hier beabsichtigten Grundaussagen wichtiger ist, als unzuverlässigere Ergebnisse aus einem detailverliebten Forschungsansatz zu erlangen.

Die einleitenden Fragen über Politik lieferten Erkenntnisse über das Wissen von Jugendlichen über Personen (Frage 1, 5 und Fragen 6 bis 8), Institutionen (Frage 2) und Organisationen (Frage 3 und 4). Innerhalb der Fragen über politische Bildung überschneiden sich die Fragen nach den oben genannten Bereichen wiederum mit Fragen über das Wissen von Politik auf regionaler/lokaler (Fragen 3 und 6 bis 8), nationaler (Fragen 1, 2), europäischer (Frage 4) und internationaler Ebene (Frage 5). Die stärkere Gewichtung der regionalen/lokalen Ebene mit insgesamt vier Fragen gegenüber einer schwächeren Gewichtung der europäischen und internationalen Ebenen ist hierbei beabsichtigt. Hierdurch liefert die Studie miteinander vergleichbare Werte über das Wissen der Jugendlichen über die verschiedenen Ebenen nationaler und internationaler Organisation unter einem nicht exklusiv regionalen Fokus. Neben den Ergebnissen der reinen Wissenskontrolle in den Fragen 1 bis 8, fokussiert der Fragebogen in den Fragen 9 bis 16 auf die subjektive regionale Emotionalität der Jugendlichen. Hierdurch ergibt sich ein Bild der regionalen Verwurzelung Jugendlicher, sowie von deren Einstellungen zu regionalen Strukturen und ihre Qualifizierung im Vergleich zur nationalen und internationalen Ebene.

Die sensibleren persönlichen Daten wurden aus taktischen Gründen mit dem dritten Abschnitt ans Ende des ersten Teils auf dem Fragebogen gestellt. Erfahrungen in der Umfragenforschung haben gezeigt, dass Versuchspersonen, welche gleich zu Beginn einer Befragung um persönliche Informationen gebeten werden, sich dagegen sperren oder die Befragung gar komplett abbrechen. Umgekehrt waren Befragungen immer dann erfolgreich, wenn sensible Daten stets am Ende erfragt wurden, idealerweise unter der Erweckung des Eindrucks bei den Versuchspersonen, dass die eigentliche Beantwortungsarbeit längst erfolgreich erledigt sei und schlussendlich nur noch wenig Aufwand erforderlich sei. Aus diesem Grund wurde der dritte Abschnitt des ersten Teils mit dem Satz *Nur noch ein paar allgemeine Fragen über Dich/Finally just a few general questions about yourself* eingeleitet.

Zahlreiche Fragen in allen drei Abschnitten bieten als Antwortmöglichkeit *weiß nicht/keins ist richtig*. Der Umfang dieser gewählten Antworten soll einen Rückschluss auf den Grad von generellem und politischem (Des-)Interesse und/oder Apathie ermöglichen und bei den Ausarbeitungen einiger im Folgenden angedachten Theorien helfen. Zwar ist es hierbei erneut schwierig, eindeutige Aussagen zu treffen – wählt ein Schüler diese Antwortmöglichkeit aus Desinteresse oder aus Nichtwissen oder aufgrund anderer oder gar sich überlagernden Motivationen? –, es darf jedoch angenommen werden, dass die Daten in manchen Fällen immerhin eine Richtungsvorgabe darstellen können.

Da die Befragungen auch einen Vergleich von walisischen und baden-württembergischen Jugendlichen zum Ziel hatten, wurden weitestgehend identische Fragebögen den Schülern auf deutsch, englisch und auf walisisch angeboten. Zur Gewährleistung der Vergleichbarkeit waren die Fragen beider Fragebögen dabei inhaltlich und/oder strukturell identisch. Frage 5 lautete zum Beispiel *Der Generalsekretär der UNO heißt.../The Secretary General of the UN is* *called...*und bot auch auf allen Fragebögen dieselben Antwortmöglichkeiten *(1: Boutros Boutros-Ghali 2: Javier Péres de Cuéllar 3: Henry Kissinger 4: Kofi Annan).* Strukturelle Identität wurde erreicht durch Fragen nach spezifisch nationalen oder regionalen Sachverhalten in Kombination mit einem Set von Antwortmöglichkeiten, welches wie schon die Frage selbst strukturell stringent ist. So lautete etwa die Frage 1: *Der letzte deutsche Bundeskanzler hieß.../The last British Prime Minister was called...* und die Antwortmöglichkeiten auf den deutschen Fragebogen:

1: *Gerhard Schröder* 2: *Helmut Schmidt* 3: *Helmut Kohl* 4: *Willy Brandt.*

Der walisische Fragebogen bot als Antworten:

1: *Tony Blair* 2: *Margaret Thatcher* 3: *John Major* 4: *James Callaghan.*

Während also die korrekte Antwort 3 *(Helmut Kohl/John Major)* in Wales und Baden-Württemberg an derselben Stelle stand, folgten auch die falschen Antworten derselben Struktur: Nach dem (dann) amtierenden Regierungschef *(Gerhard Schröder/Tony Blair)* folgte dessen Vor-Vorgänger *(Helmut Schmidt/Margaret Thatcher)* und zuletzt wiederum dessen Vorgänger *(Willy Brandt/James Callaghan).* Dieses Design der strukturellen Identität ermöglichte den Vergleich zweier verschiedener Untersuchungsobjekte unter der Gewährleistung, dass bei der Messung der politischen Bildung beider Regionen länderspezifische verfälschende Einflüsse ausgeklammert bleiben.

Als Zielgruppe der Untersuchung wurden 15- bis 19-jährige schulpflichtige Jugendliche in Wales und Baden-Württemberg definiert. In Wales stammen diese Schüler aus *Comprehensive Schools*, was es der Forschung ermöglicht, über ein relativ genaues Abbild eines Jahrgangs zu reflektieren.[242] In Baden-Württemberg hingegen besuchen die Schüler verschiedene Schulformen, wo sie sich durch eine unterschiedliche Einschulungs- und Versetzungspraxis[243] auf verschiedene Klassenstufen verteilen können. Das wiederum bedeutet, dass ein Jahrgang in Wales theoretisch ein genaueres Abbild eines Jahrgangs als eine Umfrage in einer Baden-Württembergischen Schule bietet. Dieses Defizit berücksichtigt die Studie, indem sie neben der Jahrgangsstufe auch das Alter bzw. Geburtsdatum der Schüler erfragte. Auf diese Weise können bei der Auswertung der altersrelevanten Daten bei Bedarf beide Faktoren untersucht und in Relation zueinander gesetzt werden.

---

[242] Vgl. Baumert, Jürgen (2003), S. 22f.
[243] Die PISA Studie 2000 stellt hierzu fest, dass insgesamt 34% aller 15-Jährigen in Deutschland durch Zurückstellung bei der Einschulung oder Wiederholung einer Klasse die Schule nicht regulär durchlaufen hat.

115

Insgesamt wurden bei der Studie 316 Schülerinnen und Schüler (ca. 64% : 35%[244]) in neun Schulen und insgesamt vierzehn Klassen (Jahrgangsstufe 9 bis 13) befragt. 190 davon waren Waliser und 126 Baden-Württemberger, was in etwa einem Verhältnis von 60% : 40% entspricht. Fünf Schulen waren walisisch und vier baden-württembergisch. Diese Zahlen ermöglichen aufgrund ihres eingeschränkten quantitativen Umfangs leider keine repräsentative Studie. Da die in den Folgekapiteln zusammengestellten untersuchungsvariabelabhängigen Untersuchungsgruppen in der Regel noch deutlich unter den Gesamtzahlen der Befragten liegen, können leider Verfälschungen nicht ausgeschlossen werden. Theoretisch könnte eine einzelne Schule, in Extremfällen gar eine Gruppe innerhalb einer Schulklasse die Ergebnisse nicht unbedeutend beeinflussen. Bedauerlicherweise haben es die Rahmenbedingungen nicht zugelassen, eine größere Anzahl von Schulen, Klassen und Schülern in die Untersuchung mit einzubeziehen. Jeder Workshop benötigte ein beträchtliches Maß an Vorbereitungszeit, zu jeder Workshopsitzung mussten die Forscher z. T. aus dem Ausland anreisen. Eine repräsentative internationale Untersuchung hätte mindestens 1000 Schüler in sowohl Wales als auch Baden-Württemberg erfordert und hätte aufgrund ihrer zeitlichen und finanziellen Aufwendungen die Grenzen des Machbaren gesprengt. Basierend auf den hier gefundenen Ergebnissen ist die Fortsetzung der Forschungen in größeren Dimensionen unter Beibehaltung der Forschungskonstellation jedoch denkbar und wird zum Zeitpunkt der Publikation dieser Arbeit nicht ausgeschlossen.

Die Auswahl der Schulen, an denen Workshops veranstaltet wurden, erfolgte nach einem standardisierten Verfahren mit integriertem Zufallsprinzip. Nach der randomisierten Auswahl einer Stadt wurden alle dort befindlichen (weiterführenden) Schulen unabhängig vom Schultyp ermittelt und angeschrieben. In dem an die Schulleiter gerichteten Anschreiben, welches aus Seriositätsgründen von Prof. Harvie, dem Leiter des Projekts auf deutscher Seite, unterzeichnet war und den Briefkopf seines Lehrstuhls an der Universität Tübingen trug, wurde das Forschungsprojekt vorgestellt und garantiert, dass keinerlei Daten zu Vergleichen mit anderen Schulen verwendet, publik gemacht oder für andere als wissenschaftliche Zwecke verwendet würden. Ferner wurde auf die Websites des WiRE Teams in Aberystwyth (http://www.aber.ac.uk/interpol/cymer/) und des Lehrstuhls für Landeskunde Großbritanniens und Irlands an der Universität Tübingen (www.intelligent-mr-toad.de) hingewiesen, wo jeweils weiterführende Informationen zu dem Projekt bereitstanden.

---

[244] Durch den Besuch einer reinen Mädchenschule mit 62 Schülerinnen wurden mehr weibliche als männliche Schüler befragt.

Die Reaktionen auf diese Anschreiben waren weitestgehend zurückhaltend. Auf zehn Anschreiben erhielt das Forscherteam nur etwa eine Antwort und daraus resultierend eine Einladung zu einem Workshop in den Schulen. Insgesamt waren die Rückmeldungen von Schulen in Wales etwas zahlreicher und positiver als in Baden-Württemberg. Dies hatte jedoch einzig zur Folge, dass in Baden-Württemberg der Aufwand größer und die Anschreiben zahlreicher waren. Eine Verfälschung der Daten durch diese Praxis kann aufgrund des oben erläuterten integrierten Zufallsprinzips ausgeschlossen werden.

Leider zeigte sich jedoch in den Rückantworten eine andere Quelle von möglichen Ungenauigkeiten. In Baden-Württemberg wurden Schulleiter der drei weiterführenden Schultypen mit dem Ziel angeschrieben, durch die Fragebogenerhebung in Haupt- und Realschulen und in Gymnasien ein ähnlich genaues Abbild der 15- bis 19-jährigen Jugendlichen zu erhalten. Hierbei wurde sorgsam darauf geachtet, dass in jeder ausgewählten Stadt jede einzelne weiterführende Schule von jedem Schultyp angeschrieben wurde. Leider jedoch zeigte sich hier ein etwas größeres Interesse von Gymnasien als von anderen Schultypen, wodurch davon ausgegangen werden muss, dass die Daten der reflektierten Leistungslevels leicht verfälscht sein könnten. Dem ist jedoch entgegen zu halten, dass ein möglicherweise dadurch entstehendes Ungleichgewicht zwischen walisischen und baden-württembergischen Schulen vermutlich durch die simultan existente Tatsache reguliert wird, dass in walisischen Gesamtschulen (a) eine eher höher gebildete Gruppe Jugendlicher mit 15 bis 19 Jahren nach *GCSE-Level* noch die Schule besucht und (b) die Lehrer und/oder Schulleiter vermutlich gezielt leistungsstärkere und höhere Klassen als Teilnehmer der Untersuchung ausgewählt haben. Außerdem zeigt (c) die Realität an walisischen Schulen, dass die Zahl der Schüler, die dem Unterricht vorsätzlich fernbleiben, nicht unbedeutend und insbesondere unter lernschwächeren Schülern am weitesten verbreitet ist, wodurch wiederum auch aus diesem Grund das real gemessene walisische Leistungslevel angehoben werden würde und dem der baden-württembergischen Schüler ähnlich sein dürfte.

Auch diese Faktoren machen deutlich, wie wichtig ein gut koordiniertes und stringentes Vorgehen bei der Datenermittlung ist. Großer Wert wurde daher darauf gelegt, dass Fehlerquellen in den Datenerhebungsprozessen möglichst ausgeschlossen werden können. Hierauf wird im Anschluss eingegangen werden. Die Datenerhebung an den Schulen fand zwischen März 2004 und November 2005 in Einzel- oder Doppelschulstunden statt. Im Rahmen von Workshops besuchten die jungen Wissenschaftler der Universitäten Aberystwyth, Giselle Bosse, und Tübingen, der Verfasser, die Schulklassen. Oftmals begleiten Professoren, beispielsweise mit Prof. Richard Wyn Jones der Leiter des Projekts auf walisischer Seite, die Wissenschaftler an die Schulen.

In einer ersten Phase des Workshops stellten die Wissenschaftler sich, das Projekt und das Erkenntnisinteresse der Untersuchung vor. Danach verteilten sie die vorbereiteten Fragebögen und baten die Schüler, ehrliche und eigene Antworten auf die Fragen 1 bis 25 zu geben. Im Verlauf dieses Prozesses achteten die Wissenschaftler darauf, dass die Schüler sich während des Ausfüllens der Fragebögen nicht unterhielten oder Antworten austauschten.

Nach Abschluss dieser ersten Phase und einer kurzen Diskussion über die ersten Ergebnisse wurden die Schüler bei einstündigen Workshops gebeten, sich in kleinen Gruppen von 3 bis 6 Schülern Gedanken über die nach dem Fragebogen angeheftete Frage *Wales/Baden-Württemberg heute in zehn Jahren, oder was es bedeutet, Waliser/Baden-Württemberger zu sein* in kurzen Stichworten zu machen, worauf eine weitere Diskussion über die Ergebnisse folgte. In zweistündigen Workshops wurden die Schüler gebeten, ausgiebig und möglichst umfassende Ideen zu den angesprochenen Fragen zu erarbeiten. Die anschließende Diskussion war in dieser Form des Workshops reflektierter und wurde oft (unter Mithilfe der als Diskussionsleiter fungierenden Wissenschaftler der Universitäten) sehr leidenschaftlich geführt.

Unabhängig davon, ob die Workshops einstündig oder zweistündig stattgefunden hatten, wurden die Wissenschaftler häufig von den verantwortlichen Lehrern und/oder Schulleitern erneut eingeladen, um die Zwischenergebnisse der Schulklasse vorzustellen. Dieser Einladung folgten die Wissenschaftler in der Regel ein bis zwei Wochen nach dem eigentlichen Workshop. Mit der Präsentation von statistisch aufbereiteten Tabellen und Diagrammen der Ergebnisse konnten hierin erneut pädagogisch wertvolle Diskussionen geführt und Erkenntnisse gewonnen werden. Indem einer Schulklasse die Ergebnisse von anonymisierten gleichaltrigen ausländischen Schülern vergleichend vorgelegt wurden, konnten diese über beispielsweise Devolution und Föderalismus, Zentralstaat und Föderalstaat, das Verständnis ihrer Region in Europa und über die Bedeutung von Sprache und Mundart reflektieren. Diese nachbereitende Workshop Sitzung wurde von den Schülern stets mit großem Interesse verfolgt und von ihnen wie von ihren Lehrern sehr dankbar angenommen. Oftmals zeigte die lokale Presse Interesse an diesen Veranstaltungen und berichtete ihrerseits sehr positiv über die Veranstaltungen (siehe Anhang).

Aufgrund der potentiellen Fehlerquellen und der Tatsache, dass nur die Daten einer verhältnismäßig kleinen Gruppe von Schülern erfasst werden konnten, wurde schon beim Fragebogendesign besonders großer Wert auf eine umfassende Qualitätssicherung der Datenerhebung gelegt. So wurde, wie oben angedeutet, darauf geachtet, dass der Fragebogen kompakt bleibt, indem sowohl die einzelnen Fragen als auch die Gesamtzahl der Fragen bestmöglich knapp gehalten wurden. Dies gewährleistete die Aufrechterhaltung des Interesses der Schüler während der Ausfüllung der Fragebögen und verleitete sie nicht zu Spaß- oder unwahren Antworten. Ferner wurden, wo möglich, die Fragen nicht als solche formuliert, sondern in Aussagesätze verpackt. Frage 1 beispielsweise fragt nicht ‚Wie heißt der letzte deutsche Bundeskanzler?/What's the name of the last British Prime Minister?', sondern sagt *Der letzte deutsche Bundeskanzler hieß…/The last British Prime Minister was called…* Dahinter steht die Absicht, der Befragung einen möglichen Prüfungs- und Arbeitscharakter zu nehmen und dadurch den Schülern die Thematik näher zu bringen.

Aus diesem Grund wurde zusätzlich versucht, den subjektiven Charakter vieler Fragen zu betonen. So heißt es in Frage 12 beispielsweise *Ich halte den Gebrauch und die Existenz…/I consider the use and continued existence…* und nicht etwa ‚Der Gebrauch und die Existenz sind…/The use and continued existence are…'. Frage 13 fragt gar nach dem Gefühl des Probanden: *Wie werden, nach Deinem Gefühl, die Interessen Baden-Württembergs in Deutschland vertreten?/How are, according to your perception, the interests of Wales represented in Britain?*. Der hierdurch erzielte persönliche Charakter wurde ferner verstärkt durch eine besonders häufige Verwendung von ‚ich', sowie durch geduzte und nicht gesiezte Schüler (das förmliche ‚Sie' wird im Alter ab 15 Jahren an deutschen Schulen bereits oft angewendet).

Die Struktur des Fragebogens verfolgt ebenfalls das Ziel, eine hohe Qualität der Daten sicherzustellen. Der erste Teil (Fragen 1 bis 8) mit seinen Wissensfragen steht am Anfang des Fragebogens, da davon ausgegangen werden kann, dass hier die Aufmerksamkeit und Konzentration der Schüler am größten ist. Der zweite Teil mit seinen Fragen zur regionalen Identität (Fragen 9 bis 16) versucht durch die oben angesprochene subjektive Orientierung einen möglichen Konzentrationsabfall durch gesteigertes Interesse der Schüler zu kompensieren. Durch Fragen nach der subjektiven Meinung der Schüler sollen die Befragten hierbei nicht nur zu selbständigem Denken angeregt, sondern insbesondere zur Sensibilisierung für Fragen über die Region motiviert werden. Noch vor der ersten Frage des dritten Teils wird der Schüler mit dem relativierenden Fragment *Nur noch ein paar allgemeine Fragen über Dich/Finally just a few general questions about yourself* darauf vorbereitet. Dies dient erneut der Aufrechterhaltung der Aufmerksamkeit, indem es suggeriert, dass die eigentliche Arbeit getan ist, und im Folgenden vom Schüler nur noch einige unproblematische Details verlangt werden. Im dritten und letzten Teil des Fragebogens (Fragen 17 bis 25) werden schließlich Informationen zum Umfeld des Schülers gesammelt. Diese sind allesamt datenschutzrechtlich unbedenklich und dienen nur der konstruktiven und professionellen Evaluation der Ergebnisse. Auch hier wurde erneut versucht, die subjektive Komponente der Befragten zu inkludieren. Die Fragen nach einer Selbsteinstufung ihres schulischen Leistungsniveaus (Frage 20) oder nach der Verwendung des Taschengeldes der Schüler (Frage 24) verdeutlichen dies.

Der Fragebogen schließt mit einem *Vielen Dank für Deine Mitarbeit!/Thank you very much for your cooperation!*, was einerseits als psychologische Verstärkung und andererseits durch die Betonung des kooperativen Charakters der Veranstaltung mittels der Verwendung des Wortes *Mitarbeit/cooperation* auf ein großes Interesse am zweiten Teil der Workshops hinarbeiten soll. Nach Abschluss dieses ersten Teils des Fragebogens haben die leitenden Wissenschaftler den Schülern stets zunächst für die Zusammenarbeit gedankt. Danach widmeten sich die Schüler in kleinen Gruppen motiviert und aufgrund der thematischen Sensibilisierung interessiert dem abschließenden zweiten Teil des Fragebogens. Während sie über die Fragen, *Baden-Württemberg heute in zehn Jahren oder was es bedeutet, Baden-Württemberger zu sein/Wales in ten years from now or what it means to be Welsh/[a] Cymru ymhen deng mlynedd; neu [b] Beth mae'n ei olygu i fod yn Gymro/Gymraes*, reflektierten, wurden sie von den Wissenschaftlern auf verschiedene Aspekte der Thematik hingewiesen. Dieses Vorgehen führte in der Regel zu sehr differenzierten und wertvollen Antworten auf die Fragen des zweiten Fragebogenteils. Rege und leidenschaftliche Debatten darüber zum Ende der Workshops untermauern dies.

Neben dem Design des Fragebogens wurde auch großer Wert auf eine professionelle praktische Durchführung der Datenerhebung geachtet. Wie oben bereits angesprochen, wurden Schulen streng nach dem Zufallsprinzip ausgewählt. Alle (weiterführenden) Schulen einer Stadt wurden angeschrieben, danach entschied der Zufall, welche Schulen sich für die Teilnahme an dem Projekt bereit erklärten. Während der Durchführung der Workshops in den Schulen achteten die Wissenschaftler darauf, dass keine Missverständnisse bezüglich der Fragebögen entstanden und darauf, dass jeder Schüler seine eigenen Antworten ankreuzte ohne abzuschreiben. Außerdem standen die Wissenschaftler für mögliche Fragen während der Fragebogenausfüllung zur Verfügung.

Zur Gewährleistung von vergleichbaren Bedingungen in Wales und Baden-Württemberg sowie eines gleich bleibenden Niveaus waren nur zwei Wissenschaftler, Giselle Bosse in Wales und der Verfasser überwiegend aber nicht ausschließlich in Baden-Württemberg für die Durchführung der Workshops verantwortlich. Kein Schulbesuch und Workshop wurde ohne diese beiden durchgeführt. Zur Sicherstellung eines vergleichbaren Prozederes und Erwartungshorizonts besuchten zu Beginn des Projekts Giselle Bosse und der Verfasser gemeinsam eine Schule südöstlich von Stuttgart und stimmten hierbei ihr jeweiliges Vorgehen miteinander ab.

Die Auswertung der Fragebögen schließlich erfolgte nur durch den Verfasser, was eine divergierende Evaluierung der Ergebnisse ausschließen soll. Bei der Auswertung der Fragebögen mit SPSS wurde ein dem Anhang beigefügtes Dokument mit Forschungsanmerkungen zu den Fragebögen erstellt. Hierin wurden mögliche Abweichungen der Antworten von den vorgesehenen Möglichkeiten sowie alle Sonderfälle detailliert dokumentiert und das daraus resultierende außergewöhnliche Vorgehen erklärt.

Wie die Workshopvorbereitung und -gestaltung, Datensammlung und –auswertung, Fragebogenstruktur, -umfang und –inhalt, waren außerdem die einzelnen Fragen der Fragebögen Teil eines ganzheitlichen Konzepts. Hierbei lagen jeder einzelnen Frage Ideen und Absichten zugrunde, welche in den folgenden Absätzen dargelegt werden. Zur besseren Übersicht werden zunächst alle Fragen auf deutsch, englisch und walisisch vorgestellt, um im Anschluss daran auf deren Hintergründe und ersten Ergebnisse einzugehen. Die Frage 1 lautete:

1. Der letzte deutsche Bundeskanzler hieß...
- ☐ Gerhard Schröder
- ☐ Helmut Schmidt
- ☐ Helmut Kohl
- ☐ Willy Brandt.

1. The last British Prime Minister was called...
- ☐ Tony Blair
- ☐ Margaret Thatcher
- ☐ John Major
- ☐ James Callaghan.

1. Pwy oedd Prif Weinidog diwethaf Prydain?
- ☐ Tony Blair
- ☐ Margaret Thatcher
- ☐ John Major
- ☐ James Callaghan

Damit fokussiert Frage 1 auf dem Wissen der Jugendlichen über nationale politische Personen. Die Frage ist im Vergleich zu allen anderen Wissensfragen die am einfachsten zu beantwortende, was einer der Gründe ist, weshalb sie an den Anfang des Fragebogens gestellt wurde. Frage und Antwortmöglichkeiten sind für Baden-Württemberg und Wales strukturell identisch. Zum Zeitpunkt der Befragungen gab es mit Gerhard Schröder und Tony Blair in beiden Regionen einen (zufälligerweise sozialdemokratischen) männlichen Regierungschef (Antwortmöglichkeit 1), welcher seinen konservativen Vorgänger (*Helmut Kohl/John Major*) ungefähr zur selben Zeit abgelöst hatte und sich in seiner zweiten oder dritten Legislaturperiode befand. Der erfragte Vorgänger (Antwortmöglichkeit 3) war in Deutschland und Großbritannien bis 1998 und 1997 im Amt und konnte somit den 15- bis 19-jährigen Schülern bekannt sein. Die übrigen Antwortmöglichkeiten *Helmut Schmidt/Margaret Thatcher* (Antwortmöglichkeit 2) und *Willy Brandt/James Callaghan* (Antwortmöglichkeit 4) nehmen jeweils Bezug auf den jeweiligen Vor-Vorgänger beziehungsweise den Vor-vor-Vorgänger des amtierenden Regierungschefs.

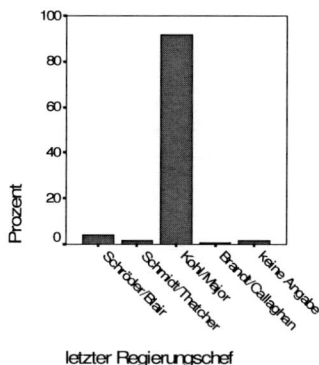

Die Antworten auf Frage 1 sind aufgrund ihres geringen Schwierigkeitsgrads wenig überraschend zum überwiegenden Großteil korrekt. 91,8% aller Schüler entschieden sich für die korrekte Antwortmöglichkeit *Helmut Kohl/John Major*, immerhin 4,1% für *Gerhard Schröder/Tony Blair*, jedoch nur 1,9% und 0,6% für *Helmut Schmidt/Margaret Thatcher* bzw. *Willy Brandt/James Callaghan*. Frage 2 erfragt das Wissen über nationale politische Institutionen.

2. Der Deutsche Bundestag kann auch bezeichnet werden als...
   ☐ Legislative
   ☐ Exekutive
   ☐ Judikative
   ☐ keins ist richtig.

2. The House of Commons can be called...
   ☐ a legislature
   ☐ an executive
   ☐ a judicature
   ☐ none is correct.

2. Beth yw'r disgrifiad gorau o Dŷ'r Cyffredin?
   ☐ Deddfwrfa
   ☐ Gweithrediaeth
   ☐ Barnweinyddiad
   ☐ Does yr un o'r rhain yn gywir

Der Schwierigkeitsgrad dieser Frage übersteigt jenen der vorhergehenden vermutlich nur unerheblich und verhindert damit eine mögliche Leistungsverweigerung gleich zu Beginn der Befragung. Die zur Antwort bereitgestellten Begriffe von *Legislative, Exekutive und Judikative* entstammen alle denselben lateinischen Ursprüngen (*lex/legis, exsequi, ius*), werden in Großbritannien und Deutschland vergleichbar verwendet und können somit auf den Fragebögen beider Regionen gelistet und im Ergebnis verglichen werden.

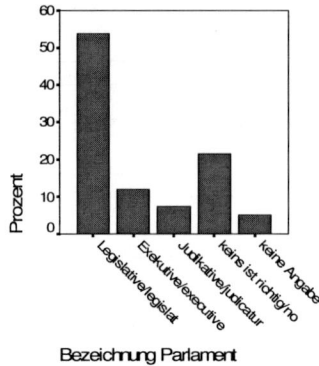

Bezeichnung Parlament

Verglichen mit den Antworten auf die Frage 1 sind die Ergebnisse dieser Frage weniger eindeutig. Etwa die Hälfte der Befragten, 53,8%, gab mit der Möglichkeit 1 die korrekte Antwort. 12% entschieden sich für die Exekutive und 7,6% für die Judikative. 21,5% gaben an, dass keine der Antwortmöglichkeiten richtig sei, 5,1% machten keine Angaben. Demgegenüber sind die Ergebnisse von Frage 3 nach den nationalen politischen Strukturen, wenigstens für die baden-württembergischen Schüler, positiver. Auf die Frage

3. Die Bundesrepublik Deutschland ist gegliedert als...
   ☐ Föderalstaat
   ☐ Zentralstaat
   ☐ dezentraler Staat
   ☐ keins ist richtig.

3. The United Kingdom is organised as a...
   ☐ federal state
   ☐ centralised state
   ☐ decentralised state
   ☐ none is correct.

3. Caiff y Deyrnas Gyfunol ei threfnu fel...
   ☐ Gwladwriaeth ffederal
   ☐ Gwladwriaeth ganoledig
   ☐ Gwladwriaeth ddatganoledig
   ☐ Does yr un o'r rhain yn gywir.

antworteten 69% der deutschen Schüler mit Föderalstaat, während lediglich 31,1% der Waliser ihr Land als Zentralstaat bezeichneten. Die Interpretation dieses Ergebnisses obliegt Abschnitt 3 weiter unten. An dieser Stelle ist lediglich relevant, dass Frage 3 zwar nach wie vor eine strukturelle Einheit der baden-württembergischen und walisischen Fragebögen wahrt, im Gegensatz zu den vorhergehenden Fragen die korrekte Antwortmöglichkeit jedoch divergiert. So stehen der *Föderalstaat, Zentralstaat* und *dezentrale Staat* zusammen mit der Möglichkeit *keins ist richtig* zwar in derselben Reihenfolge, die korrekte Antwort für Deutschland lautet jedoch *Föderalstaat*, jene für Wales trotz Devolution[245] *Zentralstaat*. Im Ergebnis zeigte sich in etwa folgendes Bild: Während die baden-württembergischen Schüler sich überwiegend für die richtige Antwort entschieden, verharrten die Waliser in einer allgemeinen Unsicherheit, welche möglicherweise durch die Veränderungen der Devolution (mit-)ausgelöst wurde, vielleicht aber ebenso Ausdruck eines generellen Wissensdefizits über das eigene Land sein kann. Die auch unter Experten besonders seit den Devolutionsveränderungen verstärkt umstrittene Definition der britischen Staatsgliederung trägt das Ihrige zur allgemeinen Unsicherheit bei. In graphischer Aufarbeitung ergibt sich folgendes Bild:

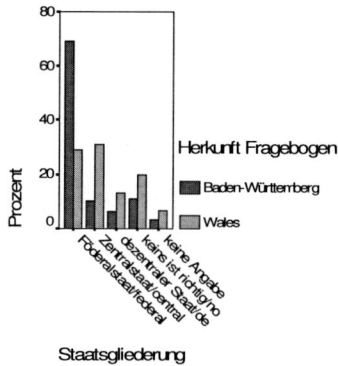

Die vierte Frage des Fragebogens verließ die nationale Ebene und erfragte das Wissen über Europa. Da in den Zeitraum der Datenerhebung die Osterweiterung der EU fällt, wurden die Antworten zum 01.05.2004 aktualisierend verändert.

4. Die Europäische Union hat zur Zeit...
- ☐ 35
- ☐ 25
- ☐ 16
- ☐ 11   Mitglieder.

4. The European Union currently has...
- ☐ 35
- ☐ 25
- ☐ 16
- ☐ 11   members.

4. Sawl aelod sydd gan yr Undeb Ewropeaidd ar hyn o bryd?
- ☐ 35
- ☐ 25
- ☐ 16
- ☐ 11

In Abschnitt 2 dieses Kapitels wird dargelegt werden, dass sich die korrekten Antworten auf diese Frage in Wales und Baden-Württemberg deutlich unterscheiden. In der Gesamtzahl

---

[245] vgl. Böhm, Alexander (2002) *Theorie und Wirklichkeit: Die Implikationen der Devolution im Vereinigten Königreich.* Magisterarbeit Universität Tübingen, hinterlegt in der Neuphilologischen Fakultät der Universität Tübingen sowie bei Prof. Harvie.

der befragten Schüler gaben fast 50% die richtige Antwort. Etwas mehr als die Hälfte wusste jedoch entweder keine oder nur eine falsche Antwort. Einer der Gründe dafür könnte darin liegen, dass die Frage in ihrer Schwierigkeit als höher einzustufen ist als etwa Frage 1. Ein mögliches Desinteresse oder diesbezüglich suboptimale politische Bildung können an dieser Stelle jedoch auch noch nicht ausgeschlossen werden.

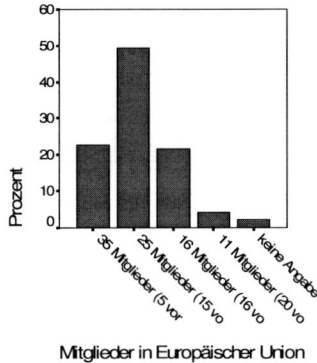

Mitglieder in Europäischer Union

Frage 5 verlässt schließlich die europäische Ebene und betritt die Bühne der Weltpolitik.

5. Der Generalsekretär der UNO heißt...
- ☐ Boutros Boutros-Ghali
- ☐ Javier Péres de Cuéllar
- ☐ Henry Kissinger
- ☐ Kofi Annan.

5. The Secretary General of the UN is called...
- ☐ Boutros Boutros-Ghali
- ☐ Javier Péres de Cuéllar
- ☐ Henry Kissinger
- ☐ Kofi Annan.

5. Beth yw enw Ysgrifennydd Cyffredinol y Cenhedloedd Unedig?
- ☐ Boutros Boutros-Ghali
- ☐ Javier Péres de Cuéllar
- ☐ Henry Kissinger
- ☐ Kofi Annan

Die wiederum identischen Antwortmöglichkeiten auf allen Fragebögen boten neben dem amtierenden Generalsekretär seine beiden Vorgänger, sowie mit Henry Kissinger eine aus der Reihe fallende Alternative zur Auswahl. Seitens des Forscherteams wurde erwartet, dass Kofi Annan als langjähriger amtierender Generalsekretär in den gegebenen Antworten an erster, seine beiden Vorgänger an den nachfolgenden Stellen und schließlich Henry Kissinger an letzter Stelle genannt werden würde. Mit 67,7% wurde denn auch Kofi Annan am häufigsten genannt. An zweiter Stelle folgte jedoch Henry Kissinger mit 13,6%, dann Javier Péres de Cuéllar mit 10,8% und schließlich Boutros Boutros-Ghali mit 3,5%. Dieses Ergebnis über-raschte und könnte mit einer größeren Medienpräsenz von Henry Kissinger insbesondere in den angelsächsischen Ländern, sowie mit dem Alter der Schüler erklärt werden. Boutros

Boutros-Ghali war bis 1996 im Amt. In diesem Jahr waren die Versuchspersonen gerade einmal zwischen 5 und 11 Jahren alt. Deshalb ist es wohl wenig wahrscheinlich, dass vielen der
Name ein Begriff ist. Vielmehr könnten sie durch das doppelte ‚Boutros' zu der zwar falsch
hergeleiteten, im Ergebnis jedoch korrekten Annahme verleitet worden sein, dass es sich um
eine unernste Antwortmöglichkeit handelte.

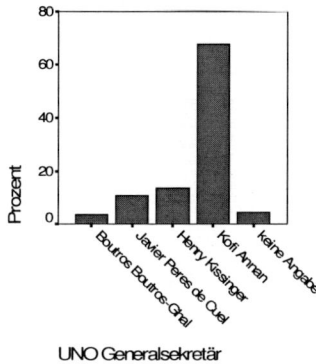

Die Fragen 6 bis 8 wurden auf Idee und Initiative von Prof. Harvie eingefügt und sollen
gleich mehrere Aspekte der politischen Bildung erfragen. Einer davon ist das politische Desinteresse, welches einer englischen Untersuchung zufolge darin zutage tritt, „dass mehr als
drei Viertel der Jugendlichen den Namen des lokalen Unterhausabgeordneten nicht nennen
können; noch schlechter schneiden die Mitglieder des Kabinetts ab, wohingegen immerhin
90% in der Lage sind, Tony Blair als amtierenden Premierminister zu identifizieren."[246] Ähnliche Daten existieren für Schottland, wo sich im Rahmen einer unter 13- und 14-jährigen
Schülern durchgeführten Studie zeigte, dass dort nur eine Minderheit von ca. 41% den ersten
Minister des Landes korrekt benennen konnte.[247] Mit Hilfe der aus den Fragen 6 bis 8 gewonnenen Daten kann neben dem politischen Wissen dieses politische (Des-)Interesse gemessen
und gleichzeitig Rückschlüsse auf die individuelle Nähe zur Politik gezogen werden. Ferner
können die Ergebnisse der drei Fragen in Relation zueinander gestellt Aussagen über die relative individuelle Gewichtung der jeweiligen Ebene liefern. Schließlich kann die erfragte
Kombination von Politiker und Partei Anhaltspunkte für das Verständnis von Parteizusam-
menhängen liefern.

6. Wie heißt der/die direkt gewählte Landtagsabgeordnete Deines Wahlkreises und welcher Partei gehört er/sie an?
    ☐   weiß nicht
    Name: _____ Partei: _____

---

[246] Quesel, Carsten (2003), S. 343
[247] Vgl. Scottish Affairs no. 49, autumn 2004, S. 28f.

7. Wie heißt der/die direkt gewählte Bundestagsabgeordnete Deines Wahlkreises und welcher Partei gehört er/sie an?
☐ weiß nicht
Name: _____ Partei: _____

8. Wie heißt der/die Ministerpräsident/in Deines Landtags, welcher Partei gehört er/sie an?
☐ weiß nicht
Name: _____ Partei: _____

---

6. Who is your local Assembly Member (AM) and which party is he/she in?
☐ don't know
Name: _____ Party: _____

7. Who is your local MP and which party is he/she in?
☐ don't know
Name: _____ Party: _____

8. Who is the first minister of your provincial government, which party is he/she in?
☐ don't know
Name: _____ Party: _____

---

6. Pwy yw eich Aelod Cynulliad (AC) lleol ac i ba blaid mae e/hi yn perthyn?
☐ ddim yn gwybod
Enw: _____ Plaid: _____

7. Pwy yw eich Aelod Seneddol (AS) lleol ac i ba blaid mae e/hi'n perthyn?
☐ ddim yn gwybod
Enw: _____ Plaid: _____

8. Pwy yw prif weinidog eich llywodraeth ranbarthol, ac i ba blaid mae e/hi'n perthyn?
☐ ddim yn gwybod
Enw: _____ Plaid: _____

Während 13,6% der Schüler den Namen ihres Landtagsabgeordneten/*Assembly Members* kannten, waren es beim Bundestagsabgeordneten/*Member of Parliament* bereits 19,6%. Den Ministerpräsidenten/*First Minister* kannten 33,9% der Befragten.

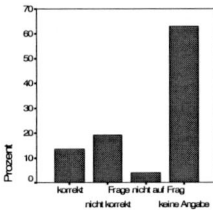

MdL/AM Name korrekt?   MdB/MP Name korrekt?   MP/First Minister Name korrekt?

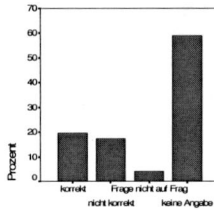

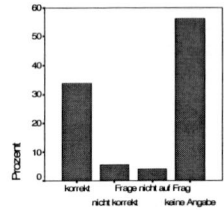

Bei den Parteien ergab sich in der Tendenz ein ähnliches und in absoluten Werten ein besseres Bild. 34,5% der Befragten konnte die korrekte Partei ihres Landtagsabgeordneten/*Assembly Members*, 37,3% jene ihres Bundestagsabgeordneten/*Member of Parliament* nennen. 39,2% kannten die Partei ihres Ministerpräsidenten/*First Minister*. Dennoch bleibt auch hier eine hohe Zahl von Schülern, die keine Angaben zu dieser Frage machen konnte.

Prozent

korrekt Frage nicht auf Frag
nicht korrekt keine Angabe

MdL/AM Partei korrekt?

Prozent

korrekt Frage nicht auf Frag
nicht korrekt keine Angabe

MdB/MP Partei korrekt?

Prozent

korrekt Frage nicht auf Frag
nicht korrekt keine Angabe

MP/First Minister Partei korrekt?

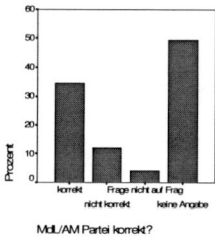

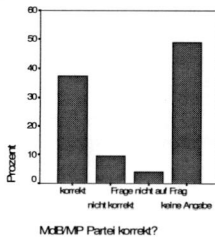

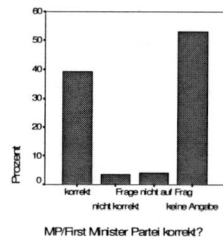

1993 schrieb David Miller eine umfassende Arbeit zum Konzept der Nationalität, worin er insgesamt 8 meist miteinander in Verbindung stehende Thesen aufstellt. Eine davon lautet: „A nationality exists when its members *believe* that it does"[248] Der Glaube einer soziale Gemeinschaft, zusammen zu gehören und zu existieren, beeinflusst Miller zufolge weitaus stärker einen nationalen oder regionalen Charakter als etwa Rasse oder Sprache. Ernest Renan nennt diesen gemeinsamen Glauben daran, dass Menschen eines (existenten oder angestrebten) Staates zusammengehören und ihr Leben in dieser Gemeinschaft verbringen wollen, ein „daily plebiscite".[249] Die Frage 9 versucht, diese aus rationalen Entscheidungen resultierende Identität zu messen:

9. Wenn überhaupt, welche der folgenden Möglichkeiten beschreibt am besten, wie Du Dich siehst?
  □ baden-württembergisch, nicht deutsch
  □ mehr baden-württembergisch, als deutsch
  □ gleichermaßen baden-württembergisch und deutsch
  □ mehr deutsch als baden-württembergisch
  □ deutsch, nicht baden-württembergisch
  □ weiß nicht/keins.

9. Which, if any of the following, best describes how you see yourself?
  □ Welsh, not British
  □ more Welsh than British
  □ Welsh and British in equal parts
  □ more British than Welsh
  □ British, not Welsh
  □ don't know/none of the above

9. Pa un o'r rhain sy'n disgrifio orau sut yr ystyriwch chi eich hun?
  □ Cymreig, nid Prydeinig
  □ Yn fwy Cymreig na Phrydeinig
  □ Yr un mor Gymreig â Phrydeinig
  □ Yn fwy Prydeinig na Chymreig
  □ Prydeinig, nid Cymreig
  □ Ddim yn gwybod/dim un o'r rhain

Aufgrund des Kontexts dieser Arbeit wird hierbei dem Schüler bewusst keine überregionale Alternative angeboten, sondern der Fokus auf Nation und Region (*baden-württembergisch, nicht deutsch/Welsh, not British*) gelenkt. Durch diese Simplifizierung in der Fragestellung können die durch konzentrische Loyalitäten und durch die Kontextabhängigkeit subjektiver Identitäten ausgelösten Probleme partiell ausgeklammert werden.

---

[248] Miller, David (1993), S. 6 (eigene Hervorhebung); für ausführlichere Erläuterungen hierzu S. 22 f.
[249] Renan, Ernest (1999), S. 153f.

128

„A person who in answer to the question ‚Who are you?' says 'I am Swedish' or 'I am Italian' (and doubtless much more besides) is not saying something that is irrelevant or bizarre in the same way as, say, someone who claims without good evidence that she is the illegitimate grandchild of Tsar Nicholas II. This proposition is a fairly modest one: it does not say that we are rationally *required* to make our nationality a constitutive part of our personal identity, or that having a national identity excludes having collective identities of other kinds. Nor does it say that a person's national allegiances must always have a single object: it does not exclude a person's identifying herself as both Jamaican and British or (a different case) as both Québécois and Canadian. It says simply that identifying with a nation, feeling yourself inextricably part of it, is a legitimate way of understanding your place in the world."[250]

Wehling bezeichnet das hier beschriebene Problem als eines von konzentrischen Loyalitäten: als Individuum nimmt der Mensch sich selbst variabel wahr, abhängig von Raum, Situation und Zeit.[251] Eine beliebige Person bezeichnet sich in den USA vermutlich als Europäer, in Frankreich als Deutscher, in Deutschland wiederum als Baden-Württemberger, dort hingegen als Schwabe, während er in Schwaben ein Stuttgarter sein mag und als solcher von Bewohnern der Schwäbischen Alb nicht als Schwabe anerkannt wird. Auf Dialekte angewendet ist folgendes Beispiel denkbar: ein Mundart sprechender in Schwäbisch-Hall behauptet von sich, er rede hallisch, verlässt er die Stadt im näheren Umkreis bezeichnet er seine Mundart als hohenlohisch, in größeren Entfernungen wiederum behauptet er von sich, er rede fränkisch oder deutsch.

Diese Problematik bereits durch die Fragestellung ausblendend, sollen die Antwortmöglichkeiten 1 und 2 dieser Frage als Indizien für eine ausgeprägtere regionale Identität fungieren.[252] Betrachtet man die unten dargestellten Ergebnisdaten, so stößt man zunächst auf das empirische Phänomen der Durchschnittlichkeit, welches für alle übrigen Fragen des Fragebogens aufgrund einer neutrale Antworten ausschließende Fragestellung eliminiert werden konnte. In der Umfrageforschung ist meist eine Tendenz zu durchschnittlichen, mittleren Antwortmöglichkeiten festzustellen. Stellt man beispielsweise einem Befragten die drei Antwortmöglichkeiten *gut*, *mittel* und *schlecht* zur Verfügung, so ist davon auszugehen, dass sich viele Probanden für die Antwort *mittel* entscheiden. Stehen hingegen nur die Möglichkeiten *gut* und *schlecht* zur Auswahl, erhält man ein Ergebnis, welches in seinen positiven und negativen relativen Anteilen in der Regel deutlich von der identischen Frage mit drei Antwortmöglichkeiten abweicht. Auf dem hier vorgestellten Fragebogen wurde dieses Problem fast durchgehend dadurch gelöst, dass durchschnittliche Antworten erst gar nicht angeboten und damit die Schüler zu einer Meinung gezwungen wurden. In der später erläuterten Frage 13

---

[250] Miller, David (1995), S. 10f
[251] vgl. Wehling, Hans-Georg (1987), S. 262
[252] Dem Soziologen Jürgen Gerhards zufolge wäre selbst die Antwortmöglichkeit 3 nicht automatisiert ein Indiz für eine durchschnittliche oder gar schwache regionale Identität, denn „so, wie man mehrere Frauen/Männer lieben kann, so kann man sich theoretisch auch mit verschiedenen territorialen Objekten identifizieren"

stehen beispielsweise lediglich die Antworten *sehr gut, gut, schlecht, sehr schlecht* sowie *weiß nicht* zur Verfügung.

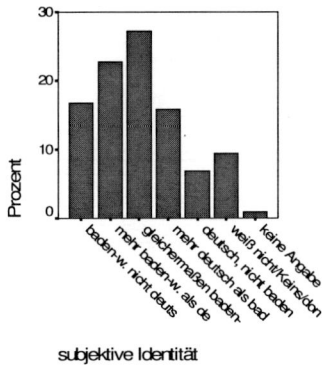

subjektive Identität

Nicht zuletzt aufgrund des beschriebenen Phänomens bezeichnen sich 27,2% der Jugendlichen als *gleichermaßen baden-württembergisch und deutsch/Welsh and British in equal parts.* 16,8% sehen sich als *baden-württembergisch, nicht deutsch/Welsh not British* und 22,8% als *mehr baden-württembergisch, als deutsch/More Welsh than British.* Dies ergibt in der Summe 66,8% aller Befragten, die – die *gleichermaßen*-Antwort mit einberechnend – sich besonders ihrer Region verbunden fühlen und verifiziert die im ersten Buch dargelegte Theorie der Fortdauer einer raumbezogenen Identität von Herman Bausinger.

Die Fragen 10 bis 12 als Sprachen- und Mundartblock des Abschnitts über regionale Identität unterscheiden sich auf den Fragebögen für Baden-Württemberg und Wales dahingehend, dass die Nr. 11, *In your view is the learning of Welsh at school...* einzig in Wales erfragt wurde. Die Gründe hierfür liegen auf der Hand. Erstens wird in Deutschland eine Mundart und in Wales eine Sprache untersucht. Zweitens wird diese Sprache nur in walisischen Schulen unterrichtet oder als Unterrichtssprache praktiziert und drittens muss die Sprache als ein wichtiges Element von nationaler und/oder regionaler Identität in einer separaten Frage unbedingt einer genauen Prüfung unterzogen werden. Neben Harvie betont insbesondere Balsom die Bedeutung der walisischen Sprache: „The critical variable defining the intensity of ethnic identity remains language."[253] Selbst Korrelationen im Wahlverhalten der Waliser lassen sich laut Balsom anhand der von ihm identifizierten linguistischen Regionen in Wales nachweisen.[254] Folgende Fragen untersuchen Mundart und Sprache in Baden-Württemberg und Wales:

---

[253] Balsom, Dennis (1985), S. 9
[254] Vgl. Balsom, Dennis (1985), S. 12

10. Sprichst Du Schwäbisch?
   ☐ Ja
   ☐ Nein

12. Ich halte Gebrauch und Existenz der schwäbischen Mundart für...
   ☐ sehr wichtig
   ☐ wichtig
   ☐ nicht wichtig
   ☐ irrelevant
   ☐ weiß nicht.

10. Are you a Welsh speaker?
   ☐ Yes, since birth
   ☐ Yes, learned it at school
   ☐ No, forgot what I learned
   ☐ No, never was

11. In your view is the learning of Welsh at school...
   ☐ very important
   ☐ important
   ☐ not important
   ☐ irrelevant
   ☐ don't know.

12. I consider the use and continued existence of the Welsh language to be...
   ☐ very important
   ☐ important
   ☐ not important
   ☐ irrelevant
   ☐ don't know.

10. Ydych chi'n siarad Cymraeg?
   ☐ Ydw, erioed
   ☐ Ydw, fe'i dysgais yn yr ysgol
   ☐ Nac ydw, rwyf wedi anghofio'r hyn a ddysgais
   ☐ Nac ydw, heb wneud erioed.

11. Yn eich barn chi, ydy dysgu Cymraeg yn yr ysgol...
   ☐ yn bwysig iawn
   ☐ yn bwysig
   ☐ ddim yn bwysig
   ☐ yn amherthnasol
   ☐ ddim yn gwybod.

12. Dw i'n meddwl bod defnydd a pharhad yr iaith Gymraeg...
   ☐ yn bwysig iawn
   ☐ yn bwysig
   ☐ ddim yn bwysig
   ☐ yn amherthnasol
   ☐ ddim yn gwybod.

Da in diesen Fragen mit der schwäbischen Mundart und der walisischen Sprache zwei unterschiedliche Aspekte regionaler Identität verglichen werden, erfolgt deren Auswertung getrennt voneinander. Zur Vorbeugung gegen eine mögliche Annahme seitens der deutschen Schüler, es könnte negativ gewertet werden, wenn diese auf die Frage 10, *Sprichst Du Schwäbisch?* mit ‚ja' antworten, ist diese Frage eingebettet in eine Reihe von Fragen über die Region und Mundart. Hierdurch wird den deutschen Probanden signalisiert, dass es nicht *per se* ein schlechtes Moment ist, die Frage zu bejahen. Laut Ergebnissen dieser Frage wird der schwäbische Dialekt von knapp 56% der Befragten beherrscht und auch angewendet. Seine Bedeutung wird zwar von einer relativen Mehrheit von 38,1% als wichtig bezeichnet, in der Summe jedoch empfindet mit 46,8% nur eine Minderheit der Schüler Schwäbisch als sehr wichtig oder wichtig. Dem gegenüber stehen 53,2%, welche die Mundart nicht wichtig oder irrelevant finden oder dazu keine Meinung haben. Selbst wenn man die unentschlossenen Schüler von dieser Gruppe abzieht, bleiben noch immer 46,1% der Befragten, welche Schwäbisch als nicht wichtig oder irrelevant betrachten. Interessant ist an den Zahlen insbesondere die Tatsache, dass selbst ein Anteil, ungefähr 10%, der Schüler, die Schwäbisch beherrschen und reden (siehe Frage 10), die Mundart als nicht wichtig betrachten.

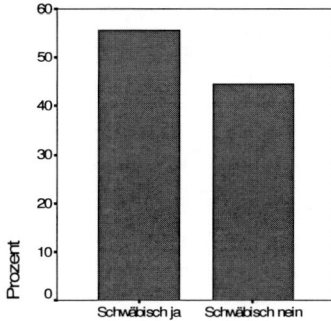

Mundart Baden-Württemberg

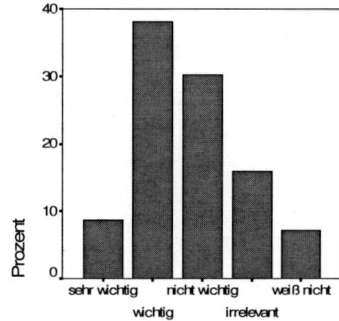

Mundart Baden-Württemberg

Demgegenüber beherrscht eine Minderheit der walisischen Schüler von ca. 35% erlernt oder seit Geburt die walisische Sprache, während gleichzeitig eine sowohl relative als auch absolute Mehrheit von über 77% Walisisch als sehr wichtig oder wichtig bezeichnen. Diese Ergebnisse können einerseits positiv ausgelegt werden. Immerhin liegt der erfragte Durchschnitt der walisisch sprechenden Schüler über jenem für ganz Wales.[255] Darüber hinaus stuft eine große Mehrheit der Schüler die Bedeutung der Sprache und des Walisischunterrichts als sehr wichtig ein. Andererseits reflektiert leider auch die Anzahl der von den Schülern beantworteten walisischsprachigen Fragebögen eine große Kluft zwischen der theoretischen Bedeutung des Walisischen und seiner praktischen alltäglichen Nutzung.

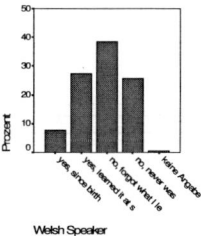

Welsh Speaker

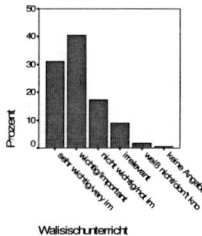

Walisischunterricht

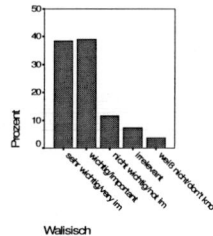

Walisisch

Frage 13 untersucht eine regionentypische individuelle subjektive Abgrenzung des regionalen Raums von der nationalen Ebene. Einer der Hauptgründe für diese Frage liegt in der

---

[255] Optimistischen Statistiken und Deutungen zufolge beherrschen ungefähr 29% der Waliser mehr oder weniger gut ihre Sprache (vgl. http://de.wikipedia.org/wiki/Walisische_Sprache; Zugriff am 04.04.06).

Konflikthypothese begründet, derzufolge die „Gruppenkohäsion (d.h. die Bindung an eine Gruppe) dann hoch ist, wenn die Gruppe bedroht wird. Wenn also eine Region von den Bewohnern als ‚anders' als andere Regionen angesehen wird oder wenn sogar Konflikte mit anderen Regionen bestehen, dann ist eher anzunehmen, dass eine hohe Identifikation mit einer Region besteht."[256] Diese Annahme wird auch gestützt von einer sozialwissenschaftlichen Untersuchung durch Mummendey, Klink, Mielke, Wenzel und Blanz über die Identifikation Ostdeutscher, die sich von Westdeutschen abgelehnt oder bedroht fühlen.[257] Frage 13 lautet:

13. Wie werden, nach Deinem Gefühl, die Interessen Baden-Württembergs in Deutschland vertreten?
- ☐ sehr gut
- ☐ gut
- ☐ schlecht
- ☐ sehr schlecht
- ☐ weiß nicht

13. How are, according to your perception, the interests of Wales represented in Britain?
- ☐ very well
- ☐ well
- ☐ badly
- ☐ very badly
- ☐ don't know

13. Yn eich barn chi, sut y cynrychiolir diddordebau Cymru ym Mhrydain?
- ☐ Yn dda iawn
- ☐ Yn dda
- ☐ Yn wael
- ☐ Yn wael iawn
- ☐ Ddim yn gwybod

Während in Baden-Württemberg eine Mehrheit von knapp 58% ihre Interessen im Nationalstaat als sehr gut oder gut vertreten sieht, sind es derer in Wales nur 40%. Dort empfindet gar eine Mehrheit von knapp 46% die walisischen Interessen in Großbritannien als schlecht oder sehr schlecht repräsentiert. Den Beobachtungen des ersten Buches zufolge müsste jene Mehrheit, die auf eine größere Anzahl von sich dem Nationalstaat untergeordnet fühlenden Schülern hindeutet, eine stärkere regionale Identifikation zur Folge haben.

[256] Mühler, Kurt/Opp, Karl-Dieter (2004), S. 26
[257] vgl. Mielke, Rosemarie/Mummendey, A./Klink, A./Wenzel, M./Blanz, M. (1999), S. 259-285

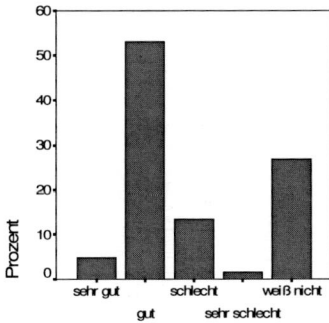

Interessenvertretung Baden-Württemb

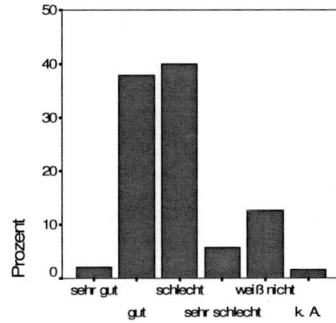

Interessenvertretung Wales

Die Antworten auf Frage 14 können wenigstens in Teilen auch das Resultat der Einstellungen bezüglich der regionalen Interessenvertretung sein, da die darin erfragten Sezessionstendenzen ein Ergebnis von Unzufriedenheit darüber ausdrücken können.

14. Stelle Dir vor, Baden-Württemberg bekäme die Möglichkeit, ein von Deutschland unabhängiger, souveräner Staat zu werden. Wie fändest Du diese Idee?
- ☐ sehr gut
- ☐ gut
- ☐ schlecht
- ☐ sehr schlecht
- ☐ weiß nicht

14. Imagine that Wales got the chance to become an independent state from Britain with sovereignty. How would you find this idea?
- ☐ very good
- ☐ good
- ☐ bad
- ☐ very bad
- ☐ don't know

14. Dychmygwch fod Cymru yn cael y cyfle i ddod yn wladwriaeth annibynnol oddi wrth Brydain ac iddi ei sofraniaeth ei hun. Yn eich barn chi, byddai'r syniad hwn...
- ☐ yn dda iawn
- ☐ yn dda
- ☐ yn wael
- ☐ yn wael iawn
- ☐ ddim yn gwybod.

Während eine überwiegende Mehrheit von über 76% der baden-württembergischen Jugendlichen dem Gedanken eines selbständigen und souveränen Baden-Württemberg skeptisch bis ablehnend gegenüber stehen, existiert für Wales mit knapp 42% eine deutlich größere Zustimmung für diesen Gedanken. Knapp 44% lehnen auch dort ein souveränes Wales ab, immerhin 12,6% der Waliser haben (im Vergleich zu 5,6% in Baden-Württemberg) jedoch zu diesem Thema keine Meinung. Die unterschiedlichen Meinungen in Wales und Baden-Württemberg werden besonders am Ausmaß der Zustimmung für die Unabhängigkeit der subnationalen Ebenen deutlich: Befürworten dies in Baden-Württemberg gerade einmal 15,9% der Jugendlichen, sind es, wie oben dargelegt, in Wales nahezu drei mal so viele.

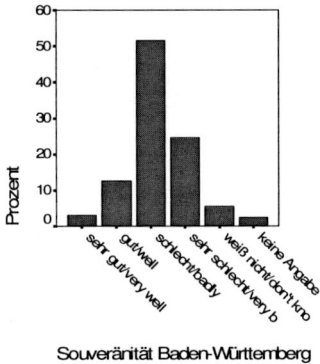

Souveränität Baden-Württemberg

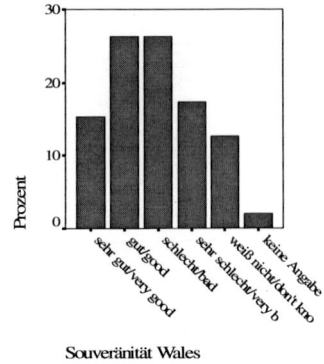

Souveränität Wales

Frage 15 trägt einem wissenschaftlichen Streit zweier wissenschaftlicher Richtungen[258] darüber, wie die individuelle Identität als Teil der politischen Kultur gemessen werden kann, Rechnung. Für Almond und Verba untersucht die politische Kulturforschung subjektive Orientierungen, politische Werthaltungen und Gefühle, Kenntnisse und Meinungen gegenüber Politik und politischem System mit Hilfe der Umfrageforschung. Dem widersprechen u. a. Hans Georg Wehling, Karl Rohe sowie Sylvia und Martin Greiffenhagen, indem sie in ihren Publikationen nachdrücklich darauf hinweisen, dass Umfrageforschung zur Messung von politischer Kultur und/oder nationalen/regionalen Identitäten nur schlecht geeignet ist, da sie nur die an der Oberfläche liegenden Einstellungen und Meinungen in Erfahrung bringen können, während jedoch ein innerer Kern politischer Kultur unentdeckt bleibt. Diese Ansicht teilt auch David Miller, der erklärt, dass „the attitudes and beliefs that constitute nationality are very often hidden away in the deeper recesses of the mind, brought to full consciousness only by some dramatic event. So simple empiricism isn't going to settle the issue, not even empiricism of the kind that surveys people's beliefs about their place in the world. You cannot resolve the issue of Scottish nationhood by asking a representative sample of Scots, 'Do you see yourself as belonging to a distinct Scottish nation?' This is relevant evidence, certainly, but it has to take its place alongside evidence of other kinds before a final judgement is made."[259] Aus diesen Gründen wurde hier der Versuch unternommen, durch eine emotional geladene Frage mit regionalem Bezug versteckte Einstellungen möglicherweise sichtbar zu machen. Die Frage 15 lautet:

---

[258] Löffler, Berthold (2003), S. 128
[259] Miller, David (1995), S. 18

15. „Wir können alles außer Hochdeutsch" Stimmst Du dieser Aussage zu?
- ☐   ja, sehr
- ☐   ja
- ☐   nicht wirklich
- ☐   nein, überhaupt nicht
- ☐   weiß nicht

15. „I support only two teams: Wales and any team that plays England." Do you agree with this statement?
- ☐   yes, a lot
- ☐   yes
- ☐   not really
- ☐   no, not at all
- ☐   don't know

15. "Rwy'n cefnogi dau dîm: Cymru ac unrhyw dîm sy'n chware yn erbyn Lloegr" Ydych chi'n cytuno â'r gosodiad hwn?
- ☐   Ydw'n gryf
- ☐   Ydw
- ☐   Ddim mewn gwirionedd
- ☐   Na, ddim o gwbl
- ☐   Ddim yn gwybod

Bei der Zusammenstellung der Fragen des Fragebogens wurde davon ausgegangen, dass für ganz Baden-Württemberg eine zweifellos differenzierte und komplexe Identität emotional am besten mit Hilfe dieses zu Werbezwecken von der Landesregierung initiierten Slogans gemessen werden kann. Erstens hat die Kampagne inzwischen ein ausgesprochen hohes Maß an Bekanntheit erreicht, selbst über die Ländergrenzen hinweg: „57% aller Bundesbürger, denen Länderwerbung grundsätzlich aufgefallen war, erinnerten sich an die Baden-Württemberg-Kampagne."[260] Zweitens steht der Slogan, gezielt dafür konzipiert, um alle baden-württembergischen Gruppen zu umfassen, für die Ganzheit Baden-Württembergs und nicht exklusiv für Schwaben, Badener oder andere sub-regionale Gruppen. Demgegenüber wurde für Wales ein Slogan des Sports ausgewählt, welcher ebenfalls weit verbreitet, auf zahlreichen Autoaufklebern, Postern, Postkarten und T-Shirts zu finden, und mit sowohl sportlichen als auch lokal-/regionalpatriotischen Gefühlen verbunden ist. Hierdurch liegt beiden Slogans eine regional verbreitete emotionale Komponente zugrunde, welche, den Theorien Wehlings, Rohes, Greiffenhagens und Millers folgend, versuchen sollen, jene messbar zu machen.

---

[260] http://www.wir-koennen-alles.de/presse/presse11.html am 05.04.06

136

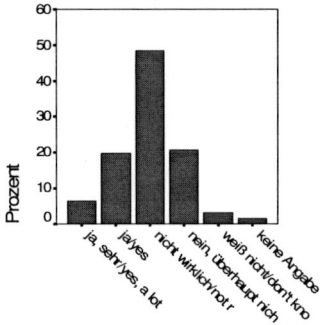

"Wir können alles..."

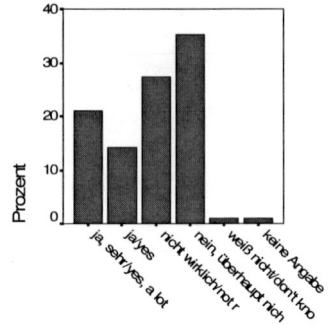

"I support only two teams:..."

Darauf äußerten sich die baden-württembergischen Schüler emotional zurückhaltend bis ablehnend. In der Summe stimmen nur etwas mehr als 26% der Aussage zu, während fast 70% nicht zustimmen konnten. In Wales hingegen ist eine Dreiteilung der Antworten zu beobachten. Während mit 35,3% der Schüler die bereitgestellte Aussage unterstützen, äußern sich 27,4% mit *not really* zurückhaltend bis negativ und 35,3% mit *no, not at all* ablehnend. Diese Dreiteilung könnte auf eine Reflektion der im ersten Buch exemplifizierten Sub-Regionen *Y Fro Gymraeg, Welsh Wales* und *British Wales* hindeuten und wird aus diesem Grund in Abschnitt 3 weiter unten thematisiert. Die Existenz einer im Design angestrebten emotionalen Komponente von Frage 15 wird durch einen ausgesprochen niedriger Anteil der Schüler, welche mit *weiß nicht/don't know* geantwortet haben deutlich: Mit gerade einmal 3,2% in Baden-Württemberg und 1,1% in Wales liegen die Zahlen dieser Antworten, die (auch) auf ein Desinteresse bezüglich der fragenspezifischen Thematik rückschließen lassen, deutlich unter dem Durchschnitt aller Antworten von 4,5%.

Frage 16 als schließlich letzte Frage des Identitätsblocks geht im Gegensatz zur Eingangsfrage des Abschnitts über die regionalen und nationalen Ebenen hinaus und erfragt die vom Schüler einzuschätzende Bedeutung von Wahlen auf europäischer, nationaler und regionaler Ebene.

16. Welche der folgenden Wahlen findest Du am meisten, durchschnittlich und am wenigsten wichtig? Gebe Nummern von 1 (am meisten wichtig) bis 3 (am wenigsten wichtig)

_____ Europaparlamentswahlen

_____ Bundestagswahlen

_____ Landtagswahlen

16. Which election do you find most, average and less important. Give numbers from 1 (most important) to 3 (less important)

_____ European Parliament elections

_____ House of Commons elections

_____ Welsh Assembly elections

16. Yn eich barn chi pa etholiad sy bwysicaf, sy'n lled-bwysig ac yn llai pwysig? Rhowch rifau o 1 (pwysicaf) i 3 (llai pwysig):

    _____ etholiadau Senedd Ewrop

    _____ etholiadau Ty'r Cyffredin

    _____ etholiadau'r Cynulliad Cymreig.

Die hier als Mittelwerte dargestellten Ergebnisse weichen von der statistisch zu erwartenden Wertesumme ab, da sich zahlreiche Schüler nicht auf eine Positionszahl für eine Wahl beschränken wollten, sondern identische Positionszahlen für verschiedene Wahlen vergeben haben. So wurde beispielsweise ein Fragebogen mit der Einstufung „2" für die nationale und jeweils „3" für die regionale *und* europäische Ebene in genau dieser Manifestation auch statistisch gewertet.

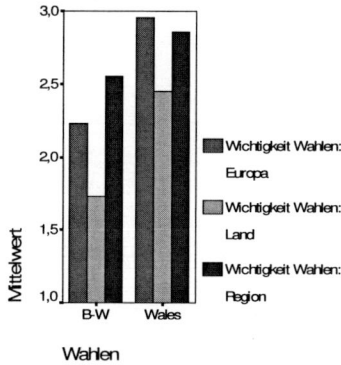

Auffällig an den Ergebnissen ist erstens, dass die walisischen Schüler Wahlen grundsätzlich für weniger wichtig halten als ihre deutschen Altersgenossen. Während die walisischen Mittelwerte ungefähr zwischen der Position 2,4 und 2,9 schwanken, sehen die deutschen Schüler die Relevanz reflektierenden Positionen der Wahlen allgemein zwischen den Mittelwerten von 1,7 und 2,5. Zweitens fällt auf, dass, obgleich sich Baden-Württemberger und Waliser in der größten Bedeutung der nationalen Wahlen (mit Mittelwerten von 1,7 und 2,4) einig sind, die Waliser im Gegensatz zu den Baden-Württembergern sowohl ihre regionalen Wahlen als auch die Europawahlen mit deutlicher Mehrheit an dritter und damit unwichtigster Stelle (mit Mittelwerten von 2,8 und 2,9) sehen.

Die statistischen Auswertungen der abschließenden Fragen 17 bis 25 des ersten Teils ergaben, dass insgesamt 9,2% der Schüler eine Hauptschule, 30,7% ein Gymnasium, 39,9% eine *Comprehensive* und 20,3% eine sonstige Schule besuchen. 9,2% besuchten die Jahrgangsstufe 9, 14,6% Jahrgangsstufe 10, 25,3% Jahrgangsstufe 11, 27,5% Jahrgangsstufe 12 und 23,4% die Jahrgangsstufe 13. Knapp als 72% der Schüler haben oder hatten Geschichte als Schulfach, 2,2% Sozialkunde, 39,2% Gemeinschaftskunde und 17,7% aller Schüler lernten

Walisisch. Unter den walisischen Schülern gaben 29,9% an, Walisisch als Schulfach zu haben oder gehabt zu haben.

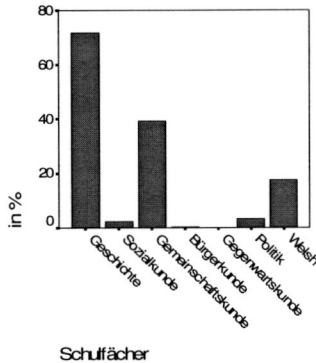

Die übrigen hier nicht thematisierten Fragen werden in die hierauf folgenden Kapitel und Abschnitte bei Bedarf einfließen. So z. B. die Frage 25, *Arbeitest Du ehrenamtlich in Deiner Freizeit?/Do you do any voluntary work in your free time?*, welche als Untersuchungsvariable der angesprochenen *Exit, Voice and Loyalty* Theorie in Abschnitt 5 des Kapitel III thematisiert werden wird oder die Textantworten aus dem zweiten Teil des Fragebogens, welche zur Anwendung der *Hypothese der Lebensqualität* in Kapitel III, Abschnitt 4 herangezogen werden.

2. Bildung und Identität in Wales und Baden-Württemberg

Die Ergebnisse zu Bildung und Identität in Abhängigkeit von Wales und Baden-Württemberg ergeben insgesamt ein zweigeteiltes Bild: Während die baden-württembergischen Schüler in Fragen zur politischen Bildung nahezu ausnahmslos bessere Ergebnisse als ihre walisischen Altersgenossen erreichen, sind ihre Werte zur regionalen Identität durchgehend schwächer als jene der Waliser. So konnten die Baden-Württemberger auf 10 von 11 Fragen zur politischen Bildung häufiger die korrekte Antwort geben, während sie bei allen fünf Fragen zur Identität schwächere Intensitäten aufweisen. Da die Identitätsfragen 10 bis 12 (10: *Sprichst Du Schwäbisch?/Are you a Welsh speaker?*; 11: *In your view is the learning of Welsh at school...*; 12: *Ich halte Gebrauch und Existenz der schwäbischen Mundart für.../I consider the use and continued existence of the Welsh language to be...*) einerseits den Gebrauch einer Mundart und andererseits jenen einer Sprache hinterfragen und somit wenig aussagekräftig für einen hier angestellten Vergleich zwischen Wales und Baden-Württemberg sind, wurden deren Ergebnisse bereits in Abschnitt 1 dieses Kapitels dargelegt und interpretiert.

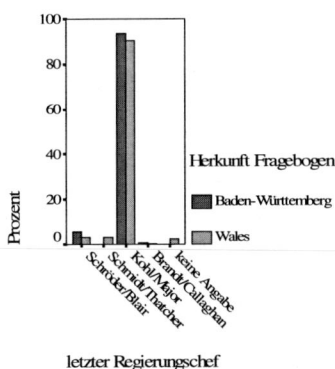

letzter Regierungschef

Frage 1 nach dem zum Zeitpunkt der Befragung letzten Regierungschef beantworteten 93,7% der Baden-Württemberger und 90,5% der Waliser korrekt mit *Helmut Kohl/John Major*. Diese eindeutigen Zahlen resultieren in großen Teilen aus dem niedrigen Schwierigkeitsgrad der Eingangsfrage. Schon Frage 2 nach der Bezeichnung des Parlaments ergibt ein weitaus weniger deutliches Bild. Kannten in Baden-Württemberg noch 56,3% der Schüler darauf die richtige Antwort, war es auch in Wales mit 52,1% noch immerhin eine Mehrheit der Schüler, die sich für *Legislative/legislature* entschied. Nichtsdestotrotz kannte jeweils eine knappe Hälfte die korrekte Antwort nicht. Insgesamt über ein Viertel aller Schüler (26,6%) machte entweder keine Angaben oder erklärte *keins ist richtig/none of the above*. Knapp 20% aller Schüler gaben eine falsche Antwort auf Frage 2.

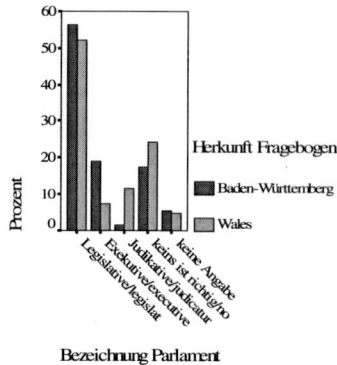

Während die einfacheren Fragen 1 und 2 noch mit sehr ähnlichen Ergebnissen für Wales und Baden-Württemberg aufwarten, sind für die Folgefragen mitunter gravierende regionale Unterschiede auszumachen, wodurch sich zahlreiche Interpretationsmöglichkeiten, so zum Beispiel für die Ergebnisse auf Frage 3 nach der jeweiligen Staatsgliederung, ergeben. Darin entschied sich eine überwiegende Mehrheit von 69% der Baden-Württemberger für die korrekte Antwort *Föderalstaat*, die Waliser schwankten jedoch zu jeweils etwa einem Drittel uneinheitlich zwischen den Möglichkeiten *federal state* und *centralised state*. Ungefähr ein weiteres Drittel hielt keine der Antwortmöglichkeiten für korrekt oder entschied sich für *decentralised state*. Grund für diese Unsicherheiten könnte einerseits der Mangel einer Antwortmöglichkeit *devolved state* sein, welche zwar in diesem Kontext nicht korrekt wäre, möglicherweise aber den jungen Walisern, die in großen Teilen bewusst die Volksabstimmung über die Walisische Versammlung im September 1997 miterlebt haben, bekannt gewesen sein dürfte. Andererseits deuten die Resultate auf eine vermutlich sogar gesellschaftsinhärente Unsicherheit über regionale und/oder nationale Strukturen hin, welche sich durchaus in Zusammenhang mit einer suboptimal funktionierenden Devolution bringen lassen. Während nämlich die deutschen Schüler ihre Region sehr deutlich einem Föderalstaat zuordnen können und damit auch signalisieren, dass deutsche föderalstaatliche Strukturen als Teil der bundesstaatlichen republikanischen Staatsordnung verstanden und akzeptiert werden, scheitern die walisischen Jugendlichen bereits an der Aufgabe, ihre Region überhaupt in einen staatsorganisatorischen Gesamtkontext zu bringen. Dies wiederum könnte darauf hindeuten, dass die britische Devolution längst nicht in den Köpfen der Menschen angekommen ist und noch einige gewichtige Anstrengungen ausstehen, um sowohl Akzeptanz als auch Wahrnehmung in der walisischen Bevölkerung signifikant zu steigern. Spätere Ergebnisse einiger Fragen zur Region und Identität werden diese Überlegungen eindrucksvoll stützen und im Ergebnis eine stringente Theorie über die Stellung des deutschen Föderalstaats in Relation zu Großbritannien ermöglichen.

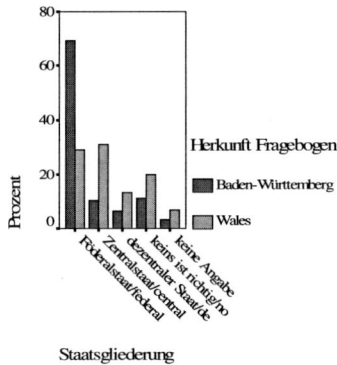

Auch in den Resultaten zur europäischen und internationalen Ebene bleiben die walisischen Schüler hinter ihren deutschen Mitschülern zurück. Auf die Frage 4 nach der Anzahl der Mitglieder in der Europäischen Union konnte gerade einmal ein Drittel der Waliser die korrekte Antwort geben. Dem gegenüber stehen 72,2% aller Schüler in Baden-Württemberg, die die richtige Antwort *25 Mitglieder* (bzw. *15 Mitglieder* vor der EU-Osterweiterung) gegeben haben. Aufgrund dieser Ergebnisse darf angenommen werden, dass die europafreundlicheren Deutschen im Gegensatz zu den Walisern aufgrund einer größeren geographischen und auch ideellen Nähe zum europäischen Projekt über ausgeprägtere Kenntnisse darüber verfügen. Während alle Baden-Württemberger Europa täglich durch den Euro erfahren und vermutlich nahezu alle befragten Schüler bereits kontrollenlose europäische Grenzübertritte erlebt haben, ist eine Mehrzahl der walisischen Schüler dem in Großbritannien weit verbreiteten und durch zahlreiche Medien geschürten Euroskeptizismus ausgesetzt und wird hierdurch auch im subjektiven Interesse an und Wissen über europäische Strukturen negativ beeinflusst. Der Lebensfokus britischer Schüler, so scheint es, ist durch europaskeptisches, aber auch durch insulares Denken und die geographische Trennung zum Kontinent mehr als jener ihrer deutschen Altersgenossen auf Wales und Großbritannien selbst als auf internationale Institutionen und Phänomene gerichtet. Diese hier zunächst nur interpretativ angestellte Vermutung wird von den späteren Ergebnissen zur Identität gestützt werden. Darin sprechen zahlreiche Anhaltspunkte dafür, dass baden-württembergische Jugendliche in ihrer regionalen Identität nicht zuletzt auch aufgrund eines mangelnden nationalen und regionalen Selbstbewusstseins deutlich hinter den Walisern zurück bleiben und das walisische regionale Selbstbewusstsein den Trend zur Abgrenzung nach außen verstärkt.

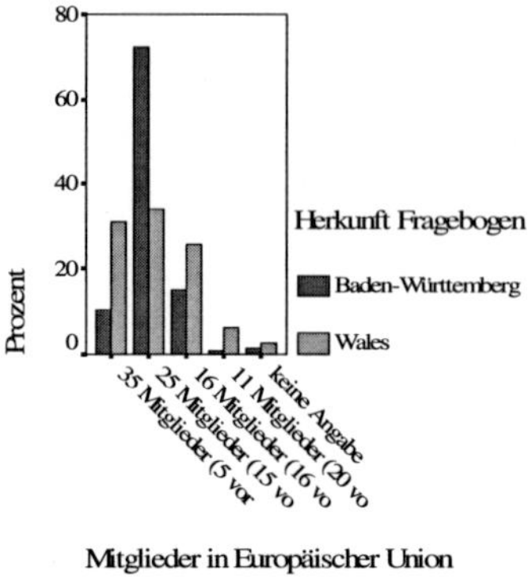
80
60
40
20
0
Prozent
Herkunft Fragebogen
Baden-Württemberg
Wales
35 Mitglieder (5 vor
25 Mitglieder (15 vo
16 Mitglieder (16 vo
11 Mitglieder (20 vo
keine Angabe
Mitglieder in Europäischer Union

Die Resultate auf Frage 5 nach dem UNO-Generalsekretär sind zwar in Teilen durch einen in Abschnitt 2 des Kapitel III näher erläuterten Ausspruch eines walisischen Schülers beeinflusst, können jedoch wie schon die Ergebnisse für Frage 4 auch als Manifestation eines selbstzentrierten Fokus walisischer Schüler auf ihre eigene Region interpretiert werden. Während die deutschen Schüler zu 88,1% *Kofi Annan* als UNO-Generalsekretär erkennen, sind es in Wales derer nur 54,2%. An zweiter Stelle der Antworten in Wales folgt mit 20,5% die Antwortmöglichkeit *Henry Kissinger*, was sicherlich auch dem verwirrenden Ausspruch eines Schülers einer Schule geschuldet sein dürfte.

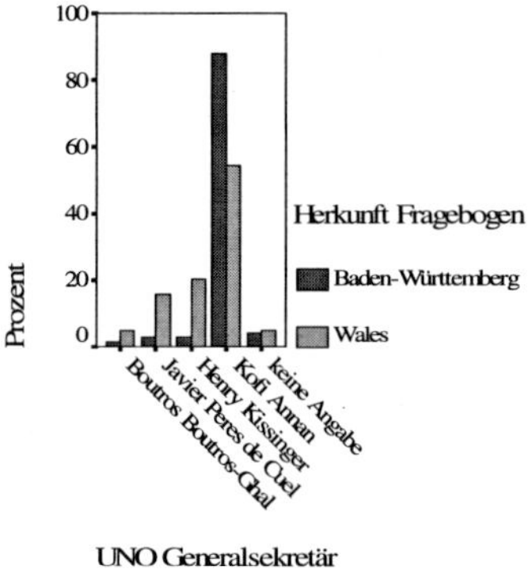
100
80
60
40
20
0
Prozent
Herkunft Fragebogen
Baden-Württemberg
Wales
Boutros Boutros-Ghal
Javier Peres de Cuel
Henry Kissinger
Kofi Annan
keine Angabe
UNO Generalsekretär

Den folgenden Fragen 6 bis 8 liegen nicht die Antworten aller 316 Befragten, sondern nur jene von 303 Schülern zugrunde, da die ersten 13 Fragebögen im ersten Workshop diese Fragen noch nicht beinhalteten. Durch Exklusion dieser Daten aus den Statistiken wird das Gesamtergebnis jedoch relativ betrachtet nicht verändert. Da es sich bei den Fragen 6 bis 8 um die vermutlich schwierigsten Fragen des Wissensteils handelt, sind die Ergebnisse darauf wenig überraschend auch deutlich schlechter als in den vorhergehenden Fragen. Zwei Auffälligkeiten fallen bei der Betrachtung der Ergebnisse ins Auge. Erstens machte auf jede der drei Fragen eine übergroße Mehrheit keine Angaben oder antwortete mit *weiß nicht/don't know* und zweitens ist die Anzahl der korrekten Antworten auf die Fragen nach den Landtags- und Bundestagsabgeordneten/*AMs* und *MPs* für Wales und Baden-Württemberg ohne signifikante Unterschiede, während gleichzeitig die Frage nach dem Ministerpräsidenten/*First Minister* von den deutschen Schülern erheblich besser beantwortet wurde.

Für Frage 6 reflektiert sich dies in Wales und Baden-Württemberg durch 16,9% und 10,3% korrekten Antworten auf die Frage nach dem Namen des Landtagsabgeordneten/*AM* und 35,6% sowie 36,5% korrekten Angaben auf die Frage nach dessen Partei, während jedoch große Mehrheiten sowohl in Wales als auch in Baden-Württemberg keine (korrekte) Antwort auf die Fragen nach Name und Partei des Landtagsabgeordneten/*AM* geben konnten.

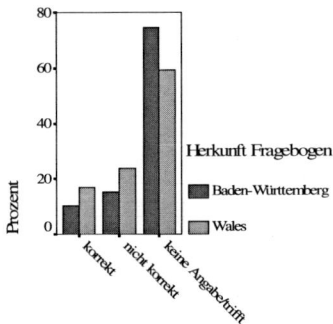

Landtagsabgeordneter/AM Name

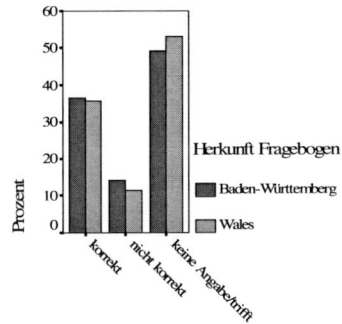

Landtagsabgeordneter/AM Partei

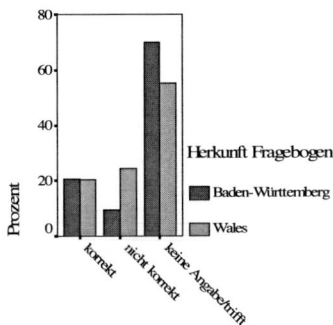

Bundestagsabgeordneter/MP Name

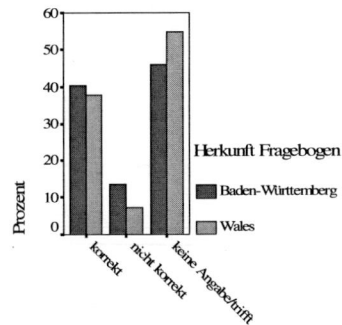

Bundestagsabgeordneter/MP Partei

Ebenso sind die Resultate auf Frage 7 in ihren korrekten Antworten für Wales und Baden-Württemberg nahezu identisch (20,3% und 20,6% auf die Frage nach dem Namen sowie 37,9% und 40,5% auf die Frage nach der Partei des Bundestagsabgeordneten/*MPs*), während erneut keine Antwort oder die Antwortmöglichkeit *weiß nicht/don't know* überwiegt. Das insgesamt gleichermaßen für Wales und Baden-Württemberg gemessene geringe Wissen über Landtags-, Bundestagsabgeordnete, *AMs* und *MPs* erklärt in großen Teilen die Tatsache, dass immerhin knapp die Hälfte aller Schüler (49,1%) die Jahrgangsstufen 9 bis 11 besucht und damit ohne Wahlrecht von den Fragezusammenhängen nicht selbst betroffen ist. Selbst in den Jahrgangsstufen 12 und 13 haben einige Schüler noch immer nicht das Wahlalter von 18 Jahren erreicht, wodurch sich möglicherweise auch hier das Interesse und Wissen über lokale Wahlkreisabgeordnete in Grenzen gehalten haben dürfte. Das konstant deutlich bessere Wissen über die Parteien ihrer jeweiligen Abgeordneten kann hingegen mit zufälligen Treffern und korrekter Deduktion der politischen Umstände erklärt werden. Bei jeweils etwa fünf größeren demokratischen Parteien ist einerseits die Wahrscheinlichkeit, in diesen Fragen eine blindlings geratene korrekte Antwort zu geben, verhältnismäßig hoch. Darüber hinaus existieren, wie das folgende Kapitel für Wales zeigen wird und die Ausführungen über die Region im Theorieteil dieser Arbeit für Baden-Württemberg gezeigt haben, für beide Gebiete ortsabhängige Wahlverhaltenscluster, welche wiederum die Probanden in die Lage versetzt haben dürften, über Wahrscheinlichkeiten der jeweiligen politischen Färbung ihres Wahlkreises zu reflektieren und daraus abgeleitet ihre korrekten Entscheidungen zu treffen.

Nachdem auf alle vorhergehenden Fragen die baden-württembergischen Jugendlichen ausnahmslos bessere Resultate erzielt haben als ihre walisischen Altersgenossen, muss an dieser Stelle auch hinterfragt werden, wodurch die walisischen Schüler in den Fragen 6 und 7 entgegen dem bisherigen Trend nun plötzlich gleichwertige oder sogar bessere Ergebnisse als die Baden-Württemberger erzielen konnten. Eine naheliegende Erklärung hierfür ist sicherlich auch die lange Tradition des Mehrheitswahlrechts in Großbritannien mit seinem Fokus auf die jeweiligen Wahlkreiskandidaten. Während diese Tradition den Kandidaten und später Abgeordneten eine herausragende Stellung im politischen Prozess verleiht, kennt Deutschland nur verschiedene Mischformen, welche das Verhältniswahlrecht mehr oder weniger deutlich mit dem Mehrheitswahlrecht verknüpfen. Führt dies auf deutscher Bundesebene noch zu einem Erst- und Zweitstimmensystem, wird auf baden-württembergischer Landesebene ein kompliziertes System der Abgabe einer Stimme angewendet, welche gleichzeitig nach Verhältnis- und Mehrheitswahlrecht gewertet und wodurch auch die Bedeutung des einzelnen Kandidaten geschmälert wird. Weitere Folge des bundesdeutschen Systems ist die – durch Wahlsystem und Auszählverfahren tendenzielle Begünstigung kleinerer Parteien hervorgerufene – Tendenz zu Koalitionsbildungen, welche wiederum im Umkehrschluss dem deutschen Wähler die Möglichkeit von taktischem parteipolitischem Wählen an die Hand gibt. Während der briti-

sche Wähler ein derartiges Verhalten in dieser Form nicht kennt und auch deshalb ein größerer Fokus auf dem einzelnen Abgeordneten legt, verringert das bundesdeutsche System die
Bedeutung des deutschen Abgeordneten, welcher vom Wähler im deutschen politischen Prozess als weniger bedeutend wahrgenommen wird als seine britischen Pendants. Durch diese
zwei divergierenden Wahlrechtstraditionen verfügen die walisischen Jugendlichen vermutlich
über ein größeres Wissen über ihre britischen Abgeordneten als die baden-württembergischen
und erreichen deshalb entgegen der allgemeinen Ergebnistendenz annähernd gleichwertige
oder sogar bessere Ergebnisse.

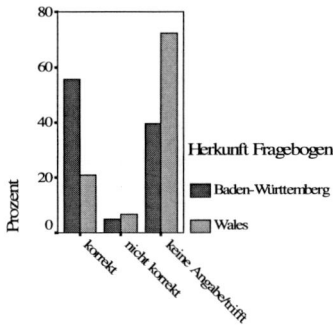

Herkunft Fragebogen
Baden-Württemberg
Wales

Ministerpräsident/First Minister Name

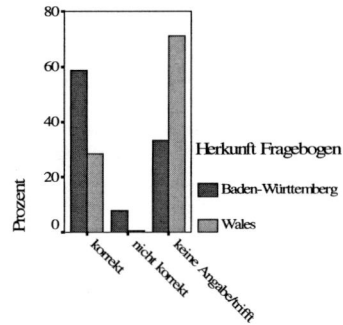

Herkunft Fragebogen
Baden-Württemberg
Wales

Ministerpräsident/First Minister Partei

Dass Traditionen der politischen Kultur für das Wissen und politische Verhalten eine bedeutende Rolle spielen, verifizieren schließlich die Ergebnisse zu Frage 8. Auf die Frage nach
dem Namen des Ministerpräsidenten, einer der wichtigsten Figuren im bundesdeutschen föderalstaatlichen politischen Prozess, kennt mit 55,6% eine Mehrheit der jungen Baden-
Württemberger die korrekte Antwort. Dem gegenüber steht eine walisische Minderheit von
nur 20,9%, die den *First Minister* der ohne nennenswerte gestalterische Kompetenzen ausges-
tatteten *Welsh Assembly* kennt. Diese Ergebnisse können gleich für mehrere Aspekte der politischen Kulturen beider sub-nationalen Einheiten stehen. Erstens stehen sie möglicherweise
für die Reflektion der Tatsache, dass die britische Devolution im Vergleich zum bundesrepublikanischen Föderalismus nur eine kurze Tradition vorweisen kann und hierdurch noch nicht
als Vertreter des walisischen Volkes bei den Menschen emotional angekommen ist. Zweitens
könnten sie auch für eine niedrigere Akzeptanz der Devolution stehen, die immerhin nur von
einer äußerst knappen Mehrheit von 50,3% der Waliser beim Referendum im Jahr 1997 be-
fürwortet wurde. Drittens schließlich könnten die Ergebnisse darauf hindeuten, dass der bundesdeutsche Föderalismus funktional effektiver ist als die schwach etablierte und noch immer
wenig akzeptierte walisische Devolution.

Gegenüber den Ergebnissen zum politischen Wissen ergibt sich für die Manifestationen regionaler Identität ein umgekehrtes Bild. Standen bei den bisherigen Betrachtungen noch die baden-württembergischen Schüler für die stärkeren Ergebnisse, sind es in diesem zweiten Teil die Waliser. Ein erster Blick auf die unten graphisch dargestellten Daten zur Einstiegsfrage über Region und Identität (Frage 9), mit den Antworten von eher regional orientierten (linke Seite der x-Achse) und mehr national orientierten (rechte Seite der x-Achse) Schülern, verdeutlicht dies. Auf die Frage *Wenn überhaupt, welche der folgenden Möglichkeiten beschreibt am besten, wie Du Dich siehst?/Which, if any of the following, best describes how you see yourself?* antworteten gleich 53,1% der Waliser mit *Welsh not British* oder *more Welsh than British.* Die Baden-Württemberger blieben demgegenüber mit insgesamt nur 19,1% positiven Antworten (*baden-württembergisch, nicht deutsch* oder *mehr baden-württembergisch als deutsch*) nicht nur deutlich dahinter zurück, sondern implizierten auch durch ihren Spitzenwert bei den neutralen Antworten (35,7% antworteten mit *gleichermaßen baden-württembergisch und deutsch*) ein eher richtungsloses regionales Selbstverständnis. Während sich schließlich auf der rechten Seite der Tabelle mit 15,8% nur noch wenige mehr national orientierte walisische Schüler finden, bezeichnet sich immerhin ein Drittel der Baden-Württemberger als *mehr deutsch als baden-württembergisch* oder *deutsch, nicht baden-württembergisch*, was die eher wenig von regionalen Faktoren beeinflussten Empfindungen der baden-württembergischen Jugendlichen geradezu unterstreicht.

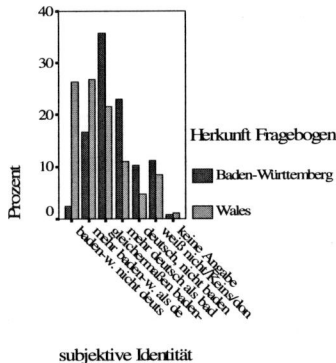

subjektive Identität

Die in dieser Frage auch reflektierten Anzeichen von latenter Orientierungslosigkeit innerhalb Baden-Württembergs (immerhin 11,9% der Jugendlichen haben keine Meinung oder machen keine Angaben zu Frage 9) sowie von offenkundigem Desinteresse für regionale Belange finden ihre Fortsetzung in einer ausgeprägten Gleichgültigkeit vieler baden-württembergischer Schüler gegenüber der Interessenvertretung ihrer Region (Frage 13). Mit 27% antwortet über ein Viertel der Deutschen auf die Frage *Wie werden, nach Deinem Gefühl, die Interessen Baden-Württembergs in Deutschland vertreten?* (*How are, according to your perception, the interests of Wales represented in Britain?*) mit *weiß nicht*; eine Offenbarung einerseits eines allgemeinen politischen aber andererseits auch eines spezifisch die unmittelbare Umgebung und Region betreffenden Desinteresses.

Trotz dieser Resultate darf jedoch die überdurchschnittliche Gleichgültigkeit der baden-württembergischen Jugendlichen – keine der übrigen Fragen zur Identität und Region erreicht auch nur annähernd hohe Werte in der *weiß nicht/don't know* Option – nicht überbewertet werden. Immerhin sieht für Baden-Württemberg die größte Gruppe von Schülern, 58%, die Interessen des Landes entweder gut oder sehr gut vertreten. Damit zeigen sich die Baden-Württemberger im Gegensatz zu ihren walisischen Altersgenossen überwiegend zufrieden mit der Stellung ihres Landes im Nationalstaat, was wiederum erneut den Schluss zulässt, dass die deutschen (föderal-)staatlichen Strukturen insgesamt zufrieden stellend sind und insbesondere in Relation zu Großbritannien mehrheitlich akzeptiert werden. Denn zeigt sich für Baden-Württemberg immerhin eine Mehrheit mit der Interessenvertretung ihres Landes zufrieden, so ist es für Wales nur eine Minderheit von 40%. Eine walisische Mehrheit von 45,8% hingegen sieht die Interessen ihrer Region in Großbritannien *schlecht/badly* oder *sehr schlecht/very badly* vertreten.

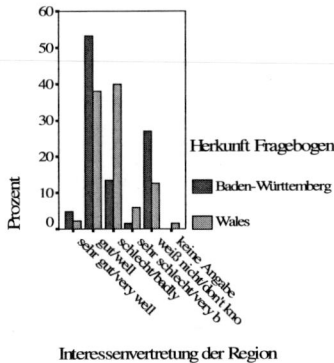

Interessenvertretung der Region

Die Ergebnisse der ersten Region- und Identitätsfragen stehen symptomatisch für zwei der hier wohl augenscheinlichsten Unterschiede walisischer und baden-württembergischer Jugendlicher. Erstens registrieren und lokalisieren sie regionalistisch apolitische Jugendliche überwiegend in Baden-Württemberg, wo jedoch zweitens im Gegensatz zu Wales die individuelle Zufriedenheit mit Staat und Land einigermaßen ausgeprägt zu sein scheint, eine These, die auch gestützt wird von den Ergebnissen zu Frage 14 *Stelle Dir vor, Baden-Württemberg bekäme die Möglichkeit, ein von Deutschland unabhängiger, souveräner Staat zu werden. Wie fändest Du diese Idee?/Imagine that Wales got the chance to become an independent state from Britain with sovereignty. How would you find this idea?*. Während mit 76,2% über drei Viertel der Baden-Württemberger gegen die Sezession ihres Landes (Antwortmöglichkeit *schlecht* oder *sehr schlecht*) und damit für den Erhalt des *Status Quo* sind, würden immerhin 41,6% der Waliser einen unabhängigen walisischen Staat begrüßen (Antwortmöglichkeit *very good* oder *good*). Zwar ist auch in Wales eine knappe Mehrheit von 43,7% gegen die Sezession und Souveränität von Wales (*bad* oder *very bad*), gegenüber einer baden-württembergischen Zustimmungsquote von nur 15,9% (*sehr gut* oder *gut*) sind die walisischen Werte dennoch außerordentlich hoch.

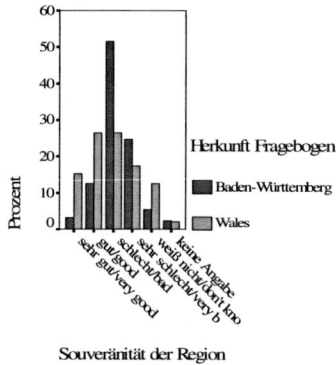

Souveränität der Region

Die letzte hier betrachtete Frage ergibt in ihrer Gesamtheit erneut ein zwiespältiges Bild. Ins Rennen gegangen mit dem Anspruch, durch eine – von den eingangs erwähnten Hans Georg Wehling, Karl Rohe sowie Sylvia und Martin Greiffenhagen geforderte – emotionsgeladene Frage, die Probanden aus einer bisweilen reservierten Geisteshaltung zu locken, konnte sie ihre an sie gestellten Erwartungen schon im vorhergehenden Abschnitt nicht ganz erfüllen. Aussagekräftig, wenn auch nur schwach, werden die Ergebnisse hier unter zwei Gesichtspunkten, erstens unter jenem der relativen Positiv- und Negativverteilung der Ergebnisse und zweitens unter dem Aspekt der sowohl relativen als auch absoluten Ergebnisse auf die Antwortmöglichkeit *weiß nicht/don't know*. Diese Antwortoption wurde insgesamt von nur 1,9% aller Jugendlichen gewählt und steht damit hinter den Ergebnissen auf die Frage 11 (*In your view is the learning of Welsh at school...*) an zweiter Position der am seltensten gewählten *weiß nicht/don't know* Antworten. Insofern machen die Ergebnisse deutlich, dass die emotionsgeladene Frage zunächst einmal nahezu alle Probanden angesprochen, sie zu einer Entscheidung gebracht und somit einen ihrer Zwecke erfüllt hat.

Betrachtet man die positiven und negativen Antworten in Relation zueinander, fällt auf, dass zwar sowohl in Wales als auch in Baden-Württemberg die Ablehnung überwiegt. 69% in Baden-Württemberg und 62,9% in Wales erklärten, sie stimmen den Aussagen *Wir können alles außer Hochdeutsch/I support only two teams: Wales and any team that plays England* nicht wirklich oder überhaupt nicht zu. Nur 26,1% in Baden-Württemberg und 35,3% in Wales erklärten ihre Zustimmung. Somit ist zwar eine mehrheitliche Ablehnung zu verzeichnen,[261] relativ betrachtet werden jedoch die Ergebnisse der vorhergehenden Überlegungen nochmals bestätigt. So stehen die Waliser erneut den der Frage inhärenten regionalen Implikationen näher als die Baden-Württemberger. Betrachtet man unter diesem Fokus auch die Relation der Antworten *weiß nicht/don't know*, so werden praktisch alle bisherigen Annahmen durch die Tatsache bestätigt, dass sich darunter prozentual nahezu drei Mal mehr Baden-Württemberger als Waliser befinden.

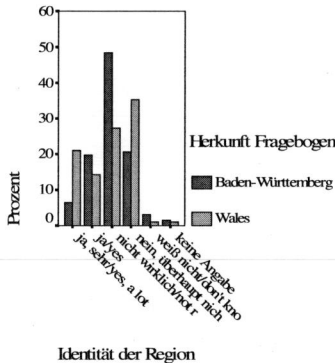

Identität der Region

---

[261] Über die Gründe hierfür wurde an anderer Stelle bereits reflektiert.

150

3. Bildung und Identität im Three-Wales Model

Für Balsom, Verfasser der Theorie des *Three-Wales Models*, sind Identität und Sprache als Manifestation von Kultur und Geschichte die zwei zentralsten Variablen der walisischen Gesellschaft. Während die Verbreitung der walisischen Sprache mit Hilfe der empirischen Forschung einigermaßen präzise gemessen werden kann, streiten sich, wie Kapitel V des Theorieteils gezeigt hat, die Forscher sowohl über eine einheitliche Definition, als auch über die adäquaten Messmethoden für Identität. Hierzu erklärt Balsom: „Welsh identity must be defined as those who consider themselves to be Welsh. Any more positive attributes of identity, be they attitudes, actions or beliefs, must, logically, stem from this primary characteristic."[262] Folgt man Balsoms Auffassung, so würde eine empirische Untersuchung mit der Frage nach der Nationalität die Bedingungen zur Messung von Identität bereits voll erfüllen. Im Rahmen des *Welsh Election Study* (WES) ergab sich für das Jahr 1979 ein Anteil von 57% aller Waliser, welcher sich selbst als *Welsh* bezeichnete, 34% klassifizierten sich als *British* und 8% als *English*, während sich 1% keiner der Gruppen zugehörig fühlte.[263]

Die in dieser Untersuchung gemachten Ergebnisse unterscheiden sich von den Zahlen der WES nur geringfügig und verifizieren damit den in die Jahre gekommenen Datenstand Balsoms. 62% der Workshopteilnehmer antworteten auf Frage 23, *Your Nationality?* mit *Welsh*, *Welsh (not British)*, *Cymraes* oder *Cymru*, 19% mit *British*, und 3% mit *English*, während 15% sich überschneidende wie *Welsh/British* oder davon abweichende Angaben wie *Indian* oder *Filipino* machten. Zweite wesentliche Variable neben der Identität ist für Balsom die walisische Sprache, welche den WES-Daten zufolge von 28% der Waliser beherrscht wird. Auch diesbezügliche Ergebnisse ähneln jenen dieser Studie, derzufolge inzwischen über 35% der Befragten in der Lage sind, walisisch zu sprechen. Zur Herleitung seines *Three-Wales Models* überlagert Balsom seine beiden Datensätze zu Identität und Sprache:

Dennis Balsom

Do you think of yourself as British, Welsh, English or something else?	Do you speak Welsh? YES	NO	
WELSH	23%	34%	57%
BRITISH & others	5%	38%	43%
Total	28%	72%	100%

Alexander Böhm

Your Nationality?	Are you a Welsh speaker?[264] YES	NO	
WELSH	26%	36%	62%
BRITISH & others	9%	28%	38%
Total	35%	64%	100%

---

[262] Balsom, Dennis (1985), S. 2
[263] Balsom, Dennis (1985), S. 3
[264] Aufgrund einer fehlenden Antwort auf die Frage *Are you a Welsh speaker?* auf Fragebogen w0174 kommt die Differenz von 1% zustande.

Die tabellarisch dargestellten Daten von Balsom und verifizierend von den Ergebnissen dieser Arbeit weisen schließlich auf drei signifikante walisische Identitätsgruppen hin, welche Balsom als *Y Fro Gymraeg*,[265] *Welsh Wales*[266] und *British Wales*[267] bezeichnet und auch geographisch lokalisiert. Jedem Gebiet sind sowohl eine geographische Dimension als auch die oben graphisch dargestellten Gruppen inhärent, welche sich aus den sich überlagernden Datensätzen von Identität und Sprache ergeben. *Y Fro Gymraeg* als die walisischste soziolinguistische Gruppe zeichnet sich aus durch einen walisisch sprechenden und sich als walisisch identifizierenden Bevölkerungsanteil, welcher sich überwiegend im Norden und Westen von Wales konzentriert. Darauf folgt eine sich als walisisch identifizierende jedoch nicht walisisch sprechende, in *Welsh Wales* ansässige Gruppe. *British Wales* im Osten und Süden des Landes beheimatet schließlich jene Menschen, welche sich mit Großbritannien identifizieren und nicht walisisch sprechen.

Mit Hilfe der Unterteilung von Wales in diese drei Gruppen gelingt es Balsom, variable ethnische, linguistische und wahlsoziologische Cluster in Wales zu lokalisieren und daraus resultierende Phänomene zu erklären. Hierzu gehört beispielsweise das Wahlverhalten, welches in den drei Gebieten erheblich variiert: Wählt in *Y Fro Gymraeg* ein nicht unbedeutender Teil der Bevölkerung die nationalistische *Plaid Cymru* Partei, ist in *Welsh Wales* der Anteil der *Labour*-Wähler am höchsten und in *British Wales* die konservative Partei so stark wie in keinem anderem Teil Wales'. Selbst eine Korrelation zwischen walisischer Sprache und dem Wahlverhalten der Waliser will Balsom ausgemacht haben.[268] Unter diesen Vorzeichen macht es hier Sinn, die in den Workshops gewonnenen Daten mit Blick auf die nach Balsom dreifach abgestuften Herkunftsvariablen zu untersuchen. Ihr zufolge müssten für die drei Sub-Einheiten von Wales, *Y Fro Gymraeg, Welsh Wales* und *British Wales* drei unterschiedlich stark ausgeprägte Identitätsgrade, sowie in Kapitel III damit möglicherweise korrelierende Qualitäten der politischen Bildung nachgewiesen werden können.

Hierfür werden im Folgenden zunächst die Statistiken zur Prüfung der hier weniger relevanten Identität vorgestellt. Balsom hat bereits durch seine umfangreichen Datensätze die beschriebenen walisischen Strukturen regionaler Identität nachgewiesen. Insofern können die hier vorgelegten Tabellen zur Identität diese nur ergänzen und aktualisieren. Das Problem der

---

[265] Übersetzt (s.o.) *Welsh-speaking Heartland:* Caernarfon, Camarthen, Ceredigion und Pembroke North, Conwy, Meirionnydd Nant Conwy, Ynys Môn
[266] Aberavon, Blaenau Gwent, Caerphilly, Cynon Valley, Gower, Islwyn, Llanelli, Merthyr Tydfil und Rhumney, Neath, Ogmore, Pontypridd, Rhondda, Swansea East, Swansea West, Torfaen
[267] Alyn und Deeside, Brecon und Radnor, Bridgend, Cardiff Central, Cardiff North, Cardiff South und Penarth, Cardiff West, Clwyd North West, Clwyd South West, Delyn, Monmouth, Montgomery, Newport East, Newport West, Pembroke, Vale of Glamorgan, Wrexham
[268] vgl. Balsom, Dennis (1985), S. 12

insgesamt geringen Anzahl von Datensätzen ist leider auch hier virulent, wodurch es bedauerlicherweise erneut vorkommen konnte, dass kleine Gruppen von Probanden die Ergebnisse
nachhaltig beeinflussten. Dies gilt besonders für die Gruppe des *Y Fro Gymraeg*, welche hier
aus nur 28 Schülern in zwei Schulen besteht. *Welsh Wales* konstituiert sich zwar immerhin
aus 63 Schülern, jene besuchen jedoch nur einer Schule, was sich in Teilen auch negativ aus-
gewirkt hat. *British Wales* schließlich wird vertreten von insgesamt 99 Schülern aus zwei
Schulen. In der Summe werden in diesem Abschnitt die Antworten von 190 Schülern miteinander verglichen.

Herkunft Fragebogen Schule nach Three-Wales Model Region

		British Wales	Welsh Wales	Y Fro Gymraeg	Gesamt
Schule 1	Anzahl	0	63	0	63
	% von Herkunft Fragebogen Schule	,0%	100,0%	,0%	100,0%
	% von Three-Wales Model Region	,0%	100,0%	,0%	33,2%
	% der Gesamtzahl	,0%	33,2%	,0%	33,2%
Schule 2	Anzahl	64	0	0	64
	% von Herkunft Fragebogen Schule	100,0%	,0%	,0%	100,0%
	% von Three-Wales Model Region	64,6%	,0%	,0%	33,7%
	% der Gesamtzahl	33,7%	,0%	,0%	33,7%
Schule 3	Anzahl	0	0	17	17
	% von Herkunft Fragebogen Schule	,0%	,0%	100,0%	100,0%
	% von Three-Wales Model Region	,0%	,0%	60,7%	8,9%
	% der Gesamtzahl	,0%	,0%	8,9%	8,9%
Schule 4	Anzahl	0	0	11	11
	% von Herkunft Fragebogen Schule	,0%	,0%	100,0%	100,0%
	% von Three-Wales Model Region	,0%	,0%	39,3%	5,8%
	% der Gesamtzahl	,0%	,0%	5,8%	5,8%
Schule 5	Anzahl	35	0	0	35
	% von Herkunft Fragebogen Schule	100,0%	,0%	,0%	100,0%
	% von Three-Wales Model Region	35,4%	,0%	,0%	18,4%
	% der Gesamtzahl	18,4%	,0%	,0%	18,4%
Gesamt	Anzahl	99	63	28	190
	% von Herkunft Fragebogen Schule	52,1%	33,2%	14,7%	100,0%
	% von Three-Wales Model Region	100,0%	100,0%	100,0%	100,0%
	% der Gesamtzahl	52,1%	33,2%	14,7%	100,0%

Misst man, wie Balsom es fordert, die Identität anhand eines bedingungslosen und eindeutigen Bekenntnisses der walisischen Individuen, so kann deren Intensität entweder mit Hilfe
der bereits oben dargelegten Antworten auf die Frage 23 nach der Nationalität oder durch die
Evaluierung der Antworten auf die Möglichkeit *Welsh not British* in Frage 9, *Which, if any of*
the following, best describes how you see yourself? erfolgen. Balsoms Forschungen werden
schon hier durch einen eindeutigen graduellen Anstieg der artikulierten subjektiven Identität
verifiziert. Fühlen sich in *British Wales* noch 22% als *Welsh not British*, sind es in *Welsh*
Wales bereits 29% und in *Y Fro Gymraeg* 36% innerhalb ihrer jeweiligen Sub-Region. Auch
die zweite zentrale Variable Balsoms, die walisische Sprache, reflektiert einen Anstieg von
British Wales zu *Y Fro Gymraeg*, welcher jedoch durch die Sub-Region *Welsh Wales* unter-
brochen wird. Auf die Frage *Are you a Welsh speaker?* antworteten mit *Yes, since birth* oder
mit *Yes, learned it at school* 33% der Schüler in *British Wales*, 19% der Schüler in *Welsh*
Wales und knapp 79% der Schüler in *Y Fro Gymraeg*. Der Kontinuitätsknick für *Welsh Wales*

erklärt sich möglicherweise durch die Tatsache, dass die Sub-Region nur durch eine einzelne Schule vertreten ist, welche in problematischem Umfeld überdurchschnittlich viele Schüler mit Lernschwierigkeiten beherbergt und auch bei unabhängigen Evaluierungen der britischen Bildungsbehörden insgesamt leicht unterdurchschnittliche Ergebnisse hervorbringt. Die Schwäche dieser einen Schule setzt sich insbesondere in den weiter unten aufgelisteten Wissensfragen zur politischen Bildung fort. Fast immer lassen sich dort die auftretenden Kontinuitätsknicke mit allgemein unterdurchschnittlichen Ergebnissen jener Schule erklären. Deren Walisischabteilung und -lehrer könnten ebenso mitverantwortlich sein für die geringere Sprachkompetenzen der dortigen Schüler. Für diese Möglichkeit spricht insbesondere die Tatsache, dass die Abweichung von der Linearität auf die Antwortmöglichkeit auf Frage 10 *Yes, since birth* nicht signifikant, gleichzeitig jedoch ein Einbruch für die Antwortmöglichkeit *Yes, learned it at school* zu verzeichnen ist: taten dies noch 31,3% in *British Wales* und 35,7% in *Y Fro Gymraeg*, sind es in der einen untersuchten Schule von *Welsh Wales* gerade einmal 17,5%.

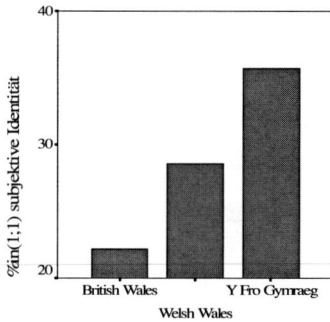

Three Wales Model Region

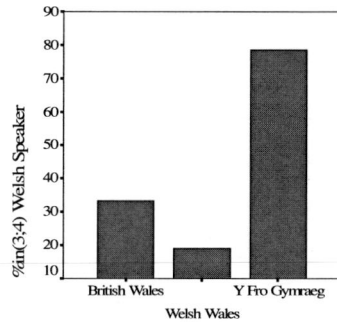

Three Wales Model Region

Neben der Beherrschung und Anwendung der Sprache steht ebenso deren subjektiv empfundene Bedeutung für eine walisische Identität. Auch hier können Balsoms dreistufige Muster ausgemacht werden. Halten in *British Wales* noch ca. 65% der Schüler den Walisischunterricht für sehr wichtig oder wichtig, sind es in *Welsh Wales* bereits fast 75% der dort lebenden Schüler und in *Y Fro Gymraeg* 89%. Ein solch kontinuierlicher Anstieg ist ebenfalls für die Frage 12, *I consider the use and continued existence of the Welsh language to be...*, auszumachen, jedoch mit einer vernachlässigbaren Abweichung von *Welsh Wales*: Halten in *British Wales* fast 73% der dortigen Schüler Gebrauch und Existenz des Walisischen für sehr wichtig oder wichtig, sind es in *Welsh Wales* und in *Y Fro Gymraeg* ungefähr 82%. Die Abweichung von *Welsh Wales* erscheint insbesondere vor dem Hintergrund der oben dargelegten

Ergebnisse aus Frage 10, *Are you a Welsh Speaker?* auf den ersten Blick ungewöhnlich. Immerhin bezeichnete sich dort eine deutliche Minderheit als *Welsh Speaker*. Auf die Frage nach der Bedeutung der Sprache jedoch antwortet nun in Frage 12 eine noch deutlichere Mehrheit mit *very important* oder *important*. Einerseits könnte dies die bereits angeregte Hypothese einer schlechteren Bildungsqualität der Walisischabteilung in der angesprochenen einen untersuchten Schule in *Welsh Wales* stützen: Halten die Schüler ihre Sprache zwar für sehr wichtig oder wichtig, während gleichzeitig nur Minderheiten von ihnen in der Lage sind, diese auch zu sprechen, könnte folglich ein Versagen des Unterrichtsfachs vorliegen. Hierfür spräche auch die Tatsache, dass die Schüler von *Welsh Wales* laut Frage 11 den Walisisch*unterricht* als weniger wichtig erachten als die Sprache selbst. Andererseits könnten die dortigen Schüler aber genausogut (psychologisch motiviert) versucht haben, ihre zuvor unterdurchschnittlichen Antworten durch ein breites positives Feedback auf Frage 12 nach der Bedeutung der Sprache zu kompensieren.

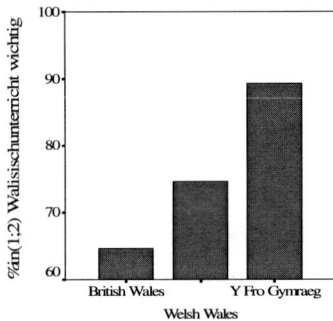

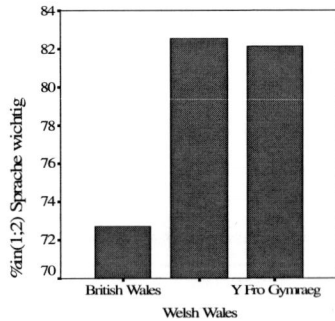

Auch die Frage 14 nach den individuellen Meinungen über ein unabhängiges Wales setzen einen bisher nahezu linearen Trend fort: Halten noch 37,4% der Schüler in *British Wales* ein unabhängiges und souveränes Wales für sehr gut oder gut, sind dies in *Welsh Wales* bereits 46% und in *Y Fro Gymraeg* fast 47%.

155

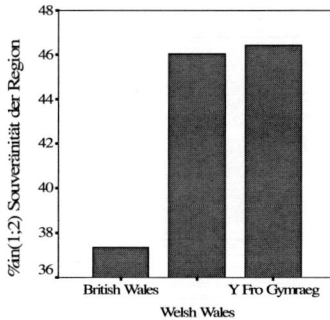

Three Wales Model Region

Die Ergebnisse zu Frage 15 (*„Wir können alles außer Hochdeutsch' Stimmst Du dieser Aussage zu?/'I support only two teams: Wales and any team that plays England.' Do you agree with this statement?*) mit ihrem Versuch, die walisische Identität mit Hilfe der Reaktion auf eine emotionsgeladene sportliche Aussage zu messen, enttäuschen leider. Damit ist die Frage die erste der beiden oben erwähnten Ausnahmen in einer ansonsten harmonischen Stringenz der Daten dieses Abschnitts. Über die Gründe für die Abweichungen und insbesondere das hohe Maß an Zustimmung in *Welsh Wales* kann nur gemutmaßt werden. Denkbar wäre, dass einige der Befragungen zum Zeitpunkt einer oder mehrerer Sportveranstaltungen stattfanden und hierdurch die Schüler beeinflusst waren. Denkbar auch, dass die geographische Nähe der einen besuchten Schule in *Welsh Wales* zu Cardiff und dem dortigen *Millenium Stadium* mit seinen zahlreichen Sportveranstaltungen eine Rolle spielt. Dies würde jedoch nur bedingt erklären, warum dann die Zustimmung zu der Aussage in *British Wales*, wo außer einer Schule im Nordosten Wales' immerhin gleichfalls eine große Schule direkt in Cardiff (was laut Balsom ebenso zu British Wales zählt) besucht wurde, deutlich höher ist als in *Welsh Wales*. Auch hier wäre es wünschenswert, mit Hilfe eines breiteren Datensatzes mögliche Unsicherheitsfaktoren ausblenden und weitere Kontrollvariablen einsetzen zu können.

156

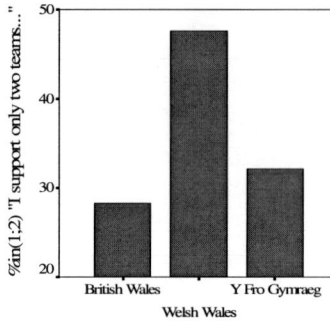

Three Wales Model Region

Stellt man nun diesen bisher dargelegten Daten zur Identität die in den Workshops gewonnenen Resultate zur politischen Bildung gegenüber, so wären im Falle einer später untersuchten Korrelation beider Elemente ähnliche Ergebnismuster zu erwarten: Eher schwache bis
unterdurchschnittliche korrekte Antworten für *British Wales*, durchschnittliche für *Welsh
Wales* und überdurchschnittliche für *Y Fro Gymraeg*. Allerdings gilt es hierbei zwei Faktoren
zu beachten. Erstens sind aufgrund ihrer geringen regionalen Relevanz, wie schon im vorhergehenden Kapitel, Unregelmäßigkeiten für die Fragen zu erwarten, die sich nicht mit der unmittelbaren politischen Umgebung der Jugendlichen befassen, namentlich für die Fragen 4
nach der Europäischen Union und 5 nach dem UNO Generalsekretär. Zweitens dürfte sich die
allgemeine Schwäche der einen besuchten Schule in *Welsh Wales* leider fortsetzen und insbesondere bei den anspruchsvolleren Fragen stark zur Geltung kommen.

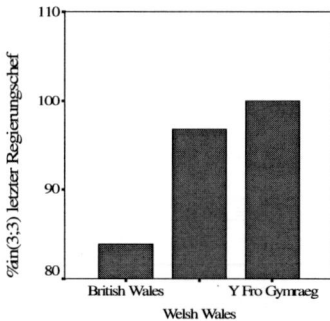

Three Wales Model Region

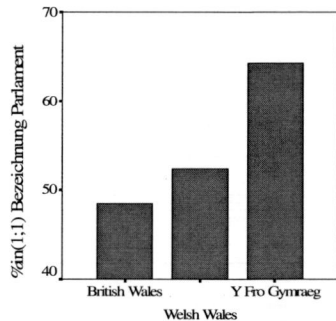

Three Wales Model Region

Die Fragen 1 und 2 folgen bereits sehr deutlich dem bekannten Muster. Von 84% über
97% zu 100% konnten die Schüler in *British Wales, Welsh Wales* und *Y Fro Gymraeg* den
korrekten letzten Regierungschef benennen. Obgleich die Gesamtanzahl der korrekten Ant-

worten hier sehr hoch ist, kann das ansteigende Muster sehr deutlich beobachtet werden. Insgesamt sind ebenfalls die Werte für die korrekten Antworten auf die Frage nach der Bezeichnung des Parlaments sehr hoch und weisen dasselbe Muster auf: Gut 48% der Schüler in *British Wales*, über 52% in *Welsh Wales* und 64,3% in *Y Fro Gymraeg* konnten diese Frage richtig beantworten. Ebenso linear die Antworten auf Frage 3 nach der Staatsgliederung: ca. 29% in *British Wales*, 30% in *Welsh Wales* und 39% in *Y Fro Gymraeg* antworteten korrekt.

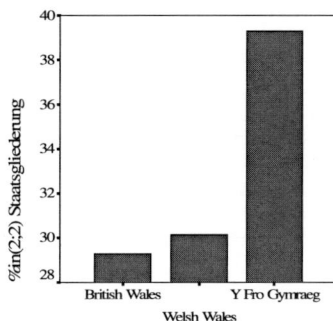

Three Wales Model Region

Zwei Ausnahmen bilden die Fragen 4 und 5 nach den Mitgliedern in der Europäischen Union und dem UNO-Generalsekretär. Beide Fragen haben sich bereits in den vorhergehenden Betrachtungen als problematisch erwiesen, da den Probanden offensichtlich die politischen Vorgänge außerhalb Wales' in Abhängigkeit ihrer geographischen Lage unterschiedlich fern liegen. Nur so ließe sich möglicherweise für Frage 4 erklären, dass die meist näher an der multinationalen[269] walisischen Hauptstadt Cardiff liegenden Regionen von *British Wales*[270] und *Welsh Wales* einen engeren Bezug zur Europäischen Union haben, während ihre Mitschüler in *Y Fro Gymraeg* – möglicherweise auch bedingt durch die ländliche und geographische Abgeschiedenheit ihrer Region – unterdurchschnittliche Ergebnisse auf die Frage 4 erzielen.

---

[269] Neben den zahlreichen Sport- und Kulturveranstaltungen in Cardiff hat sicherlich auch dessen Nähe zur Europäischen Union, reflektiert beispielsweise durch die Tagung des Europäischen Rats im Juni 1998 in der Stadt, dazu beigetragen, dass Cardiff und seine Umgebung in größerer Nähe zu Europa als viele walisische Provinzen stehen.

[270] Eine der besuchten Schulen liegt im nordöstlichen Teil von Wales und liegt somit zwar nicht in der Nähe von Cardiff, dafür jedoch in unmittelbarer Reichweite zahlreicher Großstädte Zentralenglands.

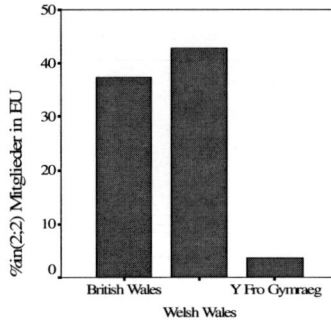

Three Wales Model Region

Die Ergebnisse auf Frage 5 nach dem Namen des UNO-Generalsekretärs würden vermut-lich weiter der Linearität der vorhergehenden Antwortmuster folgen, wenn nicht der oben bereits dargelegte Ausspruch (*Kofi Annan, isn't he this terrorist?*) eines walisischen Schülers während der dortigen Workshopbefragung die korrekten Ergebnisse für *Welsh Wales* erheb-lich beeinflusst hätte. In dessen Folge entschied sich in der dortigen Schule eine Mehrheit der Schüler für die schwerlich erklärbare falsche Antwortmöglichkeit *Henry Kissinger*, was wie-derum zu einem Rückgang der korrekten Ergebnisse aller *Welsh Wales* Schüler und im Resul-tat für dieses Kapitel zu einem Linearitätsknick zwischen *British Wales* und *Y Fro Gymraeg* geführt hat. Es kann aufgrund der knappen Zahl von Probandendaten nur gemutmaßt werden, dass auch die Antworten auf Frage 5 komplett linear verlaufen wären, so denn entweder be-sagter Ausspruch nicht stattgefunden oder aber eine größere Anzahl von Schülern hätte be-fragt werden können. Positiv festzuhalten bleibt jedoch, dass offensichtlich erneut die Schüler aus *Y Fro Gymraeg* mit 96,4% korrekten Antworten über das beste politische Wissen verfü-gen und damit ihre mehrheitliche Spitzenposition bei den Resultaten zur politischen Bildung unterstreichen, während ihre Mitschüler mit über 40% (*Welsh Wales*) bzw. 50,5% (*British Wales*) zwar leider keine eindeutig linearen, jedoch immerhin passable Ergebnisse erzielt ha-ben.

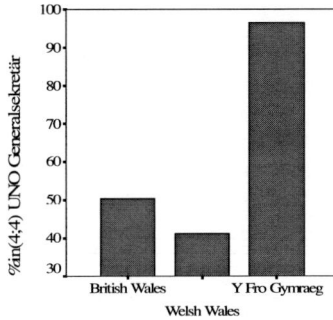

Three Wales Model Region

Die Spitzenposition halten die Schüler aus *Y Fro Gymraeg* ansonsten ausnahmslos bei den Fragen 6 bis 8 über die politischen Mandatsträger aus ihrer unmittelbaren Umgebung und Region. Für *Welsh Wales* wirkt sich die Tatsache, dass diese letzten drei Fragen zur politischen Bildung gleichzeitig die vermutlich schwierigsten sind, am deutlichsten aus. Wie eingangs erwähnt, konstituiert sich die Gruppe der *Welsh Wales* Schüler durch nur eine einzige Schule, welche zudem in einem problematischen sozialen Umfeld situiert ist und überdurchschnittlich viele Schüler mit Lernschwierigkeiten beherbergt. Das hat, zusammen mit der Tatsache, dass der Wahlkreis der für *British Wales* befragten in Wrexham liegenden Schule mit John Marek den bekannten *Deputy Presiding Officer* der *National Assembly* stellt, bei den anschließend dargelegten Ergebnissen zur Folge, dass ein bereits für Frage 5 festgestellter Kontinuitätsknick vorliegt, welcher sowohl aufgrund der unterdurchschnittlichen Resultate der *Welsh Wales* Schüler, als auch – jedoch nur in Frage 6 – durch die Bekanntheit John Mareks im Wrexham des *British Wales* verursacht wurde.

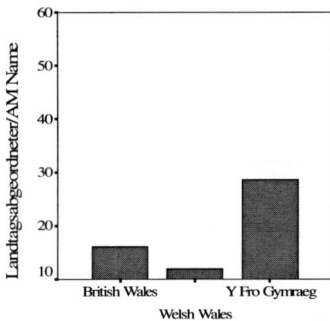

Three-Wales Model Region

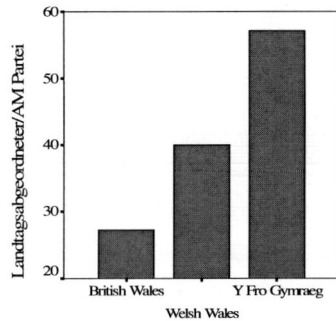

Three-Wales Model Region

Wussten in *British Wales* noch 16,2% den Namen ihres *Assembly Members* (in diesem Falle jenen des John Marek aus dem Wahlkreis Wrexham) und in *Y Fro Gymraeg* 28,6%, so waren es in besagter Schule von *Welsh Wales* lediglich 12%. Die Frage nach der Partei des Versammlungsmitglieds gestaltete sich vermutlich einfacher,[271] als Folge dessen gaben darauf 27,3% in *British Wales*, 40% in *Welsh Wales* und 57,1% in *Y Fro Gymraeg* die korrekte Antwort.

Die Ergebnisse zu Frage 7 nach dem lokalen Unterhausabgeordneten und dessen Partei unterliegen erneut der in diesem Abschnitt häufigsten Linearität: Kannte in *British Wales* – welches jetzt nicht mehr mit dem Vorteil eines bekannten Wahlkreisabgeordneten John Marek ausgestattet ist – kein Schüler den Namen des Unterhausabgeordneten, waren es in *Welsh Wales* 46,0% und in *Y Fro Gymraeg* 46,5%. Ebenso die Ergebnisse zu dessen Partei: diese kannten 22,2% in *British Wales*, 54% in *Welsh Wales* und 64,3% in *Y Fro Gymraeg*. Es darf davon ausgegangen werden, dass die Ergebnisse hier wieder der bisher gemessenen Linearität entsprechen und dass die Ergebnisse auf Frage 6 nach dem lokalen *Welsh Assembly* Abgeordneten aufgrund dessen exponierter Stellung in Verbindung mit der Schwäche der Schule in *Welsh Wales* eine der wenigen Ausnahme bildete.

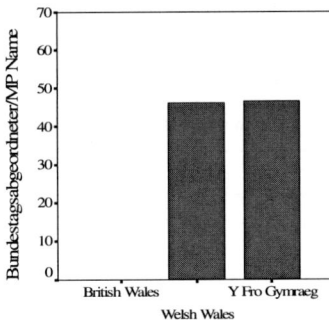

Three-Wales Model Region

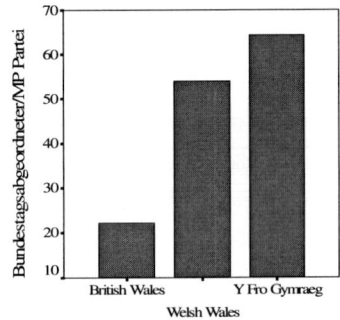

Three-Wales Model Region

In Frage 8 nach dem Namen des *First Minister* in der Walisischen Versammlung wird hingegen schließlich dieselbe Ausnahme erneut evident: die Schüler in *Welsh Wales* mit ihrem unterdurchschnittlichen Ergebnis auf beide Teile der Frage unterbrechen eine ansonsten meist deutliche Tendenz. Gaben in *British Wales* 19,2% die korrekte Antwort auf die Frage nach dem *First Minister*, waren es in *Welsh Wales* nur 6,0% und in *Y Fro Gymraeg* 53,6%.

---

[271] Nicht zuletzt durch die allgemein bekannte und von Dennis Balsom belegten Wahlverhaltenscluster mit *Welsh Wales* als von *Labour* dominierte Region, darf davon ausgegangen werden, dass die Partei des *Assembly Members* in *Welsh Wales* häufig richtig erraten wurde, die angesprochenen Defizite der dort situierten Schule jedoch fortbestehen.

Dessen Partei kannten 25,3% der Schüler in *British Wales* und 22% in *Welsh Wales*. Mit 50% korrekten Antworten in *Y Fro Gymraeg* markiert diese Sub-Einheit erneut die Spitze der korrekten Antworten.

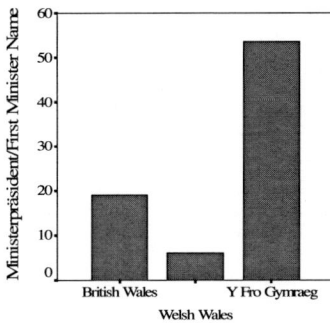

Three-Wales Model Region

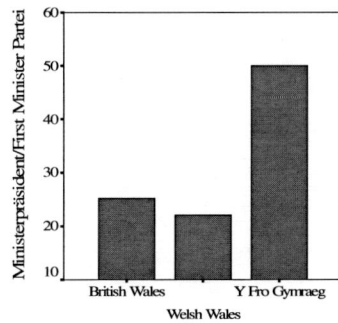

Three-Wales Model Region

Es darf angenommen werden, dass die hier zusammengetragenen Ergebnisse nicht nur, wie einleitend dargestellt, Balsoms *Three-Wales Model* verifizieren, sondern im Verlauf wenigstens andeuten, dass charakteristische Resultatsmuster der Probanden vorliegen. So nimmt etwa in 14 von 17 Fragen die Sub-Region *Y Fro Gymraeg* meist unangefochten die Spitzenposition in sowohl korrekten Antworten auf die Fragen zur Bildung, als auch in den gemessenen Identitätsintensitäten ein. Außerdem scheint einer überwiegenden Mehrheit der Resultate ein sub-regionenspezifisches Muster zugrunde zu liegen, welches sich darin äußert, dass *British Wales* eher unterdurchschnittliche, *Welsh Wales* durchschnittliche und *Y Fro Gymraeg* besagte überdurchschnittliche Ergebnisse erzielt hat und hieraus eine oft linear ansteigende Entwicklungslinie resultiert. Inwieweit diese Tendenzen das Resultat einer Korrelation von Bildung und Identität sein könnten, werden die Überlegungen des Abschnitt 1 im folgenden Kapitel zeigen.

III. Zusammenhänge von politischer Bildung und Regionaler Identität

Einzelne Abschnitte in Kapitel II haben die Möglichkeit einer Wechselbeziehung von politischer Bildung und regionaler Identität bereits angedeutet. Darunter beispielsweise einige Ergebnisse des *Three-Wales Models* von Balsom (im vorherigen Abschnitt 3). Ausgehend von diesem Ansatz wird sich Kapitel III mit der zweiten Leitfrage, *Existieren möglicherweise nachweisbare Zusammenhänge zwischen politischer Bildung und regionaler Identität?* beschäftigen. Für eine fundierte Aussage über mögliche Korrelationen sind die Ergebnisse der Variablen des *Three-Wales Model* sicherlich nicht ausreichend. Vielmehr können verlässliche Aussagen nur durch eine möglichst umfassende Analyse mehrerer, insbesondere verschiedenartiger und idealerweise voneinander unabhängiger Untersuchungsvariablen getroffen werden. Folglich ließe sich als Hypothese formulieren: *Eine Korrelation zwischen politischer Bildung und regionaler Identität liegt mit großer Wahrscheinlichkeit dann vor, wenn bei Zugrundelegung verschiedener und unterschiedlichster Untersuchungsvariablen unabhängig voneinander stehende graduelle Muster festgestellt werden können.* Als Untersuchungsvariablen werden deshalb neben jener der sub-regionalen Herkunft (Abschnitt 1), im Folgenden die Ergebnisse zu Alter (Abschnitt 2), Identität aus den Fragebögen (Abschnitt 3), sowie andere wissenschaftliche Theorien wie Mühlers und Opps *Hypothese der Lebensqualität* (Abschnitt 4) oder Albert Hirschmanns *Exit, Voice and Loyalty* Theorie (Abschnitt 5) einer tiefer gehenden Analyse unterzogen. Konkret führt dies in den Folgeabschnitten zu den folgenden fünf Untersuchungskonstellationen.

Im folgenden ersten Abschnitt werden die bereits oben dargelegten Ergebnisse zur Dreiteilung von Wales unter dem neuen Fokus eines möglichen Zusammenhangs politischer Bildung und regionaler Identität beleuchtet. Zur Stützung der Annahme einer Korrelation zwischen politischer Bildung und regionaler Identität müssten im gemessenen Wissen über die politische Bildung abhängig von der jeweiligen walisischen Sub-Einheit ähnliche graduelle Muster festgestellt werden können, die, wie der letzte Abschnitt gezeigt hat, für *Welsh Wales* unterdurch-, für *British Wales* durch- und für *Y Fro Gymraeg* überdurchschnittliche Ergebnisse aufzeigen. Die Daten der Fragebögen müssten also in etwa einem Muster der unten dargelegten Struktur folgen.

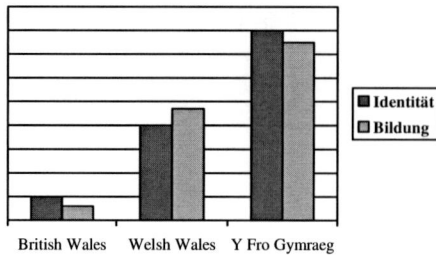

British Wales   Welsh Wales   Y Fro Gymraeg

Im an diese Beobachtungen anschließenden Abschnitt 2 werden die Fragebogendaten unter dem Fokus des Alters der Jugendlichen beleuchtet und für jede Altersstufe gesondert betrachtet. Hierbei wird das Augenmerk insbesondere auf Linearitäten und auf altersabhängige Antworten, sowie auf möglicherweise erkennbare Entwicklungstendenzen der jugendlichen Probanden gerichtet sein. Diesbezügliche Betrachtungen sollten aufzeigen, dass mit fortschreitendem Alter nicht nur (wenig überraschend) das Niveau der Bildung, sondern auch die Intensität der (regionalen) Identität zunimmt. Inwieweit diese mögliche Tatsache als Anhaltspunkt für eine Korrelation zwischen politischer Bildung und regionaler Identität interpretiert werden darf, unterliegt den Überlegungen des Abschnitt 2. Es gälte also zu belegen, dass mehr als zufällige oder hypothesenfremd erklärbare Zusammenhänge zwischen den beiden unten graphisch abstrahierten Kurven vorliegen.

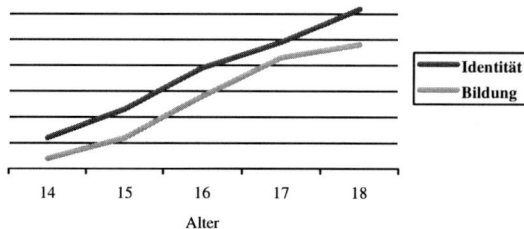

14   15   16   17   18

Alter

In Abschnitt 3 werden die gemessenen Daten zur Identität als Untersuchungsvariable herangezogen. Konkret werden hier drei Aspekte der Identität und deren Zusammenhang mit der Bildung untersucht. Zunächst werden die Ergebnisse zu Mundart und Sprache anhand der Ergebnisse von Frage 10 der deutschen Fragebögen, sowie anhand der Daten der auf walisisch beantworteten Fragebögen analysiert. Im Anschluss daran werden die Daten der gemessenen emotionalen (Frage 15) und rationalen (Frage 9) Identität beider Regionen dem Bildungsniveau gegenübergestellt.

Während diesbezüglich also für die Abschnitte 1 bis 3 die Daten des ersten Fragebogenteils mit seinen *multiple choice* Fragen relevant sind, untersucht Abschnitt 4 die Ergebnisse des zweiten Teils des Fragebogens mit seiner offenen Fragestellung über Wales/Baden-Württemberg in zehn Jahren und darüber, was es bedeutet, Waliser/Baden-Württemberger zu sein. Die Inhalte der Textantworten können dafür herangezogen werden, um mit Hilfe von Mühlers und Opps *Hypothese der Lebensqualität* weitere Anhaltspunkte für eine mögliche Korrelation zwischen politischer Bildung und regionaler Identität auszumachen. Die *Hypothese der Lebensqualität* besagt, dass Menschen, welche die Lebensqualität in einer Region positiv einschätzen, in der Regel auch eine starke affektive Bindung an ihre Region entwickeln. Prüft man nun alle Textantworten im letzten Teil der Fragebögen darauf, ob sich ein Jugendlicher darin explizit und eindeutig positiv oder negativ über die Lebensqualität seiner Region äußert, so lassen sich damit zwei Gruppen isolieren, eine mit einer vermeintlich starken Bindung an die Region und eine ohne nachhaltige Bindung. Folgen nun diese beiden Gruppen in ihrem politischen Wissen erneut einem Muster, können wiederum Zusammenhänge zwischen politischer Bildung und regionaler Identität angenommen werden.

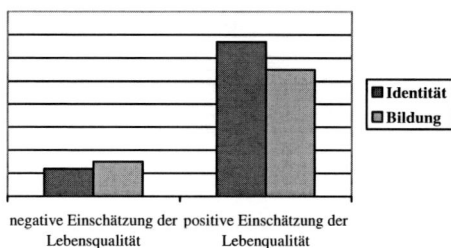

negative Einschätzung der Lebensqualität   positive Einschätzung der Lebenqualität

Die in Abschnitt 5 in Anlehnung an Robert Putnam angewendete Untersuchungsvariable schließlich wurde abgeleitet von Hirschmanns *Exit, Voice* und *Loyalty* Hypothese. Individuen ohne starke Bindung an eine Region nehmen bei Unzufriedenheit meist eine *Exit*-Option wahr, d.h. sie entziehen sich einem vermeintlichen Missstand durch Apathie oder Flucht. Menschen, welche jedoch Missstände in ihrer Umgebung nicht akzeptieren und aktiv an deren Beseitigung mitwirken, entscheiden sich in der Regel für eine *Voice*- oder *Loyalty*-Option, indem sie versuchen, durch ihr Handeln mögliche Defizite zu mindern oder zu beheben. Identifiziert sich also ein Schüler stark mit seiner unmittelbaren Umgebung, dann kann davon ausgegangen werden, dass er sich sehr wahrscheinlich unter anderem ehrenamtlich und/oder politisch/gesellschaftlich engagiert, um damit unerwünschten Entwicklungen in seiner Umgebung, in der Region entgegenzuwirken. Aus diesem Grund wurden in Frage 25 des Fragebogens mögliche ehrenamtliche Tätigkeiten der Schüler erfragt. Hirschmanns Theorie zufolge wäre nun im Falle einer Korrelation von Bildung und Identität zu erwarten, dass Schüler, welche sich ehrenamtlich engagieren, signifikant höhere Werte der regionalen Identifikation haben als ihre Mitschüler. Folgt nun deren Bildungsniveau einer hier vorerst unterstellten stärkeren Identifikation und verhält es sich mit den Mitschülern, welche sich nicht ehrenamtlich engagieren, genau entgegengesetzt, könnte damit ein letztes Indiz für eine Korrelation von Bildung und Identität vorliegen.

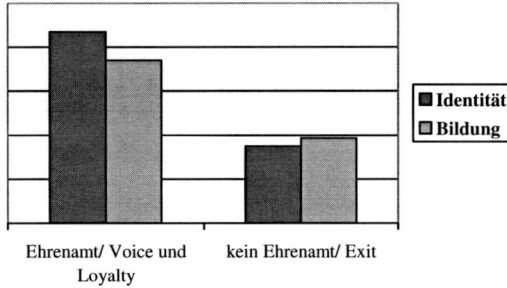

1. Indizien des Three-Wales Models

Abschnitt 3 von Kapitel II verifizierte Balsoms Theorie, wonach *Y Fro Gymraeg* unter insgesamt drei sub-regionalen Walisischen Einheiten die stärkste regionale Identität hat. Ein Indiz für eine mögliche Korrelation mit politischer Bildung läge vor, wenn deren Werte in diesem Teil Wales', relativ betrachtet, ebenfalls am höchsten sind. *Welsh Wales* sollte sich dementsprechend in beiden Bereichen im Mittelfeld bewegen, während *British Wales*, relativ betrachtet, die niedrigsten Werte von Identität und politischem Bildungsniveau aufweisen müsste. Hierbei wäre es nicht relevant, wie stark die drei Gebiete in ihren jeweiligen Ergebnissen voneinander abweichen. Ebenso ist es nicht notwendig, dass die gemessenen Werte für Identität und Bildung sehr nahe aneinander liegen. Lediglich die Tendenz von graduellen Mustern könnte bei Betrachtung dieser Untersuchungsvariablen eine Korrelation als möglich erscheinen lassen. Die im vorhergehenden Kapitel aufgedeckten signifikanten Parallelen und graduellen Muster zwischen Identitätsmanifestationen und politischer Bildung könnten hierbei ein erster Hinweis auf eine Korrelation zwischen politischer Bildung und regionaler Identität sein.

Bei der Betrachtung aller *Three-Wales Model* Ergebnisse kann zunächst festgestellt werden, dass von insgesamt siebzehn der relevanten und in Abschnitt 3 von Kapitel II untersuchten Fragebogenfragen über Identität und politische Bildung neun ein eindeutiges graduelles Muster durchgehend zunehmender Intensität der Identität oder der Korrektheit der Antworten von *British Wales* über *Welsh Wales* hin zu *Y Fro Gymraeg* vorweisen. Innerhalb der übrigen Fragen weichen sechs nur sehr geringfügig vom graduell ansteigenden Muster ab oder haben nachvollziehbare Erklärungen für die in der Regel unbedeutenden Abweichungen. Nur zwei von siebzehn Resultatsschemen weichen vom Muster zunehmender Werte vollständig ab.

Mit diesen siebzehn Tabellen wurde im vorhergehenden Abschnitt zunächst mit Hilfe der durch Fragebögen gewonnenen Daten Balsoms *Three-Wales Model* verifiziert und anschließend im Zuge einer Prüfung der Ergebnisse zur Identität mit Hilfe von Erklärungen zu spezifischen Abweichungen festgestellt, dass Balsoms Annahme, es existierten drei unterschiedliche walisische Sub-Einheiten mit variierenden Identitätsintensitäten, gestützt. Im zweiten Teil des relevanten Abschnitts wurden diese Daten den Ergebnissen über die politische Bildung der Jugendlichen gegenübergestellt, wobei festgestellt werden konnte, dass auch in den Resultaten zur politischen Bildung häufig dasselbe Linearitätsmuster mit ansteigendem Wissen von *British Wales* über *Welsh Wales* zu *Y Fro Gymraeg* auftritt. Dieses Muster äußert sich besonders deutlich in der Tatsache, dass die Region mit der vermeintlich stärksten walisischen Identität, *Y Fro Gymraeg*, in 10 von 11 Fragen zur politischen Bildung meist mit Abstand an der Spitze steht. In der Summe aller in diesem Abschnitt untersuchten 17 Fragen ist das immerhin noch 14 Mal der Fall.

Obgleich nahezu alle Abweichungen von der beschriebenen Linearität erklärbar sind und auch erklärt wurden, muss dennoch die Frage aufgeworfen werden, inwiefern diese nicht auch möglicherweise der hier untersuchten Annahme, es existiere eine Korrelation zwischen Bildung und Identität, zuwiderlaufen. Immerhin könnte vermutet werden, dass gerade diese Abweichungen für einen nicht nachweisbaren Zusammenhang zwischen Bildung und Identität stehen. Hiergegen sprechen folgende Überlegungen: Theoretisch sind bei den in Abschnitt 2 des Kapitel II angeführten Auswertungstabellen mit ihren jeweils drei Elementen auf der x-Achse, die vier folgenden unterschiedlichen Ergebnisfiguren, (unter Exklusion der Extensität einzelner Ergebnisse) denkbar:

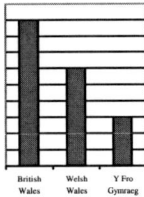 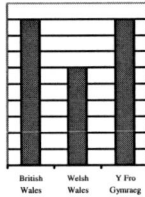 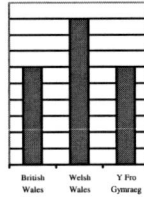 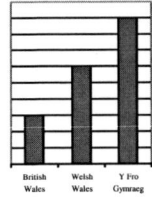

| Figur 1 | Figur 2 | Figur 3 | Figur 4 |

Die Wahrscheinlichkeit, dass eine dieser vier Figuren lediglich nach Zufallsgesichtspunkten eintritt, liegt statistisch bei 1:4, beträgt also 25%. Sollten also die Ausnahmen in obigem Abschnitt für die allgemeine Tendenz tatsächlich relevant sein und die oben gemachten Annahmen vielleicht sogar stürzen können, müsste eine Verteilung der Antwortfiguren in vier ungefähr gleich große Teile zu je ca. 25% vorliegen. Bei den hier gemachten Untersuchungen ergibt sich jedoch – selbst ohne die Berücksichtigung der oben gemachten Erklärungen für einzelne Ausnahmen – folgende Verteilung:

Figur 1	Figur 2	Figur 3	Figur 4
keine Fälle	5 Fälle	3 Fälle	9 Fälle
(entspricht 0%)	(entspricht 29%)	(entspricht 18%)	(entspricht 53%)

Selbst in ihrer ursprünglichen und nicht interpretierten Form ergibt sich also eine mit 53% eindeutig präferierte Gewichtung der Ergebnisse zugunsten der Figur 4, welche wiederum für einen in diesem Kapitel angenommenen Anstieg von sowohl politischer Bildung als auch regionaler Identität von *British Wales* über *Welsh Wales* hin zu *Y Fro Gymraeg* steht. Ebenso deutlich ragt aus dieser Perspektive die Tatsache heraus, dass die Figur 1 – starke Identität und/oder Bildung in *British Wales*, durchschnittliche Werte für *Welsh Wales* und eine schwache Bildung und Identität in *Y Fro Gymraeg* –, also genau das Gegenmodell zu den hier geäußerten Überlegungen, in keiner einzigen Statistik auftritt. Somit sind die drei Fälle der Figuren 1 bis 3, welche gegen die eingangs artikulierte Hypothese sprechen würden, mit zusammen 47% und einem Mittelwert von ca. 15% weit unterdurchschnittlich vorhanden und stützen damit nach dem Negationsprinzip die These des Abschnitts.

Dennoch können und dürfen auch diese Ergebnisse bestenfalls als Indiz, nicht aber als Beleg für eine hier vermutete Korrelationen gewertet werden. Im Folgenden werden die Daten nach verschiedenen Altersstufen der Probanden sortiert, welche möglicherweise als ein weiteres Indiz für eine Korrelation von politischer Bildung mit regionaler Identität stehen könnten.

2. Altersvariable

Die Untersuchung von politischer Bildung und regionaler Identität unter dem Fokus der Altersvariablen geht von der Annahme aus, dass Kinder und Jugendliche mit zunehmendem Alter Wissen anhäufen und infolgedessen deren politische Bildung in den Abschlussklassen fortgeschrittener als in niedrigeren Jahrgangsstufen ist. Hinweise auf eine mögliche Korrelation von Bildung und Identität könnte nun die Prüfung des Alters in Abhängigkeit der Identitätsergebnisse liefern. Konkret: Folgt die Intensität der regionalen Identität einem ähnlichen Muster wie die Werte des politischen Wissens, – mit steigendem Alter nehmen neben der Bildung auch die Werte der regionalen Identität zu – könnte das auf eine Korrelation beider Faktoren hindeuten. Einleitend muss angemerkt werden, dass die hier vorgestellte Untersuchungsvariable des Alters sehr deutlich die hauptsächlich quantitativen Defizite des Forschungsprojekts offenbart. Bei fünf Jahrgangsstufen mit insgesamt 316 befragten Schülern verteilen sich diese auf insgesamt 14 Schulklassen in jeweils stark variierender Größe:

Frage 18: Du bist im Jahrgang...

Jahrgangsstufe (Klassen)	Schüler	Prozent	Gültige Prozente	Kumulierte Prozente
Jahrgangsstufe 9 (1)	29	9,2	9,2	9,2
Jahrgangsstufe 10 (2)	46	14,6	14,6	23,7
Jahrgangsstufe 11 (2)	80	25,3	25,3	49,1
Jahrgangsstufe 12 (6)	87	27,5	27,5	76,6
Jahrgangsstufe 13 (3)	74	23,4	23,4	100,0
Gesamt	316	100,0	100,0	

Die notwendige Aufteilung der befragten Schüler in ihre fünf Jahrgangsstufen reduziert die ohnehin bereits niedrigen Gruppengrößen, während im Resultat die Fehlerwahrscheinlichkeit überproportional ansteigt. Die hieraus resultierenden statistischen Defizite sind in diesem Abschnitt der Altersvariablen besonders gravierend und lassen sich in insgesamt 4 Kategorien einteilen: erstens ein Quantitätsdefizit, zweitens ein Objektivitätsdefizit, drittens ein Analogiedefizit und viertens ein Affinitätsdefizit.

Teilt man die bereits geringe Zahl von 316 Probanden durch fünf Jahrgangsstufen, erhält man eine durchschnittliche Jahrgangsgröße von 63, wobei in der Praxis, wie die Tabelle verdeutlicht, die Zahlen für zwei Jahrgangsstufen noch einmal beträchtlich darunter liegen. Das hat etwa zur Folge, dass im Extrem eine neunte Klasse mit 29 Schülern, eine Hauptschul-Abschlussklasse in Deutschland, als einzige repräsentativ für einen neunten Jahrgang in Wales und Baden-Württemberg steht, während die zehnte Jahrgangsstufe von zwei deutschen Gymnasialklassen (mit 25 und 21 Schülern) repräsentiert wird. Die folgenden statistischen Ergebnisse werden zeigen, dass insbesondere diese Jahrgangsstufe 10 an einigen Stellen positiv aus dem Rahmen einer ansonsten dennoch auffällig linearen Ergebnisstruktur fällt und dass diesen Unregelmäßigkeiten sehr schlüssige Erklärungen zugrunde liegen. Ohne das

Quantitätsdefizit ist jedoch anzunehmen, dass die Ergebnisse der Jahrgangsstufe 10 im Gesamtkontext linearer ausgefallen wären.

Als zweites Defizit kann das Objektivitätsdefizit als ein mögliches Resultat des Quantitätsdefizits betrachtet werden. Denn wenn nur eine oder wenige Klassen für einen ganzen Jahrgang stehen, können kleine Beeinflussungen der Kognition besonders große statistische Auswirkungen haben. Derartige Beeinflussungen wurden von Seiten der Schüler, der Lehrer, aber auch durch den Lehrplan verursacht. Beispiele für zwei durch Schüler ausgelöste Objektivitätsdefizite sind der Ausspruch eines deutschen Schülers, *Föderalismus kommt von ‚fördern'*, und jener eines walisischen Schülers, *Kofi Annan, isn't he this terrorist?*.[272] Im ersten Fall beantwortete ein überdurchschnittlicher Teil der deutschen Schulklasse die Frage 3 nach der deutschen Staatsgliederung korrekt mit *Föderalstaat*, im zweiten Fall entschied sich eine Mehrheit der walisischen Schüler für die falsche Antwort auf Frage 5, namentlich für *Henry Kissinger*. Solche Beeinflussungen seitens der Schüler wären bei einer größeren Zahl von Probanden marginal, könnten jedoch in dieser Untersuchung vereinzelt ebenfalls für weniger repräsentative Ergebnisse gesorgt haben. Durch eine größere Anzahl von Probanden kann aber immerhin für die in diesem Kapitel folgenden Untersuchungen von drei weiteren Untersuchungsvariablen eine stärkere Beeinflussung aus dem Objektivitätsdefizit weitestgehend ausgeschlossen werden.

Ferner kann aufgrund der Lehrer ein Objektivitätsdefizit entstehen. Insbesondere deren Ehrgeiz, ihre Klassen (vor beispielsweise den Rektoren, welche sich regelmäßig bei den Wissenschaftlern nach den Ergebnissen erkundigten) in einem guten Licht präsentieren zu können, kann hierbei ausschlaggebend für Verfälschungen gewesen sein. Zwar wurde in Voraussicht dieses Sachverhalts den Lehrern von Seiten der Wissenschaftler der Fragebogen vor den Workshops nicht zugänglich gemacht. Man kann, ja muss in einigen Fällen jedoch davon ausgehen, dass manche Lehrer diesen im Internet unter der Institutshomepage abgerufen und ihre Schüler wenigstens in Teilen darauf vorbereitet haben. Anhand von Beispielen wird das weiter unten verifiziert werden.

Schließlich können auch die Lehrpläne ursächlich für ein Objektivitätsdefizit sein. Diese unterscheiden sich in den untersuchten Ländern und Jahrgangsstufen sowohl in ihrem Inhalt als auch in ihren Schwerpunkten. Interessant hierbei ist besonders der Lehrplan der deutschen 10. Klassen. Dieser schreibt beispielsweise die Behandlung der Institutionen des Bundes, der

---

[272] vermutlich eine Verwechslung mit Bin Laden

Bundesregierung, des Bundestags und der Parteien vor und deckt damit mehrere Themen des Fragebogens relativ punktgenau ab.[273]

Das dritte Defizit der Analogie entsteht häufig durch engagierte Lehrer, welche für ihre Schüler beispielsweise Studienfahrten, Podiumsdiskussionen oder Besuche der lokalen Wahlkreisabgeordneten organisieren und ihnen damit Zugang zu Wissen verschaffen, welches ihren Altersgenossen anderer Schulen und Klassen aufgrund weniger engagierter Lehrer verborgen bleibt. Auch relevant können hierbei das soziale Umfeld von Schülern und Eltern sein, sowie die Kultur einer Schule und der Wert, welchen sie auf außerschulische Aktivitäten und Veranstaltungen legt. Diese Problematik hat in Verbindung mit geringen Probandenzahlen zur Folge, dass schon eine der angesprochenen Veranstaltungen eine ganze Klasse und im Extremfall dieser Untersuchung eine ganze Jahrgangsstufe nachhaltig beeinflusst. Eine weitere Ursache für Analogiedefizite können politische und gesellschaftliche Sachverhalte sein, welche bestimmten Schülern, Schulen und Schulklassen meist durch Zufälle nahe stehen und aus diesem Grund bewusster wahrgenommen werden. Beispiel hierfür ist etwa eine besuchte Schule in Baden-Württemberg, deren Schulleiterin gleichzeitig Landtagsabgeordnete und stellvertretende Ministerpräsidentin ist. Natürlich verfügen die Schüler dieser Schule über einen völlig anderen Wissenshorizont bei Frage 6 und 8 (und möglicherweise auch bei Frage 7), als die Schüler anderer Schulen. Ebenso haben der viel beachtete Besuch des populären UNO-Generalsekretärs Kofi Annan und seine 3. Weltethos-Rede am 12. Dezember 2003 in Tübingen die dortigen Schüler nachweislich stärker für die korrekte Antwort auf Frage 5 sensibilisiert als andere.

Viertens kann schließlich ein Affinitätsdefizit als Ergebnis variabler Zeitpunkte der Befragungen sowie von Unterbrechungen der Workshops stärker als bei anderen Untersuchungsvariablen zu Verfälschungen führen. Erhebliche Variationen des standardisierten Ablaufs eines Workshops etwa können Auswirkungen nach sich ziehen, welche erneut großes Gewicht haben können. Als Beispiel sind hier zu nennen: unplanmäßige zeitliche Abläufe der Workshops durch Verschiebungen sowie Unterbrechungen, beispielsweise durch sogenannte *school announcements* der Rektoren walisischer Schulen, welche über Lautsprecher in die Klassenräume übertragen werden. Leider wird in diesem Kapitel auch von einem Beispiel des Affinitätsdefizits zu berichten sein.

Werden die eingangs erläuterten vier Defizite bei der Interpretation der Daten berücksichtigt, so erhält man für die politische Bildung in vielen Fragen eine einigermaßen klare Ent-

---

[273] vgl. http://www.schule-bw.de/unterricht/faecher/gemeinschaftskunde/entwuerfe_von_unterrichtseinheiten/lp_gy.htm am So, 16.04.06

173

wicklungslinie, welche ein parallel zum Alter ansteigendes politisches Wissen veranschaulicht.

Frage 1: letzter Regierungschef nach Jahrgang und allen Antworten

		Jahrgangs-stufe 9	Jahrgangs-stufe 10	Jahrgangs-stufe 11	Jahrgangs-stufe 12	Jahrgangs-stufe 13	Gesamt
Schröder/	Anzahl	7	0	2	2	2	13
Blair	% von letzter Regierungschef	53,8%	,0%	15,4%	15,4%	15,4%	100,0%
	% von Jahrgang	24,1%	,0%	2,5%	2,3%	2,7%	4,1%
	% der Gesamtzahl	2,2%	,0%	,6%	,6%	,6%	4,1%
Schmidt/	Anzahl	0	0	4	2	0	6
Thatcher	% von letzter Regierungschef	,0%	,0%	66,7%	33,3%	,0%	100,0%
	% von Jahrgang	,0%	,0%	5,0%	2,3%	,0%	1,9%
	% der Gesamtzahl	,0%	,0%	1,3%	,6%	,0%	1,9%
Kohl/	Anzahl	21	46	72	79	72	290
Major	% von letzter Regierungschef	7,2%	15,9%	24,8%	27,2%	24,8%	100,0%
	% von Jahrgang	72,4%	100,0%	90,0%	90,8%	97,3%	91,8%
	% der Gesamtzahl	6,6%	14,6%	22,8%	25,0%	22,8%	91,8%
Brandt/	Anzahl	1	0	1	0	0	2
Callaghan	% von letzter Regierungschef	50,0%	,0%	50,0%	,0%	,0%	100,0%
	% von Jahrgang	3,4%	,0%	1,3%	,0%	,0%	,6%
	% der Gesamtzahl	,3%	,0%	,3%	,0%	,0%	,6%
keine	Anzahl	0	0	1	4	0	5
Angabe	% von letzter Regierungschef	,0%	,0%	20,0%	80,0%	,0%	100,0%
	% von Jahrgang	,0%	,0%	1,3%	4,6%	,0%	1,6%
	% der Gesamtzahl	,0%	,0%	,3%	1,3%	,0%	1,6%
Gesamt	Anzahl	29	46	80	87	74	316
	% von letzter Regierungschef	9,2%	14,6%	25,3%	27,5%	23,4%	100,0%
	% von Jahrgang	100,0%	100,0%	100,0%	100,0%	100,0%	100,0%
	% der Gesamtzahl	9,2%	14,6%	25,3%	27,5%	23,4%	100,0%

Frage 1 beispielsweise, die von fast 92% der Schüler korrekt beantwortet wurde, folgt dieser prognostizierten Entwicklungslinie nahezu linear von ca. 72% in Jahrgangsstufe 9 bis ca.
97% der Jahrgangsstufe 13. Einzig die 46 deutschen Schüler der Jahrgangsstufe 10 fallen hier,
wie auch in einigen folgenden Fragen, positiv aus dem Rahmen. Eine mögliche Erklärung
dafür könnte ein durch überengagierte Lehrer hervorgerufenes Objektivitätsdefizit sein. Da es
sich jedoch, wie bereits angesprochen, bei der Jahrgangsstufe 10 ausschließlich um deutsche
Schüler zweier Schulen handelt und die Lehrpläne explizit den Unterricht der Institutionen
und Strukturen des Bundes vorsehen,[274] ist jedoch eher davon auszugehen, dass die in Frage 3
ebenfalls erzielten Spitzenwerte der Jahrgangsstufe 10 durch Überschneidungen mit unterrichtlichen Inhalten zustande kommen.

Frage 2: Bezeichnung Parlament nach Jahrgang und allen Antworten

		Jahrgangs-stufe 9	Jahrgangs-stufe 10	Jahrgangs-stufe 11	Jahrgangs-stufe 12	Jahrgangs-stufe 13	Gesamt
Legislative/	Anzahl	5	24	44	58	39	170
legislature	% von Bezeichnung Parlament	2,9%	14,1%	25,9%	34,1%	22,9%	100,0%
	% von Jahrgang	17,2%	52,2%	55,0%	66,7%	52,7%	53,8%
	% der Gesamtzahl	1,6%	7,6%	13,9%	18,4%	12,3%	53,8%
Exekutive/	Anzahl	5	14	6	7	6	38
executive	% von Bezeichnung Parlament	13,2%	36,8%	15,8%	18,4%	15,8%	100,0%
	% von Jahrgang	17,2%	30,4%	7,5%	8,0%	8,1%	12,0%
	% der Gesamtzahl	1,6%	4,4%	1,9%	2,2%	1,9%	12,0%
Judikative/	Anzahl	1	1	8	4	10	24
judicature	% von Bezeichnung Parlament	4,2%	4,2%	33,3%	16,7%	41,7%	100,0%
	% von Jahrgang	3,4%	2,2%	10,0%	4,6%	13,5%	7,6%
	% der Gesamtzahl	,3%	,3%	2,5%	1,3%	3,2%	7,6%

[274] vgl. http://www.schule-
bw.de/unterricht/faecher/gemeinschaftskunde/entwuerfe_von_unterrichtseinheiten/lp_gy.htm (am Fr, 21.07.06)

keins ist richtig/none	Anzahl	15	3	21	13	16	68
	% von Bezeichnung Parlament	22,1%	4,4%	30,9%	19,1%	23,5%	100,0%
	% von Jahrgang	51,7%	6,5%	26,3%	14,9%	21,6%	21,5%
	% der Gesamtzahl	4,7%	,9%	6,6%	4,1%	5,1%	21,5%
keine Angabe	Anzahl	3	4	1	5	3	16
	% von Bezeichnung Parlament	18,8%	25,0%	6,3%	31,3%	18,8%	100,0%
	% von Jahrgang	10,3%	8,7%	1,3%	5,7%	4,1%	5,1%
	% der Gesamtzahl	,9%	1,3%	,3%	1,6%	,9%	5,1%
Gesamt	Anzahl	29	46	80	87	74	316
	% von Bezeichnung Parlament	9,2%	14,6%	25,3%	27,5%	23,4%	100,0%
	% von Jahrgang	100,0%	100,0%	100,0%	100,0%	100,0%	100,0%
	% der Gesamtzahl	9,2%	14,6%	25,3%	27,5%	23,4%	100,0%

Frage 2 weist ein ähnlich deutliches Muster auf. Mit einem Durchschnittswert von fast 54% steigen die korrekten Antworten von ca. 17% in Jahrgangsstufe 9 über ca. 52%, 55% auf 66,7% in Jahrgangsstufe 12 an. Für die Jahrgangsstufe 13 ergeben sich jedoch hier wie auch in einigen folgenden Fragen unerwartet schlechte Ergebnisse. Diese erklären sich durch ein nachhaltiges Affinitätsdefizit der Workshops in zwei 13. Klassen mit 60 Schülern einer walisischen Schule, welches durch einen äußerst redseligen *Head of Sixth Form* sowie durch eine Workshopunterbrechung aufgrund eines (echten) Feueralarms zustande kam. Nachdem der Mentor der Oberstufe vor dem Workshop zahlreiche schulische Anliegen vorgetragen und die Begrüßung und Vorstellung der Forscher mit herzlichen, aber auch ausufernden Worten der Gastfreundschaft abgeschlossen hatte, blieb den Schülern nur noch sehr wenig Zeit zur hektischen Beantwortung der Fragen; Zeit für eine Diskussion oder für eine Reflexion über die offenen Fragen des zweiten Teils der Fragebögen blieb keine. Die hieraus resultierende Ursächlichkeit der sequenziellen Abweichungen durch unterdurchschnittliche Ergebnisse manifestiert sich auch in der Tatsache, dass (a) die Ergebnisse der Jahrgangsstufe 13 nach der ersten Frage und damit unmittelbar nach der Feueralarmunterbrechung nachlassen und (b) darin, dass die Ergebnisse der Jahrgangsstufe 13 nach theoretischer Bereinigung der hier beschriebenen Affinitätsdefizite signifikant besser sind. So würde die Jahrgangsstufe 13 in Frage 2 exklusive der beiden walisischen Ausnahmefälle mehr als 64%, in Frage 3 b) fast 43% und in Frage 5 nahezu 93% korrekte Antworten, und damit in nahezu allen Fragen die Alterslinearität erreichen.

Frage 3. a): Staatsgliederung nach Jahrgang und allen Antworten BRD

		Jahrgangsstufe 9	Jahrgangsstufe 10	Jahrgangsstufe 11	Jahrgangsstufe 12	Gesamt
Föderalstaat	Anzahl	7	41	12	27	87
	% von Staatsgliederung	8,0%	47,1%	13,8%	31,0%	100,0%
	% von Jahrgang	24,1%	89,1%	75,0%	77,1%	69,0%
	% der Gesamtzahl	5,6%	32,5%	9,5%	21,4%	69,0%
Zentralstaat	Anzahl	9	1	2	1	13
	% von Staatsgliederung	69,2%	7,7%	15,4%	7,7%	100,0%
	% von Jahrgang	31,0%	2,2%	12,5%	2,9%	10,3%
	% der Gesamtzahl	7,1%	,8%	1,6%	,8%	10,3%
dezentraler Staat	Anzahl	3	0	1	4	8
	% von Staatsgliederung	37,5%	,0%	12,5%	50,0%	100,0%
	% von Jahrgang	10,3%	,0%	6,3%	11,4%	6,3%
	% der Gesamtzahl	2,4%	,0%	,8%	3,2%	6,3%

keins ist	Anzahl	6	4	1	3	14
richtig	% von Staatsgliederung	42,9%	28,6%	7,1%	21,4%	100,0%
	% von Jahrgang	20,7%	8,7%	6,3%	8,6%	11,1%
	% der Gesamtzahl	4,8%	3,2%	,8%	2,4%	11,1%
keine Anga-	Anzahl	4	0	0	0	4
be	% von Staatsgliederung	100,0%	,0%	,0%	,0%	100,0%
	% von Jahrgang	13,8%	,0%	,0%	,0%	3,2%
	% der Gesamtzahl	3,2%	,0%	,0%	,0%	3,2%
Gesamt	Anzahl	29	46	16	35	126
	% von Staatsgliederung	23,0%	36,5%	12,7%	27,8%	100,0%
	% von Jahrgang	100,0%	100,0%	100,0%	100,0%	100,0%
	% der Gesamtzahl	23,0%	36,5%	12,7%	27,8%	100,0%

Frage 3. b): Staatsgliederung nach Jahrgang und allen Antworten Wales

		Jahrgangsstufe 11	Jahrgangsstufe 12	Jahrgangsstufe 13	Gesamt
federal state	Anzahl	28	8	19	55
	% von Staatsgliederung	50,9%	14,5%	34,5%	100,0%
	% von Jahrgang	43,8%	15,4%	25,7%	28,9%
	% der Gesamtzahl	14,7%	4,2%	10,0%	28,9%
centralised	Anzahl	20	16	23	59
state	% von Staatsgliederung	33,9%	27,1%	39,0%	100,0%
	% von Jahrgang	31,3%	30,8%	31,1%	31,1%
	% der Gesamtzahl	10,5%	8,4%	12,1%	31,1%
decentrali-	Anzahl	5	10	10	25
sed state	% von Staatsgliederung	20,0%	40,0%	40,0%	100,0%
	% von Jahrgang	7,8%	19,2%	13,5%	13,2%
	% der Gesamtzahl	2,6%	5,3%	5,3%	13,2%
none is	Anzahl	8	10	20	38
correct	% von Staatsgliederung	21,1%	26,3%	52,6%	100,0%
	% von Jahrgang	12,5%	19,2%	27,0%	20,0%
	% der Gesamtzahl	4,2%	5,3%	10,5%	20,0%
keine	Anzahl	3	8	2	13
Angabe	% von Staatsgliederung	23,1%	61,5%	15,4%	100,0%
	% von Jahrgang	4,7%	15,4%	2,7%	6,8%
	% der Gesamtzahl	1,6%	4,2%	1,1%	6,8%
Gesamt	Anzahl	64	52	74	190
	% von Staatsgliederung	33,7%	27,4%	38,9%	100,0%
	% von Jahrgang	100,0%	100,0%	100,0%	100,0%
	% der Gesamtzahl	33,7%	27,4%	38,9%	100,0%

Die Antworten auf Frage 3, (in Baden-Württemberg erneut mit Ausnahme der Jahrgangs-stufe 10) auch dem angesprochenen Muster folgend, reflektieren möglicherweise das, was an anderer Stelle bereits als „some of the most radical identity confusions of any modern peo-ple"[275] bezeichnet wurde. Während die überwiegende Mehrheit der Baden-Württemberger Struktur und Organisation ihres (Föderal-)Staates kennt, lavieren die Waliser unentschlossen und richtungslos zwischen *centralised state*, *decentralised state* und *federal state*. Die Abwe-senheit jeglicher altersbedingter Linearität in dieser Frage resultiert hierbei vermutlich nur nebensächlich aus den beiden Affinitätsdefiziten und sehr wahrscheinlich auch nicht etwa aus schlechter Bildung. Eine gesamtgesellschaftliche post-devolutionäre (oder gar *causa-*devolutionäre) Unsicherheit, welche die walisischen Schüler dazu veranlasste, zu etwa ⅓ bis ¼ bei drei bis vier Antwortmöglichkeiten für eine statistisch nahezu ausgeglichene Antwort-verteilung zu sorgen, mag ähnlich wie bei Frage 4 viel eher ursächlich dafür gewesen sein. Denn auch in der Europafrage offenbaren die europascheuen Waliser einige allgemeine Schwächen, welche weniger für einen Bruch in der Alterslinearität, sondern eher für das all-

---

[275] Williams, Raymond (1989), S. 66

176

gemeine britische Desinteresse an Europa stehen dürften. Während die Summe aller richtigen Antworten auf Frage 4 (hier Tabelle „Frage 4. a)") keinem klaren Muster folgt, weisen die danach aufgelisteten isolierten Antworten der deutschen Schüler erneut die schon in den vorhergehenden Fragen vorhandenen Steigerungen nach Jahrgangsstufe auf und deuten darauf hin, dass auch in dieser Frage sehr wohl eine Alterslinearität festzustellen ist, aber eben gerade nicht unter Einbeziehung der europäisch desinteressierten und/oder schlecht informierten Briten.[276]

Frage 4. a): Mitglieder in Europäischer Union nach Jahrgang und allen Antworten

		Jahrgangs-stufe 9	Jahrgangs-stufe 10	Jahrgangs-stufe 11	Jahrgangs-stufe 12	Jahrgangs-stufe 13	Gesamt
35 Mitglieder (5 vor Osterweiterung)	Anzahl	4	6	25	13	24	72
	% von Mitglieder in Europäischer Union	5,6%	8,3%	34,7%	18,1%	33,3%	100,0%
	% von Jahrgang	13,8%	13,0%	31,3%	14,9%	32,4%	22,8%
	% der Gesamtzahl	1,3%	1,9%	7,9%	4,1%	7,6%	22,8%
25 Mitglieder (15 vor Osterweiterung)	Anzahl	16	32	45	37	26	156
	% von Mitglieder in Europäischer Union	10,3%	20,5%	28,8%	23,7%	16,7%	100,0%
	% von Jahrgang	55,2%	69,6%	56,3%	42,5%	35,1%	49,4%
	% der Gesamtzahl	5,1%	10,1%	14,2%	11,7%	8,2%	49,4%
16 Mitglieder (16 vor Osterweiterung)	Anzahl	6	8	8	30	16	68
	% von Mitglieder in Europäischer Union	8,8%	11,8%	11,8%	44,1%	23,5%	100,0%
	% von Jahrgang	20,7%	17,4%	10,0%	34,5%	21,6%	21,5%
	% der Gesamtzahl	1,9%	2,5%	2,5%	9,5%	5,1%	21,5%
11 Mitglieder (20 vor Osterweiterung)	Anzahl	1	0	2	4	6	13
	% von Mitglieder in Europäischer Union	7,7%	,0%	15,4%	30,8%	46,2%	100,0%
	% von Jahrgang	3,4%	,0%	2,5%	4,6%	8,1%	4,1%
	% der Gesamtzahl	,3%	,0%	,6%	1,3%	1,9%	4,1%
keine Angabe	Anzahl	2	0	0	3	2	7
	% von Mitglieder in Europäischer Union	28,6%	,0%	,0%	42,9%	28,6%	100,0%
	% von Jahrgang	6,9%	,0%	,0%	3,4%	2,7%	2,2%
	% der Gesamtzahl	,6%	,0%	,0%	,9%	,6%	2,2%
Gesamt	Anzahl	29	46	80	87	74	316
	% von Mitglieder in Europäischer Union	9,2%	14,6%	25,3%	27,5%	23,4%	100,0%
	% von Jahrgang	100,0%	100,0%	100,0%	100,0%	100,0%	100,0%
	% der Gesamtzahl	9,2%	14,6%	25,3%	27,5%	23,4%	100,0%

Frage 4. b) Mitglieder in Europäischer Union nach Jahrgang und allen Antworten BRD

		Jahrgangsstufe 9	Jahrgangsstufe 10	Jahrgangsstufe 11	Jahrgangsstufe 12	Gesamt
35 Mitglieder (5 vor Osterweiterung)	Anzahl	4	6	0	3	13
	% von Mitglieder in Europäischer Union	30,8%	46,2%	,0%	23,1%	100,0%
	% von Jahrgang	13,8%	13,0%	,0%	8,6%	10,3%
	% der Gesamtzahl	3,2%	4,8%	,0%	2,4%	10,3%
25 Mitglieder (15 vor Osterweiterung)	Anzahl	16	32	16	27	91
	% von Mitglieder in Europäischer Union	17,6%	35,2%	17,6%	29,7%	100,0%
	% von Jahrgang	55,2%	69,6%	100,0%[277]	77,1%	72,2%
	% der Gesamtzahl	12,7%	25,4%	12,7%	21,4%	72,2%
16 Mitglieder (16 vor Osterweiterung)	Anzahl	6	8	0	5	19
	% von Mitglieder in Europäischer Union	31,6%	42,1%	,0%	26,3%	100,0%
	% von Jahrgang	20,7%	17,4%	,0%	14,3%	15,1%
	% der Gesamtzahl	4,8%	6,3%	,0%	4,0%	15,1%

---

[276] Die Ausnahme der Jahrgangsstufe 11 mit 100% korrekten Antworten ist erneut sehr wahrscheinlich das Ergebnis des baden-württembergischen Lehrplans, welcher für die 11. Klassen „Die Europäische Einigung und die Bundesrepublik" als Themen vorschreibt. (vgl. http://www.schule-bw.de/unterricht/faecher/gemeinschaftskunde/entwuerfe_von_unterrichtseinheiten/europa.htm am So, 16.04.06)
[277] siehe obige Fußnote

11 Mitglieder (20 vor Osterweiterung)	Anzahl	1	0	0	0	1
	% von Mitglieder in Europäischer Union	100,0%	,0%	,0%	,0%	100,0%
	% von Jahrgang	3,4%	,0%	,0%	,0%	,8%
	% der Gesamtzahl	,8%	,0%	,0%	,0%	,8%
keine Angabe	Anzahl	2	0	0	0	2
	% von Mitglieder in Europäischer Union	100,0%	,0%	,0%	,0%	100,0%
	% von Jahrgang	6,9%	,0%	,0%	,0%	1,6%
	% der Gesamtzahl	1,6%	,0%	,0%	,0%	1,6%
Gesamt	Anzahl	29	46	16	35	126
	% von Mitglieder in Europäischer Union	23,0%	36,5%	12,7%	27,8%	100,0%
	% von Jahrgang	100,0%	100,0%	100,0%	100,0%	100,0%
	% der Gesamtzahl	23,0%	36,5%	12,7%	27,8%	100,0%

Frage 5 kann hingegen nicht mit derselben Linearität wie die Eingangsfragen aufwarten. Einerseits wurden die Zahlen für eine Schulklasse in Wales durch die angesprochene Terroristen-Unterstellung Kofi Annans durch einen Schüler gravierend verfälscht und andererseits hat Kofi Annans Besuch in Tübingen und seine dort gehaltene 3. Weltethos-Rede den Anteil der korrekten Antworten in Baden-Württemberg auf Frage 5 nachhaltig beeinflusst. Es ist bezeichnend, dass bei dieser Frage just jene Jahrgangsstufen positiv aus dem bisherigen Muster fallen, auf die sich alle in Tübinger Schulen befragte Schüler verteilen (siehe Tabelle Frage 5. b)).

Frage 5. a): UNO Generalsekretär nach Jahrgang und allen Antworten

		Jahrgangsstufe 9	Jahrgangsstufe 10	Jahrgangsstufe 11	Jahrgangsstufe 12	Jahrgangsstufe 13	Gesamt
Boutros Boutros-Ghali	Anzahl	0	2	3	0	6	11
	% von UNO Generalsekretär	,0%	18,2%	27,3%	,0%	54,5%	100,0%
	% von Jahrgang	,0%	4,3%	3,8%	,0%	8,1%	3,5%
	% der Gesamtzahl	,0%	,6%	,9%	,0%	1,9%	3,5%
Javier Peres de Cuellar	Anzahl	2	2	21	0	9	34
	% von UNO Generalsekretär	5,9%	5,9%	61,8%	,0%	26,5%	100,0%
	% von Jahrgang	6,9%	4,3%	26,3%	,0%	12,2%	10,8%
	% der Gesamtzahl	,6%	,6%	6,6%	,0%	2,8%	10,8%
Henry Kissinger	Anzahl	3	1	15	9	15	43
	% von UNO Generalsekretär	7,0%	2,3%	34,9%	20,9%	34,9%	100,0%
	% von Jahrgang	10,3%	2,2%	18,8%	10,3%	20,3%	13,6%
	% der Gesamtzahl	,9%	,3%	4,7%	2,8%	4,7%	13,6%
Kofi Annan	Anzahl	22	40	39	74	39	214
	% von UNO Generalsekretär	10,3%	18,7%	18,2%	34,6%	18,2%	100,0%
	% von Jahrgang	75,9%	87,0%	48,8%	85,1%	52,7%	67,7%
	% der Gesamtzahl	7,0%	12,7%	12,3%	23,4%	12,3%	67,7%
keine Angabe	Anzahl	2	1	2	4	5	14
	% von UNO Generalsekretär	14,3%	7,1%	14,3%	28,6%	35,7%	100,0%
	% von Jahrgang	6,9%	2,2%	2,5%	4,6%	6,8%	4,4%
	% der Gesamtzahl	,6%	,3%	,6%	1,3%	1,6%	4,4%
Gesamt	Anzahl	29	46	80	87	74	316
	% von UNO Generalsekretär	9,2%	14,6%	25,3%	27,5%	23,4%	100,0%
	% von Jahrgang	100,0%	100,0%	100,0%	100,0%	100,0%	100,0%
	% der Gesamtzahl	9,2%	14,6%	25,3%	27,5%	23,4%	100,0%

Frage 5. b): UNO Generalsekretär nach Jahrgang und allen Antworten aus Tübingen

		Jahrgangsstufe 9	Jahrgangsstufe 10	Jahrgangsstufe 12	Gesamt
Boutros Boutros-Ghali	Anzahl	0	1	0	1
	% von UNO Generalsekretär	,0%	100,0%	,0%	100,0%
	% von Jahrgang	,0%	4,8%	,0%	1,4%
	% der Gesamtzahl	,0%	1,4%	,0%	1,4%
Javier Peres de Cuellar	Anzahl	2	2	0	4
	% von UNO Generalsekretär	50,0%	50,0%	,0%	100,0%
	% von Jahrgang	6,9%	9,5%	,0%	5,7%
	% der Gesamtzahl	2,9%	2,9%	,0%	5,7%

Henry Kissinger	Anzahl	3	0	0	3
	% von UNO Generalsekretär	100,0%	,0%	,0%	100,0%
	% von Jahrgang	10,3%	,0%	,0%	4,3%
	% der Gesamtzahl	4,3%	,0%	,0%	4,3%
Kofi Annan	Anzahl	22	18	20	60
	% von UNO Generalsekretär	36,7%	30,0%	33,3%	100,0%
	% von Jahrgang	75,9%	85,7%	100,0%	85,7%
	% der Gesamtzahl	31,4%	25,7%	28,6%	85,7%
keine Angabe	Anzahl	2	0	0	2
	% von UNO Generalsekretär	100,0%	,0%	,0%	100,0%
	% von Jahrgang	6,9%	,0%	,0%	2,9%
	% der Gesamtzahl	2,9%	,0%	,0%	2,9%
Gesamt	Anzahl	29	21	20	70
	% von UNO Generalsekretär	41,4%	30,0%	28,6%	100,0%
	% von Jahrgang	100,0%	100,0%	100,0%	100,0%
	% der Gesamtzahl	41,4%	30,0%	28,6%	100,0%

Die Fragen 6 bis 8 geben unter dem Jahrgangsstufenfokus leider ein uneinheitliches Bild ab. Dies hat zusammengefasst zwei Gründe: Erstens hatten nicht wenige Klassen die Gelegenheit, manche Abgeordnete auf Studienfahrten oder als Gäste ihrer Schule persönlich kennen zu lernen, wodurch davon auszugehen ist, dass sie über Wissen verfügen, welches bei den hier geringen Zahlen die Statistik erheblich und diffus beeinflusste. Gleichzeitig kam es hierbei zweitens vor, dass Schulklassen sowohl in Baden-Württemberg als auch in Wales Besuch von lokalen Politikern bekamen, welche oftmals gerade nicht die direkt gewählten Volksvertreter waren, sondern unter anderem Wahlkreiskandidaten oder durch das Verhältniswahlrecht über die Parteilisten nachgerückte Abgeordnete. Dass die Schüler eine notwendige Unterscheidung zwischen direkt gewähltem Abgeordneten und Listenabgeordneten (noch) nicht machen konnten, äußert sich für mehrere Schulklassen in der überzeugten und mehrheitlichen, aber leider eben falschen Angabe eines Abgeordneten und dessen Partei und folglich mit nahezu 0% korrekten Antworten.

Das Ergebnis dieser beiden, in einem Analogiedefizit mündenden, Unregelmäßigkeiten sind jahrgangs- und klassenspezifische Daten, welche aufgrund ihrer ausgesprochenen Unzuverlässigkeit hier nicht untersucht werden können. Bei einer Erhöhung der Zahl von Probanden liefern, wie die Untersuchungen zum *Three-Wales Model* gezeigt haben und folgende Abschnitte noch zeigen werden, die Fragen 6 bis 8 ausgesprochen interessante und zuverlässige Ergebnisse. Lediglich an dieser Stelle wäre eine Untersuchung der unsicheren Daten nicht angebracht. Da in den Folgeabschnitten durch neue Untersuchungsvariablen auch völlig neue Untersuchungsgruppen entstehen, darf dort von tendenziell zuverlässigeren Ergebnissen ausgegangen werden. So konstituiert sich beispielsweise eine später untersuchte Gruppe von ehrenamtlich engagierten Jugendlichen aus allen Jahrgangsstufen in allen Teilen Wales' und Baden-Württembergs, wodurch sich sehr viele aus dem Klassenverbund resultierende Datenerhebungsprobleme verlieren.

Da im zweiten Block des Fragebogens kein Wissen mehr erfragt wurde, darf angenommen werden, dass die Daten und Antwortmuster über regionale Identität auf dem zweiten Teil des Fragebogens zuverlässiger sind. Hier zeigt sich schon bei der ersten Frage (Frage 9) ein kontinuierliches Ansteigen der Werte zur subjektiven regionalen Identität. Während diese im Falle der einzeln aufgeschlüsselten Antwortmöglichkeiten in zwei Fällen (siehe Tabelle Frage 9. a)) noch unbedeutend von dem Muster eincs kontinuierlichen Anstiegs der regionalen Identität mit steigendem Alter abweichen, bestätigt eine Zusammenfassung aller positiven Werte (Tabelle Frage 9. b)) einen eindeutigen Trend: Von 6,9% über 23,9%, 41,3%, 44,8% bis hin zu 54% steigen die Werte der artikulierten subjektiven Identität streng linear an.

Frage 9. a): subjektive Identität nach Jahrgang und allen Antworten

		Jahrgangs-stufe 9	Jahrgangs-stufe 10	Jahrgangs-stufe 11	Jahrgangs-stufe 12	Jahrgangs-stufe 13	Gesamt
b-w. nicht	Anzahl	0	3	12	22	16	53
deutsch/	% von subjektive Identität	,0%	5,7%	22,6%	41,5%	30,2%	100,0%
Welsh not	% von Jahrgang	,0%	6,5%	15,0%	25,3%	21,6%	16,8%
British	% der Gesamtzahl	,0%	,9%	3,8%	7,0%	5,1%	16,8%
mehr b-w.	Anzahl	2	8	21	17	24	72
als deutsch/	% von subjektive Identität	2,8%	11,1%	29,2%	23,6%	33,3%	100,0%
more Welsh	% von Jahrgang	6,9%	17,4%	26,3%	19,5%	32,4%	22,8%
than British	% der Gesamtzahl	,6%	2,5%	6,6%	5,4%	7,6%	22,8%
gleicherma-	Anzahl	10	17	18	20	21	86
ßen b-w. +	% von subjektive Identität	11,6%	19,8%	20,9%	23,3%	24,4%	100,0%
deutsch/	% von Jahrgang	34,5%	37,0%	22,5%	23,0%	28,4%	27,2%
Welsh + B.	% der Gesamtzahl	3,2%	5,4%	5,7%	6,3%	6,6%	27,2%
mehr deut.	Anzahl	3	8	14	19	6	50
als b-w./	% von subjektive Identität	6,0%	16,0%	28,0%	38,0%	12,0%	100,0%
more British	% von Jahrgang	10,3%	17,4%	17,5%	21,8%	8,1%	15,8%
than Welsh	% der Gesamtzahl	,9%	2,5%	4,4%	6,0%	1,9%	15,8%
deutsch,	Anzahl	3	8	4	2	5	22
nicht b-w./	% von subjektive Identität	13,6%	36,4%	18,2%	9,1%	22,7%	100,0%
British, not	% von Jahrgang	10,3%	17,4%	5,0%	2,3%	6,8%	7,0%
Welsh	% der Gesamtzahl	,9%	2,5%	1,3%	,6%	1,6%	7,0%
weiß nicht/	Anzahl	10	2	10	6	2	30
don't know	% von subjektive Identität	33,3%	6,7%	33,3%	20,0%	6,7%	100,0%
	% von Jahrgang	34,5%	4,3%	12,5%	6,9%	2,7%	9,5%
	% der Gesamtzahl	3,2%	,6%	3,2%	1,9%	,6%	9,5%
keine Anga-	Anzahl	1	0	1	1	0	3
be	% von subjektive Identität	33,3%	,0%	33,3%	33,3%	,0%	100,0%
	% von Jahrgang	3,4%	,0%	1,3%	1,1%	,0%	,9%
	% der Gesamtzahl	,3%	,0%	,3%	,3%	,0%	,9%
Gesamt	Anzahl	29	46	80	87	74	316
	% von subjektive Identität	9,2%	14,6%	25,3%	27,5%	23,4%	100,0%
	% von Jahrgang	100,0%	100,0%	100,0%	100,0%	100,0%	100,0%
	% der Gesamtzahl	9,2%	14,6%	25,3%	27,5%	23,4%	100,0%

Frage 9. b): subjektive Identität nach Jahrgang und allen positiven Antworten

		Jahrgangs-stufe 9	Jahrgangs-stufe 10	Jahrgangs-stufe 11	Jahrgangs-stufe 12	Jahrgangs-stufe 13	Gesamt
b-w. nicht	Anzahl	0	3	12	22	16	53
deutsch/	% von subjektive Identität	,0%	5,7%	22,6%	41,5%	30,2%	100,0%
Welsh not	% von Jahrgang	,0%	6,5%	15,0%	25,3%	21,6%	16,8%
British	% der Gesamtzahl	,0%	,9%	3,8%	7,0%	5,1%	16,8%
mehr b-w.	Anzahl	2	8	21	17	24	72
als deutsch/	% von subjektive Identität	2,8%	11,1%	29,2%	23,6%	33,3%	100,0%
more Welsh	% von Jahrgang	6,9%	17,4%	26,3%	19,5%	32,4%	22,8%
than British	% der Gesamtzahl	,6%	2,5%	6,6%	5,4%	7,6%	22,8%
positiv	Anzahl	2	11	33	39	40	125
gesamt	% von Jahrgang	6,9%	23,9%	41,3%	44,8%	54%	39,6%

Interessanterweise folgt auch die Frage 10 nach der schwäbischen Mundart in weiten Teilen demselben ansteigenden Muster, und dies, obwohl für den schwäbischen Teil Baden-

Württembergs eigentlich davon auszugehen ist, dass die Beherrschung und Anwendung einer Mundart im Leben eines Menschen eine weitestgehend feste Größe darstellt und dass sich folglich beides mit steigendem Alter kaum verändern dürfte. Insofern kann die unten stehende Tabelle aus Frage 10. a) entweder das Ergebnis beachtlicher statistischer Zufälle sein oder tatsächlich darauf hindeuten, dass sich einige Schüler mit fortschreitendem Alter mehr regional verwurzelt fühlen und als mögliche Folge vermutlich sogar in ihrer späteren Jugend die (erlernte oder latent bereits beherrschte) schwäbische Mundart anerkennen und anwenden, obgleich sie das zuvor noch nicht getan hatten. Erklären könnten diese Gedanken das Szenario einer integrierten Immigrantenfamilie aus Deutschland oder dem Ausland. Ist diese aufgrund beispielsweise wirtschaftlicher Gründe nach Baden-Württemberg gekommen, wo der Familienvater Arbeit gefunden hat, können dessen Kinder, die im Land aufgewachsen sind oder auch Kinder der 2. und 3. Generation, im Laufe ihres Lebens durchaus die Mundart erlernen, beherrschen und auch anwenden.

Auch die Tabelle für die angeborene und erlernte walisische Sprache verzeichnet einen kontinuierlichen Anstieg, wenn man von der Ausnahme einer Jahrgangsstufe 13 absieht, welche (nicht nur einen Feueralarm und einen redseligen *Head of Sixth Form* erleben durfte, sondern auch) mit ihren insgesamt 60 Schülern in einer sehr englischsprachigen und mit sozialen Problemen konfrontieren Stadt Wales' beheimatet ist und aufgrund ihres Anteils an der gesamten Jahrgangsstufe 13 überdurchschnittlich viel Einfluss auf die Endergebnisse hatte.[278]

Frage 10. a): Mundart Schwäbisch nach Jahrgang BRD

		Jahrgangsstufe 9	Jahrgangsstufe 10	Jahrgangsstufe 11	Jahrgangsstufe 12	Gesamt
Schwäbisch	Anzahl	13	28	12	17	70
ja	% von Mundart/Sprache	18,6%	40,0%	17,1%	24,3%	100,0%
	% von Jahrgang	44,8%	60,9%	75,0%	48,6%	55,6%
	% der Gesamtzahl	10,3%	22,2%	9,5%	13,5%	55,6%
Schwäbisch	Anzahl	16	18	4	18	56
nein	% von Mundart/Sprache	28,6%	32,1%	7,1%	32,1%	100,0%
	% von Jahrgang	55,2%	39,1%	25,0%	51,4%	44,4%
	% der Gesamtzahl	12,7%	14,3%	3,2%	14,3%	44,4%
Gesamt	Anzahl	29	46	16	35	126
	% von Mundart/Sprache	23,0%	36,5%	12,7%	27,8%	100,0%
	% von Jahrgang	100,0%	100,0%	100,0%	100,0%	100,0%
	% der Gesamtzahl	23,0%	36,5%	12,7%	27,8%	100,0%

Frage 10. b): Sprache Walisisch nach Jahrgang Wales

		Jahrgangsstufe 11	Jahrgangsstufe 12	Jahrgangsstufe 13	Gesamt
yes, since	Anzahl	1	13	1	15
birth	% von Mundart/Sprache	6,7%	86,7%	6,7%	100,0%
	% von Jahrgang	1,6%	25,0%	1,4%	7,9%
	% der Gesamtzahl	,5%	6,8%	,5%	7,9%
yes, learned	Anzahl	14	18	20	52
it at school	% von Mundart/Sprache	26,9%	34,6%	38,5%	100,0%
	% von Jahrgang	21,9%	34,6%	27,0%	27,4%
	% der Gesamtzahl	7,4%	9,5%	10,5%	27,4%

---

[278] Bei insgesamt 74 Schülern der Jahrgangsstufe 13 stehen die beschriebenen 60 Schüler für einen Anteil von über 81% am gewerteten Jahrgang.

no, forgot what I learned		Jahrgangsstufe 11	Jahrgangsstufe 12	Jahrgangsstufe 13	Gesamt
no, forgot what I learned	Anzahl	31	11	31	73
	% von Mundart/Sprache	42,5%	15,1%	42,5%	100,0%
	% von Jahrgang	48,4%	21,2%	41,9%	38,4%
	% der Gesamtzahl	16,3%	5,8%	16,3%	38,4%
no, never was	Anzahl	18	9	22	49
	% von Mundart/Sprache	36,7%	18,4%	44,9%	100,0%
	% von Jahrgang	28,1%	17,3%	29,7%	25,8%
	% der Gesamtzahl	9,5%	4,7%	11,6%	25,8%
keine Angabe	Anzahl	0	1	0	1
	% von Mundart/Sprache	,0%	100,0%	,0%	100,0%
	% von Jahrgang	,0%	1,9%	,0%	,5%
	% der Gesamtzahl	,0%	,5%	,0%	,5%
Gesamt	Anzahl	64	52	74	190
	% von Mundart/Sprache	33,7%	27,4%	38,9%	100,0%
	% von Jahrgang	100,0%	100,0%	100,0%	100,0%
	% der Gesamtzahl	33,7%	27,4%	38,9%	100,0%

Auch die Auswertung der nur in Wales gestellten Frage 11 nach der Bedeutung des Walisischunterrichts in der Schule zeigt in Addition der Antworten *sehr wichtig/very important* und *wichtig/important* eine ansteigende Kurve und dies selbst trotz der beiden wenig sprachenthusiastischen 13. Klassen. Während die Tabelle der Frage 11. a) noch in Teilen ein leicht uneinheitliches Bild abgibt, zeigt Tabelle 11. b) einen (den beiden 13. Klassen trotzenden) kontinuierlichen Anstieg der artikulierten Notwendigkeit des Walisischunterrichts an walisischen Schulen.

Frage 11. a): Notwendigkeit Walisischunterricht (subjektiv) nach Jahrgang Wales

		Jahrgangsstufe 11	Jahrgangsstufe 12	Jahrgangsstufe 13	Gesamt
sehr wichtig/very important	Anzahl	9	23	27	59
	% von nur Wales: Notwendigkeit Walisischunterricht (subjektiv)	15,3%	39,0%	45,8%	100,0%
	% von Jahrgang	14,1%	44,2%	36,5%	31,1%
	% der Gesamtzahl	4,7%	12,1%	14,2%	31,1%
wichtig/ important	Anzahl	26	20	31	77
	% von nur Wales: Notwendigkeit Walisischunterricht (subjektiv)	33,8%	26,0%	40,3%	100,0%
	% von Jahrgang	40,6%	38,5%	41,9%	40,5%
	% der Gesamtzahl	13,7%	10,5%	16,3%	40,5%
nicht wichtig/not important	Anzahl	16	6	11	33
	% von nur Wales: Notwendigkeit Walisischunterricht (subjektiv)	48,5%	18,2%	33,3%	100,0%
	% von Jahrgang	25,0%	11,5%	14,9%	17,4%
	% der Gesamtzahl	8,4%	3,2%	5,8%	17,4%
irrelevant	Anzahl	10	2	5	17
	% von nur Wales: Notwendigkeit Walisischunterricht (subjektiv)	58,8%	11,8%	29,4%	100,0%
	% von Jahrgang	15,6%	3,8%	6,8%	8,9%
	% der Gesamtzahl	5,3%	1,1%	2,6%	8,9%
weiß nicht/don't know	Anzahl	3	0	0	3
	% von nur Wales: Notwendigkeit Walisischunterricht (subjektiv)	100,0%	,0%	,0%	100,0%
	% von Jahrgang	4,7%	,0%	,0%	1,6%
	% der Gesamtzahl	1,6%	,0%	,0%	1,6%
keine Angabe	Anzahl	0	1	0	1
	% von nur Wales: Notwendigkeit Walisischunterricht (subjektiv)	,0%	100,0%	,0%	100,0%
	% von Jahrgang	,0%	1,9%	,0%	,5%
	% der Gesamtzahl	,0%	,5%	,0%	,5%
Gesamt	Anzahl	64	52	74	190
	% von nur Wales: Notwendigkeit Walisischunterricht (subjektiv)	33,7%	27,4%	38,9%	100,0%
	% von Jahrgang	100,0%	100,0%	100,0%	100,0%
	% der Gesamtzahl	33,7%	27,4%	38,9%	100,0%

Frage 11. b): Notwendigkeit Walisischunterricht (subjektiv) nach Jahrgang Wales und allen positiven Antworten

		Jahrgangsstufe 11	Jahrgangsstufe 12	Jahrgangsstufe 13	Gesamt
sehr wichtig/very important	Anzahl	9	23	27	59
	% von nur Wales: Notwendigkeit Walisischunterricht (subjektiv)	15,3%	39,0%	45,8%	100,0%
	% von Jahrgang	14,1%	44,2%	36,5%	31,1%
	% der Gesamtzahl	4,7%	12,1%	14,2%	31,1%
wichtig/important	Anzahl	26	20	31	77
	% von nur Wales: Notwendigkeit Walisischunterricht (subjektiv)	33,8%	26,0%	40,3%	100,0%
	% von Jahrgang	40,6%	38,5%	41,9%	40,5%
	% der Gesamtzahl	13,7%	10,5%	16,3%	40,5%
positiv gesamt	Anzahl	35	43	58	136
	% von Jahrgang	54,7%	82,7%	78,4%	71,6%

Ebenso unterstreicht eine Zusammenfassung aller positiven Antworten auf die Frage 12 nach dem Gebrauch und der Existenz von Sprache und Mundart die linear ansteigende Entwicklung. Während die Tabelle Frage 12. a) bereits in nahezu allen Schritten diese Tendenz innehat, zeigt deren Zusammenfassung (Tabelle Frage 12. b)) einen ausnahmslosen Anstieg der artikulierten Sprach-/Mundartrelevanz von 27,5% über 52,2%, 66,3%, 70,1% bis zu 81,1% für die Jahrgangsstufe 13. Parallel zu dieser Entwicklung liegt in Frage 12, wie auch in mehreren weiteren Fragen zur Identität, ebenso den negativen Antworten eine meist lineare Entwicklungslinie zugrunde, welche sich genau umgekehrt zu den positiven Antworten verhält: *Nicht wichtig/not important* halten Sprache oder Mundart 41,4% der Jahrgangsstufe 9, 21,7% von Jahrgangsstufe 10 und 17,5%, 17,2% sowie 12,2% der Jahrgangsstufen 11 bis 13. Eine ähnliche Entwicklung mit nur einer Ausnahme ist bei der Antwortmöglichkeit *irrelevant* ebenfalls erkennbar.

Frage 12. a): Wichtigkeit Mundart/Sprache nach Jahrgang und allen Antworten

		Jahrgangsstufe 9	Jahrgangsstufe 10	Jahrgangsstufe 11	Jahrgangsstufe 12	Jahrgangsstufe 13	Gesamt
sehr wichtig/very important	Anzahl	1	9	18	29	27	84
	% von Wichtigkeit Mundart/Sprache	1,2%	10,7%	21,4%	34,5%	32,1%	100,0%
	% von Jahrgang	3,4%	19,6%	22,5%	33,3%	36,5%	26,6%
	% der Gesamtzahl	,3%	2,8%	5,7%	9,2%	8,5%	26,6%
wichtig/important	Anzahl	7	15	35	32	33	122
	% von Wichtigkeit Mundart/Sprache	5,7%	12,3%	28,7%	26,2%	27,0%	100,0%
	% von Jahrgang	24,1%	32,6%	43,8%	36,8%	44,6%	38,6%
	% der Gesamtzahl	2,2%	4,7%	11,1%	10,1%	10,4%	38,6%
nicht wichtig/not important	Anzahl	12	10	14	15	9	60
	% von Wichtigkeit Mundart/Sprache	20,0%	16,7%	23,3%	25,0%	15,0%	100,0%
	% von Jahrgang	41,4%	21,7%	17,5%	17,2%	12,2%	19,0%
	% der Gesamtzahl	3,8%	3,2%	4,4%	4,7%	2,8%	19,0%
irrelevant	Anzahl	4	9	10	6	5	34
	% von Wichtigkeit Mundart/Sprache	11,8%	26,5%	29,4%	17,6%	14,7%	100,0%
	% von Jahrgang	13,8%	19,6%	12,5%	6,9%	6,8%	10,8%
	% der Gesamtzahl	1,3%	2,8%	3,2%	1,9%	1,6%	10,8%
weiß nicht/don't know	Anzahl	5	3	3	5	0	16
	% von Wichtigkeit Mundart/Sprache	31,3%	18,8%	18,8%	31,3%	,0%	100,0%
	% von Jahrgang	17,2%	6,5%	3,8%	5,7%	,0%	5,1%
	% der Gesamtzahl	1,6%	,9%	,9%	1,6%	,0%	5,1%
Gesamt	Anzahl	29	46	80	87	74	316
	% von Wichtigkeit Mundart/Sprache	9,2%	14,6%	25,3%	27,5%	23,4%	100,0%
	% von Jahrgang	100,0%	100,0%	100,0%	100,0%	100,0%	100,0%
	% der Gesamtzahl	9,2%	14,6%	25,3%	27,5%	23,4%	100,0%

Frage 12. b): Wichtigkeit Mundart/Sprache nach Jahrgang und allen positiven Antworten

		Jahrgangs-stufe 9	Jahrgangs-stufe 10	Jahrgangs-stufe 11	Jahrgangs-stufe 12	Jahrgangs-stufe 13	Gesamt
sehr wich-tig/very important	Anzahl	1	9	18	29	27	84
	% von Wichtigkeit Mundart/Sprache	1,2%	10,7%	21,4%	34,5%	32,1%	100,0%
	% von Jahrgang	3,4%	19,6%	22,5%	33,3%	36,5%	26,6%
	% der Gesamtzahl	,3%	2,8%	5,7%	9,2%	8,5%	26,6%
wichtig/ important	Anzahl	7	15	35	32	33	122
	% von Wichtigkeit Mundart/Sprache	5,7%	12,3%	28,7%	26,2%	27,0%	100,0%
	% von Jahrgang	24,1%	32,6%	43,8%	36,8%	44,6%	38,6%
	% der Gesamtzahl	2,2%	4,7%	11,1%	10,1%	10,4%	38,6%
positiv gesamt	Anzahl	8	24	53	61	60	206
	% von Jahrgang	27,5%	52,2%	66,3%	70,1%	81,1%	65,2%

Frage 15 schließlich mit ihrem Versuch, politische Werthaltungen, Gefühle und Meinungen mit Hilfe einer emotionsbehafteten Aussage zu messen, erhält für ihre positiven Antworten zwar in der Summe weniger Zustimmung als die vorhergehenden Identitätsfragen, verhält sich jedoch in ihrer Tendenz ebenso stringent wie ihre Vorgänger. Stimmen den Aussagen *Wir können alles außer Hochdeutsch/I support only two teams: Wales and any team that plays England* noch 17,2% der Neuntklässler zu, sind es in den Jahrgangsstufen 10 bis dreizehn 17,4%, 32,6%, 36,8% und 39,2%.

Die absolut gemessene zurückhaltende Zustimmung auf die Aussage, alles außer Hochdeutsch zu können, erklärt sich für Baden-Württemberg einerseits mit einem Ausländeranteil von knapp 12%[279] und andererseits mit Baden-Württembergs allgemeiner Attraktivität für arbeitsuchende Arbeitnehmer, Familien und Rentner und einer daraus resultierenden nationalen Zuwanderung, der zweithöchsten in der BRD, ins Land. Im Ergebnis stammen viele der befragten Schüler nicht originär aus Baden-Württemberg, sondern etwa aus Hamburg, Ostdeutschland oder Bayern, sowie aus der Türkei, Russland oder Italien und können als solche einer regional geprägten Aussage über eine Mundart, welche sie nicht beherrschen, schwerlich zustimmen.

Großes Defizit der für Wales zur Abstimmung gestellten Aussage *I support only two teams: Wales and any team that plays England* liegt vermutlich in deren Fokus auf den Sport. Zwar sind viele Waliser sehr sport- insbesondere rugbybegeisterte Menschen, jene, die es jedoch nicht sind, stehen möglicherweise auch dieser Aussage skeptisch gegenüber. In der Summe beträgt der Anteil jener walisischen Schüler, die der Aussage nicht zugestimmt haben, ca. 63%, während nur etwas mehr als 36% die Aussage guthießen. Der große Anteil von 63% lässt sich sicherlich nicht ausschließlich mit einem Anteil weniger sportbegeisterter Schüler erklären. Vermutlich spielt hierbei wie schon für Baden-Württemberg ebenfalls der Ausländeranteil sowie die nationale demographische Lage eine Rolle. Dadurch, dass nahezu alle

---

[279] vgl. http://www.baden-wuerttemberg.de/de/Bevoelkerung_Gebiet_und_Flaeche/85837.html am 18.04.06

Nationen der Zuwanderer, hauptsächlich Chinesen, Pakistaner und Inder, in verschiedenen Sportarten sogar in sportlichem Wettbewerb mit Wales stehen, kann dieser hier durch Schüler vertretene Bevölkerungsanteil der Aussage wohl auch nicht zustimmen, selbst wenn sich manche ausländischstämmige Schüler bereits überdurchschnittlich mit Wales identifizieren sollten. Hinzu kommen die in England geborenen und zu einem großen Teil innerhalb eines breiten Gürtels in Ostwales sesshaften Bürger, die einen Anteil der Gesamtbevölkerung von ca. 20%[280] ausmachen und, so sie denn Interesse für den Sport aufbringen, die gegnerischen Teams englischer Mannschaften vermutlich keinesfalls unterstützen dürften.

Es ist bei diesen Besonderheiten der Frage 15 wichtig zu betonen, dass der nur *absolut* gemessene geringe Wert von Zustimmung keineswegs die Hypothese einer Korrelation in Frage stellt. Im Gegenteil. Der ausnahmslos nachgewiesene kontinuierliche Anstieg der Zustimmung zu einer identitätsreflektierenden Aussage spricht erneut und eindeutig für einen Zusammenhang zwischen Alter und Identität, sowie durch den parallelen Anstieg des politischen Wissens der Schüler in der Summe für eine Korrelation zwischen Bildung und Identität.

Frage 15. a): Identität der Region nach Jahrgang und allen Antworten

		Jahrgangs-stufe 9	Jahrgangs-stufe 10	Jahrgangs-stufe 11	Jahrgangs-stufe 12	Jahrgangs-stufe 13	Gesamt
ja, sehr/yes,	Anzahl	1	4	11	16	16	48
a lot	% von Identität der Region	2,1%	8,3%	22,9%	33,3%	33,3%	100,0%
	% von Jahrgang	3,4%	8,7%	13,8%	18,4%	21,6%	15,2%
	% der Gesamtzahl	,3%	1,3%	3,5%	5,1%	5,1%	15,2%
ja/yes	Anzahl	4	4	15	16	13	52
	% von Identität der Region	7,7%	7,7%	28,8%	30,8%	25,0%	100,0%
	% von Jahrgang	13,8%	8,7%	18,8%	18,4%	17,6%	16,5%
	% der Gesamtzahl	1,3%	1,3%	4,7%	5,1%	4,1%	16,5%
nicht wirk-	Anzahl	10	26	28	32	17	113
lich/not	% von Identität der Region	8,8%	23,0%	24,8%	28,3%	15,0%	100,0%
really	% von Jahrgang	34,5%	56,5%	35,0%	36,8%	23,0%	35,8%
	% der Gesamtzahl	3,2%	8,2%	8,9%	10,1%	5,4%	35,8%
nein, über-	Anzahl	8	12	25	21	27	93
haupt nicht/	% von Identität der Region	8,6%	12,9%	26,9%	22,6%	29,0%	100,0%
no, not at all	% von Jahrgang	27,6%	26,1%	31,3%	24,1%	36,5%	29,4%
	% der Gesamtzahl	2,5%	3,8%	7,9%	6,6%	8,5%	29,4%
weiß	Anzahl	4	0	1	0	1	6
nicht/don't	% von Identität der Region	66,7%	,0%	16,7%	,0%	16,7%	100,0%
know	% von Jahrgang	13,8%	,0%	1,3%	,0%	1,4%	1,9%
	% der Gesamtzahl	1,3%	,0%	,3%	,0%	,3%	1,9%
keine Anga-	Anzahl	2	0	0	2	0	4
be	% von Identität der Region	50,0%	,0%	,0%	50,0%	,0%	100,0%
	% von Jahrgang	6,9%	,0%	,0%	2,3%	,0%	1,3%
	% der Gesamtzahl	,6%	,0%	,0%	,6%	,0%	1,3%
Gesamt	Anzahl	29	46	80	87	74	316
	% von Identität der Region	9,2%	14,6%	25,3%	27,5%	23,4%	100,0%
	% von Jahrgang	100,0%	100,0%	100,0%	100,0%	100,0%	100,0%
	% der Gesamtzahl	9,2%	14,6%	25,3%	27,5%	23,4%	100,0%

Frage 15. b): Identität der Region nach Jahrgang und allen positiven Antworten

		Jahrgangs-stufe 9	Jahrgangs-stufe 10	Jahrgangs-stufe 11	Jahrgangs-stufe 12	Jahrgangs-stufe 13	Gesamt
ja, sehr/yes,	Anzahl	1	4	11	16	16	48
a lot	% von Identität der Region	2,1%	8,3%	22,9%	33,3%	33,3%	100,0%
	% von Jahrgang	3,4%	8,7%	13,8%	18,4%	21,6%	15,2%
	% der Gesamtzahl	,3%	1,3%	3,5%	5,1%	5,1%	15,2%

---

[280] vgl. http://de.wikipedia.org/wiki/Wales#Bev.C3.B6lkerung am 18.04.06

ja/yes	Anzahl	4	4	15	16	13	52
	% von Identität der Region	7,7%	7,7%	28,8%	30,8%	25,0%	100,0%
	% von Jahrgang	13,8%	8,7%	18,8%	18,4%	17,6%	16,5%
	% der Gesamtzahl	1,3%	1,3%	4,7%	5,1%	4,1%	16,5%
positiv	Anzahl	5	8	26	32	29	100
gesamt	% von Jahrgang	17,2%	17,4%	32,6%	36,8%	39,2%	31,7%

Unter Berücksichtigung der beschriebenen vier Defizite, die überwiegend aus einer niedrigen Anzahl von Probanden resultieren, weisen in diesem Abschnitt der Altersvariablen sowohl nahezu alle Fragen des politischen Wissensteils, als auch jene zur Identität und Sprache ein eindeutiges Muster auf: Mit fortschreitendem Alter beschreiben alle eine kontinuierlich ansteigende Wissens- und Identitätskurve, welche gemäß der einleitend angestrengten Hypothese in einer graduellen Beziehung zu der jeweils anderen stehen könnte.

Blendet man aus nahe liegenden Gründen die klassenspezifischen Verfälschungen der Fragen 6 bis 8 bei gleichzeitiger Berücksichtigung des Quantitäts-, Objektivitäts-, Analogie- und Affinitätsdefizits aus, dann weisen alle politische Wissensfragen eine klare Linearität auf: Mit fortschreitendem Alter verfügen die Schüler über eine bessere politische Bildung. Demgegenüber waren die Ergebnisse zur regionalen Identität in Abhängigkeit vom Alter der Schüler noch eindeutiger. In drei von fünf Fragen konnten durchgehend konstante Entwicklungslinien zu stärkerer regionaler Identität mir steigendem Alter nachgewiesen werden, die übrigen zwei Fragen können dies bei Einberechnung eines durch zwei im Einflussbereich von englischer Kultur und Sprache beheimateten 13. Klassen verursachten Analogiedefizits ebenso.

Im Ergebnis können also bei Zugrundelegung der Altersvariablen zwei unabhängig voneinander stehende graduelle Muster ausgemacht werden, welche auf eine Korrelation von politischer Bildung und regionaler Identität hindeuten könnten. Über die Ursachen des parallelen Anstiegs beider Kurven können zahlreiche Überlegungen angestellt werden, welche diese erklären und die bisher angestellten Annahmen einer Korrelation möglicherweise auch in Frage stellen. Aus diesem Grund werden im folgenden Abschnitt die Ergebnisse zur politischen Bildung nicht mehr unter einem genetischen Fokus, sondern in Relation zu drei Manifestationen von Identitätsintensitäten untersucht.

3. Identität als Untersuchungsvariable

Eine Vielzahl sozialwissenschaftlicher Arbeiten interpretiert wiederholt und überwiegend insbesondere drei Aspekte einer regionalen Identität als relevant für die Messung derer Intensität. Erstens die Existenz und Anwendung einer Mundart oder einer Sprache, zweitens eine emotionale Komponente der individuellen Identität, die latent vorhanden, jedoch von Individuen oft nicht bewusst wahrgenommen wird und drittens ein rationales Element der individuellen Identität, die selten bewusst wahrgenommen wird. Insbesondere dieses rationale Element kann aufgrund zahlreicher Unsicherheitsfaktoren (z. B. subjektive Unsicherheiten, gruppendynamische Beeinflussungen, defizitäre Wahrnehmung der Identität) in der Regel weniger zuverlässig gemessen werden.

Im Folgenden werden diese drei Elemente als Untersuchungsvariablen herangezogen, dargestellt und interpretiert. Teil a) untersucht hierbei die Ergebnisse zur Bildung in Abhängigkeit von Sprache und Mundart in Wales und Baden-Württemberg und rechtfertigt einleitend die analoge Verwendung zweier divergierender linguistischer Merkmale. Teil b) unterteilt die Antworten der Schüler auf Frage 15 in individuell regionale und nationale Orientierungen und untersucht in Abhängigkeit davon das Niveau politischer Bildung. Teil c) schließlich legt die Ergebnisse zu Frage 9 des Fragebogens nach der rationalen und explizit geäußerten Identität den Betrachtungen der Resultate zur politischen Bildung zugrunde. Hierbei werden wie schon in Teil b) die Antworten der Schüler in tendenziell regional und tendenziell national orientierte Ergebnisgruppen zusammengefasst.

Folglich stehen sich in den nachfolgenden drei Teilen dieses Abschnitts jeweils zweiteilige Ergebnisgrafiken gegenüber, eine, welche einerseits links die Ergebnisse regional orientierter Schüler darstellt (mit der Überschrift *Sprache/Mundart positiv* oder *regional*) und andererseits rechts davon die Resultate der Schüler mit nationaler oder nicht-regionaler Orientierung (*Sprache/Mundart negativ* oder *national*) anzeigen. Basierend auf der eingangs artikulierten Hypothese müssten im Vergleich der regionalen mit der nationalen Orientierung deutliche graduelle Muster niedrigerer Werte links mit höheren Werten rechts erkennbar sein. Zur besseren Übersicht und optischen Vergleichbarkeit der dargestellten Ergebnisse sind die y-Achsenskalen der jeweiligen Tabellenpaare identisch.

a) Sprache und Mundart

Dieser Teil über Sprache und Mundart nutzt neben den Daten der schwäbisch sprechenden Baden-Württemberger die Daten all jener walisischen Schüler, welche nicht nur – bisweilen als reines Lippenbekenntnis – die walisische Sprache als wichtig oder sehr wichtig bezeichneten oder behaupteten, Walisisch zu reden, sondern ihre Sprache auch aktiv – in Manifestation der Auswahl eines walisischsprachigen Fragebogens – anwendeten.[281] Während, wie eingangs erklärt, den deutschen Jugendlichen nur ein Fragebogen zur Auswahl stand, konnten die Waliser zwischen einem englischsprachigen und einem walisischsprachigen Fragebogen wählen. Mit diesem Vorgehen wurde beabsichtigt, den tatsächlichen Stand der walisischen Sprache unter Jugendlichen nicht nur durch einfache Fragen auf einem Fragebogen, sondern vielmehr durch deren reale Anwendung im Alltag zu messen. Hierdurch kann an dieser Stelle auf ausgesprochen verlässliche Daten zurückgegriffen werden. Die Ergebnisse überraschten: Obgleich 77,4% der walisischen Schüler die walisische Sprache als wichtig oder sehr wichtig bezeichneten, immerhin 27,4% von sich behaupten, die Sprache zu beherrschen und zusätzliche fast 8% Walisisch seit ihrer Geburt sprechen, haben sich gerade einmal 6,3% der Probanden in Wales für einen walisischsprachigen Fragebogen entschieden.

Sprache Wales

	Häufigkeit	Prozent	Gültige Prozente	Kumulierte Prozente
walisischer Fragebogen	12	6,3	6,3	6,3
englischer Fragebogen	178	93,7	93,7	100,0
Gesamt	190	100,0	100,0	

Mundart Baden-Württemberg

	Häufigkeit	Prozent	Gültige Prozente	Kumulierte Prozente
Schwäbisch ja	70	55,6	55,6	55,6
Schwäbisch nein	56	44,4	44,4	100,0
Gesamt	126	100,0	100,0	

In den folgenden Betrachtungen werden neben den Daten dieser walisischen Minderheit die Ergebnisse von knapp 56% Schwäbisch sprechenden Baden-Württembergern verglichen mit den Daten der Englisch sprechenden Waliser und jenen der nicht Schwäbisch sprechenden Baden-Württemberger. Streng genommen enthält diese Vergleichskonstruktion drei Defizite. Erstens werden mit Sprache und Mundart zwei verschiedene Identifikationsaspekte als gemeinsames Regionenmerkmal definiert und untersucht. Zweitens werden implizit erfragte Ergebnisse (Messung der Sprachkompetenz durch individuelle Entscheidung für englisch- oder walisischsprachigen Fragebogen) mit den explizit erfragten Ergebnissen auf Frage 10 (*Sprichst Du Schwäbisch?*) des deutschen Fragebogens verglichen. Und drittens entsteht

---

[281] Darüber hinaus muss leider auch davon ausgegangen werden, dass die in Kapitel II festgestellten insgesamt schlechteren Ergebnisse der walisischen Schüler in den Bildungsfragen sowie ihre überdurchschnittlichen Werte der regionalen Identität hier überproportional beeinflussend wirken könnten. Mit 178 Schülern in Wales, welche einen englischsprachigen Fragebogen gewählt haben (siehe Tabellen *Sprache Wales* und *Mundart Baden-Württemberg* weiter unten), wird der überwiegende Teil der Sprache/Mundart negativ Ergebnisse (insgesamt 234 Datensätze) von dieser walisischen Gruppe überdurchschnittlich beeinflusst (Gegenüber 56 Schülern in Baden-Württemberg, welche nicht Schwäbisch reden, haben die Waliser einen Anteil an der Sprache/Mundart negativ Gruppe von ca. 76%.).

durch die Zusammenfassung der walisischen und baden-württembergischen Daten erneut ein quantitatives Ungleichgewicht von 6,3% zu 55,6% der Schüler aus den jeweiligen subnationalen Einheiten.

Gerne wären die Daten zu Sprache und Mundart außerdem getrennt voneinander untersucht worden. Diesbezüglich für Wales und Baden-Württemberg getrennte Versuchsberechnungen haben jedoch gezeigt, dass die beiden hier gewählten Datengrundlagen erstaunlich ähnliche Ergebnisse beim politischen Bildungsniveau hervorbringen. Dies relativiert nicht nur die angesprochenen drei Defizite. Es kann darüber hinaus auch aufgrund der jeweils ausgesprochen ähnlichen Versuchsergebnisse zur politischen Bildung für beide definierten Gruppen angenommen werden, dass eine separate Untersuchung nicht zwingend notwendig ist. Im Gegenteil dürfte eine Datenbasis von insgesamt 82 erwiesenermaßen regional orientierten Schülern in Wales und Baden-Württemberg verlässlicher sein als jene von nur 12 Walisisch sprechenden Schülern.

Für diesen ersten Teil des Abschnitts kann vorweggenommen werden, dass in insgesamt 12 Fragen und Teilfragen zur politischen Bildung jene Schüler, welche ihre jeweilige regionenspezifische Sprache oder Mundart beherrschen, 11 Mal ein meist deutlich besseres Ergebnis erzielen konnten, wodurch sich eine Tendenz möglicher Korrelationsmuster der vorhergehenden Untersuchungen fortsetzt. Die Muster von guten Bildungsergebnissen von sprache-/mundartbeherrschenden Schülern gegenüber unterdurchschnittlichen Resultaten der wenig oder nicht sprache-/mundartbeherrschenden Probanden artikulieren sich besonders deutlich in den anspruchsvollsten Fragen 6 bis 8 über Wahlkreisabgeordnete und Ministerpräsident, worin die Ergebnisse der Sprache- und Mundart-Sprecher mit meist mehr als doppelter Häufigkeit korrekt sind. In den einleitenden Fragen ist die Differenz von sprache-/mundartbeherrschenden und nicht sprache-/mundartbeherrschenden Schülern hingegen aufgrund ihres geringeren Schwierigkeitsgrads weniger deutlich ausgeprägt.

Während 96,3% der walisisch- und schwäbischsprechenden Schüler die korrekte Antwort auf Frage 1 gaben, entschieden sich von den übrigen Befragten nur 90,2% für *Helmut Kohl/John Major*. Obgleich der Unterschied der beiden Gruppen hier mit ungefähr 6% nicht gravierend ausfällt, ist es augenscheinlich, dass die positive Gruppe nicht nur mehr korrekte, sondern obendrein deutlich weniger falsche Antworten, sowohl absolut als auch personenbezogen gegeben hat. Entschieden sich in der Gruppe der tendenziell regionennegativ eingestellten Schüler noch einige (23) der Probanden für die falschen Antwortmöglichkeiten *Gerhard Schröder/Tony Blair, Helmut Schmidt/Margaret Thatcher* und *Willy Brandt/James Callaghan*, so waren die regionenpositiv gestimmten Schüler mit lediglich 3 Ausnahmen ebenfalls in der Lage alle falschen Antworten außer *Gerhard Schröder/Tony Blair* als solche zu erkennen.

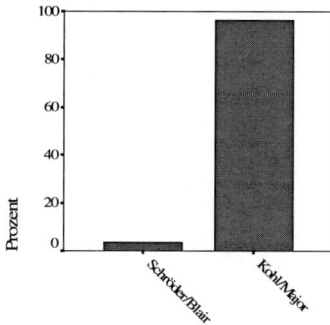

Sprache/Mundart positiv

letzter Regierungschef

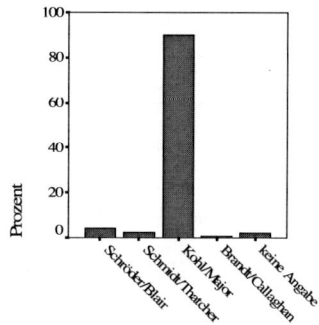

Sprache/Mundart negativ

letzter Regierungschef

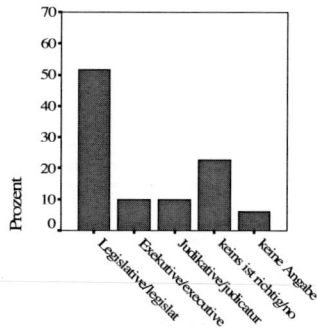

Sprache/Mundart positiv

Bezeichnung Parlament

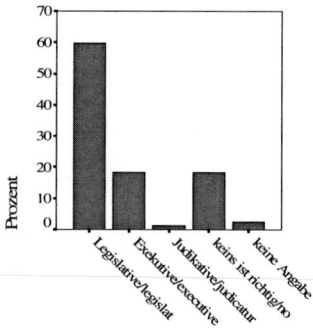

Sprache/Mundart negativ

Bezeichnung Parlament

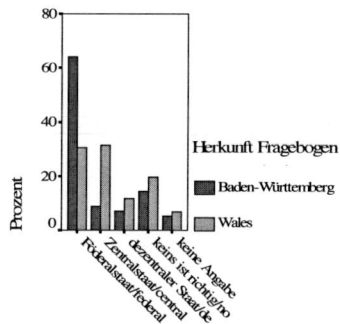

Sprache/Mundart positiv

Staatsgliederung

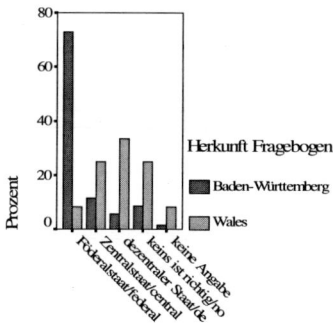

Sprache/Mundart negativ

Staatsgliederung

190

Ebenso überwiegen in Frage 2 die korrekten Antworten der *Sprache/Mundart positiv*
Gruppe mit fast 60% zu 51,7%. Dieser Trend setzt sich fort in Frage 3, hier jedoch nur für die
baden-württembergischen Schüler. Die schwäbisch sprechenden kannten zu 72,9% die richtige Antwort, während jene Schüler ohne Schwäbischkenntnisse mit 40% in einer deutlichen
Unterzahl sind. Demgegenüber bilden die walisischen Schüler mit ihren Ergebnissen für Frage 3 die einzige Ausnahme dieses ersten Teils zur Identität als Untersuchungsvariable. Haben
in allen übrigen Fragen die sprache- und mundartbeherrschenden Schüler bessere Ergebnisse
erzielt, kannten nur 25% der Walisisch sprechenden gegenüber 31,5% der nicht Walisisch
sprechenden Schüler die korrekte Antwort. Aufgrund der ausgesprochen geringen Zahl von
Probanden (3 der 12 Walisisch sprechenden Schüler kannten die korrekte Antwort) muss hier
jedoch von einer weiteren Manifestation eines Quantitätsdefizits ausgegangen werden.

Alle übrigen Fragen konnten von den sprache- und mundartbeherrschenden Schülern
meist erheblich besser beantwortet werden als von den Walisisch oder Schwäbisch nicht be-
herrschenden. Für die auf Europa- und Weltpolitik zielenden Fragen 4 und 5 vergrößert sich
bereits der Abstand der beiden Gruppen zueinander: Gaben auf Frage 4 noch 63,4% der *Spra-
che/Mundart positiv* Gruppe (gegenüber 44,4%) die korrekte Antwort, waren es für Frage 5
bereits 91,5% (gegenüber 59,6% der *Sprache/Mundart negativ* Gruppe).

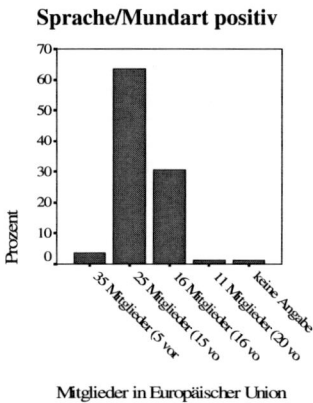

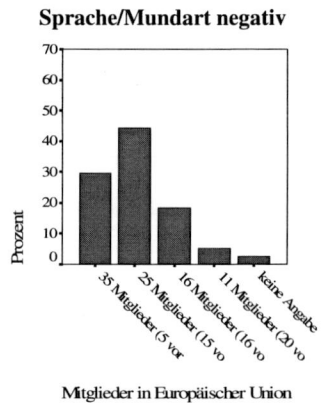

Sprache/Mundart positiv   **Sprache/Mundart negativ**

Sprache/Mundart positiv

Sprache/Mundart negativ

UNO Generalsekretär

UNO Generalsekretär

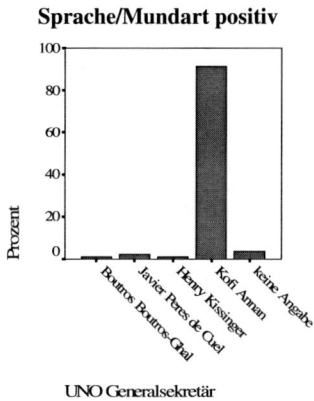

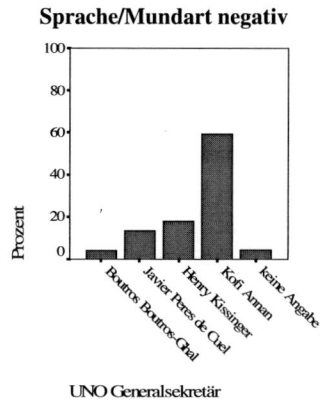

Dieser Trend setzt sich weiter fort in den wohl anspruchsvollsten Fragen des politischen Bildungsteils, worin die Schüler mit regionalem Sprach- oder Mundarthintergrund nahezu ausnahmslos mit ungefähr doppelter Häufigkeit die korrekten Antworten gaben. In Frage 6 nach dem Landtagsabgeordneten/AM lag jene Gruppe mit 22% korrekten Antworten nicht nur doppelt so häufig richtig als die Gruppe *Sprache/Mundart negativ* (11,3%), sondern auch erheblich über dem allgemeinen Durchschnitt von 13,6% aller korrekten Antworten aller Fragebögen auf diese Frage. Auf die Frage nach der Partei des Landtagsabgeordneten/AM gaben mit 53,7% (positiv) gegenüber 29,4% (negativ) erneut mehr Schüler die korrekten Antworten als auf die Frage nach dessen Namen.

Frage 7 nach dem Bundestagsabgeordneten/MP ergibt 30,5% korrekte Antworten der *Sprache/Mundart positiv* Gruppe gegenüber nur 16,7% der *Sprache/Mundart negativ* Gruppe. Ebenso die Frage nach dessen/deren Partei: 50% der Walisisch-/Schwäbischsprechenden Schüler konnten sie korrekt beantworten, während dazu nur 34,8% der weniger regional orientierten Schüler in der Lage waren. Auch hier liegen die Schüler der *Sprache/Mundart positiv* Gruppe erneut über, jene der *Sprache/Mundart negativ* Gruppe erneut unter dem absolut gemessenen Durchschnitt aller korrekten Antworten aller 316 Fragebögen, die insgesamt 19,6% für den Namen und 37,3% für die Partei des jeweiligen Bundestagsabgeordneten/MPs ergeben hatten. Am größten wird schließlich der Abstand zwischen den korrekten Antworten von *Sprache/Mundart positiv* und *Sprache/Mundart negativ* Gruppen bei der Frage nach dem Ministerpräsidenten/First Minister der jeweiligen sub-nationalen Einheit.

Hierauf geben fast 60% der Walisisch- oder Schwäbischsprechenden Schüler eine richtige Antwort, während dazu nur 26,2% der übrigen Schüler in der Lage sind. Ebenfalls bedeutend ist der Abstand dieser beiden Gruppen in den Resultaten zur Partei des Ministerpräsidenten/First Minister. Mehr als 67% der *Sprache/Mundart positiv* Gruppe kennen dessen Partei, unter den Schülern der *Sprache/Mundart negativ* Gruppe sind es mit 31,2% erneut weniger als die Hälfte und außerdem erneut deutlich weniger als der Durchschnitt aller korrekten Antworten aller Fragebögen.

Frage 6 – 8:

	korrekte Antworten nach Sprache/Mundart…		
	…positiv		…negativ
6. a): Landtagsabgeordneter/AM Name	22,0%	↘	11,3%
6. b): Landtagsabgeordneter/AM Partei	53,7%	↘	29,4%
7. a): Bundestagsabgeordneter/MP Name	30,5%	↘	16,7%
7. b): Bundestagsabgeordneter/MP Partei	50,0%	↘	34,8%
8. a): Ministerpräsident/First Minister Name	59,8%	↘	26,2%
8. b): Ministerpräsident/First Minister Partei	67,1%	↘	31,2%

Auch nahezu alle Ergebnisse dieses ersten Teils über Sprache und Mundart als Untersuchungsvariable deuten die Bestätigung einer bereits zuvor beobachteten Tendenz an: stärker regional verwurzelte Schüler erzielen bessere Ergebnisse bei Fragen zur politischen Bildung als ihre schwächer oder nicht regional orientierten Mitschüler. Im zweiten Teil über die emotionale Identität der Jugendlichen gilt es nun zu erforschen, ob bei Zugrundelegung dieser Untersuchungsvariablen gemäß der eingangs angestellten Hypothese ebenfalls graduelle Muster von politischer Bildung in Abhängigkeit der regionalen Identifikation festgestellt werden können.

b) Emotionale Identität

Fielen die allgemeinen Ergebnisse für Frage 15 (*„Wir können alles außer Hochdeutsch"* Stimmst Du dieser Aussage zu?/*„I support only two teams: Wales and any team that plays England." Do you agree with this statement?*) aufgrund ihrer überraschend niedrigen absoluten Zustimmungsquote in den vorhergehenden Abschnitten teilweise noch aus dem Rahmen einer allgemeinen Tendenz, sind sie hier als Messinstrument für die Intensität der emotionalen Identität von außerordentlicher Bedeutung und Zuverlässigkeit. Das liegt erstens am emotionalen und polarisierenden Charakter der Frage, welcher darin zum Ausdruck kommt, dass sich nur eine signifikante Minderheit von 3,2% der Schüler für keine positive oder negative Antwortmöglichkeit entscheiden mochte, und zweitens an den insgesamt leicht unterdurchschnittlichen Zustimmungswerten, welche vermuten lassen, dass jene Schüler, welche schlussendlich den Aussagen der Frage zustimmten, mit großer Wahrscheinlichkeit auch über eine überdurchschnittlich ausgeprägte regionale Identität verfügen. Für Wales deutet die insgesamt niedrige Zustimmungsquote darauf hin, dass sich viele Schüler von sportlichen Assoziationen der Aussage haben abschrecken lassen: Zahlreiche an Sport nicht interessierte Schüler(innen) mögen aus lediglich diesem Grund ihre Zustimmung zur Frage verweigert haben.

Das bedeutet jedoch im Umkehrschluss, dass jene wenigen Schüler, welche trotz ihres möglichen Desinteresses für Sport letzten Endes mit *yes, a lot* oder *yes* geantwortet haben, auch
über ein ausgeprägtes regionales Selbstbewusstsein verfügen dürften. Gleichzeitig müsste das
für die übrigen sportbegeisterten Schüler, welche der Frage zugestimmt haben, ebenso exklusiv gelten, da deren Zustimmung zu obigem Ausspruch im Wesentlichen aus ihrer emotionalen Verbundenheit zu Wales, und nicht etwa zu England oder Schottland, resultieren dürfte.

Für die baden-württembergische Frage 15 steht Ähnliches zu erwarten. Hier ist vorab davon auszugehen, dass dort alle nicht Schwäbisch sprechenden Schüler der Aussage *Wir können alles außer Hochdeutsch* schwerlich zustimmen konnten. Lediglich einige wenige davon,
welche zwar nicht Schwäbisch reden, sich aber dennoch regional verwurzelt als schwäbisch
definieren, dürften schließlich der Aussage zugestimmt haben. Darüber hinaus hat sich vermutlich ebenso nur ein Teil der auch Schwäbisch sprechenden Schüler für die Antwortmöglichkeiten *ja, sehr* und *ja* entschieden. Jene Schwaben, welche sich, analog zu den sportbegeisterten aber nicht regional verwurzelten Walisern, ihrer Umgebung nicht oder nur schwach
verbunden fühlen, dürften dennoch ihre Ablehnung der Aussage artikuliert haben.

Aufgrund dieser Zusammenhänge für Wales und Baden-Württemberg darf davon ausgegangen werden, dass die Daten für Frage 15 trotz vorherig bisweilen uneinheitlicher Ergebnisse als Messinstrument der emotionalen Identität als sehr zuverlässig gelten können. Insbesondere die Tatsache, dass sie zwar nicht in absoluten Werten, wohl aber in Relation zueinander einem allgemeinen Trend folgen,[282] stützt diese Annahme. Im Folgenden werden die positiven und negativen Antworten aller Schüler auf die Frage 15 vergleichend gegenübergestellt.
Antworteten sie mit *ja, sehr/yes, a lot* oder *ja/yes*, wurde von einer überwiegend regional orientierten Identität ausgegangen und das Resultat der jeweiligen Frage graphisch unter der
Überschrift *regional* dargestellt. Stimmten sie der Aussage aus Frage 15 *nicht wirklich/not
really* oder *nein, überhaupt nicht/no, not at all* zu, wurde eine schwächere regionale Identität
mit (möglicherweise latenter) Orientierung an der nationalen Ebene angenommen und ihr
Ergebnis folglich unter der Überschrift *national* zusammengefasst. Den folgenden Betrachtungen liegen alle 316 Datensätze zugrunde. In die Wertung fließen jedoch nur die Ergebnisse
der 306 Schüler mit ein, die sich für eine regionale oder nationale Option entschieden haben
und nicht *weiß nicht/don't know* antworteten oder zu der Frage keine Angabe gemacht haben.

---

[282] Stimmen in Baden-Württemberg noch 26,2% aller Schüler der Aussage zu, sind es in Wales mit 35,3% deutlich mehr, was dem überwiegend beobachteten Trend einer stärkeren regionalen Identität in Wales in Relation zu
Baden-Württemberg entspricht.

„Wir können alles außer Hochdeutsch" Stimmst Du dieser Aussage zu?/
„I support only two teams: Wales and any team that plays England." Do you agree with this statement?
Frage 15: emotionale Identität regional und national

	Häufigkeit	Prozent	Gültige Prozente	Kumulierte Prozente
regional ja, sehr/yes, a lot	48	15,2	15,2	15,2
ja/yes	52	16,5	16,5	31,6
national nicht wirklich/not really	113	35,8	35,8	67,4
nein, überhaupt nicht/no, not at all	93	29,4	29,4	96,8
weiß nicht/don't know	6	1,9	1,9	98,7
keine Angabe	4	1,3	1,3	100,0
Gesamt	316	100,0	100,0	

Der oben angestrengten Hypothese zufolge müsste sich bei der Existenz von Hinweisen auf eine Korrelation politischer Bildung mit regionaler Identität unter Zugrundelegung der emotionalen Identität als Untersuchungsvariable folgendes Bild ergeben: Die Ergebnisse der regional orientierten Probanden sollten in den Bildungsfragen einigermaßen konstant die Resultate der national orientierten Schüler übertreffen und damit ein erneutes graduelles Muster besserer Ergebnisse der Schüler mit ausgeprägterer regionaler Identität begründen.

Auch die im Folgenden dargelegten Statistiken stützen mehrheitlich diese Hypothese und setzten damit die bisher bereits beobachtete Tendenz fort: In insgesamt 9 von 12 Fragen und Teilfragen zur politischen Bildung folgen die Resultate erneut dieser Tendenz, während in nur 3 Fragen die Ergebnisse (bisweilen lediglich um wenige Prozentpunkte) davon abweichen. Wie schon im oberen linguistischen Teil sind die Resultate auf die einfacheren Fragen zwischen beiden Gruppen ausgewogener, während insbesondere für die schwierigeren Fragen 6 bis 8 die regional orientierten Schüler ihr größeres Wissenspotential zeigen. Auch hier ist anzunehmen, dass der höhere Schwierigkeitsgrad die Wissensunterschiede deutlicher aufzeigt.

regional

Prozent

Schröder/Blair — Schmidt/Thatcher — Kohl/Major — keine Angabe

letzter Regierungschef

national

Prozent

Schröder/Blair — Schmidt/Thatcher — Kohl/Major — Brandt/Callaghan — keine Angabe

letzter Regierungschef

regional

Prozent

Legislative/legislat — Exekutive/executive — Judikative/judicatur — keins ist richtig/no — keine Angabe

Bezeichnung Parlament

national

Prozent

Legislative/legislat — Exekutive/executive — Judikative/judicatur — keins ist richtig/no — keine Angabe

Bezeichnung Parlament

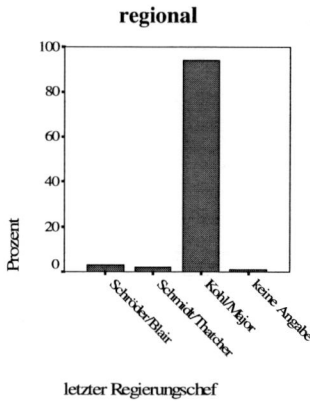

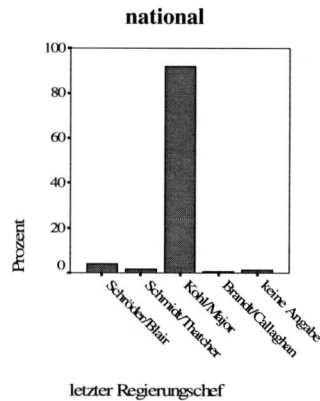

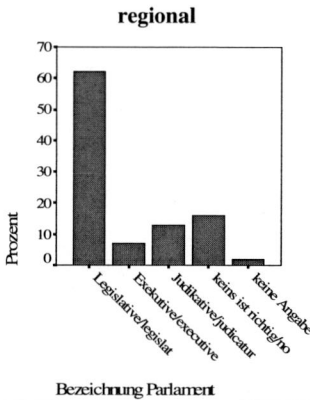

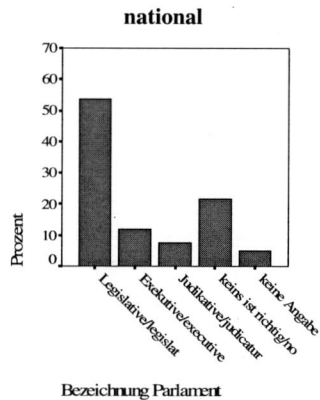

Dies gilt noch nicht für die Fragen 1 und 2, welche zwar der bisherigen Tendenz folgen, jedoch in geringerem Ausmaß als in den letzten Ergebnissen des vorangegangenen Teils. 94% der regional orientierten Schüler kannten auf Frage 1 die korrekte Antwort, von den nationaler orientierten waren es dagegen 91,7%. 62% der regional gegenüber 52,4% der national orientierten Schüler kannten die korrekte Bezeichnung des Parlaments.

Für die Fragen 3 bis 5 können nur marginale Unterschiede in den Ergebnissen beider Schülergruppen festgestellt werden. Gab für Frage 3 ein Anteil von ungefähr 70% (69,7% regional und 73,6% national) aller baden-württembergischen Schüler die Antwort *Föderalstaat*, wussten in Wales ebenso ähnliche Anteile von 32,8% (regional) und 31,1% (national) die korrekte Antwort. Diese Ausgewogenheit ist ebenso in den Fragen 4 und 5 anzutreffen: Dort kannten 49% der mehr regional orientierten und 50% der mehr von nationalen Merkmalen beeinflussten Schüler die Anzahl der Mitglieder der Europäischen Unionen sowie 66% (regional) und 69,4% (national) den Namen des UNO-Generalsekretärs.

regional

national

Herkunft Fragebogen

Baden-Württemberg

Wales

Staatsgliederung

Staatsgliederung

regional

national

Mitglieder in Europäischer Union

Mitglieder in Europäischer Union

regional

national

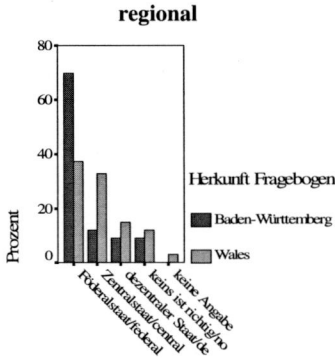

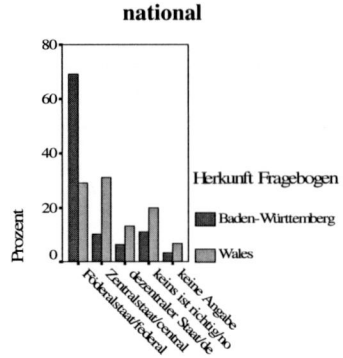

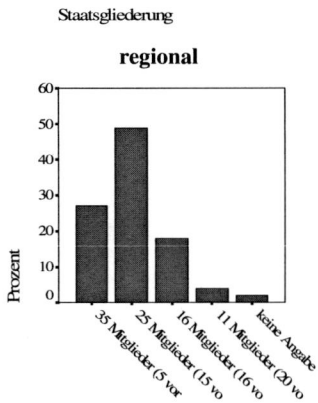

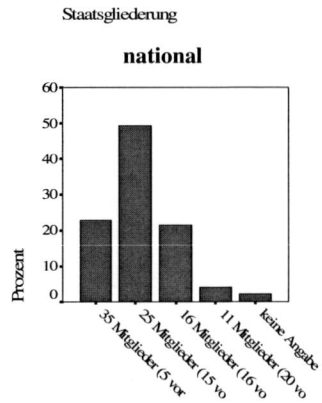

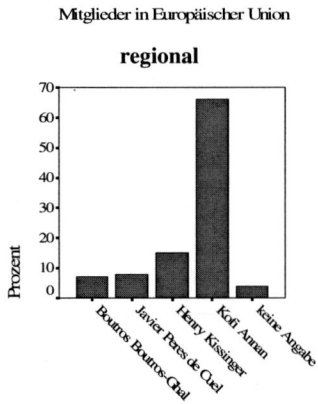

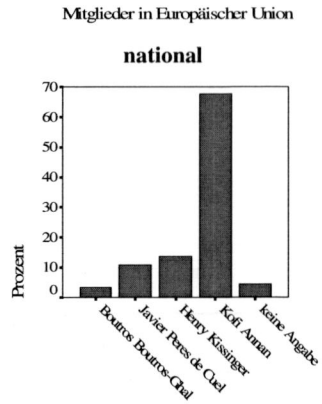

UNO Generalsekretär

UNO Generalsekretär

Als Erklärung für die Ergebnisse können die Daten selbst leider nicht herangezogen werden. Konnten solche in vorhergehenden Kapiteln noch aufgrund schulspezifischer Besonderheiten oder aufgrund von Vorgängen innerhalb einzelner Klassen lokalisiert und für jeden Einzelfall erklärt werden, ist dies hier aufgrund der Anonymität und Diversifikation der nach regional und national orientierten Schülern aufgeteilten Gruppen leider nicht mehr möglich. Aufgrund der hier wieder geringeren Zahlen der Probandengruppen darf jedoch erneut wenigstens in Teilen die Manifestation des Quantitätsdefizits angenommen werden. Da die eher national orientierte Gruppe mit über 200 Schülern mehr als doppelt so groß wie die eher regional orientierte Gruppe ist, verfügt sie einerseits über ein sichereres Datenfundament, während in der eher regional orientierten Gruppe andererseits mit exakt 100 Probanden die Genauigkeit der Daten geringer sein dürfte, insbesondere dann, wenn die 100 Probanden wie in Frage 3 statistisch noch nach Walisern und Baden-Württembergern aufgeteilt werden müssen. Ein daraus resultierendes potentiell datenverfälschendes Szenario könnte so aussehen: Sollten sich diese 100 regional orientierten Probanden auf eine oder mehrere Schulen stärker regionalistisch geprägten *Y Fro Cymraeg* konzentrieren – eine durchaus wahrscheinliche Annahme – und dort wiederum in einer oder in mehreren Schulklassen ähnliche Besonderheiten, wie bereits für einige Workshops beschreiben, abgelaufen sein, könnte das ebenso die partiellen Abweichungen erklären. Wissenschaftlich zufrieden stellend ist sicherlich keine dieser Vermutungen. Erneut wäre eine größere Anzahl von Datensätzen wünschenswert gewesen. Es kann daher nur relativierend auf die Tatsache hingewiesen werden, dass es sich erstens innerhalb der einfacher zu beantwortenden Fragen lediglich um sehr marginale Abweichungen von bekannten Strukturen handelt und zweitens die Abweichungen lediglich in drei von insgesamt 12 möglichen Fällen innerhalb der Untersuchung der emotionalen Identität als Untersuchungsvariable aufgetreten sind. Schließlich gilt es zu betonen, dass die anspruchsvollsten Fragen 6 bis 8 zur politischen Bildung wieder zur alten Kontinuität zurückkehren und mit durchgehend besseren Ergebnissen der regionaler orientierten Jugendlichen die Hypothese einer Korrelation stützen:

Frage 6 – 8:

	korrekte Antworten…		
	…regional		…national
6. a): Landtagsabgeordneter/AM Name	20,2%	ᛐ	12,1%
6. b): Landtagsabgeordneter/AM Partei	48,9%	ᛐ	31,2%
7. a): Bundestagsabgeordneter/MP Name	33,0%	ᛐ	15,6%
7. b): Bundestagsabgeordneter/MP Partei	52,1%	ᛐ	34,2%
8. a): Ministerpräsident/First Minister Name	40,4%	ᛐ	33,7%
8. b): Ministerpräsident/First Minister Partei	48,9%	ᛐ	39,2%

c) Rationale Identität

Auch die Ergebnisse der Untersuchung der rationalen Identität stützen, wenngleich weniger deutlich, die Hypothese der graduellen Muster. Ziel dieses dritten Teils zur Identität ist es, nach der Lokalisierung je einer Gruppe von stärker und schwächer regional orientierten Schü-

198

lern, erneut Indizien möglicher Korrelationen dieser beiden Gruppen mit einem über- und unterdurchschnittlichen politischen Bildungsniveau zu sammeln. Die Lokalisierung je einer mehr und weniger regional orientierten Gruppe erfolgt mit Hilfe der Frage 9 (*Wenn überhaupt, welche der folgenden Möglichkeiten beschreibt am besten, wie Du Dich siehst?/Which, if any of the following, best describes how you see yourself?*), welche leider ebenfalls ein nicht unerhebliches Fehlerpotential in sich trägt.

Neben der im wissenschaftlichen Diskurs unbeantwortet gebliebenen grundsätzlichen Frage darüber, ob Identitätsmerkmale durch die explizite Umfrageforschung überhaupt zuverlässig gemessen werden können und dürfen, präsentiert sich das Phänomen der konzentrischen Loyalitäten bereits vor Beginn der Interpretation der Ergebnisse von Frage 9 als mögliche Fehlerquelle. Insbesondere Wehling weist darauf hin, dass in Abhängigkeit von Zeit und Ort mehr regionale oder nationale Identitätsmerkmale hervorgekehrt werden.[283] Folglich stünde beispielsweise die Frage im Raum, inwiefern die befragten Schüler in Workshops von der Tatsache beeinflusst wurden, dass sie an einem *europäischen* Forschungsprojekt teilnahmen und bisweilen ausländische Forscher zu Gast bei einem Workshop waren. Der Gedanke, dass die Regionen der Schüler als Inhalt der Workshopforschungen eine Aufwertung erfahren, die verfälschend in die Antworten auf Frage 9 mit eingeflossen sein konnten, scheint nicht unbegründet.

Während bezüglich dieser Überlegung nur Mutmaßungen angestellt werden können, zeigen die vorliegenden statistischen Daten ein weitaus konkreteres Bild von Problemen mit den Folgeerscheinungen konzentrischer Loyalitäten. Ein Blick auf die Ergebnistabelle für Frage 9 reflektiert das empirische Phänomen der Durchschnittlichkeit: 27,2% aller Schüler – die mit Abstand größte aller Antwortgruppen – treffen aufgrund vermutlich mehrerer gefühlter konzentrischer Loyalitäten keine rationale Entscheidung bezüglich ihrer gefühlten Identität und entscheiden sich auch nicht für die Antwortmöglichkeit *weiß nicht/Keins/don't know/none of the above*, sondern sehen sich vielmehr als durchschnittliche Individuen, *gleichermaßen baden-württembergisch und deutsch/Welsh and British in equal parts*. Es ist anzunehmen, dass sich in dieser Gruppe eine Vielzahl von Schülern befindet, welche durchaus über eine mehr regional oder national orientierte Identität verfügt und dass diese Schüler auf die Frage nur leider keine positive oder negative Antwort geben wollten oder gar geben *konnten*. Das für die Untersuchung resultierende Problem liegt nun jedoch in dem Umstand begründet, dass gerade Existenz und Größe von regional und national orientierten Gruppen innerhalb dieser sich

---

[283] vgl. Wehling, Hans-Georg (1987), S. 262; Aus diesem Grund wurde bei der Fragestellung in Frage 9 bewusst keine über-nationale Alternative gegeben. Da der Schüler in allen Antworten nur zwischen Region und Nation wählen konnte, wurde er automatisch nicht mit lokalen oder europäischen Identitätsebenen konfrontiert.

selbst als neutral titulierten Antwortgruppe statistisch nicht erfasst werden können. Polarisierte die zuvor untersuchte emotionale Frage 15 noch die Schüler und zwang zwar kleine, jedoch eindeutige Gruppen zu einem pro-regionalen oder -nationalen Statement, so deutet die hier große Zahl Unentschlossener eine geringere Zuverlässigkeit der Daten an. Ferner stehen durch einen Anteil von 10,4% aller Schüler, die *weiß nicht/Keins/don't know/none of the above* antworteten oder keine Angaben machten, in der Summe 37,6% aller Schüler für mögliche Unsicherheiten seitens der Probanden, welche zu Verfälschungen geführt haben könnten.

Wenn überhaupt, welche der folgenden Möglichkeiten beschreibt am besten, wie Du Dich siehst?/Which, if any of the following, best describes how you see yourself?

Frage 9: rationale Identität regional und national

	Häufigkeit	Prozent	Gültige Prozente	Kumulierte Prozente
regional baden-württembergisch, nicht deutsch/ Welsh not British	53	16,8	16,8	16,8
mehr baden-württembergisch als deutsch/ more Welsh than British	72	22,8	22,8	39,6
gleichermaßen baden-württembergisch & deutsch/ Welsh & British in equal parts	86	27,2	27,2	66,8
national mehr deutsch als baden-württembergisch/ more British than Welsh	50	15,8	15,8	82,6
deutsch, nicht baden-württembergisch/ British, not Welsh	22	7,0	7,0	89,6
weiß nicht/Keins/ don't know/ none of the above	30	9,5	9,5	99,1
keine Angabe	3	,9	,9	100,0
Gesamt	316	100,0	100,0	

Den hier gemachten Betrachtungen liegen erneut die Daten aller 316 Schüler in Wales und Baden-Württemberg zugrunde. Abhängig von deren Antworten wurden die Ergebnisse in zwei Gruppen unterteilt. Erstens in eine mehrheitlich regional orientierte Gruppe von 125 (39,6%) Schülern, welche sich selbst *baden-württembergisch, nicht deutsch/Welsh not British* oder *mehr baden-württembergisch als deutsch/more Welsh than British* bezeichnet. Die Ergebnisse dieser Gruppe werden im Folgenden unter der Überschrift *regional* zusammengefasst. Zweitens wurde eine Gruppe von 72 (22,8%) Schülern zusammengefasst, welche sich als *mehr deutsch als baden-württembergisch/more British than Welsh* oder *deutsch, nicht baden-württembergisch/British, not Welsh* sieht.

regional / **national**

letzter Regierungschef

regional / **national**

Bezeichnung Parlament

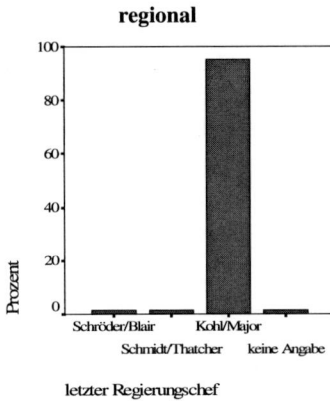

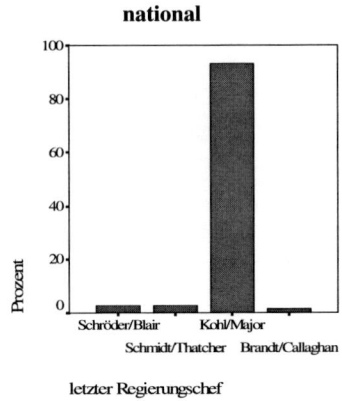

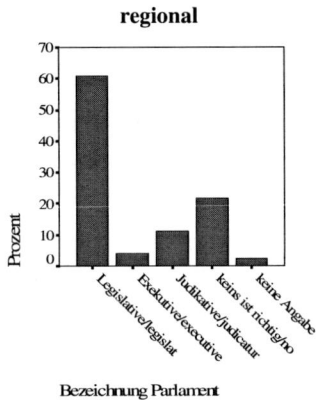

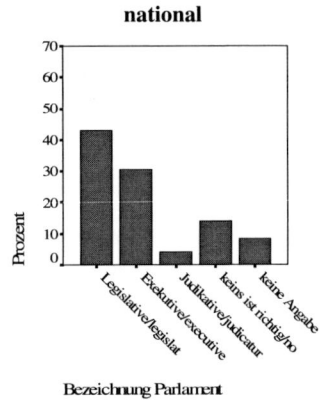

In den Fragen 1 und 2 ist erneut eine Fortsetzung der vorherigen Korrelationsmuster zu beobachten. Während 95,2% der regional orientierten Schüler den Namen des letzten Regierungschefs kannten, sind es unter den national orientierten 93,1%. Die Bezeichnung des Parlaments kannten die regionalen Schüler zu 60%, ihre Mitschüler mit nationalerem Hintergrund jedoch nur zu 43,1%. Ebenso reflektieren die Antwortmuster zur regional relevanten Frage nach der Staatsgliederung Deutschlands und des Vereinigten Königreichs ein höheres Wissensniveau der stärker regional orientierten Schüler. 87,5% in Baden-Württemberg und 31,7% in Wales machten dazu korrekte Angaben. Demgegenüber konnten dies nur 66,7% und 26,7% der beiden national orientierten Gruppen.

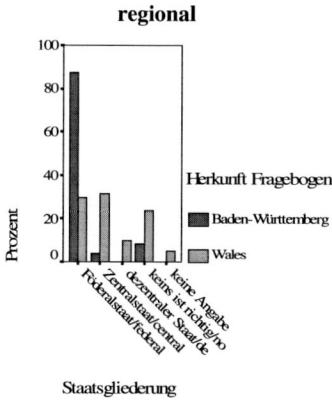

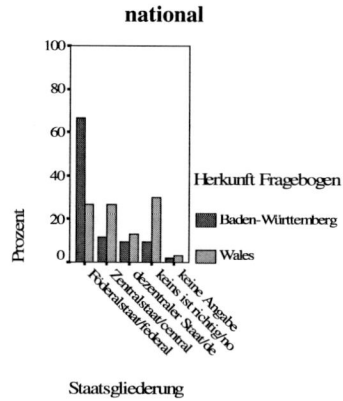

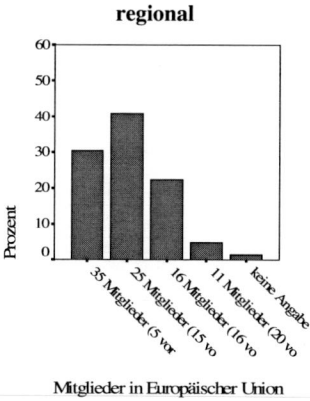

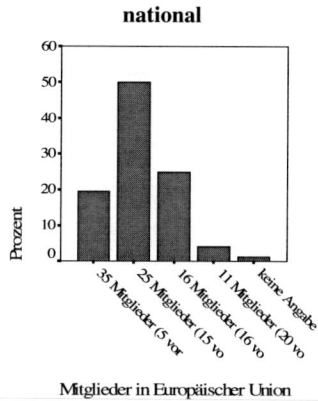

Die ersten Auswirkungen der oben angesprochenen Problematiken tauchen indessen bereits in den Fragen 4 und 5 auf. Sowohl für die Daten der rationalen Identität, als auch in Relation zur Gesamttendenz aller Daten dieses Abschnitts zur Identität untypisch, erzielt die nationale Gruppe mit 50% und 77,8% bessere Ergebnisse als die regional veranlagten Schüler mit 40,8% und 61,6%. Die Ursachen hierfür liegen sicherlich mit in der *Blackbox* der unentschlossenen Schüler (*gleichermaßen baden-württembergisch und deutsch/Welsh and British in equal parts*) begründet, deren mehrheitlich regionale oder nationale Orientierung sich mit den vorliegenden Daten leider nicht rekonstruieren lässt.

regional	national

UNO Generalsekretär

UNO Generalsekretär

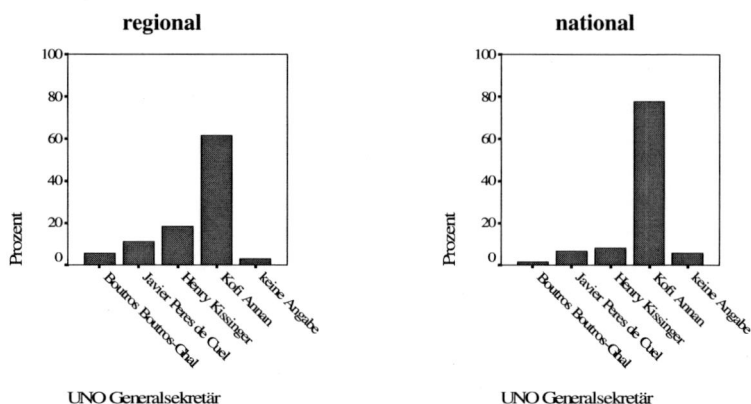

Obgleich die Fragen 6 bis 8 von einigen Ausnahmen der bisherigen Regel betroffen sind (siehe Tabelle), bleibt unter dem Strich für die Frage 9 nach der von rationalen Überlegungen geprägten regionalen Identität eine knapp mehrheitliche Konstanz: in 7 von 12 Fragen schneiden die regional orientierten Schüler erneut häufig besser ab als die nationale Gruppe. Da die Ergebnisse zu Frage 7. b) nach der Partei des Bundestagsabgeordneten nahezu identisch sind, bleiben nur 4 Ergebnismuster, welche von der bisherigen Linearität abweichen. Kalkuliert man in dieses Resultat noch den insgesamt problematischen Charakter der diesen Betrachtungen zugrunde gelegten Frage 9 mit ein, dürfen auch die Gesamtergebnisse dieses Teils als Indizien für mögliche Zusammenhänge politischer Bildung und regionaler Identität sowie eine Korrelation guter Bildung mit ausgeprägter regionaler Identität gewertet werden.

Frage 6 – 8:

	korrekte Antworten…		
	…regional		…national
6. a): Landtagsabgeordneter/AM Name	20,5%	⇘	8,3%
6. b): Landtagsabgeordneter/AM Partei	46,2%	⇘	29,2%
7. a): Bundestagsabgeordneter/MP Name	23,1%	⇘	20,8%
7. b): Bundestagsabgeordneter/MP Partei	42,7%	⇒	43,1%
8. a): Ministerpräsident/First Minister Name	30,8%	⇗	43,1%
8. b): Ministerpräsident/First Minister Partei	36,8%	⇗	51,4%

In der Zusammenfassung aller drei untersuchten Identitätsmerkmale stehen die Ergebnisse von insgesamt 36 ausgewerteten Fragen. In 27 davon erzielen die vermeintlich stärker regional orientierten Schüler bessere Ergebnisse als ihre mehr national eingestellten Mitschüler. Prozentual stehen in der Summe genau 75% aller Fragen, worin die von der eingangs gestellten Hypothese geforderten graduellen Muster zwischen Probanden mit stärkerer und schwächerer regionaler Identität zum Ausdruck kommen. 25% der Fragen folgen diesem Muster nicht.

Als weiteres Indiz für hierdurch bereits angedeutete Tendenzen möge auch ein Abgleich mit möglichen Linearitäten aller nicht korrekten Antworten dienen. Unter Berücksichtigung der fehlenden Antworten auf die hier unter drei unterschiedlichen Identitätsblickwinkeln analysierten 36 Fragen lag 22 davon ebenso eine negativ abgeglichene Linearität zugrunde: in 22 Fällen gaben die überwiegend national orientierten Schüler häufiger eine falsche Antwort als ihre Mitschüler mit vermeintlich stärkerer regionaler Identität, während in 14 Fällen dieses Muster nicht vorlag.

positive Verifikation		negativer Abgleich	
Linearität zwischen überdurchschnittlicher regionaler Identität und relativ besserer politischer Bildung liegt vor		Linearität zwischen unterdurchschnittlicher regionaler Identität und relativ schlechterer politischer Bildung liegt vor	
ja	nein	ja	nein
27 Fälle	9 Fälle	22 Fälle	14 Fälle
75%	25%	61%	39%

Nachdem die drei Abschnitte über das *Three-Wales Model*, die Altersvariable und die Identität in drei unterschiedlichen Ausprägungen mit Hilfe der *multiple choice* Antworten bereits deutliche Hinweise auf Zusammenhänge von politischer Bildung mit regionaler Identität gegeben haben, werden sich die beiden folgenden Abschnitte schließlich auch an den Textantworten auf alle offen gestellten Fragen[284] der Fragebögen orientieren.

---

[284] In der Statistik auch unter dem Begriff der *Stringvariablen* bekannt.

4. Hypothese der Lebensqualität

Schreibe einen Aufsatz zum Thema: Baden-Württemberg heute in zehn Jahren oder was es bedeutet, Baden-Württemberger zu sein/Write an essay on the topic: Wales in ten years from now or what it means to be Welsh, lautete die Aufgabenstellung des abschließenden Fragebogen-Textteils. Sensibilisiert durch die einleitenden *multiple choice* Fragen sowie durch eine erste kurze Workshop-Diskussion unmittelbar danach, machten sich die Schüler in kleinen Gruppen Gedanken über diese Fragestellung und notierten ihre Ideen auf fest angehefteten linierten Blättern des Fragebogens. Durch die resultierende Bündelung aller Fragebogendaten konnten die textlich dargelegten Gedanken und Antworten den individuellen Datensätzen zu Bildung und Identität eindeutig zugeordnet werden, was wiederum Voraussetzung für die hier durchgeführte Thematisierung der *Hypothese der Lebensqualität* ist.

Die von Mühlers und Opps Überlegungen zur regionalen und überregionalen Identifikation abgeleitete *Hypothese der Lebensqualität* geht davon aus,

> „dass man relativ starke affektive Bindungen an eine Region entwickelt, wenn man die Lebensqualität in einer Region positiv einschätzt. Wenn hier von hoher ‚Lebensqualität' gesprochen wird, dann ist gemeint, dass eine Region aus Sicht von Individuen bestimmte *Eigenschaften* hat, die die Befragten positiv *bewerten*. Wenn z.B. die Region über viele Bildungseinrichtungen verfügt *und* wenn eine Person diese positiv bewertet – etwa weil sie sich weiterbilden möchte –, dann sind vorliegende Bildungseinrichtungen ein bedeutsamer Aspekt der Lebensqualität. In diesem Falle läge eine hohe Zufriedenheit mit der Lebensqualität vor, die die regionale Identifikation fördert. Bewertet eine Person z.B. die Bildungseinrichtungen negativ, läge eine hohe Unzufriedenheit mit der Lebensqualität vor, und diese würde die Identifikation vermindern. Bildungseinrichtungen (und generell Aspekte einer Region) sind für die Identifikation irrelevant, wenn es einer Person gleichgültig ist, ob es sie in einer Region gibt oder nicht."[285]

Für das weitere Vorgehen bedeuten die Überlegungen Mühlers und Opps, dass nach Vorstellung des Datenstands in einem ersten Schritt die vorliegenden, von Optimismus und Pessimismus geprägten Textantworten mit den im Anfangsteil der Fragebögen gemachten Antworten zur Region und Identität verglichen werden. Hierbei gilt es zu überprüfen, ob (a) die Theorie der *Hypothese der Lebensqualität* bestätigt werden kann[286] und (b) daraus resultierend den anhand dieser Vorgaben gemachten statistischen Ergebnissen sowohl Aussagekraft als auch Zuverlässigkeit unterstellt werden darf. Sollte beides der Fall sein, werden in einem zweiten Schritt die Daten der Fragen zur politischen Bildung dargestellt und darauf überprüft,

---

[285] Mühler, Kurt/Opp, Karl-Dieter (2004), S. 24
[286] Vorab deutet die Tatsache, dass unter den befragten Hauptschülern die Lebensqualität am negativsten eingeschätzt wird, bereits eine Stützung der Hypothese an. Mit ihrem hohen Ausländeranteil wäre laut Mühler und Opp für die Hauptschulen auch von einer niedrigeren regionalen Verwurzelung auszugehen, welche sich schließlich in einer negativen Einschätzung individueller Lebensumstände niederschlagen könnte. Andererseits ist jedoch auch davon auszugehen, dass Hauptschüler ihre Lebensqualität und Zukunftsaussichten gehäuft grundsätzlich pessimistischer einstufen, was wiederum die Überlegung relativieren dürfte.

ob sie die indiziellen Korrelationsbeobachtungen der vorhergehenden Abschnitte bestätigen können.

Bei der Auswahl der diesen Untersuchungen zugrunde gelegten Daten erfolgte eine Einteilung der Fragebögen in eine Gruppe der positiv und eine der negativ eingeschätzten Lebensqualität. Ausschlaggebend für die Einteilung war jeweils der gesamte Text eines Schülers, welcher stets in seiner Gesamtaussage einer der beiden Gruppen eindeutig zuordenbar sein musste. Philosophierte ein Schüler über die Vor- und Nachteile von Wales oder Baden-Württemberg und machte der jugendliche Autor dabei kein eindeutiges und sich nicht widersprechendes Statement über seine Bewertung entweder der positiven oder der negativen Aspekte seiner Region, bezog er also nicht eine eindeutige und bewertende Position, so wurden seine Daten für diesen Abschnitt nicht berücksichtigt. Beispiel hierfür ist etwa folgende Aussage: „Was es bedeutet Baden-Württemberger zu sein: gehänselt werden als ‚Schwabe' ➔ Krautfresser, Spätzlesesser, Schupfnudelesser, Maultaschenfresser ➔ Bauerndialekt ➔ hohe Einwanderungsrate ABER: schöne Gegenden, schöne Städte, gutes Essen."[287]

Eindeutig positive Aussagen mit positiver Bewertung in Baden-Württemberg beriefen sich sehr häufig auf die wirtschaftlich gute Situation des Landes, auf Wohlstand und Arbeit, aber ebenso auf die überdurchschnittliche Bildung sowie auf eine geographisch vorteilhafte Lage mitten in Europa und auf die landschaftlichen Schönheiten wie die Schwäbische Alb. Die Fragebögen derartiger Aussagen wurden den folgenden Untersuchungen jedoch nur dann zugrunde gelegt, wenn ein Schüler nicht nur positive Eigenschaften statisch auflistete, sondern sie für sich auch positiv bewerten konnte. So zum Beispiel folgender Schüler: „In Baden-Württemberg aufzuwachsen, heißt für mich inmitten einer schönen Landschaft aufzuwachsen. Die Natur liegt den Baden-Württembergern und mir sehr am Herzen, weswegen wir uns aktiv dafür einsetzen, dass die Natur, wie zum Beispiel die Schwäbische Alb, geschützt wird."[288] Die als schön beschriebene Landschaft ist zwar notwendige, jedoch noch keine hinreichende Bedingung. Der *Hypothese der Lebensqualität* zufolge macht erst die positive Bewertung dieses Aspekts durch den Schüler, sowie sein aktives Eintreten für die Natur, die Daten dieses Fragebogens für die Untersuchung relevant.

Für Wales wurden positive Aussagen überwiegend über die Kultur des Landes, aber auch über Sport und die Landschaft getroffen:

> „Wales is my home. It has a nice community. We have our own Saints day and get to wear national costume. Everyone looks out for each other. The food is great especially the traditional lamb. There is a lot of open green space and fields with cute lambs in spring. We have numerous famous people. On the 1st March

---

[287] Fragebogen d0055
[288] Fragebogen d0022

every year we have an eisteddfod were we all come together have competitions and sing our national anthem. There is a great capital city with great people (me ☺)! We also have the valleys were it is very mountainous with SHEEP! And well what can I say about the Welsh Rugby team… Amazin (apart from the other day ☺!) We have an airport and a heliport. We have docks with big big big boats. Prince Charles is the Prince of Wales. We have the best radio station and our own channel S4C. We have the highest pregnancy rate in Britain in Bridgend, my home town. (…) I LOVE WALES."[289]

Erneut macht erst die positive Bewertung der vielseitigen Aussage die Daten des Fragenbogens für diesen Abschnitt relevant. Obgleich bereits im Textverlauf deutlich wird, dass der Schüler sehr positiv über Wales denkt und schreibt, konnte sein Fragebogen letztlich aufgrund seines bewertenden „I LOVE WALES."[290] bei der Gruppe der Fragebögen mit positiv eingeschätzter Lebensqualität berücksichtigt werden.

Demgegenüber ist die Gruppe der negativ eingeschätzten Lebensqualität deutlich kleiner. Die Schüler jener Gruppe befassen sich für Baden-Württemberg überwiegend mit Alkohol- und Drogenproblemen, Arbeitslosigkeit, Sozialabbau und Globalisierung sowie mit den negativen Auswirkungen des Euro. Hierbei ist meist die individuelle Zukunftsangst treibende Kraft. Die walisischen Schüler sehen demgegenüber ihre negativ eingeschätzte Lebensqualität durch eine schwächer werdende oder aussterbende Kultur, sowie durch ethnisch-sprachliche Besonderheiten begründet: "From personal experience, I have entered music competitions and I've been bitched at and neglected because I'm not Welsh speaking, even though I am living in Wales and I am likely to be Welsh."[291] Daneben ist insbesondere die Umweltverschmutzung Ursache für eine individuell gefühlte negative Lebensqualität: "Social + political turmoil. A desolate nuclear wasteland peppered with Welsh cakes. I am not Welsh, never have been, never will be. I don't know what it feels like to be Welsh so yeek."[292]

Die durch Zitate der Schüler untermauerte genaue Dokumentation der Auswahl von Fragebögen sowie deren Einteilung in positiv und negativ eingeschätzte Lebensqualität befindet sich im Statistik-Anhang. Die absolute Zahl von Daten ist leider auch hier gering. Erstens gab es eine Vielzahl von Schülern, welche auf die Frage des Textteils keine oder nur kurze und wenig aussagekräftige Antworten geben wollte. Zweitens *konnten* einige Klassen aufgrund der knapp bemessenen Zeit (zum Beispiel in einstündigen Workshops) oder aufgrund unvorhersehbarer Workshopabläufe (zum Beispiel Feueralarm oder redseliger *Head of Sixth Form*) keine oder nur sehr kurze Angaben zum Textteil des Fragebogens machen. Unter den übrig gebliebenen Fragebögen wurde eine sorgfältige Auswahl getroffen, was zwar einerseits die Quantität der Daten negativ beeinflusste, andererseits jedoch, wie die folgenden Ergebnisse

---

[289] Fragebogen w0047; Rechtschreibfehler wurden hier wie in allen übrigen zitierten Fragebögen nicht verändert, der Schüler stets originalgetreu zitiert.
[290] Fragebogen w0047
[291] Fragebogen w0072
[292] Fragebogen w0077

zeigen dürften, deren Qualität erheblich verbessert hat. In der Summe werden die Fragebögen von 43 Schülern in Wales (16) und Baden-Württemberg (27) untersucht. 31 davon schätzen ihre Lebensqualität eindeutig positiv (21 in Baden-Württemberg und 10 in Wales) und 12 (je 6 in Baden-Württemberg und Wales) eindeutig negativ ein.

Zur zunächst angestrebten Bestätigung der *Hypothese der Lebensqualität* müssten die folgenden Ergebnisse einem Muster folgen, welches eher unterdurchschnittliche Werte von Identität und regionaler Verwurzelung der Schüler, die sich negativ über die Lebensqualität geäußert haben, aufzeigt. Dem gegenüber müssten diejenigen Schüler, welche ihre Region positiv beschrieben und bewertet haben, stärkere Werte in besagten Statistiken erzielen können. Von den 16 hier untersuchten Fragen ermöglichen die ersten 4 Rückschlüsse auf die Ausprägungen von Identität und regionaler Verwurzelung. Im Anschluss daran werden die übrigen 12 Ergebnisstatistiken die Ergebnisse zu den Fragen über die politische Bildung darlegen. Die Darstellung aller Statistiken erfolgt mit Hilfe eines Balkendiagramms, welches auf seiner linken Seite die Ergebnisextensität der eine negative Einschätzung ihrer Lebensqualität zum Ausdruck bringenden Jugendlichen und rechts jene der positiver eingestellten Schüler zeigt.

Schon die Ergebnisse zur ersten Frage über die rationale Identität, *Wenn überhaupt, welche der folgenden Möglichkeiten beschreibt am besten, wie Du Dich siehst?/Which, if any of the following, best describes how you see yourself?* reflektieren eine deutlich stärker definierte und auch positiv artikulierte regionale Identität der positiv gestimmten Schüler. Fast 55% von ihnen antworteten auf die Frage mit *baden-württembergisch, nicht deutsch/Welsh not British* oder *mehr baden-württembergisch als deutsch/more Welsh than British*. Mit 25% weniger als zur Hälfte definieren sich selbst die regionennegativ eingestellten Schüler regional.

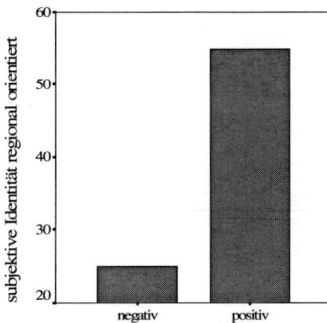

Hypothese der Lebensqualität

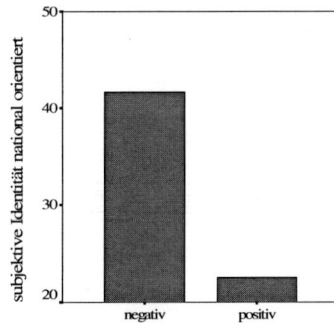

Hypothese der Lebensqualität

208

Auch ein Negativabgleich[293] der Daten, unter Ausschluss der Antworten *gleichermaßen baden-württembergisch und deutsch/Welsh and British in equal parts*, sowie *weiß nicht/keins/don't know/none of the above* bestätigt den ersten Richtwert: Fühlen sich noch 41,7% der gegenüber ihrer Region eher negativ eingestellten Schüler mehr dem Nationalstaat zugehörig, sind dies bei der positiven Gruppe nur noch 22,6%.

Identische Muster ergeben auch die Daten zu Mundart und Sprache, wodurch rückwirkend erneut auch die analoge Betrachtung von Mundart und Sprache im vorherigen Abschnitt gerechtfertigt werden kann: Erhöhen sich in Wales die Walisischsprecher von 16,7% unter den die Lebensqualität negativer einschätzenden Schülern auf 30% unter den positiven, so findet parallel dazu auch ein Anstieg der Schwäbisch sprechenden Schüler in Baden-Württemberg von 16,7% auf 81% statt.

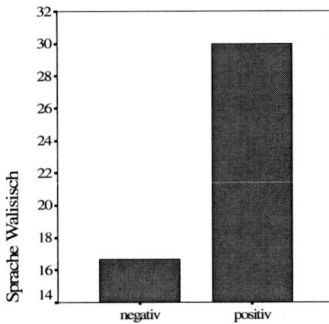

Hypothese der Lebensqualität

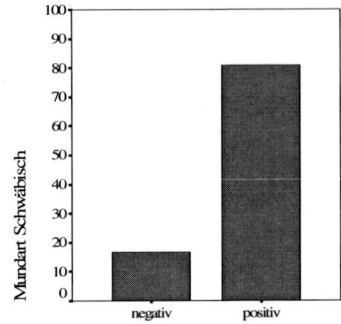

Hypothese der Lebensqualität

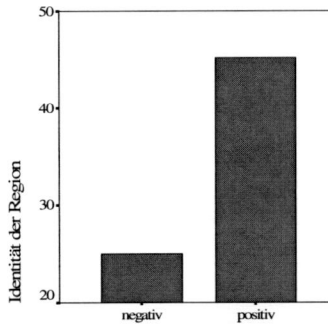

Hypothese der Lebensqualität

---

[293] Jeder Negativabgleich der Fragen zu Region und Identität in diesem Abschnitt bestätigt die zuvor gemachten Beobachtungen, indem er dieselben Tendenzen reflektiert.

Diese ersten Ergebnisse zu Region und Identität bestätigen einigermaßen deutlich die *Hypothese der Lebensqualität*: Schüler, die die Lebensqualität in ihrer Region positiv einschätzen und für sich positiv bewerten, haben offenbar stärkere affektive Bindungen an die Region als ihre weniger positiv gestimmten Mitschüler. Für den ersten Schritt dieses Abschnitts bedeutet das neben einer Bekräftigung der *Hypothese der Lebensqualität* auch eine Bestätigung der vorliegenden Daten und Ergebnisse, denen nach dieser ersten Durchsicht Aussagekraft und Zuverlässigkeit unterstellt werden kann. Gleichzeitig stellt sich hierauf sogleich die Frage nach graduellen Mustern und Indizien für Korrelationen der Identitätswerte mit der politischen Bildung.

In einem zweiten Schritt werden im Folgenden hierfür die Ergebnisse der Fragebogenfragen 1 bis 8 dargestellt und interpretiert. Sollten sich auch hier Anzeichen einer Korrelation ergeben, müssten die Schüler, welche die Lebensqualität in ihrer Region positiv einschätzen, über ein besseres politisches Wissen verfügen als ihre Altersgenossen, welche die Lebensqualität ihrer Regionen eher pessimistisch sehen. Graphisch müsste sich also das oben etablierte Muster niedriger/er Balken für die Negativgruppe (links) bei hohen/höheren Balken der Positivgruppe (rechts) fortsetzen.

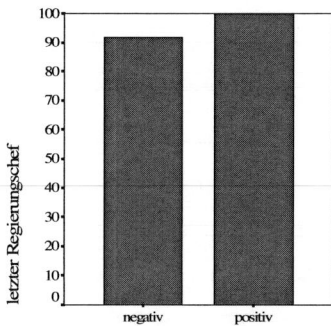

Hypothese der Lebensqualität   Hypothese der Lebensqualität

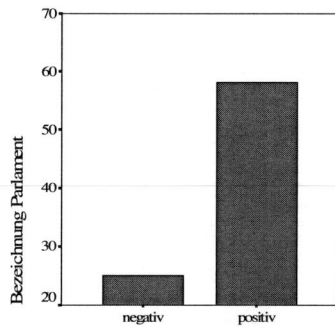

In ausnahmslos allen 12 untersuchten Fragen und Teilfragen ist dies der Fall. Für die Frage 1 mit einem Schritt von 91,7% auf 100%, für Frage 2 mit einem Anstieg von 25% auf 58,1%. Ebenso die korrekten Antworten auf die Fragen nach der Staatsgliederung in der BRD und im Vereinigten Königreich: Einem Anstieg von 33,3% auf 85,7% in Baden-Württemberg steht ein Anstieg von 33,3% auf 50% in Wales gegenüber.

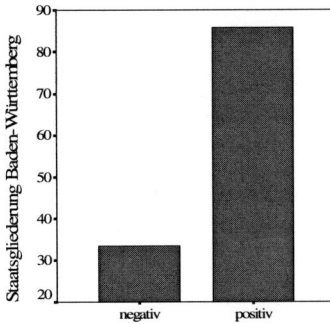

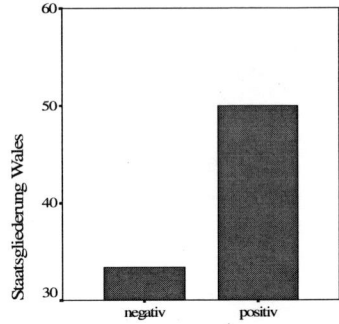

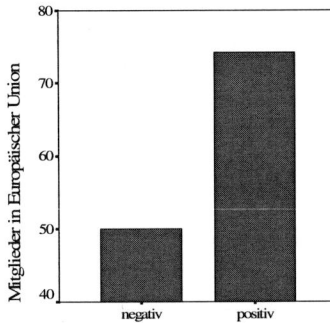

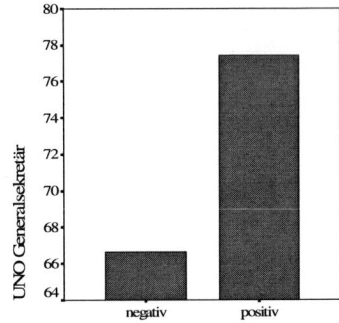

Selbst die Fragen mit europa- und weltpolitischem Hintergrund, zuvor bei manchen Betrachtungen noch problematisch aufgrund eines überraschenden Wissenseinbruchs unter walisischen Schülern, folgen dem Trend: 50% der die Lebensqualität negativ beurteilenden Schüler konnte die korrekte Anzahl von Mitgliedern in der Europäischen Union nennen, während hierzu 74,2% der die Lebensqualität positiv sehenden Schüler in der Lagen waren. Kofi Annan als UNO-Generalsekretär kannten 66,7% in der Negativgruppe und 77,4% in der Positivgruppe.

Die Ergebnisse zu den Fragen über Abgeordnete und den Ministerpräsidenten/*First Minister* schließlich runden das Gesamtbild einer durchgehenden Fortdauer der obigen Tendenzen ab. Obgleich die absolut gemessenen korrekten Werte wie schon zuvor auch unter diesem Fokus insgesamt niedrig sind, können alle Antwortstatistiken die bisher beobachteten graduellen Muster reflektieren.

Frage 6 – 8:	korrekte Antworten...		
	...Lebensqualität negativ		...Lebensqualität positiv
6. a): Landtagsabgeordneter/AM Name	8,3%	↗	38,7%
6. b): Landtagsabgeordneter/AM Partei	25,0%	↗	71,0%
7. a): Bundestagsabgeordneter/MP Name	0%	↗	25,8%
7. b): Bundestagsabgeordneter/MP Partei	16,7%	↗	64,5%
8. a): Ministerpräsident/First Minister Name	25,0%	↗	54,8%
8. b): Ministerpräsident/First Minister Partei	25,0%	↗	64,5%

In der Summe beschreibt in 16 von 16 Fragen oder Teilfragen die Ergebnisextensität der korrekten beziehungsweise sprach- und regionenpositiv gemachten Aussagen ein Muster schwächerer Ergebnisse der Schüler, welche sich negativ über die Lebensqualität geäußert haben gegenüber stärkeren Ergebnissen der Jugendlichen, welche die Lebensqualität positiv einschätzen. Tritt dadurch für die einleitend untersuchten 4 Fragebogenfragen zur Region und Identität noch das von Mühler und Opp bereits prognostizierte Ergebnis ein, stützen die übrigen 12 Fragen und Teilfragen zur politischen Bildung mit ihren ausnahmslos identischen graduellen Mustern die Annahme von Zusammenhängen regionaler Identität mit politischer Bildung erheblich. Selbst ein weiterer negativer Abgleich mit den Daten aller falschen Antworten beziehungsweise sprach- und regionennegativ gemachten Aussagen, durchgeführt unter Ausschluss aller neutralen, nicht gegebenen oder *weiß nicht* Antworten, deutet auf Zusammenhänge von Identität und politischer Bildung hin. In mehr als 81% aller Fälle kann hierin ein umgekehrtes Muster festgestellt werden, welches die Zusammenhänge aus entgegengesetzter Perspektive aufzeigt: Schüler, welche ihre Lebensqualität negativ einstufen, erzielen auch überwiegend schwächere Ergebnisse zu den Fragen über Identität und Wissen.

positive Verifikation[294]		negativer Abgleich[295]	
Ergebnisextensität beschreibt ein Muster schwächerer Ergebnisse der Negativgruppe gegenüber stärkeren der Positivgruppe		Ergebnisextensität beschreibt ein Muster stärkerer Ergebnisse der Negativgruppe gegenüber schwächeren der Positivgruppe	
ja	nein	ja	nein
16 Fälle	0 Fälle	13 Fälle	3 Fälle
100%	0%	81%	19%

---

[294] Dieser Statistik liegen die Daten aller korrekten Antworten oder aller sprach- und regionenpositiv gemachten Aussagen zugrunde.
[295] Dieser Statistik liegen die Daten aller falschen Antworten oder aller sprach- und regionennegativ gemachten Aussagen zugrunde.

5. Exit, Voice and Loyalty Theorie

Hirschmanns *Exit, Voice and Loyalty* Theorie,[296] zweifellos eine der bedeutendsten Arbeiten der Sozialwissenschaften, basiert auf einer simplen Grundannahme: Divergiert die soziale Wirklichkeit von den Vorstellungen eines Individuums, stehen diesem grundsätzlich zwei Handlungsoptionen offen: Erstens die *Exit*-Option, welche einen physischen oder psychischen Ausstieg beschreibt, etwa die Abwanderung aus einer Stadt, Region oder einem Land, sowie beispielsweise der Austritt aus einer Partei oder einem ehrenamtlichen Engagement.[297] Zweitens kann das Individuum sich jedoch auch für die *Voice*-Option entscheiden und infolgedessen die wahrgenommenen Defizite artikulieren (in z. B. Parteien, Leserbriefen, Umwelt- oder Tierschutzorganisationen, usw.), protestieren (z. B. mit Hilfe dieser Organisationen oder durch Demonstrationen) sowie sich engagieren (z. B. in ehrenamtlicher Tätigkeit). In der Realität können sich die drei Formen möglicher *Voice*-Optionen überschneiden (eine Demonstration als engagierter und artikulierter Protest beispielsweise).

	Exit-Option	*Voice*-Option
individuelle Zufriedenheit/ hohe Identifikation	👎	👍
individuelle Unzufriedenheit/ niedrige Identifikation	👍	👎

Individuelles Verhalten wird folglich von einer persönlichen Kosten-Nutzen Kalkulation bestimmt: Bei individueller Zufriedenheit und hoher Identifikation erhöhen sich die Kosten der *Exit*-Option, während sich ihr Nutzen verringert. Somit dürfte ein zufriedenes Individuum mit hoher Identifikation mit seiner Umgebung diese Option weniger wahrscheinlich wahrnehmen. Im Falle von individueller Unzufriedenheit aufgrund eines Defizits sind aus Sicht dieses zufriedenen Individuums die Kosten eines Engagements zur Verringerung oder Abschaffung des Defizits tragbar und der Nutzen eines erfolgreichen Handelns groß, wodurch sich das Individuum in diesem Szenario für die *Voice*-Option entscheiden dürfte. Bei individueller Unzufriedenheit und niedriger Identifikation jedoch erschienen einem Individuum die

---

[296] Hirschmann, Albert O. (1970) *Exit, Voice and Loyalty: Responses in Decline in Firms, Organizations and States.* Cambridge: Harvard.
[297] Für bestimmte Ausnahmesituationen, so Hirschmann, muss jedoch auch berücksichtigt werden, dass die *Exit*-Option bei individueller Unzufriedenheit keine Alternative darstellt. Dieser Fall tritt dann ein, wenn die Option keine Verbesserung der vom Individuum als schlecht empfundenen Situation bewirken kann.

Kosten eines Engagements (*Voice*-Option) in Relation zu deren Nutzen vermutlich als zu hoch, weshalb hier die *Exit*-Option die wahrscheinlichere Alternative sein dürfte.

Nach Hirschmanns Theorie wird im Folgenden analog auch angenommen werden, dass sich eine schwächere regionale Bindung von Individuen mit geringer ausgeprägten regionalen Identitäten durch eine seltenere *Voice*- und eine häufiger eingesetzte *Exit*-Option artikuliert, während Individuen mit stärkerer regionaler Identität sich eher für die *Voice*-Option entscheiden dürften, wollen sie doch eine Verbesserung ihres unmittelbaren Lebensumfelds erreichen. Da Parteien, Leserbriefe, Demonstrationen oder ähnliche Manifestationen der *Voice*-Option den für diese Untersuchung befragten Jugendlichen nicht unbedingt nahe stehen dürften, ist davon auszugehen, dass insbesondere ehrenamtliches Engagement der Schüler als Ausdruck regionaler Identifikation interpretiert werden kann. „Hohe Identifikation wird zu einem relativ hohen Engagement in einer Region führen,"[298] erklären Mühler und Opp und stellen dadurch mit Hilfe ihrer bereits oben untersuchte *Hypothese der Lebensqualität* konkludent einen Zusammenhang von Hirschmanns Theorie über Firmen, Organisationen und Staaten mit regionalen Verhaltensmustern her. Es ist nicht unplausibel, so Mühler und Opp, „dass sich diejenigen, die sich stark mit einer Region identifizieren, auch in der Region engagieren – z.B. häufig Mitglieder in Vereinen oder Parteien sind."[299]

Im Folgenden ist also erstens zu untersuchen, ob jene Schüler, welche sich ehrenamtlich engagieren und damit eine unterstellte *Voice*-Option wahrnehmen, auch über eine ausgeprägtere regionale Identifikation verfügen, ob also die Daten dieser Untersuchung darauf hindeuten, dass die *Exit, Voice and Loyalty* Theorie Hirschmanns nicht nur für Firmen, Organisationen und Staaten Gültigkeit beansprucht, sondern auch analog für regionale Strukturen angewendet werden kann. Sollte das der Fall sein, sollten also die Schüler, welche ein Ehrenamt bekleiden, sich als stärker regional geprägt herausstellen, muss zur Überprüfung der Hypothese dieses Kapitels zweitens analysiert werden, inwiefern diese Gruppe von Schülern auch über eine bessere politische Bildung verfügt als eine zweite Gruppe, welche sich nicht ehrenamtlich engagiert. Die Wahrscheinlichkeit einer Korrelation zwischen politischer Bildung und regionaler Identität könnte schließlich durch die Lokalisierung weiterer gradueller Muster unter Zugrundelegung der *Exit*- und *Voice*-Option als Untersuchungsvariable hier erneut bestätigt werden.

Unter allen 316 befragten Schülern befand sich auf den ersten 66 (25 in Baden-Württemberg und 41 in Wales) zirkulierten Fragebögen keine Frage 25 nach einem ehrenamtlichen Engagement. Zur Wahrung des statistischen Gleichgewichts liegen diese den folgenden

[298] Mühler, Kurt/Opp, Karl-Dieter (2004), S. 31
[299] Mühler, Kurt/Opp, Karl-Dieter (2004), S. 8

Statistiken nicht zugrunde. Die Anzahl der untersuchten Datensätze, unter Ausschluss weiterer 5 Fragebögen, worauf von den Probanden auf Frage 25 keinerlei Angaben gemacht wurden, beträgt 245. Darunter befinden sich 99 Schüler in Baden-Württemberg und 146 in Wales. Insgesamt 74 Schüler gaben an, ein Ehrenamt auszuüben, während 171 behaupteten, dies nicht zu tun. Eine Überprüfung der genauen ehrenamtlichen Tätigkeit(en) – jeder Schüler musste die Frage nach dem Ehrenamt nicht nur bejahen oder verneinen, sondern auch die Art seines Ehrenamtes darlegen – offenbarte jedoch Missverständnisse bezüglich des Begriffs. So wurden beispielsweise Tätigkeiten, wie „für die Schule lernen",[300] „Zeitung, Werbung austragen"[301] und „Kellnerin"[302] als ehrenamtlich deklariert. Während das Lernen für die Schule fraglos kein ehrenamtliches Engagement ist, fehlen genauere Informationen zu den übrigen fragwürdigen Angaben (Findet beispielsweise das Kellnern im Rahmen einer gemeinnützigen Veranstaltung und ohne Bezahlung statt?). Außerdem hat ein Schüler die Frage nach dem Ehrenamt zwar bejaht, die genaue Tätigkeit jedoch nicht angegeben. Insgesamt 7 vermeintliche Ehrenämter konnten dadurch nicht als solche gewertet werden, wodurch sich eine tatsächliche Verteilung von 67 Schülern mit ehrenamtlicher Tätigkeit (27,3%) zu 178 Schülern (72,7%) ohne ehrenamtliches Engagement ergibt.[303]

Zur Messung der Identität und Stützung der *Exit, Voice and Loyalty* Theorie bieten sich die bereits im vorhergehenden Kapitel zur Verifikation der Hypothese instrumentalisierten Fragen zur rationalen und emotionalen Identität (Fragen 9 und 15), sowie zu Sprache und Mundart (Frage 10) an.

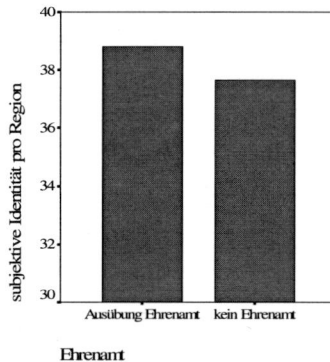

---

[300] Fragebogen d0083
[301] Fragebogen d0089
[302] Fragebogen d0084
[303] Innerhalb Wales' und Baden-Württembergs ergab sich mit 40 und 27 Schülern ein Anteil von jeweils 26,8% und 26,7% der Schüler, welche ein Ehrenamt ausübten.

Bereits bei der Einstiegsfrage des Identitätsblocks nach der individuellen gefühlten regionalen und/oder nationalen Identität artikulierte eine Mehrheit von 38,8% der Schüler mit Ehrenamt eine Bevorzugung der regionalen Strukturen. Ihnen gegenüber stehen 33,6% der Schüler ohne Ehrenamt welche erklärten, sie fühlten sich *baden-württembergisch, nicht deutsch/Welsh not British* oder *mehr baden-württembergisch als deutsch/more Welsh than British*. Diese Werte werden bestätigt von Frage 15 nach einer emotionalen Komponente der regionalen Identität. 37,3% der Schüler mit Ehrenamt gegenüber 28,7% der Schüler ohne Ehrenamt konnten den Aussagen *'Wir können alles außer Hochdeutsch'* oder *'I support only two teams: Wales and any team that plays England.'* zustimmen. Die Untersuchung von Sprache und Mundart schließlich als drittes Merkmal regionaler Identität ergibt uneinheitliche Ergebnisse.

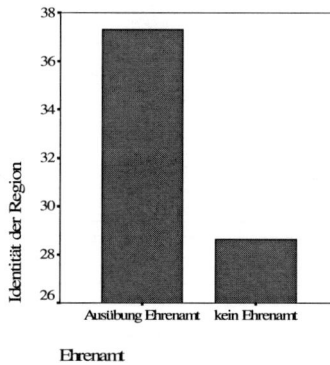

Während die zu erwartende Tendenz für die schwäbische Mundart vorliegt, 22,4% der Ehrenämtler sprechen Schwäbisch gegenüber 18,5% der Schüler ohne Ehrenamt, herrscht für die Schüler, welche von sich behaupten, Walisisch zu sprechen, ungefähr Gleichstand zwischen beiden Gruppen. Mit 16,4% (Ausübung Ehrenamt) zu 16,9% (kein Ehrenamt) ist hier leider keine eindeutige Tendenz auszumachen.

Schon der Abschnitt über die Identität als Untersuchungsvariable hat gezeigt, dass zwischen den Walisern, welche behaupten, in der Lage zu sein, Walisisch zu reden, und jenen, welche dies auch in der Praxis tatsächlich tun, gemessen durch die Anzahl der Schüler welche einen walisischsprachigen Fragebogen gewählt haben, eine große Lücke klafft. Ebenso wurde zuvor bereits belegt, dass die Daten der Schüler, welche nicht nur *behaupten*, Walisisch zu reden, sondern dies auch tatsächlich aktiv tun, als die hier wirklich zuverlässigen betrachtet werden müssen. Aus diesem Grund wären an dieser Stelle ebenso gerne die Daten der 12 Schüler untersucht worden, welche tatsächlich einen walisischsprachigen Fragebogen gewählt und damit ein natürliches Verständnis der Sprachanwendung bewiesen haben. Leider jedoch gab es unter diesen 12 Probanden keinen einzigen, welcher ein Ehrenamt ausübt, wodurch die zwei Gruppen von Schülern mit und ohne Ehrenamt nicht gegenübergestellt werden konnten. Ernüchternd muss hier also leider festgestellt werden, dass sich das Quantitätsdefizit in seiner vielleicht schärfsten Form präsentiert: denn selbst wenn es unter den 12 Schülern zwei oder drei gegeben hätte,[304] welche ein Ehrenamt ausüben, hätten diese kaum als repräsentativ gewertet werden können.

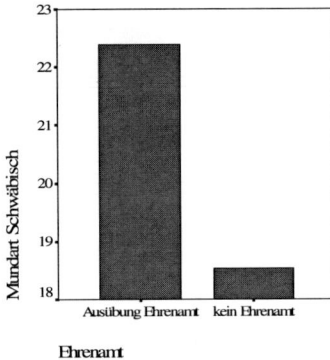

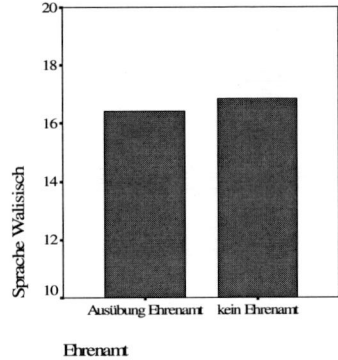

In der Summe liegt somit für die Ergebnisse über die Identität zwar eine Mehrheit der zunächst erwarteten Ergebnisse vor. In 3 von 4 gemessenen Aspekten der regionalen Identität erweisen sich die Schüler mit Ehrenamt als stärker regional orientiert. Leider muss jedoch auch konstatiert werden, dass die Ergebnisse weniger deutlich ausfallen als in mehreren vorhergehenden Kapiteln. Ein Grund hierfür liegt sicherlich an der Form der zugrunde gelegten Daten. Insbesondere die Textantworten mit der meist kurzen Beschreibung einer ehrenamtlichen Tätigkeit können in der Regel nicht eindeutig klären, ob ein Schüler sich dadurch unmittelbar und ausschließlich für seine Region engagiert oder nicht vielleicht doch auch oder sogar überwiegend für seine Schule, Schulklasse, sein Dorf, seine Kirche oder sein persönliches Fortkommen, usw.[305] Trotz der von Mühler und Opp vertretenen Annahme, dass sich die Schüler, welche sich stark mit einer Region identifizieren, in der Region engagieren, bleibt also die Frage offen, ob und falls ja wie sehr die Motivation eines Schülers von bewussten und gezielten regionalen Überlegungen geprägt ist. Möglicherweise findet durch die hier gemachte Annahme, ein Ehrenamt sei *per se* eine Artikulation individueller Verbundenheit mit

---

[304] Im Durchschnitt aller 316 Befragten übten 21,2% (67 Schüler) ein tatsächliches Ehrenamt aus. Unter den 12 besagten Schülern wäre somit ein Anteil von ca. 2,5 Ehrenämtlern zu erwarten gewesen.
[305] z. B. „Help at Sunday school" (Fragebogen w0062) oder "Klassensprecher" (Fragebogen d0056)

der Region eine partielle Verallgemeinerung statt, welche im Ergebnis die Daten beeinträchtigt haben könnte.

Obgleich auch die Fragen über die politische Bildung in deutlicher Mehrheit von den ehrenamtlich engagierten Schülern besser beantwortet wurden (in 9 von 12 Fragen), deuten auch hier mehrere knappe Ergebnisse auf eine durch diese Untersuchung nicht messbare mögliche Heterogenität innerhalb der Gruppe ehrenamtlich Engagierter hin.

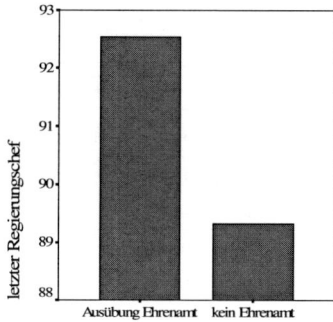

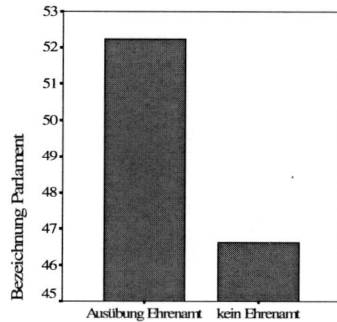

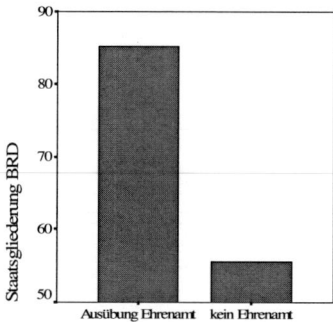

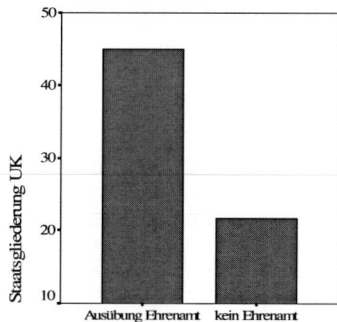

92,5% der ehrenamtlich Engagierten gegenüber 89,3% der Schüler ohne Ehrenamt konnten Frage 1 nach dem Regierungschef korrekt beantworten. Mit 52,2% zu 46,6% liegen die beiden Gruppen bei den Ergebnissen zu Frage 2 nach der Bezeichnung des Parlaments ähnlich nahe beisammen. Deutlicher werden die Mehrheiten bei Frage 3, welche eine höhere Relevanz für die Region hat. Hier kennen 85,2% zu 55,6% der Baden-Württemberger ihre Staatsgliederung, in Wales sind es 45% der Schüler mit Ehrenamt und 21,7% der Schüler ohne Ehrenamt, welche die Staatsgliederung des Vereinigten Königreichs kennen.

Die Fragen 4 und 5 nach internationalen und weniger regionalen Zusammenhängen stehen neben der Frage 7. a) nach dem Wahlkreisabgeordneten des nationalen Parlaments für die einzigen Wissensfragen-Ausnahmen der Kontinuität unter der *Exit, Voice and Loyalty* Theorie. 50,7% ehrenamtlich engagierter gegenüber 51,1% nicht engagierter Schüler kannten die Anzahl der Mitglieder der Europäischen Union. Geringfügig größer der Abstand beider Gruppen bei der Frage nach dem UNO-Generalsekretär: Hier kannten 65,7% gegenüber 66,3% der Schüler die korrekte Antwort. 13,4% der Ehrenämtler gegenüber 18,5% der Jugendlichen ohne Ehrenamt kannten den Namen ihres Bundestagsabgeordneten/*MP*.

Bei Rekapitulation der *Exit, Voice and Loyalty* Theorie können diese 3 Ausnahmen nicht wirklich überraschen. Wenn für einen ehrenamtlich engagierten Schüler laut Theorie eine größere Nähe zur Region angenommen werden darf, müssten die nicht ehrenamtlich engagierten nicht nur in größerer Distanz zur Region, sondern auch – politisches Desinteresse ausschließend – in größerer Nähe zur nationalen oder europäischen Ebene stehen. Folglich wäre es auch nicht erstaunlich, wenn just in den beiden Wissensfragen zur Europa- und Weltpolitik sowie unter den drei Fragen zu Landtagsabgeordnetem/*AM* (Region), Bundestagsabgeordneten/*MP* (Nation) und Ministerpräsidenten/*First Minister* (Region) ausgerechnet beim Bundestagsabgeordneten/*MP* die bessere Ergebnisse erzielt würden.

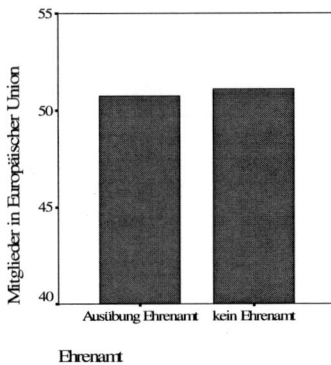

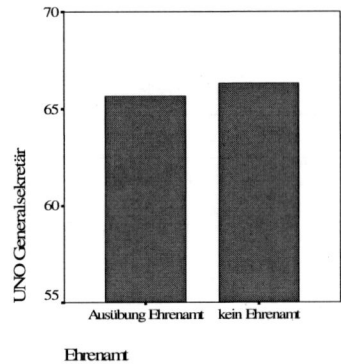

Frage 6 – 8:

	korrekte Antworten…		
	…mit Ehrenamt		…ohne Ehrenamt
6. a): Landtagsabgeordneter/AM Name	19,4%	↘	10,1%
6. b): Landtagsabgeordneter/AM Partei	50,7%	↘	26,4%
7. a): Bundestagsabgeordneter/MP Name	13,4%	↗	18,5%
7. b): Bundestagsabgeordneter/MP Partei	38,8%	↘	33,1%
8. a): Ministerpräsident/First Minister Name	43,3%	↘	27,5%
8. b): Ministerpräsident/First Minister Partei	50,7%	↘	35,4%

Auch ein bisher jeweils durchgeführter Negativabgleich aller Fragen ergibt eine Mehrheit für die umgekehrte Tendenz: Schüler, welche sich nicht ehrenamtlich engagieren, stehen mehrheitlich in größerer Distanz zu ihrer Region und erzielen schlechtere Ergebnisse bei den Wissensfragen als ihre ehrenamtsausübenden Mitschüler.

221

IV. Ergebnisextensitäten und Korrelationen

Diese Studie, so die Bemerkung eines Teilnehmers[306] des Freudenstadt Kolloquiums 2006 bei ihrer ersten öffentlichen Präsentation, besteht genau genommen aus mindestens drei Studien: einer über die politische Bildung von Jugendlichen, einer über deren Verständnis von regionalen Zusammenhängen und deren Nähe zur Region, sowie einer über die Sprach- und Mundartkompetenzen der Jugendlichen einer Region. Diese Tatsache, und darüber hinaus die überwiegend ungewöhnlich hohe Qualität aller Daten, so der Teilnehmer, macht die trotz knapper finanzieller und logistischer Ressourcen erzielten Ergebnisse ausgesprochen wertvoll. Tatsächlich überraschten Qualität und Aussagekraft der gesammelten Daten auch das Forscherteam und den Verfasser. War ursprünglich noch vorgesehen, durch diese Studie das Niveau politischer Bildung und die Ausprägung regionaler Identität von Jugendlichen sowohl absolut als auch für Wales und Baden-Württemberg vergleichend zu untersuchen, stellte sich bald heraus, dass die Daten eine Vielzahl zusätzlicher Informationen enthalten, die es ebenfalls zu interpretieren galt. Die wesentlichsten davon waren die deutlichen Anzeichen für eine Korrelation von politischer Bildung mit regionaler Identität, welche sich zunächst bei der Untersuchung des *Three-Wales Models* zeigten und sich im Folgenden bei der Zugrundelegung insgesamt fünf verschiedener Untersuchungsvariablen immer mehr konkretisierten.

Die Überprüfung dieser fünf Variablen bestätigte sowohl jeweils einzeln, als auch in der Summe die Annahmen der Korrelationshypothese (*Eine Korrelation zwischen politischer Bildung und regionaler Identität liegt mit großer Wahrscheinlichkeit dann vor, wenn bei Zugrundelegung verschiedener und unterschiedlichster Untersuchungsvariablen unabhängig voneinander stehende graduelle Muster festgestellt werden können.*). Wurden die Daten Wales' unter Zuhilfenahme der (durch diese Untersuchung verifizierten) Erkenntnisse von Balsom in Wales' drei konstitutiven Elemente *British Wales*, *Welsh Wales* und *Y Fro Gymraeg* aufgeteilt, konnten mehrheitlich einigermaßen deutliche Muster erkannt werden. Erstens waren die im walisischsten *Y Fro Gymraeg* beheimateten Schüler in sowohl ihrem Wissen, als auch in ihrer regionalen Identität und in ihren Sprachkompetenzen ihren Altersgenossen in den übrigen Teilen Wales' fast immer deutlich überlegen. Zweitens zeigte sich, dass beim Vergleich der drei Gebiete Wales' eine Mehrheit der Ergebnisse einem Muster folgt, wonach *British Wales* die verhältnismäßig schwächsten, *Welsh Wales* durchschnittliche und *Y Fro Gymraeg* überdurchschnittliche Ergebnisse erzielen konnte. Da sich dieses Muster nicht nur auf die Wissensfragen des ersten Teils des Fragebogens, sondern auch auf die Messungen der Sprachkompetenzen und regionale Identitäten erstreckte, konnten die Gesamtergebnisse zu

---

[306] der in Deutschland lebende Wirtschaftsberater Noel Spare

222

dieser Untersuchungsvariablen als erster Hinweis einer möglichen Korrelation von Bildung und Identität gewertet werden.

Etwas weniger deutlich, jedoch ebenfalls ausgesprochen aussagekräftig waren demgegenüber die nach Jahrgangsstufen der Jugendlichen sortierten Daten. Wenn, wovon auszugehen ist, die Schüler mit fortschreitendem Alter mehr Wissen anhäufen, so die untersuchungsvariabelspezifische Hypothese, dann müsste dies im Falle einer möglichen Korrelation für die Ausprägung der regionalen Identität ebenso gelten. Trotz einiger Ausnahmen wegen klassenspezifischer Besonderheiten, welche die Klassen- und Jahrgangsstufendaten in Teilen beeinflusst haben dürften – ein Feueralarm, Zeitdruck, beeinflussende Kommentare der Schüler, Lehrpläne, usw. –, bestätigten auch die Ergebnisse der genetischen Betrachtungen (selbst exklusive dieser Beeinflussungen) die zuvor gemachten Annahmen. Synchron mit dem Bildungsniveau steigen die Werte der regionalen Identität der Jugendlichen mit fortschreitendem Alter an. Selbst die schwäbische Mundart, so die Antworten der Schüler, wird in Baden-Württemberg mit fortschreitendem Alter häufiger beherrscht und gesprochen.

Leider liegen besonders den nach Jahrgangsstufen sortierten Datengruppen einige Defizite zugrunde, welche in Teilen in die Ergebnisse mit eingeflossen sein dürften. Besonders die geringe Anzahl von Probanden, welche durch die Aufteilung in fünf Jahrgangsstufen zusätzlich verkleinert wurde, hat möglicherweise zu Verfälschungen geführt. Hierzu könnte beispielsweise der überraschende Anstieg der Schwäbischsprechenden zählen. Gewichtiger als diese Randerscheinung erscheint jedoch das Problem konkreter klassenspezifischer Einflüsse. In einem Fall hat allein der Lehrplan für eine baden-württembergische Jahrgangsstufe zu signifikant besseren Ergebnissen einer Schulklasse auf einzelne Fragen geführt. In einem anderen Fall hat ein Kommentar eines Schülers die Ergebnisse einer ganzen Schulklasse erheblich beeinflusst. Da diese Schulklasse wiederum einen großen Teil einer Jahrgangsstufe repräsentierte, führte der Ausspruch eines einzigen Schülers zu einem Linearitätsknick der Endergebnisse, die ansonsten sehr stringente Ergebnismuster aufwiesen. Darüber hinaus existierten zahlreiche weitere Einflussmöglichkeiten – geographische Besonderheiten, außerschulische Aktivitäten im Klassenverbund, usw. –, welche besonders stark auf den Klassenverbund wirken können und in einigen Fällen nicht nachvollziehbar, aber messbar auch gewirkt haben und die Ergebnisse einer ganze Jahrgangsstufe beeinflusst haben dürften. Die Fehleranfälligkeit der Altersvariablen, welche durch eine deutlich größere Anzahl von Probanden hätte minimiert werden können, liegt ohne Zweifel in ihrer Natur selbst begründet. Aufgrund dieser Unsicherheit der Ergebnisse, welche wegen einer Vielzahl von Alternativinterpretationen für die beobachteten Phänomene alleine stehend selbst ohne besagte Ausnahmen eine mögliche

Korrelation von politischer Bildung mit regionaler Identität schwerlich begründet hätte, mussten also weitere Untersuchungsvariablen den Überlegungen zugrunde gelegt werden. Diese konstituieren sich darüber hinaus aus Untersuchungsgruppen, welche nicht mehr aus leicht beeinflussbaren einzelnen Schulklassen bestand, sondern aus kleineren Teilen davon. Dies reduzierte, wie die Ergebnisse der folgenden Abschnitte zeigte, eine große Anzahl möglicher Fehlerquellen, was beispielsweise bei der Untersuchung von linguistischen, emotionalen und rationalen Identitätsmerkmalen der Schüler der Fall ist. Legt man eines dieser drei Merkmale den Auswertungen als Variable zugrunde, so erhält man Untersuchungsgruppen, welche als solche nicht denselben Beeinflussungsfaktoren ausgesetzt sind, wie die zuvor untersuchten Schulklassen und infolge dessen auch zuverlässigere Ergebnisse versprechen. Bei der Zweiteilung der Untersuchungsgruppen in Schüler mit regionalen Merkmalen und mit schwachen oder gänzlich ohne regionale Merkmale konnten erneut mehrheitlich graduelle Muster von politischer Bildung und regionaler Identität ausgemacht werden. Am deutlichsten war das der Fall bei der Untersuchung der linguistisch definierten Untersuchungsgruppe. Hierin erzielten die schwäbisch- und walisisch sprechenden Schüler nahezu ausnahmslos bessere Ergebnisse in sowohl Bildungs- als auch in Identitätsfragen als ihre Mitschüler, welche die Sprache oder Mundart nicht beherrschten. Auch die Gegenüberstellung von Einheiten mit starker emotionaler und regionaler Identität mit jenen, welche eine eher nationale Orientierung vermuten ließen, ergab dieselben Tendenzen: Schüler mit regionaler Orientierung verfügten sowohl über eine stärker ausgeprägte regionale Identität als auch über ein umfangreicheres und besseres politisches Wissen.

Die bis zu diesem Punkt zusammengetragenen Ergebnisse resultieren nahezu ausnahmslos aus den Daten der *multiple choice* Fragen. Neue Möglichkeiten eröffnen darüber hinausgehend jedoch die Antworten der Schüler auf die offen gestellte Frage des zweiten Fragebogenteils (*Schreibe einen Aufsatz zum Thema: Baden-Württemberg heute in zehn Jahren oder was es bedeutet, Baden-Württemberger zu sein/Write an essay on the topic: Wales in ten years from now or what it means to be Welsh*). Zu deren Nutzung wurde aus den Überlegungen Mühlers und Opps die *Hypothese der Lebensqualität* abgeleitet, die besagt, dass eine starke regionale Identifikation für die Gruppe von Schülern anzunehmen ist, welche sich eindeutig und explizit positiv über die für sie relevanten Aspekte ihrer Lebensqualität äußert. Dem gegenüber, so die Annahme der Hypothese, müssten die Fragebögen einer zweiten Gruppe von Schülern, welche sich ebenso eindeutig negativ über ihre Lebensqualität äußert und von dieser auch negativ tangiert wird, eine schwächere regionale Identität reflektieren. In einem ersten Schritt konnte die Zuverlässigkeit dieser Hypothese durch eindeutige Ergebnisse bestätigt werden: In allen Fragen zu Identität und Region erwiesen sich die Schüler mit positiv einge-schätzter Lebensqualität als stärker regional verwurzelt und geprägt als ihre Mitschüler mit gegenteiliger Einschätzung. Die in einem zweiten Schritt erfolgte Untersuchung des politi-schen Bildungsniveaus beider Gruppen setzte ausnahmslos die zuvor festgestellten Tendenzen fort. Auch hier stellte sich die regional orientierte Schülergruppe in allen Wissensfragen ge-genüber ihren weniger regional verwurzelten Mitschülern als überlegen heraus, was wiederum die These möglicher Korrelationen von politischer Bildung und regionaler Identität erneut stützt.

In einem letzten Abschnitt mit der Verifizierung und anschließenden Untersuchung von Hirschmanns *Exit, Voice and Loyalty* Theorie konnten schließlich weitere Indizien für eine Bestätigung der eingangs aufgestellten Hypothese dargelegt werden. Eine Aufteilung der Schüler in eine Gruppe mit ehrenamtlichem Engagement (Schüler, welche aufgrund ihrer Nä-he zur Region gegen deren Defizite mit Hilfe der *Voice*-Option einzuwirken versuchen) und eine Gruppe ohne ehrenamtliches Engagement (jene Schüler, welche sich nicht ehrenamtlich engagieren und dadurch vermutlich eher einer *Exit*-Option zugeneigt sind) sowie eine Unter-suchung von deren regionalen Identitäten bestätigte sowohl Hirschmanns Theorie als auch die zuvor festgestellten Linearitäten: Menschen mit stärkerer regionalen Bindung verfügen über sowohl eine ausgeprägtere regionale Identität als auch über ein höheres politisches Bildungs- und Wissensniveau.

Obgleich alle fünf in dieser Arbeit untersuchten Untersuchungsvariablen auf Zusammen-hänge zwischen der politischen Bildung und der regionalen Identität eines Jugendlichen schließen lassen, bleiben einige Fragen offen. Die erste hiervon ist die Frage nach der Rich-tung einer möglichern Korrelation, nach der berühmten Huhn-Ei-Problematik. Wenn denn durch die Studie eine Korrelation von politischer Bildung und regionaler Identität nachgewie-sen werden konnte, wie kann dann bewiesen werden, welcher der beiden Faktoren ursächlich für den anderen ist? Ist die regionale Identität einiger Schüler hoch aufgrund einer guten Bil-dung oder ist eine Gruppe von Schülern aufgrund einer größeren regionalen Identität besser gebildet? Leider kann diese Studie lediglich die sehr deutlichen Indizien für eine Korrelation aufzeigen, dabei jedoch auf diese Frage keine Antwort geben.

Auch der Einfluss persönlicher Interessen auf die statistischen Ergebnisse bleibt leider ei-ne undefinierte Variable. Geht man von einer Kausalität aus, wonach ein regional orientierter Schüler sich mehr für regionale Belange interessiert und folglich auch besser über regionale Zusammenhänge (z. B. über seine Wahlkreisabgeordnete) informiert ist, stellt sich sogleich

225

die Frage: Wird durch diese Studie den dargelegten Zusammenhängen nicht vielleicht eine Dimension unterstellt, welche ebenso mit nahe liegenderen, natürlichen Ursprüngen erklärbar wären? Aufgrund der Vielschichtigkeit der Fragebogenfragen kann die Frage eindeutig verneint werden. Diese erfragten ja gerade nicht nur und ausschließlich ein regionales Wissen, sondern erstreckten sich auf alle Ebenen und Facetten der politischen Bildung, auf Region, Nationalstaat und Weltpolitik ebenso wie auf Institutionen, Personen und Terminologien. Infolgedessen hätte das skizzierte Szenario einen regional interessierten und informierten Schüler zwar möglicherweise in einem Teil der Wissensfragen übervorteilen können, in der Gesamtheit der Ergebnisse konnten jedoch für nahezu alle Fragebogenfragen ein besseres Wissensniveau der regional orientierten Schüler gemessen werden, wodurch dieser Effekt nicht oder nur sehr schwach aufgetreten sein dürfte.

Der Vergleich von Wales und Baden-Württemberg in Kapitel II hat gezeigt, dass politische Bildung nicht nur, laut Joseph Schumpeters einleitend zitierter Aussage, verdienstvoll, sondern auch – und hierin widerlegt diese Studie Schumpeters Annahmen – wirkungsvoll ist und beachtliche Resultate erzielen kann.[307] Während die baden-württembergischen Schüler noch mit eigenem Schulfach für die politische Bildung, sowie mit klaren curricularen Inhaltsvorgaben für den politischen Unterricht deutlich bessere Ergebnisse erzielen, bleiben ihre walisischen Mitschüler meist recht deutlich dahinter zurück. Zwar darf dies nicht ausschließlich auf die Existenz des Schulfachs der Gemeinschaftskunde zurückgeführt werden, werden doch die Einflüsse zweier Kulturen unterschiedlicher Natur verglichen. Die aus einem grundsätzlich strukturell identischen Forschungssetup gewonnenen unterschiedlichen Ergebnisse für beide Gebiete scheinen jedoch einen erheblichen Einfluss des Schulfachs für politische Bildung anzudeuten und den britischen politischen Unterricht ohne Schulfach als Unterrichtsprinzip diesem Konzept wenigstens in seinen gemessenen Wirkungen unterzuordnen.

Die Resultate relativieren leider obendrein die gesammelten Indizien für eine Korrelation von politischer Bildung mit regionaler Identität. Wie Abschnitt 2 in Kapitel II gezeigt hat, verfügen die walisischen Schüler über eine starke Identität bei relativ gesehen schwächerer Bildung, die baden-württembergischen jedoch über eine schwächere Identität bei besserer Bildung. Haben noch alle in Kapitel III zusammengestellten Untersuchungsvariablen die Annahme einer Korrelation überwiegend deutlich bestätigt, laufen diese Ergebnisse der Hypothese zuwider. Mit ihrer starken regionalen Identität wäre für die walisischen Schüler ein hohes Niveau politischer Bildung zu erwarten gewesen und für die baden-württembergischen das Gegenteil. Die Gründe für diese Ausnahme sind nach Meinung des Verfassers in zwei

---

[307] vgl. Schumpeter, Joseph (1950) *Kapitalismus, Sozialismus und Demokratie*. München: Francke, S. 413-420.

divergierenden pädagogischen Philosophien, sowie in den politischen Kulturen beider Gebiete zu suchen und deuten sehr wahrscheinlich nicht auf die Widerlegung der Korrelationshypothese hin. Eher ist anzunehmen, dass die politische Bildung in Baden-Württemberg – immerhin eines der leistungsstärksten deutschen Bundesländer auch in Schule und Universitäten – von einer ausgesprochen hohen Qualität ist und die guten Ergebnisse von dessen Landeskindern überwiegend aus dieser Tatsache resultieren.

Die Studie kann und soll Fundament und Ausgangspunkt einer Fortführung und Ausweitung der gemachten Untersuchungen sein. So wäre es beispielsweise wünschenswert, mit Hilfe ausreichender Forschungsmittel die vom Verfasser lediglich angenommenen Ausnahmen als solche zu verifizieren. Eine erheblich größere Anzahl von Probanden könnte klarere Linearitäten aufzeigen und verzerrende Einflussfaktoren minimieren. Darüber hinaus würde die Ausweitung der Untersuchung auf andere Regionen und Staaten, zu denken wäre etwa an Spanien mit dem Baskenland und Katalonien, sowie an Frankreich mit der Bretagne und möglicherweise dem Elsass, sowohl zu neuen Ergebnissen führen, als auch bisherige Resultate bestätigen können. Ebenso erscheint die Ausdehnung dieser Untersuchung auf einen längerfristigen Fokus viel versprechend. Mögliche Entwicklungen und Verbesserungen von Bildung und Identität würden hierdurch aufgezeigt und beeinflusst werden können. Zunächst jedoch mögen die hier zusammengestellten Ergebnisse der Pädagogik und Politik gleichermaßen Anregung und Hilfestellung sein für eine Verbesserung der Qualität von politischer Bildung.

STATISTIK

"The only statistics you can trust are those you falsified yourself."

Winston Churchill[308]

---

[308] Vermutlich in Anlehnung an Benjamin Disraeli: "There are three kinds of lies: lies, damned lies and statistics." Der Versuch eines Gegenbeweises für beide Aussagen wird in diesem statistischen Teil angetreten, worin die Fragebögen vorgestellt, die Vorgehensweisen bei einigen problematischen Exemplaren erläutert und alle im empirischen Teil dieser Arbeit erwähnten Daten dargelegt werden.

I. Fragebögen

Cymru mewn Wales in a
Ewrop Ranbarthol · Regional Europe

Wales In a Regional Europe Programme

WIRE goes local!

Dieser Fragebogen richtet sich an Jugendliche in Baden-Württemberg und Wales. Er wurde entworfen vom *Wales in a Regional Europe* (WIRE) Team der **University of Wales in Aberystwyth** und dem Welsh Studies Centre der **Universität Tübingen**. Mit drei später hervorgehobenen Ausnahmen gibt es immer nur **eine Antwort für jede Frage**. Alle Daten werden **anonym** erhoben und verarbeitet und ausschließlich für Lehr- und Forschungszwecke verwendet.

1. Der letzte deutsche **Bundeskanzler** hieß...
- ☐ Gerhard Schröder
- ☐ Helmut Schmidt
- ☐ Helmut Kohl
- ☐ Willy Brandt.

2. Der **Deutsche Bundestag** kann auch bezeichnet werden als...
- ☐ Legislative
- ☐ Exekutive
- ☐ Judikative
- ☐ keins ist richtig.

3. Die **Bundesrepublik Deutschland** ist **gegliedert** als...
- ☐ Föderalstaat
- ☐ Zentralstaat
- ☐ dezentraler Staat
- ☐ keins ist richtig.

4. Die **Europäische Union** hat zur Zeit... _____ Mitglieder.
- ☐ 35
- ☐ 25
- ☐ 16
- ☐ 11

5. Der **Generalsekretär der UNO** heißt...
- ☐ Boutros Boutros-Ghali
- ☐ Javier Peres de Cuellar
- ☐ Henry Kissinger
- ☐ Kofi Annan.

6. Wie heißt der/die direkt gewählte **Landtagsabgeordnete** Deines Wahlkreises und welcher **Partei** gehört er/sie an?
- ☐ weiß nicht

Name: _____ Partei: _____

7. Wie heißt der/die direkt gewählte **Bundestagsabgeordnete** Deines Wahlkreises und welcher **Partei** gehört er/sie an?
- ☐ weiß nicht

Name: _____ Partei: _____

8. Wie heißt der/die gewählte **Ministerpräsident/in** Deines Landtags, welcher **Partei** gehört er/sie an?
- ☐ weiß nicht

Name: _____ Partei: _____

9. **Wenn überhaupt**, welche der folgenden Möglichkeiten beschreibt am besten, wie Du Dich siehst?
- ☐ baden-württembergisch, nicht deutsch
- ☐ mehr baden-württembergisch, als deutsch
- ☐ gleichermaßen baden-württembergisch und deutsch
- ☐ mehr deutsch als baden-württembergisch
- ☐ deutsch, nicht baden-württembergisch
- ☐ weiß nicht/keins.

10. Sprichst Du **Schwäbisch**?
- ☐ Ja
- ☐ Nein

12. Ich halte **Gebrauch und Existenz der schwäbischen Mundart** für...
- ☐ sehr wichtig
- ☐ wichtig
- ☐ nicht wichtig
- ☐ irrelevant
- ☐ weiß nicht.

13. Wie werden, nach Deinem Gefühl, die **Interessen Baden-Württembergs** in **Deutschland** vertreten?
- ☐ sehr gut
- ☐ gut
- ☐ schlecht
- ☐ sehr schlecht
- ☐ weiß nicht

230

14. Stelle Dir vor, **Baden-Württemberg** bekäme die Möglichkeit, ein von Deutschland **unabhängiger, souveräner Staat** zu werden. Wie fändest Du diese Idee?

- □ sehr gut
- □ gut
- □ schlecht
- □ sehr schlecht
- □ weiß nicht

15. „Wir können alles außer Hochdeutsch" Stimmst Du dieser Aussage zu?

- □ ja, sehr
- □ ja
- □ nicht wirklich
- □ nein, überhaupt nicht
- □ weiß nicht

16. Welche der folgenden Wahlen findest Du am meisten, durchschnittlich und am wenigsten wichtig? Gebe Nummern von 1 (am meisten wichtig) bis 3 (am wenigsten wichtig)

- ___ Europaparlamentswahlen
- ___ Bundestagswahlen
- ___ Landtagswahlen

Nur noch ein paar allgemeine Fragen über Dich.

17. Du besuchst...

- □ eine Hauptschule
- □ eine Realschule
- □ ein Gymnasium
- □ eine Gesamtschule
- □ sonstige: _____

18. Du bist im Jahrgang...

- □ 9
- □ 10
- □ 11
- □ 12
- □ 13.

19. Welche(s) dieser **Fächer** hast oder hattest Du? (mehrere Antworten ankreuzen, falls notwendig)

- □ Geschichte
- □ Sozialkunde
- □ Gemeinschaftskunde
- □ Bürgerkunde
- □ Gegenwartskunde
- □ Politik

20. Wie würdest Du Dich selbst einstufen?

- □ als 1-er Schüler/in
- □ als 2-er Schüler/in
- □ als 3-er Schüler/in
- □ als 4-er Schüler/in

21. Dein **Geburtstag?**

_____
Tag.Monat.Jahr

22. Dein **Geschlecht?**

- □ weiblich
- □ männlich

23. Deine **Nationalität?** _____

24. Ungefähr wie viel **Prozent (%)** Deines **Taschengelds** verwendest Du für die folgenden Dinge (mehrere Antworten möglich)?

- Bücher: _____ %
- Zeitungen: _____ %
- Zeitschriften: _____ %
- Schul-/Lernmaterial: _____ %
- Computer + Spiele: _____ %
- CD/DVD/MiniDisc: _____ %
- Kleidung: _____ %
- Ausgehen/Kino: _____ %
- Urlaub: _____ %
- Auto/Motorrad/...: _____ %
- Handy + Zubehör: _____ %
- _____ _____ %
- _____ _____ %

25. Arbeitest Du **ehrenamtlich** in Deiner Freizeit (mehrere Antworten möglich)?

- □ nein
- □ falls ja, was? _____

_____

Vielen Dank für Deine Mitarbeit!

Wales in a Regional Europe (WIRE)
Department of International Politics
University of Wales, Aberystwyth
Ceredigion SY23 3DA
Tel: (44) 1970 622658, Fax: (44) 1970 622709
Email: wire@aber.ac.uk or aber.ac.uk
Internet : http://www.aber.ac.uk/interpol/wire/

Universität Tübingen
Seminar für Englische Philologie
Welsh Studies Centre
Wilhelmstrasse 50
72074 Tübingen
Tel: (49) 7071 2975450, Fax (49) 7071 295760
Email: alexander.boehm@uni-tuebingen.de
Internet : www.intelligent-mit-laud.de

Cymru mewn Wales in a
Ewrop Ranbarthol Regional Europe

Wales In a Regional Europe Programme

WIRE goes local!

This questionnaire addresses **young people** in Wales and Baden-Württemberg, Germany. It was designed by the *Wales in a Regional Europe* (WIRE) team of the **University of Wales in Aberystwyth** and the Welsh Studies Centre of the **University of Tübingen** in Germany. Apart from three later highlighted exceptions there is always just **one answer to each question**. All the data is **anonymous** and will be used for teaching- and academic purposes only.

1. The last British **Prime Minister** was called…
- ☐ Tony Blair
- ☐ Margaret Thatcher
- ☐ John Major
- ☐ James Callaghan.

2. The **House of Commons** can be called…
- ☐ a legislature
- ☐ an executive
- ☐ a judicature
- ☐ none is correct.

3. The **United Kingdom** is **organised** as a…
- ☐ federal state
- ☐ centralised state
- ☐ decentralised state
- ☐ none is correct.

4. The **European Union** currently has…
- ☐ 35
- ☐ 25
- ☐ 16
- ☐ 11 members.

5. The **Secretary General** of the **UN** is called…
- ☐ Boutros Boutros-Ghali
- ☐ Javier Péres de Cuéllar
- ☐ Henry Kissinger
- ☐ Kofi Annan.

6. Who is your local **Assembly Member (AM)** and which **party** is he/she in?
- ☐ don't know
Name: _____ Party: _____

7. Who is your local **MP** and which **party** is he/she in?
- ☐ don't know
Name: _____ Party: _____

8. Who is the **first minister** of your provincial government, which **party** is he/she in?
- ☐ don't know
Name: _____ Party: _____

9. Which, if any of the **following**, best describes **how you see yourself?**
- ☐ Welsh not British
- ☐ more Welsh than British
- ☐ Welsh and British in equal parts
- ☐ more British than Welsh
- ☐ British, not Welsh
- ☐ don't know/none of the above

10. Are you a **Welsh speaker?**
- ☐ Yes, since birth
- ☐ Yes, learned it at school
- ☐ No, forgot what I learned
- ☐ No, never was

11. In your view is the **learning of Welsh** at school…
- ☐ very important
- ☐ important
- ☐ not important
- ☐ irrelevant
- ☐ don't know.

12. I consider the **use** and **continued existence** of the **Welsh language** to be
- ☐ very important
- ☐ important
- ☐ not important
- ☐ irrelevant
- ☐ don't know.

13. How are, according to your perception, the **interests** of **Wales** represented in **Britain?**
- ☐ very well
- ☐ well
- ☐ badly
- ☐ very badly
- ☐ don't know

232

14. Imagine that **Wales** got the chance to become an **independent state** from Britain with **sovereignty**. How would you find this idea?
- ☐ very good
- ☐ good
- ☐ bad
- ☐ very bad
- ☐ don't know

15. „*I support only two teams: Wales and any team that plays England.*" Do you agree with this statement?
- ☐ yes, a lot
- ☐ yes
- ☐ not really
- ☐ no, not at all
- ☐ don't know

16. Which **election** do you find **most, average and less important**. Give numbers from 1 (most important) to 3 (less important)
- ___ European Parliament elections
- ___ House of Commons elections
- ___ Welsh Assembly elections

Finally just a few general questions about yourself.

17. Are you in a...
- ☐ Comprehensive School
- ☐ Grammar School
- ☐ other, _____ ?

18. Are you in...
- ☐ Year 9
- ☐ Year 10
- ☐ Year 11
- ☐ Year 12
- ☐ Year 13?

19. Which of these **subjects** are you taking or have you been taking? (tick several boxes, if necessary)
- ☐ Welsh
- ☐ History
- ☐ Sociology
- ☐ Political Science

20. Would you consider yourself to be...
- ☐ an A-grade student
- ☐ a B-grade student
- ☐ a C-grade student
- ☐ a D-grade student?

21. Your **birthday?**

Day/Month/Year

22. Your **sex?**
- ☐ female
- ☐ male

23. Your **nationality?**

24. Approximately what percentage (%) of your pocket money do you spend on the following... (several answers possible)?
- Books: ___ %
- Newspapers: ___ %
- Magazines: ___ %
- School equipment: ___ %
- Computer + Games: ___ %
- CD/DVD/MiniDisc: ___ %
- Clothes: ___ %
- Going out/cinema: ___ %
- Holidays: ___ %
- Car/motorbike/...: ___ %
- Mobile + Accessoires: ___ %
- ...: ___ %

25. Do you do any **voluntary** work in your free time (several answers possible)?
- ☐ no
- ☐ if yes, what do you do?

Thank you very much for your cooperation!

Wales in a Regional Europe (WIRE)
Department of International Politics
University of Wales, Aberystwyth
Ceredigion SY23 3DA
Tel: (44) 1970 622688, Fax: (44) 1970 622709
Email: wire@aber.ac.uk/compalberac.uk/ac.uk
Internet: http://www.aber.ac.uk/interpol/wire/

Universität Tübingen
Seminar für Englische Philologie
Welsh Studies Centre
Wilhelmstrasse 50
72074 Tübingen
Tel: (49) 7071 2974459, Fax (49) 7071 295760
Email: alexander.boehm@uni-tuebingen.de
Internet : http://www.intelligent-mt-load.de

234

Mae'r holiadur hwn wedi ei anelu at bobl ifanc yng Nghymru a Baden-Württemberg, Yr Almaen. Cafodd ei gynllunio gan dîm Cymru mewn Ewrop Ranbarthol ym Mhrifysgol Cymru, Aberystwyth a Chanolfan Astudiaethau Cymreig Prifysgol Tübingen yn Yr Almaen. Ar wahan i dri eithriad a bwysleisir, dim ond un ateb i bob cwestiwn sydd bob tro. Mae'r holl ddata'n ddi-enw ac fe'i defnyddir at bwrpasau addysgiadol ac academaidd yn unig.

1. Pwy oedd **Prif Weinidog** diwethaf Prydain?
- Tony Blair
- Margaret Thatcher
- John Major
- James Callaghan.

2. Beth yw'r disgrifiad gorau o **Dŷ'r Cyffredin**?
- Deddfwrfa
- Gweithrediaeth
- Barnweinyddiad
- Does yr un o'r rhain yn gywir.

3. Caiff y **Deymas Gyfunol** ei threfnu fel...
- Gwladwriaeth ffederal
- Gwladwriaeth ganoledig
- Gwladwriaeth ddatganoledig
- Does yr un o'r rhain yn gywir.

4. Sawl aelod sydd gan yr **Undeb Ewropeaidd** ar hyn o bryd?
- 35
- 25
- 16
- 11

5. Beth yw enw **Ysgrifennydd Cyffredinol** y Cenhedloedd Unedig?
- Boutros Boutros-Ghali
- Javier Pérez de Cuéllar
- Henry Kissinger
- Kofi Annan.

6. Pwy yw eich **Aelod Cynulliad (AC)** lleol ac i ba **blaid** mae e/hi yn perthyn?
- ddim yn gwybod
- Enw: _____ Plaid: _____

7. Pwy yw eich **Aelod Seneddol (AS)** lleol ac i ba **blaid** mae e/hi'n perthyn?
- ddim yn gwybod
- Enw: _____ Plaid: _____

8. Pwy yw eich prif weinidog eich llywodraeth ranbarthol, ac i ba **blaid** mae e/hi'n perthyn?
- ddim yn gwybod
- Enw: _____ Plaid: _____

9. Pa un o'r rhain sy'n disgrifio orau **sut yr ystyriwch chi eich hun**?
- Cymreig, nid Prydeinig
- Yn fwy Cymreig na Phrydeinig
- Yr un mor Gymreig â Phrydeinig
- Yn fwy Prydeinig na Chymreig
- Prydeinig, nid Cymreig
- Ddim yn gwybod/dim un o'r rhain

10. Ydych chi'n **siarad Cymraeg**?
- Ydw, erioed
- Ydw, fe'i dysgais yn yr ysgol
- Nac ydw, rwyf wedi anghofio'r hyn a ddysgais
- Nac ydw, heb wneud erioed.

11. Yn eich barn chi, ydy dysgu **Cymraeg** yn yr ysgol...
- yn bwysig iawn
- yn bwysig
- ddim yn bwysig
- yn amherthnasol
- ddim yn gwybod.

12. Dw i'n meddwl bod defnydd a pharhad yr iaith **Gymraeg**...
- yn bwysig iawn
- yn bwysig
- ddim yn bwysig
- yn amherthnasol
- ddim yn gwybod.

13. Yn eich barn chi, sut y cynrychiolir **diddordebau Cymru** ym **Mhrydain**?
- Yn dda iawn
- Yn dda
- Yn wael
- Yn wael iawn
- Ddim yn gwybod

14. Dychmygwch fod **Cymru** yn cael y cyfle i ddod yn wladwriaeth annibynnol oddi wrth Brydain ac iddi ei **sofraniaeth** ei hun. Yn eich barn chi, byddai'r syniad hwn...
- ☐ yn dda iawn
- ☐ yn dda
- ☐ yn wael
- ☐ yn wael iawn
- ☐ ddim yn gwybod.

15. "Rwy'n cefnogi dau dîm: Cymru ac unrhyw dîm sy'n chwarae yn erbyn **Lloegr**" Ydych chi'n cytuno â'r gosodiad hwn?
- ☐ Ydw'n gryf
- ☐ Ydw
- ☐ Ddim mewn gwirionedd
- ☐ Na, ddim o gwbl
- ☐ Ddim yn gwybod

16. Yn eich barn chi pa etholiad sy bwysicaf, sy'n lled-bwysig ac yn llai pwysig? Rhowch rifau o 1 (pwysicaf) i 3 (llai pwysig):
- ___ etholiadau Seneed Ewrop
- ___ etholiadau Tŷ'r Cyffredin
- ___ etholiadau'r Cynulliad Cymreig.

17. Ydych chi mewn...
- ☐ Ysgol Gyfun
- ☐ Ysgol Ramadeg?
- ☐ math arall o ysgol: ___

18. Ym mha flwyddyn ydych chi?
- ☐ Blwyddyn 9
- ☐ Blwyddyn 10
- ☐ Blwyddyn 11
- ☐ Blwyddyn 12
- ☐ Blwyddyn 13?

19. Pa un o'r pynciau hyn ydych chi'n eu hastudio neu ydych chi wedi eu hastudio? Ticiwch fwy nag un blwch yn ôl yr angen?
- ☐ Cymraeg
- ☐ Hanes
- ☐ Cymdeithaseg
- ☐ Gwyddor Gwleidyddiaeth

20. Sut fyddech chi'n ystyried eich hun?
- ☐ yn fyfyrwr gradd-A
- ☐ yn fyfyrwr gradd-B
- ☐ yn fyfyrwr gradd-C
- ☐ yn fyfyrwr gradd-D.

21. Beth ydy'ch dyddiad-geni?

Dydd/Mis/Blwyddyn ___

22. Ydych chi'n ....
- ☐ Wryw
- ☐ Benyw?

23. Beth yw eich **cenedl**?

24. Tua pha ganran (%) o'ch arian poced ydych chi'n gwario ar y canlynol (mae amryw ateb yn bosib)?
- Llyfrau: ___ %
- papurau newydd: ___ %
- Cylchgronau: ___ %
- offer ysgol: ___ %
- cyfrifiadur a gemau: ___ %
- CD/DVD/MiniDisc: ___ %
- Dillad: ___ %
- mynd allan/sinema: ___ %
- Gwyliau: ___ %
- car/beic-modur/...: ___ %
- ffôn-symudol ac atodiadau: ___ %
- ___ : ___ %

25. Ydych chi'n gwneud unrhyw waith **gwirfoddol** yn eich amser sbâr (mae amryw ateb yn bosib)?
- ☐ Nac ydw
- ☐ Os Ydw, pa fath o waith? ___

Diolch yn fawr iawn am eich cydweithrediad!

Cymru mewn Ewrop Ranbarthol (CymER)
Adran Gwleidyddiaeth Ryngwladol
Prifysgol Cymru, Aberystwyth
Ceredigion
SY23 3DA
Ffôn: (44) 01970 622689 ,Ffacs: (44) 01970 622709
Ebost: mrr@aber.ac.uk cenar@aber.ac.uk
Gwefan: http://www.aber.ac.uk/interpol/cymer/

Universität Tübingen
Seminar für Englische Philologie
Welsh Studies Centre
Wilhelmstrasse 50
D-72074 Tübingen
Ffôn: (49) 7071 2973450
Ebost: alexander.hoffmann@uni-tuebingen.de
Gwefan: www.intelligent-on-load.de

II. Forschungsanmerkungen zu Fragebögen

PROBLEM	VORGEHEN	FRAGEBOGEN

Frage 6

Anstelle von „Elin Jones" als AM wurde „Elan Jones" geschrieben	Antwort als korrekt gewertet. „Elan" kann auch durch undeutliche Schreibweise zustande gekommen sein	w0031;
Anstelle von „Elin Jones" als AM wurde nur „Elin" geschrieben	Antwort als falsch gewertet, weil zu unvollständig und möglicherweise in dieser Form abgeschrieben.	w0034; w0035
Anstelle von „Christa Vosschulte" als MdL wurde „Vossi" geschrieben	Antwort als korrekt gewertet, da Christa Vossschulte sowohl MdL als auch Schulleiterin der involvierten Schule ist und die Antwort „Vossi" von zwei Schülern die Annahme zulässt, dass es sich um eine abgewandelte Bezeichnung des erfragten MdL handelt.	d0121; d0123

Frage 16

Keine Nummern vergeben, nur Haken bei einer Antwort	Antwort mit Haken als Position 1, die anderen beiden als Position 2 gewertet	w0014; w0040
Drei mal die 1 für alle Wahlen vergeben	Gewertet wie notiert	w0030
Drei mal die 2 für alle Wahlen vergeben	Gewertet wie notiert	w0112
Drei mal die 3 für alle Wahlen vergeben	Gewertet wie notiert	d0090; w0076
Zwei mal 1, ein mal 2 vergeben	Gewertet wie notiert	d0065; w0073; w0050; w0143; w0163; w0168; w0171;
Zwei mal 2, ein mal 1 vergeben	Gewertet wie notiert	w0086; w0120
Zwei mal 2, ein mal 3 vergeben	Gewertet wie notiert	w0118; w0129; w0148;
Zwei mal 3, ein mal 1 vergeben	Gewertet wie notiert	d0058; d0074

Frage 17

Sowohl „eine Hauptschule", als auch „eine Gesamtschule" wurde angekreuzt	Bei der Geschwister Scholl Schule in Tübingen handelt es sich zwar um eine „Verbundschule für drei Schularten unter einem Dach", allerdings werden dort Hauptschul- und Realschul- sowie Gymnasialklassen getrennt voneinander unterrichtet. Da für die Hauptschule besucht wurde, wird Antwort 1 „eine Hauptschule" gewertet.	d0071; d0072; d0075; d0077; d0079; d0080; d0088;
Angabe stimmt nicht mit übrigen Schülern/der Schule überein oder liegt nicht vor	Schultyp wird gemäß Schule gewertet	w0042; w0062; w0166; w0174; w0103;
Schüler einer walisischen *Comprehensive School* hat die Antwort „other" mit dem Zusatz „SIXTH FORM" gewählt	Schule ist eine *Comprehensive School*, daher wird die Antwort so gewertet	w0157; w0165; w0170;
„other" wurde angekreuzt	Schule ist eine *Comprehensive School*, daher wird die Antwort so gewertet	w0159;
„Grammar School" wurde angekreuzt	Schule ist eine *Comprehensive School*, daher wird die Antwort so gewertet	w0158; w0160; w0161; w0162; w0163; w0164; w0179;

Frage 18

Angabe liegt nicht vor	Fast alle Schüler sind aus der Jahrgangsstufe 12, daher so gewertet	w0175;

Frage 20

Kreuze **zwischen** den Kästchen oder mehrere Kästchen sind angekreuzt	Schlechtere Möglichkeit wird gewählt (z.B. bei Ankreuzen zwischen Noten 1 und 2 wird 2 gewertet)	w0015; w0032; d0040; d0041; d0046; d0047; d0049; d0071; d0088; d0090; d0108; d0111; w0121; w0126; w0129; w0133; w0139; w0148; w0153; w0158; w0159; w0185; w0188;

Frage 21

Als Geburtsdatum wurde „25.08.04" angegeben	Mehrzahl der Klasse ist 1989 geboren, daher Wertung als „25.08.89"	d0076
Als Geburtsdatum wurde „2/7/05" angegeben	Mehrzahl der Klasse ist 1988 geboren, daher Wertung als „02.07.88"	w0163
Als Geburtsdatum wurde „25/01/05" angegeben	Mehrzahl der Klasse ist 1988 geboren, daher Wertung als „25.01.88"	w0164
Geburtsjahr fehlt, nur „28.10" ist angegeben	Das Geburtsjahr 1989 (=Klassendurchschnitt) wird angenommen	d0085
Als Geburtsdatum wurde „3/8/05" angegeben	Alle der im August geborenen Schüler ist 1990 geboren, daher Wertung als „03.08.90"	w0062
Als Geburtsdatum wurde „18/7/05" angegeben	Mehrzahl der im Juli geborenen Schüler ist 1990 geboren, daher Wertung als „18.07.90"	w0065

Frage 24

Summe aller Angaben unterschreiten 100%	Differenz zu 100% wird unter „sonstige" aufgelistet	d0029; d0051; w0161; w0174; w0175; w0186;
Summe aller Antworten überschreiten 100%	Keine Wertung	d0091; w0118; w0130; w0155; w0163; w0176; w0189
Spaßantworten offensichtlich unsinnig	Keine Wertung	d0030; d0085

III. Empirie Statistiken

Kapitel II, Abschnitt 1: Fragebogen und Erste Ergebnisse

Frage 1: letzter Regierungschef

	Häufigkeit	Prozent	Gültige Prozente	Kumulierte Prozente
Schröder/Blair	13	4,1	4,1	4,1
Schmidt/Thatcher	6	1,9	1,9	6,0
Kohl/Major	290	91,8	91,8	97,8
Brandt/Callaghan	2	,6	,6	98,4
keine Angabe	5	1,6	1,6	100,0
Gesamt	316	100,0	100,0	

Frage 2: Bezeichnung Parlament

	Häufigkeit	Prozent	Gültige Prozente	Kumulierte Prozente
Legislative/legislature	170	53,8	53,8	53,8
Exekutive/executive	38	12,0	12,0	65,8
Judikative/judicature	24	7,6	7,6	73,4
keins ist richtig/none is correct	68	21,5	21,5	94,9
keine Angabe	16	5,1	5,1	100,0
Gesamt	316	100,0	100,0	

Frage 3. a): Staatsgliederung BRD

	Häufigkeit	Prozent	Gültige Prozente	Kumulierte Prozente
Föderalstaat/federal state	87	69,0	69,0	69,0
Zentralstaat/centralised state	13	10,3	10,3	79,4
dezentraler Staat/decentralised state	8	6,3	6,3	85,7
keins ist richtig/none is correct	14	11,1	11,1	96,8
keine Angabe	4	3,2	3,2	100,0
Gesamt	126	100,0	100,0	

Frage 3. b): Staatsgliederung UK

	Häufigkeit	Prozent	Gültige Prozente	Kumulierte Prozente
Föderalstaat/federal state	55	28,9	28,9	28,9
Zentralstaat/centralised state	59	31,1	31,1	60,0
dezentraler Staat/decentralised state	25	13,2	13,2	73,2
keins ist richtig/none is correct	38	20,0	20,0	93,2
keine Angabe	13	6,8	6,8	100,0
Gesamt	190	100,0	100,0	

Frage 4: Mitglieder in Europäischer Union

	Häufigkeit	Prozent	Gültige Prozente	Kumulierte Prozente
35 Mitglieder (5 vor Osterweiterung)	72	22,8	22,8	22,8
25 Mitglieder (15 vor Osterweiterung)	156	49,4	49,4	72,2
16 Mitglieder (16 vor Osterweiterung)	68	21,5	21,5	93,7
11 Mitglieder (20 vor Osterweiterung)	13	4,1	4,1	97,8
keine Angabe	7	2,2	2,2	100,0
Gesamt	316	100,0	100,0	

Frage 5: UNO Generalsekretär

	Häufigkeit	Prozent	Gültige Prozente	Kumulierte Prozente
Boutros Boutros-Ghali	11	3,5	3,5	3,5
Javier Peres de Cuellar	34	10,8	10,8	14,2
Henry Kissinger	43	13,6	13,6	27,8
Kofi Annan	214	67,7	67,7	95,6
keine Angabe	14	4,4	4,4	100,0
Gesamt	316	100,0	100,0	

Frage 6. a): Landtagsabgeordneter/AM Name korrekt?

	Häufigkeit	Prozent	Gültige Prozente	Kumulierte Prozente
korrekt	43	13,6	13,6	13,6
nicht korrekt	61	19,3	19,3	32,9
Frage nicht auf Fragebogen	13	4,1	4,1	37,0
keine Angabe/trifft nicht zu	199	63,0	63,0	100,0
Gesamt	316	100,0	100,0	

Frage 6. b): Landtagsabgeordneter/AM Partei korrekt?

	Häufigkeit	Prozent	Gültige Prozente	Kumulierte Prozente
korrekt	109	34,5	34,5	34,5
nicht korrekt	38	12,0	12,0	46,5

	Häufigkeit	Prozent	Gültige Prozente	Kumulierte Prozente
Frage nicht auf Fragebogen	13	4,1	4,1	50,6
keine Angabe/trifft nicht zu	156	49,4	49,4	100,0
Gesamt	316	100,0	100,0	

Frage 7. a): Bundestagsabgeordneter/MP Name korrekt?

	Häufigkeit	Prozent	Gültige Prozente	Kumulierte Prozente
korrekt	62	19,6	19,6	19,6
nicht korrekt	55	17,4	17,4	37,0
Frage nicht auf Fragebogen	13	4,1	4,1	41,1
keine Angabe/trifft nicht zu	186	58,9	58,9	100,0
Gesamt	316	100,0	100,0	

Frage 7. b): Bundestagsabgeordneter/MP Partei korrekt?

	Häufigkeit	Prozent	Gültige Prozente	Kumulierte Prozente
korrekt	118	37,3	37,3	37,3
nicht korrekt	30	9,5	9,5	46,8
Frage nicht auf Fragebogen	13	4,1	4,1	50,9
keine Angabe/trifft nicht zu	155	49,1	49,1	100,0
Gesamt	316	100,0	100,0	

Frage 8. a): Ministerpräsident/First Minister Name korrekt?

	Häufigkeit	Prozent	Gültige Prozente	Kumulierte Prozente
korrekt	107	33,9	33,9	33,9
nicht korrekt	18	5,7	5,7	39,6
Frage nicht auf Fragebogen	13	4,1	4,1	43,7
keine Angabe/trifft nicht zu	178	56,3	56,3	100,0
Gesamt	316	100,0	100,0	

Frage 8. b): Ministerpräsident/First Minister Partei korrekt?

	Häufigkeit	Prozent	Gültige Prozente	Kumulierte Prozente
korrekt	124	39,2	39,2	39,2
nicht korrekt	11	3,5	3,5	42,7
Frage nicht auf Fragebogen	13	4,1	4,1	46,8
keine Angabe/trifft nicht zu	168	53,2	53,2	100,0
Gesamt	316	100,0	100,0	

Frage 9: subjektive Identität

	Häufigkeit	Prozent	Gültige Prozente	Kumulierte Prozente
baden-württembergisch nicht deutsch/ Welsh not British	53	16,8	16,8	16,8
mehr baden-württembergisch als deutsch/ more Welsh than British	72	22,8	22,8	39,6
gleichermaßen baden- württembergisch und deutsch/ Welsh and British in equa	86	27,2	27,2	66,8
mehr deutsch als baden- württembergisch / more British than Welsh	50	15,8	15,8	82,6
deutsch, nicht baden- württembergisch/ British, not Welsh	22	7,0	7,0	89,6
weiß nicht/Keins/ don't know /none of the above	30	9,5	9,5	99,1
keine Angabe	3	,9	,9	100,0
Gesamt	316	100,0	100,0	

Frage 10. a): Mundart Schwäbisch

	Häufigkeit	Prozent	Gültige Prozente	Kumulierte Prozente
ja	70	55,6	55,6	55,6
nein	56	44,4	44,4	100,0
Gesamt	126	100,0	100,0	

Frage 10. b): Sprache Wales

	Häufigkeit	Prozent	Gültige Prozente	Kumulierte Prozente
yes, since birth	15	7,9	7,9	7,9
yes, learned it at school	52	27,4	27,4	35,3
no, forgot what I learned	73	38,4	38,4	73,7
no, never was	49	25,8	25,8	99,5
keine Angabe	1	,5	,5	100,0
Gesamt	190	100,0	100,0	

Frage 11: nur Wales: Notwendigkeit Walisischunterricht (subjektiv)

	Häufigkeit	Prozent	Gültige Prozente	Kumulierte Prozente

239

sehr wichtig/very important	59	31,1	31,1	31,1
wichtig/important	77	40,5	40,5	71,6
nicht wichtig/not important	33	17,4	17,4	88,9
irrelevant	17	8,9	8,9	97,9
weiß nicht/don't know	3	1,6	1,6	99,5
keine Angabe	1	,5	,5	100,0
Gesamt	190	100,0	100,0	

Frage 12. a): Wichtigkeit Mundart Schwäbisch

	Häufigkeit	Prozent	Gültige Prozente	Kumulierte Prozente
sehr wichtig/very important	11	8,7	8,7	8,7
wichtig/important	48	38,1	38,1	46,8
nicht wichtig/not important	38	30,2	30,2	77,0
irrelevant	20	15,9	15,9	92,9
weiß nicht/don't know	9	7,1	7,1	100,0
Gesamt	126	100,0	100,0	

Frage 12. b): Wichtigkeit Sprache Wales

	Häufigkeit	Prozent	Gültige Prozente	Kumulierte Prozente
sehr wichtig/very important	73	38,4	38,4	38,4
wichtig/important	74	38,9	38,9	77,4
nicht wichtig/not important	22	11,6	11,6	88,9
irrelevant	14	7,4	7,4	96,3
weiß nicht/don't know	7	3,7	3,7	100,0
Gesamt	190	100,0	100,0	

Frage 13. a): Interessenvertretung der Region BRD

	Häufigkeit	Prozent	Gültige Prozente	Kumulierte Prozente
sehr gut/very well	6	4,8	4,8	4,8
gut/well	67	53,2	53,2	57,9
schlecht/badly	17	13,5	13,5	71,4
sehr schlecht/very badly	2	1,6	1,6	73,0
weiß nicht/don't know	34	27,0	27,0	100,0
Gesamt	126	100,0	100,0	

Frage 13. b): Interessenvertretung der Region UK

	Häufigkeit	Prozent	Gültige Prozente	Kumulierte Prozente
sehr gut/very well	4	2,1	2,1	2,1
gut/well	72	37,9	37,9	40,0
schlecht/badly	76	40,0	40,0	80,0
sehr schlecht/very badly	11	5,8	5,8	85,8
weiß nicht/don't know	24	12,6	12,6	98,4
keine Angabe	3	1,6	1,6	100,0
Gesamt	190	100,0	100,0	

Frage 14. a): Souveränität Baden-Württemberg

	Häufigkeit	Prozent	Gültige Prozente	Kumulierte Prozente
sehr gut/very good	4	3,2	3,2	3,2
gut/good	16	12,7	12,7	15,9
schlecht/bad	65	51,6	51,6	67,5
sehr schlecht/very bad	31	24,6	24,6	92,1
weiß nicht/don't know	7	5,6	5,6	97,6
keine Angabe	3	2,4	2,4	100,0
Gesamt	126	100,0	100,0	

Frage 14. b): Souveränität Wales

	Häufigkeit	Prozent	Gültige Prozente	Kumulierte Prozente
sehr gut/very good	29	15,3	15,3	15,3
gut/good	50	26,3	26,3	41,6
schlecht/bad	50	26,3	26,3	67,9
sehr schlecht/very bad	33	17,4	17,4	85,3
weiß nicht/don't know	24	12,6	12,6	97,9
keine Angabe	4	2,1	2,1	100,0
Gesamt	190	100,0	100,0	

Frage 15. a): „Wir können alles außer Hochdeutsch"

	Häufigkeit	Prozent	Gültige Prozente	Kumulierte Prozente
ja, sehr/yes, a lot	8	6,3	6,3	6,3
ja/yes	25	19,8	19,8	26,2
nicht wirklich/not really	61	48,4	48,4	74,6
nein, überhaupt nicht/no, not at all	26	20,6	20,6	95,2
weiß nicht/don't know	4	3,2	3,2	98,4
keine Angabe	2	1,6	1,6	100,0

	Gesamt	126	100,0	100,0	

Frage 15. b): „I support only two teams: Wales and any team that plays England"

	Häufigkeit	Prozent	Gültige Prozente	Kumulierte Prozente
ja, sehr/yes, a lot	40	21,1	21,1	21,1
ja/yes	27	14,2	14,2	35,3
nicht wirklich/not really	52	27,4	27,4	62,6
nein, überhaupt nicht/no, not at all	67	35,3	35,3	97,9
weiß nicht/don't know	2	1,1	1,1	98,9
keine Angabe	2	1,1	1,1	100,0
Gesamt	190	100,0	100,0	

Frage 16: Bedeutung von Wahlen

		Baden-Württemberg	Wales
Wichtigkeit	Platz 1	34	37
Wahlen:	Platz 2	47	59
Europa	Platz 3	42	71
	noch nicht im Fragebogen		13
	keine Angabe	3	10
Wichtigkeit	Platz 1	69	84
Wahlen:	Platz 2	40	62
Land	Platz 3	14	21
	noch nicht im Fragebogen		13
	keine Angabe	3	10
Wichtigkeit	Platz 1	20	50
Wahlen:	Platz 2	34	52
Region	Platz 3	69	65
	noch nicht im Fragebogen		13
	keine Angabe	3	10

Frage 17: Schultyp

	Häufigkeit	Prozent	Gültige Prozente	Kumulierte Prozente
Hauptschule	29	9,2	9,2	9,2
Gymnasium	97	30,7	30,7	39,9
Comprehensive School	126	39,9	39,9	79,7
sonstige	64	20,3	20,3	100,0
Gesamt	316	100,0	100,0	

Frage 18: Jahrgang

	Häufigkeit	Prozent	Gültige Prozente	Kumulierte Prozente
Jahrgangsstufe 9	29	9,2	9,2	9,2
Jahrgangsstufe 10	46	14,6	14,6	23,7
Jahrgangsstufe 11	80	25,3	25,3	49,1
Jahrgangsstufe 12	87	27,5	27,5	76,6
Jahrgangsstufe 13	74	23,4	23,4	100,0
Gesamt	316	100,0	100,0	

Frage 19: Schulfächer: Geschichte/History

	Häufigkeit	Prozent	Gültige Prozente	Kumulierte Prozente
nicht genannt	89	28,2	28,2	28,2
genannt	227	71,8	71,8	100,0
Gesamt	316	100,0	100,0	

Frage 19: Schulfächer: Sozialkunde/Sociology

	Häufigkeit	Prozent	Gültige Prozente	Kumulierte Prozente
nicht genannt	309	97,8	97,8	97,8
genannt	7	2,2	2,2	100,0
Gesamt	316	100,0	100,0	

Frage 19: Schulfächer: Gemeinschaftskunde

	Häufigkeit	Prozent	Gültige Prozente	Kumulierte Prozente
nicht genannt	192	60,8	60,8	60,8
genannt	124	39,2	39,2	100,0
Gesamt	316	100,0	100,0	

Frage 19: Schulfächer: Bürgerkunde

	Häufigkeit	Prozent	Gültige Prozente	Kumulierte Prozente
nicht genannt	315	99,7	99,7	99,7
genannt	1	,3	,3	100,0
Gesamt	316	100,0	100,0	

Frage 19: Schulfächer: Gegenwartskunde

	Häufigkeit	Prozent	Gültige Prozente	Kumulierte Prozente
nicht genannt	316	100,0	100,0	100,0

Frage 19: Schulfächer: Politik/Political Science

	Häufigkeit	Prozent	Gültige Prozente	Kumulierte Prozente
nicht genannt	306	96,8	96,8	96,8
genannt	10	3,2	3,2	100,0
Gesamt	316	100,0	100,0	

Frage 19: Schulfächer: Welsh unter allen Schülern

	Häufigkeit	Prozent	Gültige Prozente	Kumulierte Prozente
nicht genannt	260	82,3	82,3	82,3
genannt	56	17,7	17,7	100,0
Gesamt	316	100,0	100,0	

Frage 19: Schulfächer: Welsh unter den walisischen Schülern

	Häufigkeit	Prozent	Gültige Prozente	Kumulierte Prozente
nicht genannt	135	71,1	71,1	71,1
genannt	55	28,9	28,9	100,0
Gesamt	190	100,0	100,0	

Frage 20: Selbsteinstufung

	Häufigkeit	Prozent	Gültige Prozente	Kumulierte Prozente
1-er/A-grade	63	19,9	19,9	19,9
2-er/B-grade	108	34,2	34,2	54,1
3-er/C-grade	128	40,5	40,5	94,6
4-er/D-grade	13	4,1	4,1	98,7
keine Angabe	4	1,3	1,3	100,0
Gesamt	316	100,0	100,0	

Frage 22: Geschlecht

	Häufigkeit	Prozent	Gültige Prozente	Kumulierte Prozente
weiblich	203	64,2	64,2	64,2
männlich	112	35,4	35,4	99,7
keine Angabe	1	,3	,3	100,0
Gesamt	316	100,0	100,0	

Frage 25: Ehrenamt

		Häufigkeit	Prozent	Gültige Prozente	Kumulierte Prozente
	ja	74	23,4	29,7	29,7
	nein	170	53,8	68,3	98,0
	keine Angabe	5	1,6	2,0	100,0
	Gesamt	249	78,8	100,0	
Fehlend	System	67	21,2		
Gesamt		316	100,0		

Kapitel II, Abschnitt 2: Bildung und Identität in Wales und Baden-Württemberg

Frage 1: letzter Regierungschef nach Herkunft Fragebogen Region

		Baden-Württemberg	Wales	Gesamt
Schröder/	Anzahl	7	6	13
Blair	% von letzter Regierungschef	53,8%	46,2%	100,0%
	% von Herkunft Fragebogen Region	5,6%	3,2%	4,1%
	% der Gesamtzahl	2,2%	1,9%	4,1%
Schmidt/	Anzahl	0	6	6
Thatcher	% von letzter Regierungschef	,0%	100,0%	100,0%
	% von Herkunft Fragebogen Region	,0%	3,2%	1,9%
	% der Gesamtzahl	,0%	1,9%	1,9%
Kohl/ Major	Anzahl	118	172	290
	% von letzter Regierungschef	40,7%	59,3%	100,0%
	% von Herkunft Fragebogen Region	93,7%	90,5%	91,8%
	% der Gesamtzahl	37,3%	54,4%	91,8%
Brandt/	Anzahl	1	1	2
Callaghan	% von letzter Regierungschef	50,0%	50,0%	100,0%
	% von Herkunft Fragebogen Region	,8%	,5%	,6%
	% der Gesamtzahl	,3%	,3%	,6%
keine Angabe	Anzahl	0	5	5
	% von letzter Regierungschef	,0%	100,0%	100,0%
	% von Herkunft Fragebogen Region	,0%	2,6%	1,6%

242

		Baden-Württemberg	Wales	Gesamt
	% der Gesamtzahl	,0%	1,6%	1,6%
Gesamt	Anzahl	126	190	316
	% von letzter Regierungschef	39,9%	60,1%	100,0%
	% von Herkunft Fragebogen Region	100,0%	100,0%	100,0%
	% der Gesamtzahl	39,9%	60,1%	100,0%

Frage 2: Bezeichnung Parlament nach Herkunft Fragebogen Region

		Baden-Württemberg	Wales	Gesamt
Legislative/	Anzahl	71	99	170
legislature	% von Bezeichnung Parlament	41,8%	58,2%	100,0%
	% von Herkunft Fragebogen Region	56,3%	52,1%	53,8%
	% der Gesamtzahl	22,5%	31,3%	53,8%
Exekutive/	Anzahl	24	14	38
executive	% von Bezeichnung Parlament	63,2%	36,8%	100,0%
	% von Herkunft Fragebogen Region	19,0%	7,4%	12,0%
	% der Gesamtzahl	7,6%	4,4%	12,0%
Judikative/	Anzahl	2	22	24
judicature	% von Bezeichnung Parlament	8,3%	91,7%	100,0%
	% von Herkunft Fragebogen Region	1,6%	11,6%	7,6%
	% der Gesamtzahl	,6%	7,0%	7,6%
keins ist	Anzahl	22	46	68
richtig/ none	% von Bezeichnung Parlament	32,4%	67,6%	100,0%
is correct	% von Herkunft Fragebogen Region	17,5%	24,2%	21,5%
	% der Gesamtzahl	7,0%	14,6%	21,5%
keine Angabe	Anzahl	7	9	16
	% von Bezeichnung Parlament	43,8%	56,3%	100,0%
	% von Herkunft Fragebogen Region	5,6%	4,7%	5,1%
	% der Gesamtzahl	2,2%	2,8%	5,1%
Gesamt	Anzahl	126	190	316
	% von Bezeichnung Parlament	39,9%	60,1%	100,0%
	% von Herkunft Fragebogen Region	100,0%	100,0%	100,0%
	% der Gesamtzahl	39,9%	60,1%	100,0%

Frage 3: Staatsgliederung nach Herkunft Fragebogen Region

		Baden-Württemberg	Wales	Gesamt
Föderalstaat/	Anzahl	87	55	142
federal state	% von Staatsgliederung	61,3%	38,7%	100,0%
	% von Herkunft Fragebogen Region	69,0%	28,9%	44,9%
	% der Gesamtzahl	27,5%	17,4%	44,9%
Zentralstaat/	Anzahl	13	59	72
centralised	% von Staatsgliederung	18,1%	81,9%	100,0%
state	% von Herkunft Fragebogen Region	10,3%	31,1%	22,8%
	% der Gesamtzahl	4,1%	18,7%	22,8%
dezentraler	Anzahl	8	25	33
Staat/ de-	% von Staatsgliederung	24,2%	75,8%	100,0%
centralised	% von Herkunft Fragebogen Region	6,3%	13,2%	10,4%
state	% der Gesamtzahl	2,5%	7,9%	10,4%
keins ist	Anzahl	14	38	52
richtig/ none	% von Staatsgliederung	26,9%	73,1%	100,0%
is correct	% von Herkunft Fragebogen Region	11,1%	20,0%	16,5%
	% der Gesamtzahl	4,4%	12,0%	16,5%
keine Angabe	Anzahl	4	13	17
	% von Staatsgliederung	23,5%	76,5%	100,0%
	% von Herkunft Fragebogen Region	3,2%	6,8%	5,4%
	% der Gesamtzahl	1,3%	4,1%	5,4%
Gesamt	Anzahl	126	190	316
	% von Staatsgliederung	39,9%	60,1%	100,0%
	% von Herkunft Fragebogen Region	100,0%	100,0%	100,0%
	% der Gesamtzahl	39,9%	60,1%	100,0%

Frage 4: Mitglieder in Europäischer Union nach Herkunft Fragebogen Region

		Baden-Württemberg	Wales	Gesamt
35 Mitglieder	Anzahl	13	59	72
(5 vor Oster-	% von Mitglieder in Europäischer	18,1%	81,9%	100,0%
wei-terung)	Union			
	% von Herkunft Fragebogen Region	10,3%	31,1%	22,8%
	% der Gesamtzahl	4,1%	18,7%	22,8%
25 Mitglieder	Anzahl	91	65	156
(15 vor	% von Mitglieder in Europäischer	58,3%	41,7%	100,0%
Osterwei-	Union			
terung)	% von Herkunft Fragebogen Region	72,2%	34,2%	49,4%
	% der Gesamtzahl	28,8%	20,6%	49,4%
16 Mitglieder	Anzahl	19	49	68
(16 vor	% von Mitglieder in Europäischer	27,9%	72,1%	100,0%
Osterwei-	Union			
terung)	% von Herkunft Fragebogen Region	15,1%	25,8%	21,5%

		Baden-Württemberg	Wales	Gesamt
	% der Gesamtzahl	6,0%	15,5%	21,5%
11 Mitglieder (20 vor Osterweiterung)	Anzahl	1	12	13
	% von Mitglieder in Europäischer Union	7,7%	92,3%	100,0%
	% von Herkunft Fragebogen Region	,8%	6,3%	4,1%
	% der Gesamtzahl	,3%	3,8%	4,1%
keine Angabe	Anzahl	2	5	7
	% von Mitglieder in Europäischer Union	28,6%	71,4%	100,0%
	% von Herkunft Fragebogen Region	1,6%	2,6%	2,2%
	% der Gesamtzahl	,6%	1,6%	2,2%
Gesamt	Anzahl	126	190	316
	% von Mitglieder in Europäischer Union	39,9%	60,1%	100,0%
	% von Herkunft Fragebogen Region	100,0%	100,0%	100,0%
	% der Gesamtzahl	39,9%	60,1%	100,0%

Frage 5: UNO Generalsekretär nach Herkunft Fragebogen Region

		Baden-Württemberg	Wales	Gesamt
Boutros Boutros-Ghali	Anzahl	2	9	11
	% von UNO Generalsekretär	18,2%	81,8%	100,0%
	% von Herkunft Fragebogen Region	1,6%	4,7%	3,5%
	% der Gesamtzahl	,6%	2,8%	3,5%
Javier Peres de Cuellar	Anzahl	4	30	34
	% von UNO Generalsekretär	11,8%	88,2%	100,0%
	% von Herkunft Fragebogen Region	3,2%	15,8%	10,8%
	% der Gesamtzahl	1,3%	9,5%	10,8%
Henry Kissinger	Anzahl	4	39	43
	% von UNO Generalsekretär	9,3%	90,7%	100,0%
	% von Herkunft Fragebogen Region	3,2%	20,5%	13,6%
	% der Gesamtzahl	1,3%	12,3%	13,6%
Kofi Annan	Anzahl	111	103	214
	% von UNO Generalsekretär	51,9%	48,1%	100,0%
	% von Herkunft Fragebogen Region	88,1%	54,2%	67,7%
	% der Gesamtzahl	35,1%	32,6%	67,7%
keine Angabe	Anzahl	5	9	14
	% von UNO Generalsekretär	35,7%	64,3%	100,0%
	% von Herkunft Fragebogen Region	4,0%	4,7%	4,4%
	% der Gesamtzahl	1,6%	2,8%	4,4%
Gesamt	Anzahl	126	190	316
	% von UNO Generalsekretär	39,9%	60,1%	100,0%
	% von Herkunft Fragebogen Region	100,0%	100,0%	100,0%
	% der Gesamtzahl	39,9%	60,1%	100,0%

Frage 6. a): Landtagsabgeordneter/AM Name korrekt nach Herkunft Fragebogen Region[309]

		Baden-Württemberg	Wales	Gesamt
korrekt	Anzahl	13	30	43
	% von Landtagsabgeordneter/AM Name korrekt?	30,2%	69,8%	100,0%
	% von Herkunft Fragebogen Region	10,3%	16,9%	14,2%
	% der Gesamtzahl	4,3%	9,9%	14,2%
nicht korrekt	Anzahl	19	42	61
	% von Landtagsabgeordneter/AM Name korrekt?	31,1%	68,9%	100,0%
	% von Herkunft Fragebogen Region	15,1%	23,7%	20,1%
	% der Gesamtzahl	6,3%	13,9%	20,1%
keine Angabe/trifft nicht zu	Anzahl	94	105	199
	% von Landtagsabgeordneter/AM Name korrekt?	47,2%	52,8%	100,0%
	% von Herkunft Fragebogen Region	74,6%	59,3%	65,7%
	% der Gesamtzahl	31,0%	34,7%	65,7%
Gesamt	Anzahl	126	177	303
	% von Landtagsabgeordneter/AM Name korrekt?	41,6%	58,4%	100,0%
	% von Herkunft Fragebogen Region	100,0%	100,0%	100,0%
	% der Gesamtzahl	41,6%	58,4%	100,0%

Frage 6. b): Landtagsabgeordneter/AM Partei korrekt nach Herkunft Fragebogen Region

		Baden-Württemberg	Wales	Gesamt
korrekt	Anzahl	46	63	109
	% von Landtagsabgeordneter/AM Partei korrekt?	42,2%	57,8%	100,0%
	% von Herkunft Fragebogen Region	36,5%	35,6%	36,0%

[309] Den Fragen 6 bis 8 liegen die Antworten nicht aller 316 Befragten, sondern nur von 303 Schülern zugrunde, da die ersten 13 Fragebögen im ersten Workshop diese Fragen noch nicht beinhalteten.

		Baden-Württemberg	Wales	Gesamt
	% der Gesamtzahl	15,2%	20,8%	36,0%
nicht korrekt	Anzahl	18	20	38
	% von Landtagsabgeordneter/AM Partei korrekt?	47,4%	52,6%	100,0%
	% von Herkunft Fragebogen Region	14,3%	11,3%	12,5%
	% der Gesamtzahl	5,9%	6,6%	12,5%
keine Angabe/trifft nicht zu	Anzahl	62	94	156
	% von Landtagsabgeordneter/AM Partei korrekt?	39,7%	60,3%	100,0%
	% von Herkunft Fragebogen Region	49,2%	53,1%	51,5%
	% der Gesamtzahl	20,5%	31,0%	51,5%
Gesamt	Anzahl	126	177	303
	% von Landtagsabgeordneter/AM Partei korrekt?	41,6%	58,4%	100,0%
	% von Herkunft Fragebogen Region	100,0%	100,0%	100,0%
	% der Gesamtzahl	41,6%	58,4%	100,0%

Frage 7. a): Bundestagsabgeordneter/MP Name korrekt nach Herkunft Fragebogen Region

		Baden-Württemberg	Wales	Gesamt
korrekt	Anzahl	26	36	62
	% von Bundestagsabgeordneter/MP Name korrekt?	41,9%	58,1%	100,0%
	% von Herkunft Fragebogen Region	20,6%	20,3%	20,5%
	% der Gesamtzahl	8,6%	11,9%	20,5%
nicht korrekt	Anzahl	12	43	55
	% von Bundestagsabgeordneter/MP Name korrekt?	21,8%	78,2%	100,0%
	% von Herkunft Fragebogen Region	9,5%	24,3%	18,2%
	% der Gesamtzahl	4,0%	14,2%	18,2%
keine Angabe/trifft nicht zu	Anzahl	88	98	186
	% von Bundestagsabgeordneter/MP Name korrekt?	47,3%	52,7%	100,0%
	% von Herkunft Fragebogen Region	69,8%	55,4%	61,4%
	% der Gesamtzahl	29,0%	32,3%	61,4%
Gesamt	Anzahl	126	177	303
	% von Bundestagsabgeordneter/MP Name korrekt?	41,6%	58,4%	100,0%
	% von Herkunft Fragebogen Region	100,0%	100,0%	100,0%
	% der Gesamtzahl	41,6%	58,4%	100,0%

Frage 7. b): Bundestagsabgeordneter/MP Partei korrekt Herkunft Fragebogen Region

		Baden-Württemberg	Wales	Gesamt
korrekt	Anzahl	51	67	118
	% von Bundestagsabgeordneter/MP Partei korrekt?	43,2%	56,8%	100,0%
	% von Herkunft Fragebogen Region	40,5%	37,9%	38,9%
	% der Gesamtzahl	16,8%	22,1%	38,9%
nicht korrekt	Anzahl	17	13	30
	% von Bundestagsabgeordneter/MP Partei korrekt?	56,7%	43,3%	100,0%
	% von Herkunft Fragebogen Region	13,5%	7,3%	9,9%
	% der Gesamtzahl	5,6%	4,3%	9,9%
keine Angabe/trifft nicht zu	Anzahl	58	97	155
	% von Bundestagsabgeordneter/MP Partei korrekt?	37,4%	62,6%	100,0%
	% von Herkunft Fragebogen Region	46,0%	54,8%	51,2%
	% der Gesamtzahl	19,1%	32,0%	51,2%
Gesamt	Anzahl	126	177	303
	% von Bundestagsabgeordneter/MP Partei korrekt?	41,6%	58,4%	100,0%
	% von Herkunft Fragebogen Region	100,0%	100,0%	100,0%
	% der Gesamtzahl	41,6%	58,4%	100,0%

Frage 8. a): Ministerpräsident/First Minister Name korrekt nach Herkunft Fragebogen Region

		Baden-Württemberg	Wales	Gesamt
korrekt	Anzahl	70	37	107
	% von Ministerpräsident/First Minister Name korrekt?	65,4%	34,6%	100,0%
	% von Herkunft Fragebogen Region	55,6%	20,9%	35,3%
	% der Gesamtzahl	23,1%	12,2%	35,3%
nicht korrekt	Anzahl	6	12	18
	% von Ministerpräsident/First Minister Name korrekt?	33,3%	66,7%	100,0%
	% von Herkunft Fragebogen Region	4,8%	6,8%	5,9%
	% der Gesamtzahl	2,0%	4,0%	5,9%
keine Angabe/trifft	Anzahl	50	128	178
	% von Ministerpräsident/First Minister	28,1%	71,9%	100,0%

nicht zu	ter Name korrekt?			
	% von Herkunft Fragebogen Region	39,7%	72,3%	58,7%
	% der Gesamtzahl	16,5%	42,2%	58,7%
Gesamt	Anzahl	126	177	303
	% von Ministerpräsident/First Minister Name korrekt?	41,6%	58,4%	100,0%
	% von Herkunft Fragebogen Region	100,0%	100,0%	100,0%
	% der Gesamtzahl	41,6%	58,4%	100,0%

Frage 8. b): Ministerpräsident/First Minister Partei korrekt nach Herkunft Fragebogen Region

		Baden-Württemberg	Wales	Gesamt
korrekt	Anzahl	74	50	124
	% von Ministerpräsident/First Minister Partei korrekt?	59,7%	40,3%	100,0%
	% von Herkunft Fragebogen Region	58,7%	28,2%	40,9%
	% der Gesamtzahl	24,4%	16,5%	40,9%
nicht korrekt	Anzahl	10	1	11
	% von Ministerpräsident/First Minister Partei korrekt?	90,9%	9,1%	100,0%
	% von Herkunft Fragebogen Region	7,9%	,6%	3,6%
	% der Gesamtzahl	3,3%	,3%	3,6%
keine Angabe/trifft nicht zu	Anzahl	42	126	168
	% von Ministerpräsident/First Minister Partei korrekt?	25,0%	75,0%	100,0%
	% von Herkunft Fragebogen Region	33,3%	71,2%	55,4%
	% der Gesamtzahl	13,9%	41,6%	55,4%
Gesamt	Anzahl	126	177	303
	% von Ministerpräsident/First Minister Partei korrekt?	41,6%	58,4%	100,0%
	% von Herkunft Fragebogen Region	100,0%	100,0%	100,0%
	% der Gesamtzahl	41,6%	58,4%	100,0%

Frage 9: subjektive Identität nach Herkunft Fragebogen Region

		Baden-Württemberg	Wales	Gesamt
baden-w. nicht deutsch/Wels h not British	Anzahl	3	50	53
	% von subjektive Identität	5,7%	94,3%	100,0%
	% von Herkunft Fragebogen Region	2,4%	26,3%	16,8%
	% der Gesamtzahl	,9%	15,8%	16,8%
mehr baden-w. als deutsch /more Welsh than British	Anzahl	21	51	72
	% von subjektive Identität	29,2%	70,8%	100,0%
	% von Herkunft Fragebogen Region	16,7%	26,8%	22,8%
	% der Gesamtzahl	6,6%	16,1%	22,8%
gleich baden-w. & deutsch/ Welsh and British	Anzahl	45	41	86
	% von subjektive Identität	52,3%	47,7%	100,0%
	% von Herkunft Fragebogen Region	35,7%	21,6%	27,2%
	% der Gesamtzahl	14,2%	13,0%	27,2%
mehr deutsch als baden-w./ more British than Welsh	Anzahl	29	21	50
	% von subjektive Identität	58,0%	42,0%	100,0%
	% von Herkunft Fragebogen Region	23,0%	11,1%	15,8%
	% der Gesamtzahl	9,2%	6,6%	15,8%
deutsch, nicht baden-w./British, not Welsh	Anzahl	13	9	22
	% von subjektive Identität	59,1%	40,9%	100,0%
	% von Herkunft Fragebogen Region	10,3%	4,7%	7,0%
	% der Gesamtzahl	4,1%	2,8%	7,0%
weiß nicht/ Keins/ don't know/ none of the above	Anzahl	14	16	30
	% von subjektive Identität	46,7%	53,3%	100,0%
	% von Herkunft Fragebogen Region	11,1%	8,4%	9,5%
	% der Gesamtzahl	4,4%	5,1%	9,5%
keine Angabe	Anzahl	1	2	3
	% von subjektive Identität	33,3%	66,7%	100,0%
	% von Herkunft Fragebogen Region	,8%	1,1%	,9%
	% der Gesamtzahl	,3%	,6%	,9%
Gesamt	Anzahl	126	190	316
	% von subjektive Identität	39,9%	60,1%	100,0%
	% von Herkunft Fragebogen Region	100,0%	100,0%	100,0%
	% der Gesamtzahl	39,9%	60,1%	100,0%

Frage 10: Mundart/Sprache nach Herkunft Fragebogen Region

		Baden-Württemberg	Wales	Gesamt
Schwäbisch? ja	Anzahl	70	0	70
	% von Mundart/Sprache	100,0%	,0%	100,0%
	% von Herkunft Fragebogen Region	55,6%	,0%	22,2%
	% der Gesamtzahl	22,2%	,0%	22,2%
Schwäbisch? nein	Anzahl	56	0	56
	% von Mundart/Sprache	100,0%	,0%	100,0%
	% von Herkunft Fragebogen Region	44,4%	,0%	17,7%
	% der Gesamtzahl	17,7%	,0%	17,7%

Welsh		Baden-Württemberg	Wales	Gesamt
Welsh Speaker? yes, since birth	Anzahl	0	15	15
	% von Mundart/Sprache	,0%	100,0%	100,0%
	% von Herkunft Fragebogen Region	,0%	7,9%	4,7%
	% der Gesamtzahl	,0%	4,7%	4,7%
Welsh Speaker? yes, learned it at school	Anzahl	0	52	52
	% von Mundart/Sprache	,0%	100,0%	100,0%
	% von Herkunft Fragebogen Region	,0%	27,4%	16,5%
	% der Gesamtzahl	,0%	16,5%	16,5%
Welsh Speaker? no, forgot what I learned	Anzahl	0	73	73
	% von Mundart/Sprache	,0%	100,0%	100,0%
	% von Herkunft Fragebogen Region	,0%	38,4%	23,1%
	% der Gesamtzahl	,0%	23,1%	23,1%
Welsh Speaker? no, never was	Anzahl	0	49	49
	% von Mundart/Sprache	,0%	100,0%	100,0%
	% von Herkunft Fragebogen Region	,0%	25,8%	15,5%
	% der Gesamtzahl	,0%	15,5%	15,5%
keine Angabe	Anzahl	0	1	1
	% von Mundart/Sprache	,0%	100,0%	100,0%
	% von Herkunft Fragebogen Region	,0%	,5%	,3%
	% der Gesamtzahl	,0%	,3%	,3%
Gesamt	Anzahl	126	190	316
	% von Mundart/Sprache	39,9%	60,1%	100,0%
	% von Herkunft Fragebogen Region	100,0%	100,0%	100,0%
	% der Gesamtzahl	39,9%	60,1%	100,0%

Frage 12: Wichtigkeit Mundart/Sprache nach Herkunft Fragebogen Region

		Baden-Württemberg	Wales	Gesamt
sehr wichtig/ very important	Anzahl	11	73	84
	% von Wichtigkeit Mundart/Sprache	13,1%	86,9%	100,0%
	% von Herkunft Fragebogen Region	8,7%	38,4%	26,6%
	% der Gesamtzahl	3,5%	23,1%	26,6%
wichtig/ important	Anzahl	48	74	122
	% von Wichtigkeit Mundart/Sprache	39,3%	60,7%	100,0%
	% von Herkunft Fragebogen Region	38,1%	38,9%	38,6%
	% der Gesamtzahl	15,2%	23,4%	38,6%
nicht wichtig/ not important	Anzahl	38	22	60
	% von Wichtigkeit Mundart/Sprache	63,3%	36,7%	100,0%
	% von Herkunft Fragebogen Region	30,2%	11,6%	19,0%
	% der Gesamtzahl	12,0%	7,0%	19,0%
irrelevant	Anzahl	20	14	34
	% von Wichtigkeit Mundart/Sprache	58,8%	41,2%	100,0%
	% von Herkunft Fragebogen Region	15,9%	7,4%	10,8%
	% der Gesamtzahl	6,3%	4,4%	10,8%
weiß nicht/ don't know	Anzahl	9	7	16
	% von Wichtigkeit Mundart/Sprache	56,3%	43,8%	100,0%
	% von Herkunft Fragebogen Region	7,1%	3,7%	5,1%
	% der Gesamtzahl	2,8%	2,2%	5,1%
Gesamt	Anzahl	126	190	316
	% von Wichtigkeit Mundart/Sprache	39,9%	60,1%	100,0%
	% von Herkunft Fragebogen Region	100,0%	100,0%	100,0%
	% der Gesamtzahl	39,9%	60,1%	100,0%

Frage 13: Interessenvertretung der Region nach Herkunft Fragebogen Region

		Baden-Württemberg	Wales	Gesamt
sehr gut/ very well	Anzahl	6	4	10
	% von Interessenvertretung der Region	60,0%	40,0%	100,0%
	% von Herkunft Fragebogen Region	4,8%	2,1%	3,2%
	% der Gesamtzahl	1,9%	1,3%	3,2%
gut/well	Anzahl	67	72	139
	% von Interessenvertretung der Region	48,2%	51,8%	100,0%
	% von Herkunft Fragebogen Region	53,2%	37,9%	44,0%
	% der Gesamtzahl	21,2%	22,8%	44,0%
schlecht/ badly	Anzahl	17	76	93
	% von Interessenvertretung der Region	18,3%	81,7%	100,0%
	% von Herkunft Fragebogen Region	13,5%	40,0%	29,4%
	% der Gesamtzahl	5,4%	24,1%	29,4%
sehr schlecht/ very badly	Anzahl	2	11	13
	% von Interessenvertretung der Region	15,4%	84,6%	100,0%
	% von Herkunft Fragebogen Region	1,6%	5,8%	4,1%
	% der Gesamtzahl	,6%	3,5%	4,1%
weiß nicht/ don't know	Anzahl	34	24	58
	% von Interessenvertretung der	58,6%	41,4%	100,0%

	Region			
	% von Herkunft Fragebogen Region	27,0%	12,6%	18,4%
	% der Gesamtzahl	10,8%	7,6%	18,4%
keine Angabe	Anzahl	0	3	3
	% von Interessenvertretung der Region	,0%	100,0%	100,0%
	% von Herkunft Fragebogen Region	,0%	1,6%	,9%
	% der Gesamtzahl	,0%	,9%	,9%
Gesamt	Anzahl	126	190	316
	% von Interessenvertretung der Region	39,9%	60,1%	100,0%
	% von Herkunft Fragebogen Region	100,0%	100,0%	100,0%
	% der Gesamtzahl	39,9%	60,1%	100,0%

Frage 14: Souveränität der Region nach Herkunft Fragebogen Region

		Baden-Württemberg	Wales	Gesamt
sehr gut/ very	Anzahl	4	29	33
good	% von Souveränität der Region	12,1%	87,9%	100,0%
	% von Herkunft Fragebogen Region	3,2%	15,3%	10,4%
	% der Gesamtzahl	1,3%	9,2%	10,4%
gut/ good	Anzahl	16	50	66
	% von Souveränität der Region	24,2%	75,8%	100,0%
	% von Herkunft Fragebogen Region	12,7%	26,3%	20,9%
	% der Gesamtzahl	5,1%	15,8%	20,9%
schlecht/ bad	Anzahl	65	50	115
	% von Souveränität der Region	56,5%	43,5%	100,0%
	% von Herkunft Fragebogen Region	51,6%	26,3%	36,4%
	% der Gesamtzahl	20,6%	15,8%	36,4%
sehr schlecht/	Anzahl	31	33	64
very bad	% von Souveränität der Region	48,4%	51,6%	100,0%
	% von Herkunft Fragebogen Region	24,6%	17,4%	20,3%
	% der Gesamtzahl	9,8%	10,4%	20,3%
weiß nicht/	Anzahl	7	24	31
don't know	% von Souveränität der Region	22,6%	77,4%	100,0%
	% von Herkunft Fragebogen Region	5,6%	12,6%	9,8%
	% der Gesamtzahl	2,2%	7,6%	9,8%
keine Angabe	Anzahl	3	4	7
	% von Souveränität der Region	42,9%	57,1%	100,0%
	% von Herkunft Fragebogen Region	2,4%	2,1%	2,2%
	% der Gesamtzahl	,9%	1,3%	2,2%
Gesamt	Anzahl	126	190	316
	% von Souveränität der Region	39,9%	60,1%	100,0%
	% von Herkunft Fragebogen Region	100,0%	100,0%	100,0%
	% der Gesamtzahl	39,9%	60,1%	100,0%

Frage 15: Identität der Region nach Herkunft Fragebogen Region

		Baden-Württemberg	Wales	Gesamt
ja, sehr/ yes,	Anzahl	8	40	48
a lot	% von Identität der Region	16,7%	83,3%	100,0%
	% von Herkunft Fragebogen Region	6,3%	21,1%	15,2%
	% der Gesamtzahl	2,5%	12,7%	15,2%
ja/ yes	Anzahl	25	27	52
	% von Identität der Region	48,1%	51,9%	100,0%
	% von Herkunft Fragebogen Region	19,8%	14,2%	16,5%
	% der Gesamtzahl	7,9%	8,5%	16,5%
nicht wirk-	Anzahl	61	52	113
lich/ not	% von Identität der Region	54,0%	46,0%	100,0%
really	% von Herkunft Fragebogen Region	48,4%	27,4%	35,8%
	% der Gesamtzahl	19,3%	16,5%	35,8%
nein, über-	Anzahl	26	67	93
haupt nicht/	% von Identität der Region	28,0%	72,0%	100,0%
no, not at all	% von Herkunft Fragebogen Region	20,6%	35,3%	29,4%
	% der Gesamtzahl	8,2%	21,2%	29,4%
weiß nicht/	Anzahl	4	2	6
don't know	% von Identität der Region	66,7%	33,3%	100,0%
	% von Herkunft Fragebogen Region	3,2%	1,1%	1,9%
	% der Gesamtzahl	1,3%	,6%	1,9%
keine Angabe	Anzahl	2	2	4
	% von Identität der Region	50,0%	50,0%	100,0%
	% von Herkunft Fragebogen Region	1,6%	1,1%	1,3%
	% der Gesamtzahl	,6%	,6%	1,3%
Gesamt	Anzahl	126	190	316
	% von Identität der Region	39,9%	60,1%	100,0%
	% von Herkunft Fragebogen Region	100,0%	100,0%	100,0%
	% der Gesamtzahl	39,9%	60,1%	100,0%

Kapitel II, Abschnitt 3: Bildung und Identität im Three-Wales Model

Frage 1: letzter Regierungschef nach Three-Wales Model

		British Wales	Welsh Wales	Y Fro Gymraeg	Gesamt
Schröder/	Anzahl	4	2	0	6
Blair	% von letzter Regierungschef	66,7%	33,3%	,0%	100,0%
	% von Three-Wales Model Region	4,0%	3,2%	,0%	3,2%
	% der Gesamtzahl	2,1%	1,1%	,0%	3,2%
Schmidt/	Anzahl	6	0	0	6
Thatcher	% von letzter Regierungschef	100,0%	,0%	,0%	100,0%
	% von Three-Wales Model Region	6,1%	,0%	,0%	3,2%
	% der Gesamtzahl	3,2%	,0%	,0%	3,2%
Kohl/ Major	Anzahl	83	61	28	172
	% von letzter Regierungschef	48,3%	35,5%	16,3%	100,0%
	% von Three-Wales Model Region	83,8%	96,8%	100,0%	90,5%
	% der Gesamtzahl	43,7%	32,1%	14,7%	90,5%
Brandt/	Anzahl	1	0	0	1
Callaghan	% von letzter Regierungschef	100,0%	,0%	,0%	100,0%
	% von Three-Wales Model Region	1,0%	,0%	,0%	,5%
	% der Gesamtzahl	,5%	,0%	,0%	,5%
keine Angabe	Anzahl	5	0	0	5
	% von letzter Regierungschef	100,0%	,0%	,0%	100,0%
	% von Three-Wales Model Region	5,1%	,0%	,0%	2,6%
	% der Gesamtzahl	2,6%	,0%	,0%	2,6%
Gesamt	Anzahl	99	63	28	190
	% von letzter Regierungschef	52,1%	33,2%	14,7%	100,0%
	% von Three-Wales Model Region	100,0%	100,0%	100,0%	100,0%
	% der Gesamtzahl	52,1%	33,2%	14,7%	100,0%

Frage 2: Bezeichnung Parlament nach Three-Wales Model

		British Wales	Welsh Wales	Y Fro Gymraeg	Gesamt
Legislative/	Anzahl	48	33	18	99
legislature	% von Bezeichnung Parlament	48,5%	33,3%	18,2%	100,0%
	% von Three-Wales Model Region	48,5%	52,4%	64,3%	52,1%
	% der Gesamtzahl	25,3%	17,4%	9,5%	52,1%
Exekutive/	Anzahl	7	2	5	14
executive	% von Bezeichnung Parlament	50,0%	14,3%	35,7%	100,0%
	% von Three-Wales Model Region	7,1%	3,2%	17,9%	7,4%
	% der Gesamtzahl	3,7%	1,1%	2,6%	7,4%
Judikative/	Anzahl	12	9	1	22
judicature	% von Bezeichnung Parlament	54,5%	40,9%	4,5%	100,0%
	% von Three-Wales Model Region	12,1%	14,3%	3,6%	11,6%
	% der Gesamtzahl	6,3%	4,7%	,5%	11,6%
keins ist	Anzahl	26	16	4	46
richtig/ none	% von Bezeichnung Parlament	56,5%	34,8%	8,7%	100,0%
is correct	% von Three-Wales Model Region	26,3%	25,4%	14,3%	24,2%
	% der Gesamtzahl	13,7%	8,4%	2,1%	24,2%
keine Angabe	Anzahl	6	3	0	9
	% von Bezeichnung Parlament	66,7%	33,3%	,0%	100,0%
	% von Three-Wales Model Region	6,1%	4,8%	,0%	4,7%
	% der Gesamtzahl	3,2%	1,6%	,0%	4,7%
Gesamt	Anzahl	99	63	28	190
	% von Bezeichnung Parlament	52,1%	33,2%	14,7%	100,0%
	% von Three-Wales Model Region	100,0%	100,0%	100,0%	100,0%
	% der Gesamtzahl	52,1%	33,2%	14,7%	100,0%

Frage 3: Staatsgliederung nach Three-Wales Model

		British Wales	Welsh Wales	Y Fro Gymraeg	Gesamt
Föderalstaat/	Anzahl	36	14	5	55
federal state	% von Staatsgliederung	65,5%	25,5%	9,1%	100,0%
	% von Three-Wales Model Region	36,4%	22,2%	17,9%	28,9%
	% der Gesamtzahl	18,9%	7,4%	2,6%	28,9%
Zentralstaat/	Anzahl	29	19	11	59
centralised	% von Staatsgliederung	49,2%	32,2%	18,6%	100,0%
state	% von Three-Wales Model Region	29,3%	30,2%	39,3%	31,1%
	% der Gesamtzahl	15,3%	10,0%	5,8%	31,1%
dezentraler	Anzahl	11	7	7	25
Staat/ de-	% von Staatsgliederung	44,0%	28,0%	28,0%	100,0%
centralised	% von Three-Wales Model Region	11,1%	11,1%	25,0%	13,2%
state	% der Gesamtzahl	5,8%	3,7%	3,7%	13,2%
keins ist	Anzahl	13	21	4	38
richtig/ none	% von Staatsgliederung	34,2%	55,3%	10,5%	100,0%
is correct	% von Three-Wales Model Region	13,1%	33,3%	14,3%	20,0%
	% der Gesamtzahl	6,8%	11,1%	2,1%	20,0%

keine Angabe	Anzahl	10	2	1	13
	% von Staatsgliederung	76,9%	15,4%	7,7%	100,0%
	% von Three-Wales Model Region	10,1%	3,2%	3,6%	6,8%
	% der Gesamtzahl	5,3%	1,1%	,5%	6,8%
Gesamt	Anzahl	99	63	28	190
	% von Staatsgliederung	52,1%	33,2%	14,7%	100,0%
	% von Three-Wales Model Region	100,0%	100,0%	100,0%	100,0%
	% der Gesamtzahl	52,1%	33,2%	14,7%	100,0%

Frage 4: Mitglieder in Europäischer Union nach Three-Wales Model Region

		British Wales	Welsh Wales	Y Fro Gymraeg	Gesamt
35 Mitglieder (5 vor Oster-wei-terung)	Anzahl	37	22	0	59
	% von Mitglieder in Europäischer Union	62,7%	37,3%	,0%	100,0%
	% von Three-Wales Model Region	37,4%	34,9%	,0%	31,1%
	% der Gesamtzahl	19,5%	11,6%	,0%	31,1%
25 Mitglieder (15 vor Osterwei-terung)	Anzahl	37	27	1	65
	% von Mitglieder in Europäischer Union	56,9%	41,5%	1,5%	100,0%
	% von Three-Wales Model Region	37,4%	42,9%	3,6%	34,2%
	% der Gesamtzahl	19,5%	14,2%	,5%	34,2%
16 Mitglieder (16 vor Osterwei-terung)	Anzahl	16	7	26	49
	% von Mitglieder in Europäischer Union	32,7%	14,3%	53,1%	100,0%
	% von Three-Wales Model Region	16,2%	11,1%	92,9%	25,8%
	% der Gesamtzahl	8,4%	3,7%	13,7%	25,8%
11 Mitglieder (20 vor Osterwei-terung)	Anzahl	6	5	1	12
	% von Mitglieder in Europäischer Union	50,0%	41,7%	8,3%	100,0%
	% von Three-Wales Model Region	6,1%	7,9%	3,6%	6,3%
	% der Gesamtzahl	3,2%	2,6%	,5%	6,3%
keine Angabe	Anzahl	3	2	0	5
	% von Mitglieder in Europäischer Union	60,0%	40,0%	,0%	100,0%
	% von Three-Wales Model Region	3,0%	3,2%	,0%	2,6%
	% der Gesamtzahl	1,6%	1,1%	,0%	2,6%
Gesamt	Anzahl	99	63	28	190
	% von Mitglieder in Europäischer Union	52,1%	33,2%	14,7%	100,0%
	% von Three-Wales Model Region	100,0%	100,0%	100,0%	100,0%
	% der Gesamtzahl	52,1%	33,2%	14,7%	100,0%

Frage 5: UNO Generalsekretär nach Three-Wales Model

		British Wales	Welsh Wales	Y Fro Gymraeg	Gesamt
Boutros Boutros-Ghali	Anzahl	3	6	0	9
	% von UNO Generalsekretär	33,3%	66,7%	,0%	100,0%
	% von Three-Wales Model Region	3,0%	9,5%	,0%	4,7%
	% der Gesamtzahl	1,6%	3,2%	,0%	4,7%
Javier Peres de Cuellar	Anzahl	21	9	0	30
	% von UNO Generalsekretär	70,0%	30,0%	,0%	100,0%
	% von Three-Wales Model Region	21,2%	14,3%	,0%	15,8%
	% der Gesamtzahl	11,1%	4,7%	,0%	15,8%
Henry Kis-singer	Anzahl	22	17	0	39
	% von UNO Generalsekretär	56,4%	43,6%	,0%	100,0%
	% von Three-Wales Model Region	22,2%	27,0%	,0%	20,5%
	% der Gesamtzahl	11,6%	8,9%	,0%	20,5%
Kofi Annan	Anzahl	50	26	27	103
	% von UNO Generalsekretär	48,5%	25,2%	26,2%	100,0%
	% von Three-Wales Model Region	50,5%	41,3%	96,4%	54,2%
	% der Gesamtzahl	26,3%	13,7%	14,2%	54,2%
keine Angabe	Anzahl	3	5	1	9
	% von UNO Generalsekretär	33,3%	55,6%	11,1%	100,0%
	% von Three-Wales Model Region	3,0%	7,9%	3,6%	4,7%
	% der Gesamtzahl	1,6%	2,6%	,5%	4,7%
Gesamt	Anzahl	99	63	28	190
	% von UNO Generalsekretär	52,1%	33,2%	14,7%	100,0%
	% von Three-Wales Model Region	100,0%	100,0%	100,0%	100,0%
	% der Gesamtzahl	52,1%	33,2%	14,7%	100,0%

Frage 6. a): Landtagsabgeordneter/AM Name korrekt? nach Three-Wales Model[310]

		British Wales	Welsh Wales	Y Fro Gymraeg	Gesamt
korrekt	Anzahl	16	6	8	30
	% von Landtagsabgeordneter/AM	53,3%	20,0%	26,7%	100,0%

---

[310] siehe Fußnote zu Frage 6. a) im vorherigen Abschnitt.

	Name korrekt?				
	% von Three-Wales Model Region	16,2%	12,0%	28,6%	16,9%
	% der Gesamtzahl	9,0%	3,4%	4,5%	16,9%
nicht korrekt	Anzahl	23	12	7	42
	% von Landtagsabgeordneter/AM Name korrekt?	54,8%	28,6%	16,7%	100,0%
	% von Three-Wales Model Region	23,2%	24,0%	25,0%	23,7%
	% der Gesamtzahl	13,0%	6,8%	4,0%	23,7%
keine Anga-	Anzahl	60	32	13	105
be/ trifft	% von Landtagsabgeordneter/AM	57,1%	30,5%	12,4%	100,0%
nicht zu	Name korrekt?				
	% von Three-Wales Model Region	60,6%	64,0%	46,4%	59,3%
	% der Gesamtzahl	33,9%	18,1%	7,3%	59,3%
Gesamt	Anzahl	99	50	28	177
	% von Landtagsabgeordneter/AM Name korrekt?	55,9%	28,2%	15,8%	100,0%
	% von Three-Wales Model Region	100,0%	100,0%	100,0%	100,0%
	% der Gesamtzahl	55,9%	28,2%	15,8%	100,0%

Frage 6. b): Landtagsabgeordneter/AM Partei korrekt? nach Three-Wales Model

		British Wales	Welsh Wales	Y Fro Gymraeg	Gesamt
korrekt	Anzahl	27	20	16	63
	% von Landtagsabgeordneter/AM Partei korrekt?	42,9%	31,7%	25,4%	100,0%
	% von Three-Wales Model Region	27,3%	40,0%	57,1%	35,6%
	% der Gesamtzahl	15,3%	11,3%	9,0%	35,6%
nicht korrekt	Anzahl	20	0	0	20
	% von Landtagsabgeordneter/AM Partei korrekt?	100,0%	,0%	,0%	100,0%
	% von Three-Wales Model Region	20,2%	,0%	,0%	11,3%
	% der Gesamtzahl	11,3%	,0%	,0%	11,3%
keine Anga-	Anzahl	52	30	12	94
be/ trifft					
nicht zu					
	% von Landtagsabgeordneter/AM Partei korrekt?	55,3%	31,9%	12,8%	100,0%
	% von Three-Wales Model Region	52,5%	60,0%	42,9%	53,1%
	% der Gesamtzahl	29,4%	16,9%	6,8%	53,1%
Gesamt	Anzahl	99	50	28	177
	% von Landtagsabgeordneter/AM Partei korrekt?	55,9%	28,2%	15,8%	100,0%
	% von Three-Wales Model Region	100,0%	100,0%	100,0%	100,0%
	% der Gesamtzahl	55,9%	28,2%	15,8%	100,0%

Frage 7. a): Bundestagsabgeordneter/MP Name korrekt? nach Three-Wales Model

		British Wales	Welsh Wales	Y Fro Gymraeg	
korrekt	Anzahl	0	23	13	36
	% von Bundestagsabgeordneter/MP Name korrekt?	,0%	63,9%	36,1%	100,0%
	% von Three-Wales Model Region	,0%	46,0%	46,4%	20,3%
	% der Gesamtzahl	,0%	13,0%	7,3%	20,3%
nicht korrekt	Anzahl	31	6	6	43
	% von Bundestagsabgeordneter/MP Name korrekt?	72,1%	14,0%	14,0%	100,0%
	% von Three-Wales Model Region	31,3%	12,0%	21,4%	24,3%
	% der Gesamtzahl	17,5%	3,4%	3,4%	24,3%
keine Anga-	Anzahl	68	21	9	98
be/ trifft	% von Bundestagsabgeordneter/MP	69,4%	21,4%	9,2%	100,0%
nicht zu	Name korrekt?				
	% von Three-Wales Model Region	68,7%	42,0%	32,1%	55,4%
	% der Gesamtzahl	38,4%	11,9%	5,1%	55,4%
Gesamt	Anzahl	99	50	28	177
	% von Bundestagsabgeordneter/MP Name korrekt?	55,9%	28,2%	15,8%	100,0%
	% von Three-Wales Model Region	100,0%	100,0%	100,0%	100,0%
	% der Gesamtzahl	55,9%	28,2%	15,8%	100,0%

Frage 7. b): Bundestagsabgeordneter/MP Partei korrekt? nach Three-Wales Model

		British Wales	Welsh Wales	Y Fro Gymraeg	Gesamt
korrekt	Anzahl	22	27	18	67
	% von Bundestagsabgeordneter/MP Partei korrekt?	32,8%	40,3%	26,9%	100,0%
	% von Three-Wales Model Region	22,2%	54,0%	64,3%	37,9%
	% der Gesamtzahl	12,4%	15,3%	10,2%	37,9%
nicht korrekt	Anzahl	11	1	1	13
	% von Bundestagsabgeordneter/MP Partei korrekt?	84,6%	7,7%	7,7%	100,0%

		British Wales	Welsh Wales	Y Fro Gymraeg	Gesamt
	% von Three-Wales Model Region	11,1%	2,0%	3,6%	7,3%
	% der Gesamtzahl	6,2%	,6%	,6%	7,3%
keine Anga-be/ trifft nicht zu	Anzahl	66	22	9	97
	% von Bundestagsabgeordneter/MP Partei korrekt?	68,0%	22,7%	9,3%	100,0%
	% von Three-Wales Model Region	66,7%	44,0%	32,1%	54,8%
	% der Gesamtzahl	37,3%	12,4%	5,1%	54,8%
Gesamt	Anzahl	99	50	28	177
	% von Bundestagsabgeordneter/MP Partei korrekt?	55,9%	28,2%	15,8%	100,0%
	% von Three-Wales Model Region	100,0%	100,0%	100,0%	100,0%
	% der Gesamtzahl	55,9%	28,2%	15,8%	100,0%

Frage 8. a): Ministerpräsident/First Minister Name korrekt? nach Three-Wales Model

		British Wales	Welsh Wales	Y Fro Gymraeg	Gesamt
korrekt	Anzahl	19	3	15	37
	% von Ministerpräsident/First Minister Name korrekt?	51,4%	8,1%	40,5%	100,0%
	% von Three-Wales Model Region	19,2%	6,0%	53,6%	20,9%
	% der Gesamtzahl	10,7%	1,7%	8,5%	20,9%
nicht korrekt	Anzahl	8	4	0	12
	% von Ministerpräsident/First Minister Name korrekt?	66,7%	33,3%	,0%	100,0%
	% von Three-Wales Model Region	8,1%	8,0%	,0%	6,8%
	% der Gesamtzahl	4,5%	2,3%	,0%	6,8%
keine Anga-be/ trifft nicht zu	Anzahl	72	43	13	128
	% von Ministerpräsident/First Minister Name korrekt?	56,3%	33,6%	10,2%	100,0%
	% von Three-Wales Model Region	72,7%	86,0%	46,4%	72,3%
	% der Gesamtzahl	40,7%	24,3%	7,3%	72,3%
Gesamt	Anzahl	99	50	28	177
	% von Ministerpräsident/First Minister Name korrekt?	55,9%	28,2%	15,8%	100,0%
	% von Three-Wales Model Region	100,0%	100,0%	100,0%	100,0%
	% der Gesamtzahl	55,9%	28,2%	15,8%	100,0%

Frage 8. b): Ministerpräsident/First Minister Partei korrekt? nach Three-Wales Model

		British Wales	Welsh Wales	Y Fro Gymraeg	Gesamt
korrekt	Anzahl	25	11	14	50
	% von Ministerpräsident/First Minister Partei korrekt?	50,0%	22,0%	28,0%	100,0%
	% von Three-Wales Model Region	25,3%	22,0%	50,0%	28,2%
	% der Gesamtzahl	14,1%	6,2%	7,9%	28,2%
nicht korrekt	Anzahl	1	0	0	1
	% von Ministerpräsident/First Minister Partei korrekt?	100,0%	,0%	,0%	100,0%
	% von Three-Wales Model Region	1,0%	,0%	,0%	,6%
	% der Gesamtzahl	,6%	,0%	,0%	,6%
keine Anga-be/trifft nicht zu	Anzahl	73	39	14	126
	% von Ministerpräsident/First Minister Partei korrekt?	57,9%	31,0%	11,1%	100,0%
	% von Three-Wales Model Region	73,7%	78,0%	50,0%	71,2%
	% der Gesamtzahl	41,2%	22,0%	7,9%	71,2%
Gesamt	Anzahl	99	50	28	177
	% von Ministerpräsident/First Minister Partei korrekt?	55,9%	28,2%	15,8%	100,0%
	% von Three-Wales Model Region	100,0%	100,0%	100,0%	100,0%
	% der Gesamtzahl	55,9%	28,2%	15,8%	100,0%

Frage 9: subjektive Identität nach Three-Wales Model

		British Wales	Welsh Wales	Y Fro Gymraeg	Gesamt
Welsh not British	Anzahl	22	18	10	50
	% von subjektive Identität	44,0%	36,0%	20,0%	100,0%
	% von Three-Wales Model Region	22,2%	28,6%	35,7%	26,3%
	% der Gesamtzahl	11,6%	9,5%	5,3%	26,3%

Frage 10: Welsh Speaker nach Three-Wales Model

		British Wales	Welsh Wales	Y Fro Gymraeg	Gesamt
yes, since birth	Anzahl	2	1	12	15
	% von Mundart/Sprache	13,3%	6,7%	80,0%	100,0%
	% von Three-Wales Model Region	2,0%	1,6%	42,9%	7,9%
	% der Gesamtzahl	1,1%	,5%	6,3%	7,9%
yes, learned it at school	Anzahl	31	11	10	52
	% von Mundart/Sprache	59,6%	21,2%	19,2%	100,0%
	% von Three-Wales Model Region	31,3%	17,5%	35,7%	27,4%
	% der Gesamtzahl	16,3%	5,8%	5,3%	27,4%

no, forgot what I learned		British Wales	Welsh Wales	Y Fro Gymraeg	Gesamt
no, forgot what I learned	Anzahl	40	31	2	73
	% von Mundart/Sprache	54,8%	42,5%	2,7%	100,0%
	% von Three-Wales Model Region	40,4%	49,2%	7,1%	38,4%
	% der Gesamtzahl	21,1%	16,3%	1,1%	38,4%
no, never was	Anzahl	25	20	4	49
	% von Mundart/Sprache	51,0%	40,8%	8,2%	100,0%
	% von Three-Wales Model Region	25,3%	31,7%	14,3%	25,8%
	% der Gesamtzahl	13,2%	10,5%	2,1%	25,8%
keine Angabe	Anzahl	1	0	0	1
	% von Mundart/Sprache	100,0%	,0%	,0%	100,0%
	% von Three-Wales Model Region	1,0%	,0%	,0%	,5%
	% der Gesamtzahl	,5%	,0%	,0%	,5%
Gesamt	Anzahl	99	63	28	190
	% von Mundart/Sprache	52,1%	33,2%	14,7%	100,0%
	% von Three-Wales Model Region	100,0%	100,0%	100,0%	100,0%
	% der Gesamtzahl	52,1%	33,2%	14,7%	100,0%

Frage 11: Walisischunterricht wichtig nach Three-Wales Model

		British Wales	Welsh Wales	Y Fro Gymraeg	Gesamt
very important	Anzahl	24	20	15	59
	% von nur Wales: Notwendigkeit Walisischunterricht (subjektiv)	40,7%	33,9%	25,4%	100,0%
	% von Three-Wales Model Region	24,2%	31,7%	53,6%	31,1%
	% der Gesamtzahl	12,6%	10,5%	7,9%	31,1%
important	Anzahl	40	27	10	77
	% von nur Wales: Notwendigkeit Walisischunterricht (subjektiv)	51,9%	35,1%	13,0%	100,0%
	% von Three-Wales Model Region	40,4%	42,9%	35,7%	40,5%
	% der Gesamtzahl	21,1%	14,2%	5,3%	40,5%
not important	Anzahl	20	12	1	33
	% von nur Wales: Notwendigkeit Walisischunterricht (subjektiv)	60,6%	36,4%	3,0%	100,0%
	% von Three-Wales Model Region	20,2%	19,0%	3,6%	17,4%
	% der Gesamtzahl	10,5%	6,3%	,5%	17,4%
irrelevant	Anzahl	11	4	2	17
	% von nur Wales: Notwendigkeit Walisischunterricht (subjektiv)	64,7%	23,5%	11,8%	100,0%
	% von Three-Wales Model Region	11,1%	6,3%	7,1%	8,9%
	% der Gesamtzahl	5,8%	2,1%	1,1%	8,9%
don't know	Anzahl	3	0	0	3
	% von nur Wales: Notwendigkeit Walisischunterricht (subjektiv)	100,0%	,0%	,0%	100,0%
	% von Three-Wales Model Region	3,0%	,0%	,0%	1,6%
	% der Gesamtzahl	1,6%	,0%	,0%	1,6%
keine Angabe	Anzahl	1	0	0	1
	% von nur Wales: Notwendigkeit Walisischunterricht (subjektiv)	100,0%	,0%	,0%	100,0%
	% von Three-Wales Model Region	1,0%	,0%	,0%	,5%
	% der Gesamtzahl	,5%	,0%	,0%	,5%
Gesamt	Anzahl	99	63	28	190
	% von nur Wales: Notwendigkeit Walisischunterricht (subjektiv)	52,1%	33,2%	14,7%	100,0%
	% von Three-Wales Model Region	100,0%	100,0%	100,0%	100,0%
	% der Gesamtzahl	52,1%	33,2%	14,7%	100,0%

Frage 12: Wichtigkeit Mundart/Sprache nach Three-Wales Model

		British Wales	Welsh Wales	Y Fro Gymraeg	Gesamt
very important	Anzahl	33	22	18	73
	% von Wichtigkeit Mundart/Sprache	45,2%	30,1%	24,7%	100,0%
	% von Three-Wales Model Region	33,3%	34,9%	64,3%	38,4%
	% der Gesamtzahl	17,4%	11,6%	9,5%	38,4%
important	Anzahl	39	30	5	74
	% von Wichtigkeit Mundart/Sprache	52,7%	40,5%	6,8%	100,0%
	% von Three-Wales Model Region	39,4%	47,6%	17,9%	38,9%
	% der Gesamtzahl	20,5%	15,8%	2,6%	38,9%
not important	Anzahl	11	7	4	22
	% von Wichtigkeit Mundart/Sprache	50,0%	31,8%	18,2%	100,0%
	% von Three-Wales Model Region	11,1%	11,1%	14,3%	11,6%
	% der Gesamtzahl	5,8%	3,7%	2,1%	11,6%
irrelevant	Anzahl	9	4	1	14
	% von Wichtigkeit Mundart/Sprache	64,3%	28,6%	7,1%	100,0%
	% von Three-Wales Model Region	9,1%	6,3%	3,6%	7,4%
	% der Gesamtzahl	4,7%	2,1%	,5%	7,4%
don't know	Anzahl	7	0	0	7
	% von Wichtigkeit Mundart/Sprache	100,0%	,0%	,0%	100,0%
	% von Three-Wales Model Region	7,1%	,0%	,0%	3,7%

	% der Gesamtzahl	3,7%	,0%	,0%	3,7%
Gesamt	Anzahl	99	63	28	190
	% von Wichtigkeit Mundart/Sprache	52,1%	33,2%	14,7%	100,0%
	% von Three-Wales Model Region	100,0%	100,0%	100,0%	100,0%
	% der Gesamtzahl	52,1%	33,2%	14,7%	100,0%

Frage 14: Souveränität der Region nach Three-Wales Model

		British Wales	Welsh Wales	Y Fro Gymraeg	Gesamt
very good	Anzahl	10	11	8	29
	% von Souveränität der Region	34,5%	37,9%	27,6%	100,0%
	% von Three-Wales Model Region	10,1%	17,5%	28,6%	15,3%
	% der Gesamtzahl	5,3%	5,8%	4,2%	15,3%
good	Anzahl	27	18	5	50
	% von Souveränität der Region	54,0%	36,0%	10,0%	100,0%
	% von Three-Wales Model Region	27,3%	28,6%	17,9%	26,3%
	% der Gesamtzahl	14,2%	9,5%	2,6%	26,3%
bad	Anzahl	32	15	3	50
	% von Souveränität der Region	64,0%	30,0%	6,0%	100,0%
	% von Three-Wales Model Region	32,3%	23,8%	10,7%	26,3%
	% der Gesamtzahl	16,8%	7,9%	1,6%	26,3%
very bad	Anzahl	13	9	11	33
	% von Souveränität der Region	39,4%	27,3%	33,3%	100,0%
	% von Three-Wales Model Region	13,1%	14,3%	39,3%	17,4%
	% der Gesamtzahl	6,8%	4,7%	5,8%	17,4%
don't know	Anzahl	14	9	1	24
	% von Souveränität der Region	58,3%	37,5%	4,2%	100,0%
	% von Three-Wales Model Region	14,1%	14,3%	3,6%	12,6%
	% der Gesamtzahl	7,4%	4,7%	,5%	12,6%
keine Angabe	Anzahl	3	1	0	4
	% von Souveränität der Region	75,0%	25,0%	,0%	100,0%
	% von Three-Wales Model Region	3,0%	1,6%	,0%	2,1%
	% der Gesamtzahl	1,6%	,5%	,0%	2,1%
Gesamt	Anzahl	99	63	28	190
	% von Souveränität der Region	52,1%	33,2%	14,7%	100,0%
	% von Three-Wales Model Region	100,0%	100,0%	100,0%	100,0%
	% der Gesamtzahl	52,1%	33,2%	14,7%	100,0%

Frage 15: „I support only two teams…" nach Three-Wales Model

		British Wales	Welsh Wales	Y Fro Gymraeg	Gesamt
yes, a lot	Anzahl	17	16	7	40
	% von Identität der Region	42,5%	40,0%	17,5%	100,0%
	% von Three-Wales Model Region	17,2%	25,4%	25,0%	21,1%
	% der Gesamtzahl	8,9%	8,4%	3,7%	21,1%
yes	Anzahl	11	14	2	27
	% von Identität der Region	40,7%	51,9%	7,4%	100,0%
	% von Three-Wales Model Region	11,1%	22,2%	7,1%	14,2%
	% der Gesamtzahl	5,8%	7,4%	1,1%	14,2%
not really	Anzahl	34	16	2	52
	% von Identität der Region	65,4%	30,8%	3,8%	100,0%
	% von Three-Wales Model Region	34,3%	25,4%	7,1%	27,4%
	% der Gesamtzahl	17,9%	8,4%	1,1%	27,4%
no, not at all	Anzahl	34	16	17	67
	% von Identität der Region	50,7%	23,9%	25,4%	100,0%
	% von Three-Wales Model Region	34,3%	25,4%	60,7%	35,3%
	% der Gesamtzahl	17,9%	8,4%	8,9%	35,3%
don't know	Anzahl	1	1	0	2
	% von Identität der Region	50,0%	50,0%	,0%	100,0%
	% von Three-Wales Model Region	1,0%	1,6%	,0%	1,1%
	% der Gesamtzahl	,5%	,5%	,0%	1,1%
keine Angabe	Anzahl	2	0	0	2
	% von Identität der Region	100,0%	,0%	,0%	100,0%
	% von Three-Wales Model Region	2,0%	,0%	,0%	1,1%
	% der Gesamtzahl	1,1%	,0%	,0%	1,1%
Gesamt	Anzahl	99	63	28	190
	% von Identität der Region	52,1%	33,2%	14,7%	100,0%
	% von Three-Wales Model Region	100,0%	100,0%	100,0%	100,0%
	% der Gesamtzahl	52,1%	33,2%	14,7%	100,0%

Kapitel III, Abschnitt 1: Indizien des Three-Wales Models

alle diesbezüglichen Daten wurden im Empirieteil dieser Arbeit unter Kapitel III, Abschnitt 1 dargelegt. Für weitere Ausführungen siehe auch II. 3. (Kapitel II, Abschnitt 3)

Kapitel III, Abschnitt 2: Altersvariable

alle diesbezüglichen Daten wurden tabellarisch im Theorieteil dieser Arbeit unter Kapitel III, Abschnitt 2 dargelegt.

Kapitel III, Abschnitt 3: Identität als Untersuchungsvariable

a) Sprache und Mundart

Frage 1: letzter Regierungschef Sprache und Mundart

positiv	Häufigkeit	Prozent	Gültige Prozente	Kumulierte Prozente
Schröder/Blair	3	3,7	3,7	3,7
Kohl/Major	79	96,3	96,3	100,0
Gesamt	82	100,0	100,0	

negativ	Häufigkeit	Prozent	Gültige Prozente	Kumulierte Prozente
Schröder/Blair	10	4,3	4,3	4,3
Schmidt/Thatcher	6	2,6	2,6	6,8
Kohl/Major	211	90,2	90,2	97,0
Brandt/Callaghan	2	,9	,9	97,9
keine Angabe	5	2,1	2,1	100,0
Gesamt	234	100,0	100,0	

Frage 2: Bezeichnung Parlament Sprache und Mundart

positiv	Häufigkeit	Prozent	Gültige Prozente	Kumulierte Prozente
Legislative/legislature	49	59,8	59,8	59,8
Exekutive/executive	15	18,3	18,3	78,0
Judikative/judicature	1	1,2	1,2	79,3
keins ist richtig/none is correct	15	18,3	18,3	97,6
keine Angabe	2	2,4	2,4	100,0
Gesamt	82	100,0	100,0	

negativ	Häufigkeit	Prozent	Gültige Prozente	Kumulierte Prozente
Legislative/legislature	121	51,7	51,7	51,7
Exekutive/executive	23	9,8	9,8	61,5
Judikative/judicature	23	9,8	9,8	71,4
keins ist richtig/none is correct	53	22,6	22,6	94,0
keine Angabe	14	6,0	6,0	100,0
Gesamt	234	100,0	100,0	

Frage 3: Staatsgliederung nach Herkunft Fragebogen Region Sprache und Mundart

positiv		Baden-Württemberg	Wales	Gesamt
Föderalstaat/	Anzahl	51	1	52
federal state	% von Staatsgliederung	98,1%	1,9%	100,0%
	% von Herkunft Fragebogen Region	72,9%	8,3%	63,4%
	% der Gesamtzahl	62,2%	1,2%	63,4%
Zentralstaat/	Anzahl	8	3	11
centralised	% von Staatsgliederung	72,7%	27,3%	100,0%
state	% von Herkunft Fragebogen Region	11,4%	25,0%	13,4%
	% der Gesamtzahl	9,8%	3,7%	13,4%
dezentraler	Anzahl	4	4	8
Staat/ de-	% von Staatsgliederung	50,0%	50,0%	100,0%
centralised	% von Herkunft Fragebogen Region	5,7%	33,3%	9,8%
state	% der Gesamtzahl	4,9%	4,9%	9,8%
keins ist	Anzahl	6	3	9
richtig/ none	% von Staatsgliederung	66,7%	33,3%	100,0%
is correct	% von Herkunft Fragebogen Region	8,6%	25,0%	11,0%
	% der Gesamtzahl	7,3%	3,7%	11,0%
keine Angabe	Anzahl	1	1	2
	% von Staatsgliederung	50,0%	50,0%	100,0%
	% von Herkunft Fragebogen Region	1,4%	8,3%	2,4%

	% der Gesamtzahl	1,2%	1,2%	2,4%
Gesamt	Anzahl	70	12	82
	% von Staatsgliederung	85,4%	14,6%	100,0%
	% von Herkunft Fragebogen Region	100,0%	100,0%	100,0%
	% der Gesamtzahl	85,4%	14,6%	100,0%

negativ		Baden-Württemberg	Wales	Gesamt
Föderalstaat/ federal state	Anzahl	36	54	90
	% von Staatsgliederung	40,0%	60,0%	100,0%
	% von Herkunft Fragebogen Region	64,3%	30,3%	38,5%
	% der Gesamtzahl	15,4%	23,1%	38,5%
Zentralstaat/ centralised state	Anzahl	5	56	61
	% von Staatsgliederung	8,2%	91,8%	100,0%
	% von Herkunft Fragebogen Region	8,9%	31,5%	26,1%
	% der Gesamtzahl	2,1%	23,9%	26,1%
dezentraler Staat/ de- centralised state	Anzahl	4	21	25
	% von Staatsgliederung	16,0%	84,0%	100,0%
	% von Herkunft Fragebogen Region	7,1%	11,8%	10,7%
	% der Gesamtzahl	1,7%	9,0%	10,7%
keins ist richtig/ none is correct	Anzahl	8	35	43
	% von Staatsgliederung	18,6%	81,4%	100,0%
	% von Herkunft Fragebogen Region	14,3%	19,7%	18,4%
	% der Gesamtzahl	3,4%	15,0%	18,4%
keine Angabe	Anzahl	3	12	15
	% von Staatsgliederung	20,0%	80,0%	100,0%
	% von Herkunft Fragebogen Region	5,4%	6,7%	6,4%
	% der Gesamtzahl	1,3%	5,1%	6,4%
Gesamt	Anzahl	56	178	234
	% von Staatsgliederung	23,9%	76,1%	100,0%
	% von Herkunft Fragebogen Region	100,0%	100,0%	100,0%
	% der Gesamtzahl	23,9%	76,1%	100,0%

Frage 4: Mitglieder in Europäischer Union Sprache und Mundart

positiv	Häufigkeit	Prozent	Gültige Prozente	Kumulierte Prozente
35 Mitglieder (5 vor Osterweiterung)	3	3,7	3,7	3,7
25 Mitglieder (15 vor Osterweiterung)	52	63,4	63,4	67,1
16 Mitglieder (16 vor Osterweiterung)	25	30,5	30,5	97,6
11 Mitglieder (20 vor Osterweiterung)	1	1,2	1,2	98,8
keine Angabe	1	1,2	1,2	100,0
Gesamt	82	100,0	100,0	

negativ	Häufigkeit	Prozent	Gültige Prozente	Kumulierte Prozente
35 Mitglieder (5 vor Osterweiterung)	69	29,5	29,5	29,5
25 Mitglieder (15 vor Osterweiterung)	104	44,4	44,4	73,9
16 Mitglieder (16 vor Osterweiterung)	43	18,4	18,4	92,3
11 Mitglieder (20 vor Osterweiterung)	12	5,1	5,1	97,4
keine Angabe	6	2,6	2,6	100,0
Gesamt	234	100,0	100,0	

Frage 5: UNO Generalsekretär Sprache und Mundart

positiv	Häufigkeit	Prozent	Gültige Prozente	Kumulierte Prozente
Boutros Boutros-Ghali	1	1,2	1,2	1,2
Javier Peres de Cuellar	2	2,4	2,4	3,7
Henry Kissinger	1	1,2	1,2	4,9
Kofi Annan	75	91,5	91,5	96,3
keine Angabe	3	3,7	3,7	100,0
Gesamt	82	100,0	100,0	

negativ	Häufigkeit	Prozent	Gültige Prozente	Kumulierte Prozente
Boutros Boutros-Ghali	10	4,3	4,3	4,3
Javier Peres de Cuellar	32	13,7	13,7	17,9
Henry Kissinger	42	17,9	17,9	35,9
Kofi Annan	139	59,4	59,4	95,3
keine Angabe	11	4,7	4,7	100,0
Gesamt	234	100,0	100,0	

Frage 6. a): Landtagsabgeordneter/AM Name korrekt? Sprache und Mundart[311]

---

[311] Wie schon bei der Auflistung der Daten zu Abschnitt 2 von Kapitel II liegen den folgenden Ergebnissen nicht die Antworten aller 316 Befragten zugrunde. In die jeweilige Auswahl wurden nur die Antworten der regional

256

positiv	Häufigkeit	Prozent	Gültige Prozente	Kumulierte Prozente
korrekt	18	22,0	22,0	22,0
nicht korrekt	15	18,3	18,3	40,2
keine Angabe/trifft nicht zu	49	59,8	59,8	100,0
Gesamt	82	100,0	100,0	

negativ	Häufigkeit	Prozent	Gültige Prozente	Kumulierte Prozente
korrekt	25	11,3	11,3	11,3
nicht korrekt	46	20,8	20,8	32,1
keine Angabe/trifft nicht zu	150	67,9	67,9	100,0
Gesamt	221	100,0	100,0	

Frage 6. b): Landtagsabgeordneter/AM Partei korrekt? Sprache und Mundart

positiv	Häufigkeit	Prozent	Gültige Prozente	Kumulierte Prozente
korrekt	44	53,7	53,7	53,7
nicht korrekt	9	11,0	11,0	64,6
keine Angabe/trifft nicht zu	29	35,4	35,4	100,0
Gesamt	82	100,0	100,0	

negativ	Häufigkeit	Prozent	Gültige Prozente	Kumulierte Prozente
korrekt	65	29,4	29,4	29,4
nicht korrekt	29	13,1	13,1	42,5
keine Angabe/trifft nicht zu	127	57,5	57,5	100,0
Gesamt	221	100,0	100,0	

Frage 7. a) Bundestagsabgeordneter/MP Name korrekt? Sprache und Mundart

positiv	Häufigkeit	Prozent	Gültige Prozente	Kumulierte Prozente
korrekt	25	30,5	30,5	30,5
nicht korrekt	12	14,6	14,6	45,1
keine Angabe/trifft nicht zu	45	54,9	54,9	100,0
Gesamt	82	100,0	100,0	

negativ	Häufigkeit	Prozent	Gültige Prozente	Kumulierte Prozente
korrekt	37	16,7	16,7	16,7
nicht korrekt	43	19,5	19,5	36,2
keine Angabe/trifft nicht zu	141	63,8	63,8	100,0
Gesamt	221	100,0	100,0	

Frage 7. b): Bundestagsabgeordneter/MP Partei korrekt? Sprache und Mundart

positiv	Häufigkeit	Prozent	Gültige Prozente	Kumulierte Prozente
korrekt	41	50,0	50,0	50,0
nicht korrekt	12	14,6	14,6	64,6
keine Angabe/trifft nicht zu	29	35,4	35,4	100,0
Gesamt	82	100,0	100,0	

negativ	Häufigkeit	Prozent	Gültige Prozente	Kumulierte Prozente
korrekt	77	34,8	34,8	34,8
nicht korrekt	18	8,1	8,1	43,0
keine Angabe/trifft nicht zu	126	57,0	57,0	100,0
Gesamt	221	100,0	100,0	

Frage 8. a): Ministerpräsident/First Minister Name korrekt? Sprache und Mundart

positiv	Häufigkeit	Prozent	Gültige Prozente	Kumulierte Prozente
korrekt	49	59,8	59,8	59,8
nicht korrekt	4	4,9	4,9	64,6
keine Angabe/trifft nicht zu	29	35,4	35,4	100,0
Gesamt	82	100,0	100,0	

negativ	Häufigkeit	Prozent	Gültige Prozente	Kumulierte Prozente
korrekt	58	26,2	26,2	26,2
nicht korrekt	14	6,3	6,3	32,6
keine Angabe/trifft nicht zu	149	67,4	67,4	100,0

und nationale orientierten 303 Schüler aufgenommen, welche die Fragen 6 bis 8 bereits auf ihren Fragebögen stehen hatten.

Gesamt	221	100,0	100,0	

Frage 8. b): Ministerpräsident/First Minister Partei korrekt? Sprache und Mundart

positiv	Häufigkeit	Prozent	Gültige Prozente	Kumulierte Prozente
korrekt	55	67,1	67,1	67,1
nicht korrekt	3	3,7	3,7	70,7
keine Angabe/trifft nicht zu	24	29,3	29,3	100,0
Gesamt	82	100,0	100,0	

negativ	Häufigkeit	Prozent	Gültige Prozente	Kumulierte Prozente
korrekt	69	31,2	31,2	31,2
nicht korrekt	8	3,6	3,6	34,8
keine Angabe/trifft nicht zu	144	65,2	65,2	100,0
Gesamt	221	100,0	100,0	

b) Emotionale Identität

Frage 1: letzter Regierungschef regional und national

regional	Häufigkeit	Prozent	Gültige Prozente	Kumulierte Prozente
Schröder/Blair	3	3,0	3,0	3,0
Schmidt/Thatcher	2	2,0	2,0	5,0
Kohl/Major	94	94,0	94,0	99,0
keine Angabe	1	1,0	1,0	100,0
Gesamt	100	100,0	100,0	

national	Häufigkeit	Prozent	Gültige Prozente	Kumulierte Prozente
Schröder/Blair	9	4,4	4,4	4,4
Schmidt/Thatcher	3	1,5	1,5	5,8
Kohl/Major	189	91,7	91,7	97,6
Brandt/Callaghan	2	1,0	1,0	98,5
keine Angabe	3	1,5	1,5	100,0
Gesamt	206	100,0	100,0	

Frage 2: Bezeichnung Parlament regional und national

regional	Häufigkeit	Prozent	Gültige Prozente	Kumulierte Prozente
Legislative/legislature	62	62,0	62,0	62,0
Exekutive/executive	7	7,0	7,0	69,0
Judikative/judicature	13	13,0	13,0	82,0
keins ist richtig/none is correct	16	16,0	16,0	98,0
keine Angabe	2	2,0	2,0	100,0
Gesamt	100	100,0	100,0	

national	Häufigkeit	Prozent	Gültige Prozente	Kumulierte Prozente
Legislative/legislature	108	52,4	52,4	52,4
Exekutive/executive	29	14,1	14,1	66,5
Judikative/judicature	11	5,3	5,3	71,8
keins ist richtig/none is correct	48	23,3	23,3	95,1
keine Angabe	10	4,9	4,9	100,0
Gesamt	206	100,0	100,0	

Frage 3: Staatsgliederung nach Herkunft Fragebogen Region regional und national

regional		Baden-Württemberg	Wales	Gesamt
Föderalstaat/	Anzahl	23	25	48
federal state	% von Staatsgliederung	47,9%	52,1%	100,0%
	% von Herkunft Fragebogen Region	69,7%	37,3%	48,0%
	% der Gesamtzahl	23,0%	25,0%	48,0%
Zentralstaat/	Anzahl	4	22	26
centralised	% von Staatsgliederung	15,4%	84,6%	100,0%
state	% von Herkunft Fragebogen Region	12,1%	32,8%	26,0%
	% der Gesamtzahl	4,0%	22,0%	26,0%
dezentraler	Anzahl	3	10	13
Staat/ de-	% von Staatsgliederung	23,1%	76,9%	100,0%
centralised	% von Herkunft Fragebogen Region	9,1%	14,9%	13,0%
state	% der Gesamtzahl	3,0%	10,0%	13,0%
keins ist	Anzahl	3	8	11
richtig/ none	% von Staatsgliederung	27,3%	72,7%	100,0%
is correct	% von Herkunft Fragebogen Region	9,1%	11,9%	11,0%
	% der Gesamtzahl	3,0%	8,0%	11,0%

keine Angabe	Anzahl	0	2	2
	% von Staatsgliederung	,0%	100,0%	100,0%
	% von Herkunft Fragebogen Region	,0%	3,0%	2,0%
	% der Gesamtzahl	,0%	2,0%	2,0%
Gesamt	Anzahl	33	67	100
	% von Staatsgliederung	33,0%	67,0%	100,0%
	% von Herkunft Fragebogen Region	100,0%	100,0%	100,0%
	% der Gesamtzahl	33,0%	67,0%	100,0%

national		Baden-Württemberg	Wales	Gesamt
Föderalstaat/	Anzahl	64	30	94
federal state	% von Staatsgliederung	68,1%	31,9%	100,0%
	% von Herkunft Fragebogen Region	73,6%	25,2%	45,6%
	% der Gesamtzahl	31,1%	14,6%	45,6%
Zentralstaat/	Anzahl	8	37	45
centralised	% von Staatsgliederung	17,8%	82,2%	100,0%
state	% von Herkunft Fragebogen Region	9,2%	31,1%	21,8%
	% der Gesamtzahl	3,9%	18,0%	21,8%
dezentraler	Anzahl	5	15	20
Staat/ de-	% von Staatsgliederung	25,0%	75,0%	100,0%
centralised	% von Herkunft Fragebogen Region	5,7%	12,6%	9,7%
state	% der Gesamtzahl	2,4%	7,3%	9,7%
keins ist	Anzahl	8	29	37
richtig/ none	% von Staatsgliederung	21,6%	78,4%	100,0%
is correct	% von Herkunft Fragebogen Region	9,2%	24,4%	18,0%
	% der Gesamtzahl	3,9%	14,1%	18,0%
keine Angabe	Anzahl	2	8	10
	% von Staatsgliederung	20,0%	80,0%	100,0%
	% von Herkunft Fragebogen Region	2,3%	6,7%	4,9%
	% der Gesamtzahl	1,0%	3,9%	4,9%
Gesamt	Anzahl	87	119	206
	% von Staatsgliederung	42,2%	57,8%	100,0%
	% von Herkunft Fragebogen Region	100,0%	100,0%	100,0%
	% der Gesamtzahl	42,2%	57,8%	100,0%

Frage 4: Mitglieder in Europäischer Union regional und national

regional	Häufigkeit	Prozent	Gültige Prozente	Kumulierte Pro-zente
35 Mitglieder (5 vor Osterweiterung)	27	27,0	27,0	27,0
25 Mitglieder (15 vor Osterweiterung)	49	49,0	49,0	76,0
16 Mitglieder (16 vor Osterweiterung)	18	18,0	18,0	94,0
11 Mitglieder (20 vor Osterweiterung)	4	4,0	4,0	98,0
keine Angabe	2	2,0	2,0	100,0
Gesamt	100	100,0	100,0	

national	Häufigkeit	Prozent	Gültige Prozente	Kumulierte Pro-zente
35 Mitglieder (5 vor Osterweiterung)	44	21,4	21,4	21,4
25 Mitglieder (15 vor Osterweiterung)	103	50,0	50,0	71,4
16 Mitglieder (16 vor Osterweiterung)	49	23,8	23,8	95,1
11 Mitglieder (20 vor Osterweiterung)	9	4,4	4,4	99,5
keine Angabe	1	,5	,5	100,0
Gesamt	206	100,0	100,0	

Frage 5: UNO Generalsekretär regional und national

regional	Häufigkeit	Prozent	Gültige Prozente	Kumulierte Pro-zente
Boutros Boutros-Ghali	7	7,0	7,0	7,0
Javier Peres de Cuellar	8	8,0	8,0	15,0
Henry Kissinger	15	15,0	15,0	30,0
Kofi Annan	66	66,0	66,0	96,0
keine Angabe	4	4,0	4,0	100,0
Gesamt	100	100,0	100,0	

national	Häufigkeit	Prozent	Gültige Prozente	Kumulierte Pro-zente
Boutros Boutros-Ghali	4	1,9	1,9	1,9
Javier Peres de Cuellar	24	11,7	11,7	13,6
Henry Kissinger	28	13,6	13,6	27,2
Kofi Annan	143	69,4	69,4	96,6
keine Angabe	7	3,4	3,4	100,0
Gesamt	206	100,0	100,0	

Frage 6. a): Landtagsabgeordneter/AM Name korrekt? regional und national[312]

regional	Häufigkeit	Prozent	Gültige Prozente	Kumulierte Prozente
korrekt	19	20,2	20,2	20,2
nicht korrekt	22	23,4	23,4	43,6
keine Angabe/trifft nicht zu	53	56,4	56,4	100,0
Gesamt	94	100,0	100,0	

national	Häufigkeit	Prozent	Gültige Prozente	Kumulierte Prozente
korrekt	24	12,1	12,1	12,1
nicht korrekt	38	19,1	19,1	31,2
keine Angabe/trifft nicht zu	137	68,8	68,8	100,0
Gesamt	199	100,0	100,0	

Frage 6. b): Landtagsabgeordneter/AM Partei korrekt? regional und national

regional	Häufigkeit	Prozent	Gültige Prozente	Kumulierte Prozente
korrekt	46	48,9	48,9	48,9
nicht korrekt	10	10,6	10,6	59,6
keine Angabe/trifft nicht zu	38	40,4	40,4	100,0
Gesamt	94	100,0	100,0	

national	Häufigkeit	Prozent	Gültige Prozente	Kumulierte Prozente
korrekt	62	31,2	31,2	31,2
nicht korrekt	27	13,6	13,6	44,7
keine Angabe/trifft nicht zu	110	55,3	55,3	100,0
Gesamt	199	100,0	100,0	

Frage 7. a) Bundestagsabgeordneter/MP Name korrekt? regional und national

regional	Häufigkeit	Prozent	Gültige Prozente	Kumulierte Prozente
korrekt	31	33,0	33,0	33,0
nicht korrekt	15	16,0	16,0	48,9
keine Angabe/trifft nicht zu	48	51,1	51,1	100,0
Gesamt	94	100,0	100,0	

national	Häufigkeit	Prozent	Gültige Prozente	Kumulierte Prozente
korrekt	31	15,6	15,6	15,6
nicht korrekt	40	20,1	20,1	35,7
keine Angabe/trifft nicht zu	128	64,3	64,3	100,0
Gesamt	199	100,0	100,0	

Frage 7. b) Bundestagsabgeordneter/MP Partei korrekt? regional und national

regional	Häufigkeit	Prozent	Gültige Prozente	Kumulierte Prozente
korrekt	49	52,1	52,1	52,1
nicht korrekt	7	7,4	7,4	59,6
keine Angabe/trifft nicht zu	38	40,4	40,4	100,0
Gesamt	94	100,0	100,0	

national	Häufigkeit	Prozent	Gültige Prozente	Kumulierte Prozente
korrekt	68	34,2	34,2	34,2
nicht korrekt	23	11,6	11,6	45,7
keine Angabe/trifft nicht zu	108	54,3	54,3	100,0
Gesamt	199	100,0	100,0	

Frage 8. a) Ministerpräsident/First Minister Name korrekt? regional und national

regional	Häufigkeit	Prozent	Gültige Prozente	Kumulierte Prozente
korrekt	38	40,4	40,4	40,4
nicht korrekt	11	11,7	11,7	52,1
keine Angabe/trifft nicht zu	45	47,9	47,9	100,0
Gesamt	94	100,0	100,0	

national	Häufigkeit	Prozent	Gültige Prozente	Kumulierte Prozente
korrekt	67	33,7	33,7	33,7
nicht korrekt	7	3,5	3,5	37,2

[312] siehe Fußnote zu II. Statistiken, Kapitel III, Abschnitt 3 a) Sprache und Mundart, Frage 6. a) in diesem Anhang.

keine Angabe/trifft nicht zu	125	62,8	62,8	100,0
Gesamt	199	100,0	100,0	

Frage 8. b) Ministerpräsident/First Minister Partei korrekt? regional und national

regional	Häufigkeit	Prozent	Gültige Prozente	Kumulierte Prozente
korrekt	46	48,9	48,9	48,9
nicht korrekt	4	4,3	4,3	53,2
keine Angabe/trifft nicht zu	44	46,8	46,8	100,0
Gesamt	94	100,0	100,0	

national	Häufigkeit	Prozent	Gültige Prozente	Kumulierte Prozente
korrekt	78	39,2	39,2	39,2
nicht korrekt	7	3,5	3,5	42,7
keine Angabe/trifft nicht zu	114	57,3	57,3	100,0
Gesamt	199	100,0	100,0	

c) Rationale Identität

Frage 1: letzter Regierungschef regional und national

regional	Häufigkeit	Prozent	Gültige Prozente	Kumulierte Prozente
Schröder/Blair	2	1,6	1,6	1,6
Schmidt/Thatcher	2	1,6	1,6	3,2
Kohl/Major	119	95,2	95,2	98,4
keine Angabe	2	1,6	1,6	100,0
Gesamt	125	100,0	100,0	

national	Häufigkeit	Prozent	Gültige Prozente	Kumulierte Prozente
Schröder/Blair	2	2,8	2,8	2,8
Schmidt/Thatcher	2	2,8	2,8	5,6
Kohl/Major	67	93,1	93,1	98,6
Brandt/Callaghan	1	1,4	1,4	100,0
Gesamt	72	100,0	100,0	

Frage 2: Bezeichnung Parlament regional und national

regional	Häufigkeit	Prozent	Gültige Prozente	Kumulierte Prozente
Legislative/legislature	76	60,8	60,8	60,8
Exekutive/executive	5	4,0	4,0	64,8
Judikative/judicature	14	11,2	11,2	76,0
keins ist richtig/none is correct	27	21,6	21,6	97,6
keine Angabe	3	2,4	2,4	100,0
Gesamt	125	100,0	100,0	

national	Häufigkeit	Prozent	Gültige Prozente	Kumulierte Prozente
Legislative/legislature	31	43,1	43,1	43,1
Exekutive/executive	22	30,6	30,6	73,6
Judikative/judicature	3	4,2	4,2	77,8
keins ist richtig/none is correct	10	13,9	13,9	91,7
keine Angabe	6	8,3	8,3	100,0
Gesamt	72	100,0	100,0	

Frage 3: Staatsgliederung nach Herkunft Fragebogen Region regional und national

regional		Baden-Württemberg	Wales	Gesamt
Föderalstaat/ federal state	Anzahl	21	30	51
	% von Staatsgliederung	41,2%	58,8%	100,0%
	% von Herkunft Fragebogen Region	87,5%	29,7%	40,8%
	% der Gesamtzahl	16,8%	24,0%	40,8%
Zentralstaat/ centralised state	Anzahl	1	32	33
	% von Staatsgliederung	3,0%	97,0%	100,0%
	% von Herkunft Fragebogen Region	4,2%	31,7%	26,4%
	% der Gesamtzahl	,8%	25,6%	26,4%
dezentraler Staat/ de- centralised state	Anzahl	0	10	10
	% von Staatsgliederung	,0%	100,0%	100,0%
	% von Herkunft Fragebogen Region	,0%	9,9%	8,0%
	% der Gesamtzahl	,0%	8,0%	8,0%
keins ist richtig/ none is correct	Anzahl	2	24	26
	% von Staatsgliederung	7,7%	92,3%	100,0%
	% von Herkunft Fragebogen Region	8,3%	23,8%	20,8%
	% der Gesamtzahl	1,6%	19,2%	20,8%

keine Angabe	Anzahl	0	5	5
	% von Staatsgliederung	,0%	100,0%	100,0%
	% von Herkunft Fragebogen Region	,0%	5,0%	4,0%
	% der Gesamtzahl	,0%	4,0%	4,0%
Gesamt	Anzahl	24	101	125
	% von Staatsgliederung	19,2%	80,8%	100,0%
	% von Herkunft Fragebogen Region	100,0%	100,0%	100,0%
	% der Gesamtzahl	19,2%	80,8%	100,0%

national		Baden-Württemberg	Wales	Gesamt
Föderalstaat/	Anzahl	28	8	36
federal state	% von Staatsgliederung	77,8%	22,2%	100,0%
	% von Herkunft Fragebogen Region	66,7%	26,7%	50,0%
	% der Gesamtzahl	38,9%	11,1%	50,0%
Zentralstaat/	Anzahl	5	8	13
centralised	% von Staatsgliederung	38,5%	61,5%	100,0%
state	% von Herkunft Fragebogen Region	11,9%	26,7%	18,1%
	% der Gesamtzahl	6,9%	11,1%	18,1%
dezentraler	Anzahl	4	4	8
Staat/ de-	% von Staatsgliederung	50,0%	50,0%	100,0%
centralised	% von Herkunft Fragebogen Region	9,5%	13,3%	11,1%
state	% der Gesamtzahl	5,6%	5,6%	11,1%
keins ist	Anzahl	4	9	13
richtig/ none	% von Staatsgliederung	30,8%	69,2%	100,0%
is correct	% von Herkunft Fragebogen Region	9,5%	30,0%	18,1%
	% der Gesamtzahl	5,6%	12,5%	18,1%
keine Angabe	Anzahl	1	1	2
	% von Staatsgliederung	50,0%	50,0%	100,0%
	% von Herkunft Fragebogen Region	2,4%	3,3%	2,8%
	% der Gesamtzahl	1,4%	1,4%	2,8%
Gesamt	Anzahl	42	30	72
	% von Staatsgliederung	58,3%	41,7%	100,0%
	% von Herkunft Fragebogen Region	100,0%	100,0%	100,0%
	% der Gesamtzahl	58,3%	41,7%	100,0%

Frage 4: Mitglieder in Europäischer Union regional und national

regional	Häufigkeit	Prozent	Gültige Prozente	Kumulierte Prozente
35 Mitglieder (5 vor Osterweiterung)	38	30,4	30,4	30,4
25 Mitglieder (15 vor Osterweiterung)	51	40,8	40,8	71,2
16 Mitglieder (16 vor Osterweiterung)	28	22,4	22,4	93,6
11 Mitglieder (20 vor Osterweiterung)	6	4,8	4,8	98,4
keine Angabe	2	1,6	1,6	100,0
Gesamt	125	100,0	100,0	

national	Häufigkeit	Prozent	Gültige Prozente	Kumulierte Prozente
35 Mitglieder (5 vor Osterweiterung)	14	19,4	19,4	19,4
25 Mitglieder (15 vor Osterweiterung)	36	50,0	50,0	69,4
16 Mitglieder (16 vor Osterweiterung)	18	25,0	25,0	94,4
11 Mitglieder (20 vor Osterweiterung)	3	4,2	4,2	98,6
keine Angabe	1	1,4	1,4	100,0
Gesamt	72	100,0	100,0	

Frage 5: UNO Generalsekretär regional und national

regional	Häufigkeit	Prozent	Gültige Prozente	Kumulierte Prozente
Boutros Boutros-Ghali	7	5,6	5,6	5,6
Javier Peres de Cuellar	14	11,2	11,2	16,8
Henry Kissinger	23	18,4	18,4	35,2
Kofi Annan	77	61,6	61,6	96,8
keine Angabe	4	3,2	3,2	100,0
Gesamt	125	100,0	100,0	

national	Häufigkeit	Prozent	Gültige Prozente	Kumulierte Prozente
Boutros Boutros-Ghali	1	1,4	1,4	1,4
Javier Peres de Cuellar	5	6,9	6,9	8,3
Henry Kissinger	6	8,3	8,3	16,7
Kofi Annan	56	77,8	77,8	94,4
keine Angabe	4	5,6	5,6	100,0
Gesamt	72	100,0	100,0	

Frage 6. a): Landtagsabgeordneter/AM Name korrekt? regional und national[313]

regional	Häufigkeit	Prozent	Gültige Prozente	Kumulierte Prozente
korrekt	24	20,5	20,5	20,5
nicht korrekt	31	26,5	26,5	47,0
keine Angabe/trifft nicht zu	62	53,0	53,0	100,0
Gesamt	117	100,0	100,0	

national	Häufigkeit	Prozent	Gültige Prozente	Kumulierte Prozente
korrekt	6	8,3	8,3	8,3
nicht korrekt	13	18,1	18,1	26,4
keine Angabe/trifft nicht zu	53	73,6	73,6	100,0
Gesamt	72	100,0	100,0	

Frage 6. b): Landtagsabgeordneter/AM Partei korrekt? regional und national

regional	Häufigkeit	Prozent	Gültige Prozente	Kumulierte Prozente
korrekt	54	46,2	46,2	46,2
nicht korrekt	15	12,8	12,8	59,0
keine Angabe/trifft nicht zu	48	41,0	41,0	100,0
Gesamt	117	100,0	100,0	

national	Häufigkeit	Prozent	Gültige Prozente	Kumulierte Prozente
korrekt	21	29,2	29,2	29,2
nicht korrekt	9	12,5	12,5	41,7
keine Angabe/trifft nicht zu	42	58,3	58,3	100,0
Gesamt	72	100,0	100,0	

Frage 7. a): Bundestagsabgeordneter/MP Name korrekt? regional und national

regional	Häufigkeit	Prozent	Gültige Prozente	Kumulierte Prozente
korrekt	27	23,1	23,1	23,1
nicht korrekt	24	20,5	20,5	43,6
keine Angabe/trifft nicht zu	66	56,4	56,4	100,0
Gesamt	117	100,0	100,0	

national	Häufigkeit	Prozent	Gültige Prozente	Kumulierte Prozente
korrekt	15	20,8	20,8	20,8
nicht korrekt	18	25,0	25,0	45,8
keine Angabe/trifft nicht zu	39	54,2	54,2	100,0
Gesamt	72	100,0	100,0	

Frage 7. b): Bundestagsabgeordneter/MP Partei korrekt? regional und national

regional	Häufigkeit	Prozent	Gültige Prozente	Kumulierte Prozente
korrekt	50	42,7	42,7	42,7
nicht korrekt	7	6,0	6,0	48,7
keine Angabe/trifft nicht zu	60	51,3	51,3	100,0
Gesamt	117	100,0	100,0	

national	Häufigkeit	Prozent	Gültige Prozente	Kumulierte Prozente
korrekt	31	43,1	43,1	43,1
nicht korrekt	11	15,3	15,3	58,3
keine Angabe/trifft nicht zu	30	41,7	41,7	100,0
Gesamt	72	100,0	100,0	

Frage 8. a): Ministerpräsident/First Minister Name korrekt? regional und national

regional	Häufigkeit	Prozent	Gültige Prozente	Kumulierte Prozente
korrekt	36	30,8	30,8	30,8
nicht korrekt	9	7,7	7,7	38,5
keine Angabe/trifft nicht zu	72	61,5	61,5	100,0
Gesamt	117	100,0	100,0	

national	Häufigkeit	Prozent	Gültige Prozente	Kumulierte Prozente
korrekt	31	43,1	43,1	43,1
nicht korrekt	4	5,6	5,6	48,6

[313] siehe Fußnote zu II. Statistiken, Kapitel III, Abschnitt 3 a) Sprache und Mundart, Frage 6. a) in diesem Anhang.

keine Angabe/trifft nicht zu	37	51,4	51,4	100,0
Gesamt	72	100,0	100,0	

Frage 8. b): Ministerpräsident/First Minister Partei korrekt? regional und national

regional	Häufigkeit	Prozent	Gültige Prozente	Kumulierte Pro-zente
korrekt	43	36,8	36,8	36,8
nicht korrekt	2	1,7	1,7	38,5
keine Angabe/trifft nicht zu	72	61,5	61,5	100,0
Gesamt	117	100,0	100,0	

national	Häufigkeit	Prozent	Gültige Prozente	Kumulierte Pro-zente
korrekt	37	51,4	51,4	51,4
nicht korrekt	4	5,6	5,6	56,9
keine Angabe/trifft nicht zu	31	43,1	43,1	100,0
Gesamt	72	100,0	100,0	

Kapitel III, Abschnitt 4: Hypothese der Lebensqualität

a) Fragebögen mit positiv eingeschätzter Lebensqualität

Baden-Württemberg heute in zehn Jahren oder was es bedeutet, Baden-Württemberger zu sein/
Wales in ten years from now or what it means to be Welsh

Fragebogennummer	Begründung[314]
d0009	„Für mich bedeutet es, in einem der Top-Länder von Deutschland zu leben. Durch die wirtschaftliche Lage habe ich keine Bedenken später einen Arbeitsplatz in Ba-Wü zu erlangen. Die Landschaft hier ist ansprechender als in vielen anderen Bundesländern. Durch die gute Lage ist man in relativ kurzer Zeit in den Bergen zum Ski-Fahren und auch im Süden."
d0016	„'Wir können alles außer Hochdeutsch;' Dies ist der Slogan, der Baden-Württemberg auszeichnet."
d0017	„'Wir können alles außer Hochdeutsch'"
d0022	„In Baden-Württemberg aufzuwachsen, heißt für mich inmitten einer schönen Landschaft aufzuwachsen. Die Natur liegt den Baden-Württembergern und mir sehr am Herzen, weswegen wir uns aktiv dafür einsetzen, dass die Natur, wie zum Beispiel die Schwäbische Alb, geschützt wird."
d0023	„In Baden-Württemberg aufzuwachsen heißt für mich: Inmitten einer tollen Landschaft aufzuwachsen. (…) Ich bin überglücklich hier zu leben und würde es sehr vermissen, wenn ich hier nicht mehr lebte."
d0032	„Baden-Württemberger zu sein bedeutet für uns ein angenehmes Leben ohne größere Probleme zu führen."
d0034	„Das Stadtbild der meisten schwäbischen Städte ist sauber und ordentlich." und: „Was aber heißt es, BW zu sein? Es bedeutet alle Chancen zu haben."
d0039	„BW gibt die Hälfte seines Haushalts für Bildung aus (…) → Zukunftssicherung (…) Wettbewerbsfähigkeit bleibt langfristig gesichert."
d0063	„Gute Ausbildung, hat die lebenswertesten Städte Deutschlands (1. Freiburg, 2. Tübingen), Ländle der Dichter und Denker, gute Wirtschaftsbasis mit vielen Großunternehmen (…), hervorragende Küche, schöne Landschaft (Alb)"
d0092	„Ich bin froh in Baden-Württemberg zu leben weil man hier noch die Freiheit hat zu leben."
d0096	„mehr Geld → höhere Geburtenrate, mehr Arbeitsplätze → weniger Arbeitslose, gute Bildungsmöglichkeiten → höherer Lebensstandard"
d0097	„mehr Geld → höhere Geburtenrate, mehr Arbeitsplätze → weniger Arbeitslosigkeit, gute Bildungsmöglichkeiten → höherer Lebensstandard"
d0098	„mehr Geld, mehr Arbeitsplätze → weniger Arbeitslosigkeit, höhere Geburtenrate, gute Bildungsmöglichkeiten → insgesamt höherer Lebensstandard als in den meisten anderen Bundesländern"
d0099	„mehr Geld → höhere Geburtenrate, mehr Arbeitsplätze → weniger Arbeitslosigkeit, gute Bildungsmöglichkeiten → insgesamt höherer Lebensstandard als in den meisten anderen Bundesländern (…) gutes Essen."
d0109	„Industriehochburg (Daimler, Porsche, Bosch,…), Bierbrauereien (St. Hofbräu, Grübinger, Tannenzäpfle…), Linsen & Spätzle, Maultaschen,… → schwäbische Küche, VFB Stuttgart, SSV Reutlingen (…), Fanta 4, Massive Töne, Wein, Wasen!"
d0110	„Daimler/Porsche, Stuttgarter Hofbräu/Grübinger/Tannenzäpfle…, Linsen + Spätzle/Maultaschen, schwäbisch(e) (Küche), Wein, Wasen! Hengstenberg"
d0111	inhaltlich identische Angabe wie d0110 und d0109

---

[314] Alle Texte wurden unverändert von den Fragebögen übernommen. Rechtschreib- Ausdrucks- und Grammatikfehler stammen von den Verfassern.

d0121	„Schwäbisch schwätza, Beste Küche Deutschland, Daimler bleibt hier; Arbeits-plätze, starke Wirtschaft"
d0124	„eine wirtschaftlich starke Region, Ur-konservativ, vergleichsweise niedrige Arbeitslosigkeit, gute Küche, Bier, Mundart, gute Infrastruktur"
d0125	„wirtschaftlich starke Region, niedrige Arbeitslosigkeit, konservative Regierung und Wahlverhalten auf Grund des vorherrschenden Wohlstands, gute Küche: Maultaschen, Spätzle,…, hochentwickeltes Land auf Grund der Ansiedlung von Weltkonzernen wie DaimlerChrysler, Wirtschaft stark ausgeprägt und alles voneinander abhängig, so dass große Weltkonzerne angesiedelt bleiben und nicht in ökonomisch lohnenswertere Regionen flüchten."
d0126	„Ich fühle mich in BW wohl, denn die sichere Sicherheit und auch die bildende Bildung sind hier gewährleistet."
w0047	„Wales is my home. It has a nice community. We have our own Saints day and get to wear national costume. Everyone looks out for each other. The food is great especially the traditional lamb. There is a lot of open green space and fields with cute lambs in spring. We have numerous famous people. On the 1st March every year we have an eisteddfod were we all come together have competitions and sing our national anthem. There is a great capital city with great people (me ☺)! We also have the valleys were it is very mountainous with SHEEP! And well what can I say about the Welsh Rugby team… Amazin (apart from the other day ☺!) We have an airport and a heliport. We have docks with big big big boats. Prince Charles is the Prince of Wales. We have the best radio station and our own chan-nel S4C. We have the highest pregnancy rate in Britain in Bridgend, my home town. (…) I LOVE WALES."
w0048	„I like Wales its my hometown."
w0052	„I think that to be born Welsh his to born privileged, not with a sliver spoon in your mouth but with love in your heart and poetry in your soul."
w0065	'To be Welsh feels great and when we win Rugby matches I feel very proud and excited. Also Wales is very safe as a country, compared to London and other places."
w0067	'Being Welsh means a lot to me, it is an identity that I am proud to be associated with."
w0071	'To me Wales is a country I am proud to live in. A community full of trust and friendship. Where people are of all cultures."
w0073	"It means a lot to be Welsh, and we need to preserve the Welsh culture and the language would probably still be present as many people would want to keep the language that they speak."
w0075	"Although I am not a Welsh speaker I do feel quite protective about Wales as generations of my family are from here. Also I believe that the Welsh culture is very rich and helps unite the people (…)."
w0083	"Wales is a country to be proud of. It is like one big family. The Welsh Traditions are v. good and important to Welsh people. Such as the Eisteddfod, Welsh cakes, Welsh dragon, rugby, sheep."
w0086	„I love being Welsh because of our culture, history and scenery."

b) Fragebögen mit negativ eingeschätzter Lebensqualität

Baden-Württemberg heute in zehn Jahren oder was es bedeutet, Baden-Württemberger zu sein/
Wales in ten years from now or what it means to be Welsh

Fragebogennummer	Begründung[315]
d0046	„Viele Alkoholabgängige (Drogenopfer), mehr Trennungen (Singles)"
d0051	„keine große Bedeutung"
d0054	„ich bin nicht besonders stolz darauf Baden-Württemberg zu sein. Insgesamt mag ich das Klischee der schwäbischen Lebenseinstellung (geizig, kleinbürgerlich etc.) nicht besonders."
d0069	„Deutschland geht am Euro kaputt."
d0071	Kompletter Text: „Quelle und Karstadt wurde zugemacht und Bosch auch. Die ganzen Leute die da gearbeitet haben, sind arbeitslos."
d0075	„Die Arbeitslosigkeit steigt. Die Kultur geht zu ende. (…) Es werden immer mehr Fabriken geschlossen."
w0043	„Wales will become part of England. Not many people are concerned about traditions. The traditions will be forgotten."
w0068	"I do not want to live and work in Wales when I am older. (…) The Welsh lan-guage is slowly dying out."
w0072	"From personal experience, I have entered music competitions and I've been bitched at and neglected because I'm not Welsh speaking, even though I am living in Wales and I am likely to be Welsh."
w0077	"Social + political turmoil. A desolate nuclear wasteland peppered with Welsh cakes. I am not Welsh, never have been, never will be. I don't know what it feels like to be Welsh so yeek."

---

[315] siehe Fußnote zu „Begründung" unter a) positiv eingeschätzte Lebensqualität

w0157	"Hopefully there will be less crime, but for that, we need better campaigns to stop them."
w0158	"We're sick and tired of having an undermined NHS + Education system."

c) Ergebnisse

Frage 1: letzter Regierungschef nach Hypothese der Lebensqualität

		negativ	positiv	Gesamt
Schmidt/	Anzahl	1	0	1
Thatcher	% von letzter Regierungschef	100,0%	,0%	100,0%
	% von Hypothese der Lebensqualität	8,3%	,0%	2,3%
	% der Gesamtzahl	2,3%	,0%	2,3%
Kohl/Major	Anzahl	11	31	42
	% von letzter Regierungschef	26,2%	73,8%	100,0%
	% von Hypothese der Lebensqualität	91,7%	100,0%	97,7%
	% der Gesamtzahl	25,6%	72,1%	97,7%
Gesamt	Anzahl	12	31	43
	% von letzter Regierungschef	27,9%	72,1%	100,0%
	% von Hypothese der Lebensqualität	100,0%	100,0%	100,0%
	% der Gesamtzahl	27,9%	72,1%	100,0%

Frage 2: Bezeichnung Parlament nach Hypothese der Lebensqualität

		negativ	positiv	Gesamt
Legislative/	Anzahl	3	18	21
legislature	% von Bezeichnung Parlament	14,3%	85,7%	100,0%
	% von Hypothese der Lebensqualität	25,0%	58,1%	48,8%
	% der Gesamtzahl	7,0%	41,9%	48,8%
Exekutive/	Anzahl	2	7	9
executive	% von Bezeichnung Parlament	22,2%	77,8%	100,0%
	% von Hypothese der Lebensqualität	16,7%	22,6%	20,9%
	% der Gesamtzahl	4,7%	16,3%	20,9%
Judikative/	Anzahl	2	1	3
judicature	% von Bezeichnung Parlament	66,7%	33,3%	100,0%
	% von Hypothese der Lebensqualität	16,7%	3,2%	7,0%
	% der Gesamtzahl	4,7%	2,3%	7,0%
keins ist	Anzahl	3	4	7
richtig/ none is	% von Bezeichnung Parlament	42,9%	57,1%	100,0%
correct	% von Hypothese der Lebensqualität	25,0%	12,9%	16,3%
	% der Gesamtzahl	7,0%	9,3%	16,3%
keine Angabe	Anzahl	2	1	3
	% von Bezeichnung Parlament	66,7%	33,3%	100,0%
	% von Hypothese der Lebensqualität	16,7%	3,2%	7,0%
	% der Gesamtzahl	4,7%	2,3%	7,0%
Gesamt	Anzahl	12	31	43
	% von Bezeichnung Parlament	27,9%	72,1%	100,0%
	% von Hypothese der Lebensqualität	100,0%	100,0%	100,0%
	% der Gesamtzahl	27,9%	72,1%	100,0%

Frage 3. a): Staatsgliederung nach Hypothese der Lebensqualität BRD

BRD		negativ	positiv	Gesamt
Föderalstaat/	Anzahl	2	18	20
federal state	% von Staatsgliederung	10,0%	90,0%	100,0%
	% von Hypothese der Lebensqualität	33,3%	85,7%	74,1%
	% der Gesamtzahl	7,4%	66,7%	74,1%
Zentralstaat/	Anzahl	0	1	1
centralised	% von Staatsgliederung	,0%	100,0%	100,0%
state	% von Hypothese der Lebensqualität	,0%	4,8%	3,7%
	% der Gesamtzahl	,0%	3,7%	3,7%
dezentraler	Anzahl	1	1	2
Staat/	% von Staatsgliederung	50,0%	50,0%	100,0%
decentralised	% von Hypothese der Lebensqualität	16,7%	4,8%	7,4%
state	% der Gesamtzahl	3,7%	3,7%	7,4%
keins ist	Anzahl	1	1	2
richtig/ none is	% von Staatsgliederung	50,0%	50,0%	100,0%
correct	% von Hypothese der Lebensqualität	16,7%	4,8%	7,4%
	% der Gesamtzahl	3,7%	3,7%	7,4%
keine Angabe	Anzahl	2	0	2
	% von Staatsgliederung	100,0%	,0%	100,0%
	% von Hypothese der Lebensqualität	33,3%	,0%	7,4%
	% der Gesamtzahl	7,4%	,0%	7,4%
Gesamt	Anzahl	6	21	27
	% von Staatsgliederung	22,2%	77,8%	100,0%

266

		100,0%	100,0%	100,0%
	% von Hypothese der Lebensqualität	100,0%	100,0%	100,0%
	% der Gesamtzahl	22,2%	77,8%	100,0%

Frage 3. b): Staatsgliederung nach Hypothese der Lebensqualität UK

UK		negativ	positiv	Gesamt
Föderalstaat/	Anzahl	2	5	7
federal state	% von Staatsgliederung	28,6%	71,4%	100,0%
	% von Hypothese der Lebensqualität	33,3%	50,0%	43,8%
	% der Gesamtzahl	12,5%	31,3%	43,8%
Zentralstaat/	Anzahl	2	5	7
centralised	% von Staatsgliederung	28,6%	71,4%	100,0%
state	% von Hypothese der Lebensqualität	33,3%	50,0%	43,8%
	% der Gesamtzahl	12,5%	31,3%	43,8%
dezentraler	Anzahl	1	0	1
Staat/	% von Staatsgliederung	100,0%	,0%	100,0%
decentralised	% von Hypothese der Lebensqualität	16,7%	,0%	6,3%
state	% der Gesamtzahl	6,3%	,0%	6,3%
keine Angabe	Anzahl	1	0	1
	% von Staatsgliederung	100,0%	,0%	100,0%
	% von Hypothese der Lebensqualität	16,7%	,0%	6,3%
	% der Gesamtzahl	6,3%	,0%	6,3%
Gesamt	Anzahl	6	10	16
	% von Staatsgliederung	37,5%	62,5%	100,0%
	% von Hypothese der Lebensqualität	100,0%	100,0%	100,0%
	% der Gesamtzahl	37,5%	62,5%	100,0%

Frage 4: Mitglieder in Europäischer Union nach Hypothese der Lebensqualität

		negativ	positiv	Gesamt
35 Mitglieder	Anzahl	3	7	10
(5 vor Oster-	% von Mitglieder in Europäischer			
weiterung)	Union	30,0%	70,0%	100,0%
	% von Hypothese der Lebensqualität	25,0%	22,6%	23,3%
	% der Gesamtzahl	7,0%	16,3%	23,3%
25 Mitglieder	Anzahl	6	23	29
(15 vor	% von Mitglieder in Europäischer			
Oster-	Union	20,7%	79,3%	100,0%
weiterung)	% von Hypothese der Lebensqualität	50,0%	74,2%	67,4%
	% der Gesamtzahl	14,0%	53,5%	67,4%
16 Mitglieder	Anzahl	2	1	3
(16 vor	% von Mitglieder in Europäischer			
Osterweite-	Union	66,7%	33,3%	100,0%
rung)	% von Hypothese der Lebensqualität	16,7%	3,2%	7,0%
	% der Gesamtzahl	4,7%	2,3%	7,0%
keine Angabe	Anzahl	1	0	1
	% von Mitglieder in Europäischer Union	100,0%	,0%	100,0%
	% von Hypothese der Lebensqualität	8,3%	,0%	2,3%
	% der Gesamtzahl	2,3%	,0%	2,3%
Gesamt	Anzahl	12	31	43
	% von Mitglieder in Europäischer Union	27,9%	72,1%	100,0%
	% von Hypothese der Lebensqualität	100,0%	100,0%	100,0%
	% der Gesamtzahl	27,9%	72,1%	100,0%

Frage 5: UNO Generalsekretär nach Hypothese der Lebensqualität

		negativ	positiv	Gesamt
Boutros	Anzahl	0	1	1
Boutros-	% von UNO Generalsekretär	,0%	100,0%	100,0%
Ghali				
	% von Hypothese der Lebensqualität	,0%	3,2%	2,3%
	% der Gesamtzahl	,0%	2,3%	2,3%
Javier Peres	Anzahl	0	4	4
de Cuellar	% von UNO Generalsekretär	,0%	100,0%	100,0%
	% von Hypothese der Lebensqualität	,0%	12,9%	9,3%
	% der Gesamtzahl	,0%	9,3%	9,3%
Henry Kis-	Anzahl	4	1	5
singer	% von UNO Generalsekretär	80,0%	20,0%	100,0%
	% von Hypothese der Lebensqualität	33,3%	3,2%	11,6%
	% der Gesamtzahl	9,3%	2,3%	11,6%
Kofi Annan	Anzahl	8	24	32
	% von UNO Generalsekretär	25,0%	75,0%	100,0%
	% von Hypothese der Lebensqualität	66,7%	77,4%	74,4%
	% der Gesamtzahl	18,6%	55,8%	74,4%
keine Angabe	Anzahl	0	1	1
	% von UNO Generalsekretär	,0%	100,0%	100,0%
	% von Hypothese der Lebensqualität	,0%	3,2%	2,3%
	% der Gesamtzahl	,0%	2,3%	2,3%

Gesamt	Anzahl	12	31	43
	% von UNO Generalsekretär	27,9%	72,1%	100,0%
	% von Hypothese der Lebensqualität	100,0%	100,0%	100,0%
	% der Gesamtzahl	27,9%	72,1%	100,0%

Frage 6. a) Landtagsabgeordneter/AM Name korrekt? nach Hypothese der Lebensqualität

		negativ	positiv	Gesamt
korrekt	Anzahl	1	12	13
	% von Landtagsabgeordneter/AM Name korrekt?	7,7%	92,3%	100,0%
	% von Hypothese der Lebensqualität	8,3%	38,7%	30,2%
	% der Gesamtzahl	2,3%	27,9%	30,2%
nicht korrekt	Anzahl	3	4	7
	% von Landtagsabgeordneter/AM Name korrekt?	42,9%	57,1%	100,0%
	% von Hypothese der Lebensqualität	25,0%	12,9%	16,3%
	% der Gesamtzahl	7,0%	9,3%	16,3%
keine Angabe/trifft nicht zu	Anzahl	8	15	23
	% von Landtagsabgeordneter/AM Name korrekt?	34,8%	65,2%	100,0%
	% von Hypothese der Lebensqualität	66,7%	48,4%	53,5%
	% der Gesamtzahl	18,6%	34,9%	53,5%
Gesamt	Anzahl	12	31	43
	% von Landtagsabgeordneter/AM Name korrekt?	27,9%	72,1%	100,0%
	% von Hypothese der Lebensqualität	100,0%	100,0%	100,0%
	% der Gesamtzahl	27,9%	72,1%	100,0%

Frage 6. b): Landtagsabgeordneter/AM Partei korrekt? nach Hypothese der Lebensqualität

		negativ	positiv	Gesamt
korrekt	Anzahl	3	22	25
	% von Landtagsabgeordneter/AM Partei korrekt?	12,0%	88,0%	100,0%
	% von Hypothese der Lebensqualität	25,0%	71,0%	58,1%
	% der Gesamtzahl	7,0%	51,2%	58,1%
nicht korrekt	Anzahl	1	4	5
	% von Landtagsabgeordneter/AM Partei korrekt?	20,0%	80,0%	100,0%
	% von Hypothese der Lebensqualität	8,3%	12,9%	11,6%
	% der Gesamtzahl	2,3%	9,3%	11,6%
keine Angabe/trifft nicht zu	Anzahl	8	5	13
	% von Landtagsabgeordneter/AM Partei korrekt?	61,5%	38,5%	100,0%
	% von Hypothese der Lebensqualität	66,7%	16,1%	30,2%
	% der Gesamtzahl	18,6%	11,6%	30,2%
Gesamt	Anzahl	12	31	43
	% von Landtagsabgeordneter/AM Partei korrekt?	27,9%	72,1%	100,0%
	% von Hypothese der Lebensqualität	100,0%	100,0%	100,0%
	% der Gesamtzahl	27,9%	72,1%	100,0%

Frage 7. a): Bundestagsabgeordneter/MP Name korrekt? nach Hypothese der Lebensqualität

		negativ	positiv	Gesamt
korrekt	Anzahl	0	8	8
	% von Bundestagsabgeordneter/MP Name korrekt?	,0%	100,0%	100,0%
	% von Hypothese der Lebensqualität	,0%	25,8%	18,6%
	% der Gesamtzahl	,0%	18,6%	18,6%
nicht korrekt	Anzahl	3	8	11
	% von Bundestagsabgeordneter/MP Name korrekt?	27,3%	72,7%	100,0%
	% von Hypothese der Lebensqualität	25,0%	25,8%	25,6%
	% der Gesamtzahl	7,0%	18,6%	25,6%
keine Angabe/trifft nicht zu	Anzahl	9	15	24
	% von Bundestagsabgeordneter/MP Name korrekt?	37,5%	62,5%	100,0%
	% von Hypothese der Lebensqualität	75,0%	48,4%	55,8%
	% der Gesamtzahl	20,9%	34,9%	55,8%
Gesamt	Anzahl	12	31	43
	% von Bundestagsabgeordneter/MP Name korrekt?	27,9%	72,1%	100,0%
	% von Hypothese der Lebensqualität	100,0%	100,0%	100,0%
	% der Gesamtzahl	27,9%	72,1%	100,0%

Frage 7. b): Bundestagsabgeordneter/MP Partei korrekt? nach Hypothese der Lebensqualität

		negativ	positiv	Gesamt
korrekt	Anzahl	2	20	22
	% von Bundestagsabgeordneter/MP	9,1%	90,9%	100,0%

	Partei korrekt?	negativ	positiv	Gesamt
	% von Hypothese der Lebensqualität	16,7%	64,5%	51,2%
	% der Gesamtzahl	4,7%	46,5%	51,2%
nicht korrekt	Anzahl	2	4	6
	% von Bundestagsabgeordneter/MP Partei korrekt?	33,3%	66,7%	100,0%
	% von Hypothese der Lebensqualität	16,7%	12,9%	14,0%
	% der Gesamtzahl	4,7%	9,3%	14,0%
keine Angabe/trifft nicht zu	Anzahl	8	7	15
	% von Bundestagsabgeordneter/MP Partei korrekt?	53,3%	46,7%	100,0%
	% von Hypothese der Lebensqualität	66,7%	22,6%	34,9%
	% der Gesamtzahl	18,6%	16,3%	34,9%
Gesamt	Anzahl	12	31	43
	% von Bundestagsabgeordneter/MP Partei korrekt?	27,9%	72,1%	100,0%
	% von Hypothese der Lebensqualität	100,0%	100,0%	100,0%
	% der Gesamtzahl	27,9%	72,1%	100,0%

Frage 8. a): Ministerpräsident/First Minister Name korrekt? nach Hypothese der Lebensqualität

		negativ	positiv	Gesamt
korrekt	Anzahl	3	17	20
	% von Ministerpräsident/First Minister Name korrekt?	15,0%	85,0%	100,0%
	% von Hypothese der Lebensqualität	25,0%	54,8%	46,5%
	% der Gesamtzahl	7,0%	39,5%	46,5%
nicht korrekt	Anzahl	1	3	4
	% von Ministerpräsident/First Minister Name korrekt?	25,0%	75,0%	100,0%
	% von Hypothese der Lebensqualität	8,3%	9,7%	9,3%
	% der Gesamtzahl	2,3%	7,0%	9,3%
keine Angabe/trifft nicht zu	Anzahl	8	11	19
	% von Ministerpräsident/First Minister Name korrekt?	42,1%	57,9%	100,0%
	% von Hypothese der Lebensqualität	66,7%	35,5%	44,2%
	% der Gesamtzahl	18,6%	25,6%	44,2%
Gesamt	Anzahl	12	31	43
	% von Ministerpräsident/First Minister Name korrekt?	27,9%	72,1%	100,0%
	% von Hypothese der Lebensqualität	100,0%	100,0%	100,0%
	% der Gesamtzahl	27,9%	72,1%	100,0%

Frage 8. b): Ministerpräsident/First Minister Partei korrekt? nach Hypothese der Lebensqualität

		negativ	positiv	Gesamt
korrekt	Anzahl	3	20	23
	% von Ministerpräsident/First Minister Partei korrekt?	13,0%	87,0%	100,0%
	% von Hypothese der Lebensqualität	25,0%	64,5%	53,5%
	% der Gesamtzahl	7,0%	46,5%	53,5%
nicht korrekt	Anzahl	1	2	3
	% von Ministerpräsident/First Minister Partei korrekt?	33,3%	66,7%	100,0%
	% von Hypothese der Lebensqualität	8,3%	6,5%	7,0%
	% der Gesamtzahl	2,3%	4,7%	7,0%
keine Angabe/trifft nicht zu	Anzahl	8	9	17
	% von Ministerpräsident/First Minister Partei korrekt?	47,1%	52,9%	100,0%
	% von Hypothese der Lebensqualität	66,7%	29,0%	39,5%
	% der Gesamtzahl	18,6%	20,9%	39,5%
Gesamt	Anzahl	12	31	43
	% von Ministerpräsident/First Minister Partei korrekt?	27,9%	72,1%	100,0%
	% von Hypothese der Lebensqualität	100,0%	100,0%	100,0%
	% der Gesamtzahl	27,9%	72,1%	100,0%

Frage 9: subjektive Identität nach Hypothese der Lebensqualität

		negativ	positiv	Gesamt
b-w. nicht deutsch/ Welsh not British	Anzahl	1	3	4
	% von subjektive Identität	25,0%	75,0%	100,0%
	% von Hypothese der Lebensqualität	8,3%	9,7%	9,3%
	% der Gesamtzahl	2,3%	7,0%	9,3%
mehr b-w. als deutsch/ more Welsh than British	Anzahl	2	14	16
	% von subjektive Identität	12,5%	87,5%	100,0%
	% von Hypothese der Lebensqualität	16,7%	45,2%	37,2%
	% der Gesamtzahl	4,7%	32,6%	37,2%
gleich. b-w.& deutsch/	Anzahl	2	7	9
	% von subjektive Identität	22,2%	77,8%	100,0%

		negativ	positiv	Gesamt
Welsh & British in eq.	% von Hypothese der Lebensqualität	16,7%	22,6%	20,9%
	% der Gesamtzahl	4,7%	16,3%	20,9%
mehr deutsch als b-w./ more British than Welsh	Anzahl	3	5	8
	% von subjektive Identität	37,5%	62,5%	100,0%
	% von Hypothese der Lebensqualität	25,0%	16,1%	18,6%
	% der Gesamtzahl	7,0%	11,6%	18,6%
deutsch, nicht b-w./ British, not Welsh	Anzahl	2	2	4
	% von subjektive Identität	50,0%	50,0%	100,0%
	% von Hypothese der Lebensqualität	16,7%	6,5%	9,3%
	% der Gesamtzahl	4,7%	4,7%	9,3%
weiß nicht/Keins/ don't know/ none	Anzahl	2	0	2
	% von subjektive Identität	100,0%	,0%	100,0%
	% von Hypothese der Lebensqualität	16,7%	,0%	4,7%
	% der Gesamtzahl	4,7%	,0%	4,7%
Gesamt	Anzahl	12	31	43
	% von subjektive Identität	27,9%	72,1%	100,0%
	% von Hypothese der Lebensqualität	100,0%	100,0%	100,0%
	% der Gesamtzahl	27,9%	72,1%	100,0%

Frage 10. a): Mundart Schwäbisch nach Hypothese der Lebensqualität

Schwäbisch?		negativ	positiv	Gesamt
ja	Anzahl	1	17	18
	% von Mundart/Sprache	5,6%	94,4%	100,0%
	% von Hypothese der Lebensqualität	16,7%	81,0%	66,7%
	% der Gesamtzahl	3,7%	63,0%	66,7%
nein	Anzahl	5	4	9
	% von Mundart/Sprache	55,6%	44,4%	100,0%
	% von Hypothese der Lebensqualität	83,3%	19,0%	33,3%
	% der Gesamtzahl	18,5%	14,8%	33,3%
Gesamt	Anzahl	6	21	27
	% von Mundart/Sprache	22,2%	77,8%	100,0%
	% von Hypothese der Lebensqualität	100,0%	100,0%	100,0%
	% der Gesamtzahl	22,2%	77,8%	100,0%

Frage 10. b): Sprache Walisisch nach Hypothese der Lebensqualität

Welsh Speaker?		negativ	positiv	Gesamt
yes, learned it at school	Anzahl	1	3	4
	% von Mundart/Sprache	25,0%	75,0%	100,0%
	% von Hypothese der Lebensqualität	16,7%	30,0%	25,0%
	% der Gesamtzahl	6,3%	18,8%	25,0%
no, forgot what I learned	Anzahl	2	4	6
	% von Mundart/Sprache	33,3%	66,7%	100,0%
	% von Hypothese der Lebensqualität	33,3%	40,0%	37,5%
	% der Gesamtzahl	12,5%	25,0%	37,5%
no, never was	Anzahl	3	3	6
	% von Mundart/Sprache	50,0%	50,0%	100,0%
	% von Hypothese der Lebensqualität	50,0%	30,0%	37,5%
	% der Gesamtzahl	18,8%	18,8%	37,5%
Gesamt	Anzahl	6	10	16
	% von Mundart/Sprache	37,5%	62,5%	100,0%
	% von Hypothese der Lebensqualität	100,0%	100,0%	100,0%
	% der Gesamtzahl	37,5%	62,5%	100,0%

Frage 14: Souveränität der Region nach Hypothese der Lebensqualität

		negativ	positiv	Gesamt
sehr gut/ very well	Anzahl	2	2	4
	% von Souveränität der Region	50,0%	50,0%	100,0%
	% von Hypothese der Lebensqualität	16,7%	6,5%	9,3%
	% der Gesamtzahl	4,7%	4,7%	9,3%
gut/ well	Anzahl	4	5	9
	% von Souveränität der Region	44,4%	55,6%	100,0%
	% von Hypothese der Lebensqualität	33,3%	16,1%	20,9%
	% der Gesamtzahl	9,3%	11,6%	20,9%
schlecht/ badly	Anzahl	3	16	19
	% von Souveränität der Region	15,8%	84,2%	100,0%
	% von Hypothese der Lebensqualität	25,0%	51,6%	44,2%
	% der Gesamtzahl	7,0%	37,2%	44,2%
sehr schlecht/ very badly	Anzahl	2	8	10
	% von Souveränität der Region	20,0%	80,0%	100,0%
	% von Hypothese der Lebensqualität	16,7%	25,8%	23,3%
	% der Gesamtzahl	4,7%	18,6%	23,3%
weiß nicht/ don't know	Anzahl	1	0	1
	% von Souveränität der Region	100,0%	,0%	100,0%
	% von Hypothese der Lebensqualität	8,3%	,0%	2,3%

		2,3%	,0%	2,3%
Gesamt	Anzahl	12	31	43
	% von Souveränität der Region	27,9%	72,1%	100,0%
	% von Hypothese der Lebensqualität	100,0%	100,0%	100,0%
	% der Gesamtzahl	27,9%	72,1%	100,0%

Frage 15: Identität der Region nach Hypothese der Lebensqualität

		negativ	positiv	Gesamt
ja, sehr/ yes, a lot	Anzahl	2	6	8
	% von Identität der Region	25,0%	75,0%	100,0%
	% von Hypothese der Lebensqualität	16,7%	19,4%	18,6%
	% der Gesamtzahl	4,7%	14,0%	18,6%
ja/ yes	Anzahl	1	8	9
	% von Identität der Region	11,1%	88,9%	100,0%
	% von Hypothese der Lebensqualität	8,3%	25,8%	20,9%
	% der Gesamtzahl	2,3%	18,6%	20,9%
nicht wirk- lich/ not really	Anzahl	3	13	16
	% von Identität der Region	18,8%	81,3%	100,0%
	% von Hypothese der Lebensqualität	25,0%	41,9%	37,2%
	% der Gesamtzahl	7,0%	30,2%	37,2%
nein, über- haupt nicht/ no, not at all	Anzahl	5	4	9
	% von Identität der Region	55,6%	44,4%	100,0%
	% von Hypothese der Lebensqualität	41,7%	12,9%	20,9%
	% der Gesamtzahl	11,6%	9,3%	20,9%
weiß nicht/ don't know	Anzahl	1	0	1
	% von Identität der Region	100,0%	,0%	100,0%
	% von Hypothese der Lebensqualität	8,3%	,0%	2,3%
	% der Gesamtzahl	2,3%	,0%	2,3%
Gesamt	Anzahl	12	31	43
	% von Identität der Region	27,9%	72,1%	100,0%
	% von Hypothese der Lebensqualität	100,0%	100,0%	100,0%
	% der Gesamtzahl	27,9%	72,1%	100,0%

Kapitel III, Abschnitt 5: Exit, Voice and Loyalty Theorie

a) Angebliches Ehrenamt

	Häufigkeit	Prozent	Gültige Prozente	Kumulierte Prozente
ja	74	29,6	29,6	29,6
nein	171	68,4	68,4	98,0
keine Angabe	5	2,0	2,0	100,0
Gesamt	250	100,0	100,0	

b) Gewertetes Ehrenamt

	Häufigkeit	Prozent	Gültige Prozente	Kumulierte Prozente
Ausübung Ehrenamt	67	27,3	27,3	27,3
kein Ehrenamt	178	72,7	72,7	100,0
Gesamt	245	100,0	100,0	

c) Nicht gewertete ehrenamtliche Tätigkeit(en)

	Häufigkeit	Prozent	Gültige Prozente	Kumulierte Prozente
	1	14,3	14,3	14,3
Computer-System-Administration, Musikveran- staltungen	1	14,3	14,3	28,6
football	1	14,3	14,3	42,9
für die Schule lernen	1	14,3	14,3	57,1
Kellnerin	1	14,3	14,3	71,4
Wash the car	1	14,3	14,3	85,7
Zeitung, Werbung austragen	1	14,3	14,3	100,0
Gesamt	7	100,0	100,0	

d) Gewertete ehrenamtliche Tätigkeit(en)

	Häufigkeit	Prozent	Gültige Prozente	Kumulierte Prozente
"Fair do's" a fair trade promoting shop & youth club helper all charity work available in school	1	1,5	1,5	1,5
1. Ich leite eine Basketball AG An meiner Schule 2.Ich setze mich für meinen Verein ein	1	1,5	1,5	3,0
Als Jugendtrainerin	1	1,5	1,5	4,5
assistant in local sunday school for 2 years.	1	1,5	1,5	6,0
Babysitten umsonst	1	1,5	1,5	7,5
care for disabled and elderly people	1	1,5	1,5	9,0
care for the elderly	1	1,5	1,5	10,4
chairity shop	1	1,5	1,5	11,9
Church based childrens club, Serving at the altar at church, Oxfam	1	1,5	1,5	13,4
Coach the village rugby club	1	1,5	1,5	14,9
coaening sport & looking after children at a childrens sport camp	1	1,5	1,5	16,4
Dragon Sports	1	1,5	1,5	17,9
Duke of Edinburgh (Service)	1	1,5	1,5	19,4
elderly care	1	1,5	1,5	20,9
Football Training for Children	1	1,5	1,5	22,4
Freizeitbetreuung	1	1,5	1,5	23,9
Handballverein Schiedsrichter/Jusos	1	1,5	1,5	25,4
Hausaufgabenhilfe für sozialbenachteiligte Kinder	1	1,5	1,5	26,9
Helfer in der Kinderkirche meiner Gemeinde	1	1,5	1,5	28,4
Help at local Brownie pack. Teach sailing to youths at local centre	1	1,5	1,5	29,9
Help at Sunday school	1	1,5	1,5	31,3
HELP IN SALOR	1	1,5	1,5	32,8
Help in swimming club for juniors	1	1,5	1,5	34,3
help my form tutor keep track of everything	1	1,5	1,5	35,8
Help on a farm	1	1,5	1,5	37,3
Help with a local cat charity	1	1,5	1,5	38,8
Help with swimming team practise	1	1,5	1,5	40,3
helping with guides and Brownie Guides	1	1,5	1,5	41,8
holiday club for children	1	1,5	1,5	43,3
I babysit for free sometimes	2	3,0	3,0	46,3
I babysit sometimes for free	1	1,5	1,5	47,8
I help out at a youth club	1	1,5	1,5	49,3
I help out in Greenfields special needs school	1	1,5	1,5	50,7
Ich trage Kirchenzeitungen aus	1	1,5	1,5	52,2
Im Sommer eine Stadtranderholung für Kinder	1	1,5	1,5	53,7
in der Bücherei: Bücher einstellen evtl. auch in einem Laden	1	1,5	1,5	55,2
in der DLRG Deutsch-Lebenrettungs-Gesellschaft	1	1,5	1,5	56,7
Jugendarbeit: Jungschar	1	1,5	1,5	58,2
Jugendtrainerin im Hockey	1	1,5	1,5	59,7
Jungscharleiter	1	1,5	1,5	61,2
Kids work in church, Autistic kids work in summer	1	1,5	1,5	62,7
Kirche	1	1,5	1,5	64,2
Kirchliche Jugendarbeit (Jungschar...)	1	1,5	1,5	65,7
Klassensprecher	1	1,5	1,5	67,2
Klassensprecherin SMV	1	1,5	1,5	68,7
lifeboat association RNU	1	1,5	1,5	70,1
Ministranten, Jugendgruppen, SMV	1	1,5	1,5	71,6
Mitarbeiterin im CVJM, Mitarbeiterin in Kirchengemeinde	1	1,5	1,5	73,1
Mitarbeiterin in einer Kinder-Spielstadt	1	1,5	1,5	74,6
Play for a choir in my area	1	1,5	1,5	76,1
Reading with children at a primary school	1	1,5	1,5	77,6
riding for disabled	1	1,5	1,5	79,1
Riding for one disabled	1	1,5	1,5	80,6
Schülersprecher	1	1,5	1,5	82,1
Schülersprecher Demos SMV	1	1,5	1,5	83,6
SMV	1	1,5	1,5	85,1
SMV Homepage für den Jahrgang	1	1,5	1,5	86,6
Stadtjugendringdelegierter der Esslinger Jungsozialisten in der SPD	1	1,5	1,5	88,1
supervise swimming team practise + Brownies	1	1,5	1,5	89,6
Ty Manor County Park Cefn Mawr C.P. School	1	1,5	1,5	91,0
Verein	1	1,5	1,5	92,5
with the Air Training Corps	1	1,5	1,5	94,0
Work at charity shop.	1	1,5	1,5	95,5
work in a charity shop	1	1,5	1,5	97,0

working on Farm	1	1,5	1,5	98,5
Young leader with guiding unit	1	1,5	1,5	100,0
Gesamt	67	100,0	100,0	

e) Zugrundegelegte Daten[316]

		Baden-Württemberg	Wales	Gesamt
Ausübung Ehrenamt	Anzahl	27	40	67
	% von Ehrenamt	40,3%	59,7%	100,0%
	% von Herkunft Fragebogen Region	27,3%	27,4%	27,3%
	% der Gesamtzahl	11,0%	16,3%	27,3%
kein Ehren-amt	Anzahl	72	106	178
	% von Ehrenamt	40,4%	59,6%	100,0%
	% von Herkunft Fragebogen Region	72,7%	72,6%	72,7%
	% der Gesamtzahl	29,4%	43,3%	72,7%
Gesamt	Anzahl	99	146	245
	% von Ehrenamt	40,4%	59,6%	100,0%
	% von Herkunft Fragebogen Region	100,0%	100,0%	100,0%
	% der Gesamtzahl	40,4%	59,6%	100,0%

f) Ergebnisse

Frage 1: letzter Regierungschef nach Ehrenamt

		Ausübung Ehrenamt	kein Ehrenamt	Gesamt
Schröder/ Blair	Anzahl	0	11	11
	% von letzter Regierungschef	,0%	100,0%	100,0%
	% von Ehrenamt	,0%	6,2%	4,5%
	% der Gesamtzahl	,0%	4,5%	4,5%
Schmidt/ Thatcher	Anzahl	3	3	6
	% von letzter Regierungschef	50,0%	50,0%	100,0%
	% von Ehrenamt	4,5%	1,7%	2,4%
	% der Gesamtzahl	1,2%	1,2%	2,4%
Kohl/ Major	Anzahl	62	159	221
	% von letzter Regierungschef	28,1%	71,9%	100,0%
	% von Ehrenamt	92,5%	89,3%	90,2%
	% der Gesamtzahl	25,3%	64,9%	90,2%
Brandt/ Callaghan	Anzahl	1	1	2
	% von letzter Regierungschef	50,0%	50,0%	100,0%
	% von Ehrenamt	1,5%	,6%	,8%
	% der Gesamtzahl	,4%	,4%	,8%
keine Angabe	Anzahl	1	4	5
	% von letzter Regierungschef	20,0%	80,0%	100,0%
	% von Ehrenamt	1,5%	2,2%	2,0%
	% der Gesamtzahl	,4%	1,6%	2,0%
Gesamt	Anzahl	67	178	245
	% von letzter Regierungschef	27,3%	72,7%	100,0%
	% von Ehrenamt	100,0%	100,0%	100,0%
	% der Gesamtzahl	27,3%	72,7%	100,0%

Frage 2: Bezeichnung Parlament nach Ehrenamt

		Ausübung Ehrenamt	kein Ehrenamt	Gesamt
Legislative/ legislature	Anzahl	35	83	118
	% von Bezeichnung Parlament	29,7%	70,3%	100,0%
	% von Ehrenamt	52,2%	46,6%	48,2%
	% der Gesamtzahl	14,3%	33,9%	48,2%
Exekutive/ executive	Anzahl	7	21	28
	% von Bezeichnung Parlament	25,0%	75,0%	100,0%
	% von Ehrenamt	10,4%	11,8%	11,4%
	% der Gesamtzahl	2,9%	8,6%	11,4%
Judikative/ judicature	Anzahl	6	16	22
	% von Bezeichnung Parlament	27,3%	72,7%	100,0%
	% von Ehrenamt	9,0%	9,0%	9,0%
	% der Gesamtzahl	2,4%	6,5%	9,0%
keins ist richtig/ none is correct	Anzahl	15	46	61
	% von Bezeichnung Parlament	24,6%	75,4%	100,0%
	% von Ehrenamt	22,4%	25,8%	24,9%
	% der Gesamtzahl	6,1%	18,8%	24,9%

---

[316] Die Fragebögen d0001 bis d0025 sowie w0001 bis w0041 (25 in Baden-Württemberg und 41 in Wales) beinhalteten noch keine Frage 25 nach ehrenamtlichem Engagement. Aus diesem Grund fließen deren Daten hier
nicht verfälschend ein. Der Untersuchung liegen abzüglich 5 Fragebögen ohne Angaben zu Frage 25 in diesem
Abschnitt 245 Fragebögen zugrunde.

keine Angabe	Anzahl	4	12	16
	% von Bezeichnung Parlament	25,0%	75,0%	100,0%
	% von Ehrenamt	6,0%	6,7%	6,5%
	% der Gesamtzahl	1,6%	4,9%	6,5%
Gesamt	Anzahl	67	178	245
	% von Bezeichnung Parlament	27,3%	72,7%	100,0%
	% von Ehrenamt	100,0%	100,0%	100,0%
	% der Gesamtzahl	27,3%	72,7%	100,0%

Frage 3. a): Staatsgliederung nach Ehrenamt BRD

		Ausübung Ehrenamt	kein Ehrenamt	Gesamt
Föderalstaat/	Anzahl	23	40	63
federal state	% von Staatsgliederung	36,5%	63,5%	100,0%
	% von Ehrenamt	85,2%	55,6%	63,6%
	% der Gesamtzahl	23,2%	40,4%	63,6%
Zentralstaat/	Anzahl	2	11	13
centralised	% von Staatsgliederung	15,4%	84,6%	100,0%
state	% von Ehrenamt	7,4%	15,3%	13,1%
	% der Gesamtzahl	2,0%	11,1%	13,1%
dezentraler	Anzahl	0	8	8
Staat/ de-	% von Staatsgliederung	,0%	100,0%	100,0%
centralised	% von Ehrenamt	,0%	11,1%	8,1%
state	% der Gesamtzahl	,0%	8,1%	8,1%
keins ist	Anzahl	2	10	12
richtig/ none	% von Staatsgliederung	16,7%	83,3%	100,0%
is correct	% von Ehrenamt	7,4%	13,9%	12,1%
	% der Gesamtzahl	2,0%	10,1%	12,1%
keine Angabe	Anzahl	0	3	3
	% von Staatsgliederung	,0%	100,0%	100,0%
	% von Ehrenamt	,0%	4,2%	3,0%
	% der Gesamtzahl	,0%	3,0%	3,0%
Gesamt	Anzahl	27	72	99
	% von Staatsgliederung	27,3%	72,7%	100,0%
	% von Ehrenamt	100,0%	100,0%	100,0%
	% der Gesamtzahl	27,3%	72,7%	100,0%

Frage 3. b): Staatsgliederung nach Ehrenamt UK

		Ausübung Ehrenamt	kein Ehrenamt	Gesamt
Föderalstaat/	Anzahl	14	31	45
federal state	% von Staatsgliederung	31,1%	68,9%	100,0%
	% von Ehrenamt	35,0%	29,2%	30,8%
	% der Gesamtzahl	9,6%	21,2%	30,8%
Zentralstaat/	Anzahl	18	23	41
centralised	% von Staatsgliederung	43,9%	56,1%	100,0%
state	% von Ehrenamt	45,0%	21,7%	28,1%
	% der Gesamtzahl	12,3%	15,8%	28,1%
dezentraler	Anzahl	2	16	18
Staat/ de-	% von Staatsgliederung	11,1%	88,9%	100,0%
centralised	% von Ehrenamt	5,0%	15,1%	12,3%
state	% der Gesamtzahl	1,4%	11,0%	12,3%
keins ist	Anzahl	5	25	30
richtig/ none	% von Staatsgliederung	16,7%	83,3%	100,0%
is correct	% von Ehrenamt	12,5%	23,6%	20,5%
	% der Gesamtzahl	3,4%	17,1%	20,5%
keine Angabe	Anzahl	1	11	12
	% von Staatsgliederung	8,3%	91,7%	100,0%
	% von Ehrenamt	2,5%	10,4%	8,2%
	% der Gesamtzahl	,7%	7,5%	8,2%
Gesamt	Anzahl	40	106	146
	% von Staatsgliederung	27,4%	72,6%	100,0%
	% von Ehrenamt	100,0%	100,0%	100,0%
	% der Gesamtzahl	27,4%	72,6%	100,0%

Frage 4: Mitglieder in Europäischer Union nach Ehrenamt

		Ausübung Ehrenamt	kein Ehrenamt	Gesamt
35 Mitglieder	Anzahl	20	47	67
(5 vor Oster-	% von Mitglieder in Europäischer			
weiterung)	Union	29,9%	70,1%	100,0%
	% von Ehrenamt	29,9%	26,4%	27,3%
	% der Gesamtzahl	8,2%	19,2%	27,3%
25 Mitglieder	Anzahl	34	91	125
(15 vor	% von Mitglieder in Europäischer			
Osterweite-	Union	27,2%	72,8%	100,0%
rung)	% von Ehrenamt	50,7%	51,1%	51,0%
	% der Gesamtzahl	13,9%	37,1%	51,0%
16 Mitglieder	Anzahl	9	27	36

(16 vor Osterweite- **rung)**	% von Mitglieder in Europäischer Union	25,0%	75,0%	100,0%
	% von Ehrenamt	13,4%	15,2%	14,7%
	% der Gesamtzahl	3,7%	11,0%	14,7%
11 Mitglieder	Anzahl	2	9	11
(20 vor Osterweite- **rung)**	% von Mitglieder in Europäischer Union	18,2%	81,8%	100,0%
	% von Ehrenamt	3,0%	5,1%	4,5%
	% der Gesamtzahl	,8%	3,7%	4,5%
keine Angabe	Anzahl	2	4	6
	% von Mitglieder in Europäischer Union	33,3%	66,7%	100,0%
	% von Ehrenamt	3,0%	2,2%	2,4%
	% der Gesamtzahl	,8%	1,6%	2,4%
Gesamt	Anzahl	67	178	245
	% von Mitglieder in Europäischer Union	27,3%	72,7%	100,0%
	% von Ehrenamt	100,0%	100,0%	100,0%
	% der Gesamtzahl	27,3%	72,7%	100,0%

Frage 5: UNO Generalsekretär nach Ehrenamt

		Ausübung Ehrenamt	kein Ehrenamt	Gesamt
Boutros **Boutros-** **Ghali**	Anzahl	4	5	9
	% von UNO Generalsekretär	44,4%	55,6%	100,0%
	% von Ehrenamt	6,0%	2,8%	3,7%
	% der Gesamtzahl	1,6%	2,0%	3,7%
Javier Peres **de Cuellar**	Anzahl	9	22	31
	% von UNO Generalsekretär	29,0%	71,0%	100,0%
	% von Ehrenamt	13,4%	12,4%	12,7%
	% der Gesamtzahl	3,7%	9,0%	12,7%
Henry Kis- **singer**	Anzahl	10	25	35
	% von UNO Generalsekretär	28,6%	71,4%	100,0%
	% von Ehrenamt	14,9%	14,0%	14,3%
	% der Gesamtzahl	4,1%	10,2%	14,3%
Kofi Annan	Anzahl	44	118	162
	% von UNO Generalsekretär	27,2%	72,8%	100,0%
	% von Ehrenamt	65,7%	66,3%	66,1%
	% der Gesamtzahl	18,0%	48,2%	66,1%
keine Angabe	Anzahl	0	8	8
	% von UNO Generalsekretär	,0%	100,0%	100,0%
	% von Ehrenamt	,0%	4,5%	3,3%
	% der Gesamtzahl	,0%	3,3%	3,3%
Gesamt	Anzahl	67	178	245
	% von UNO Generalsekretär	27,3%	72,7%	100,0%
	% von Ehrenamt	100,0%	100,0%	100,0%
	% der Gesamtzahl	27,3%	72,7%	100,0%

Frage 6. a): Landtagsabgeordneter/AM Name korrekt? nach Ehrenamt

		Ausübung Ehrenamt	kein Ehrenamt	Gesamt
korrekt	Anzahl	13	18	31
	% von Landtagsabgeordneter/AM Name korrekt?	41,9%	58,1%	100,0%
	% von Ehrenamt	19,4%	10,1%	12,7%
	% der Gesamtzahl	5,3%	7,3%	12,7%
nicht korrekt	Anzahl	18	31	49
	% von Landtagsabgeordneter/AM Name korrekt?	36,7%	63,3%	100,0%
	% von Ehrenamt	26,9%	17,4%	20,0%
	% der Gesamtzahl	7,3%	12,7%	20,0%
keine Anga- **be/ trifft** **nicht zu**	Anzahl	36	129	165
	% von Landtagsabgeordneter/AM Name korrekt?	21,8%	78,2%	100,0%
	% von Ehrenamt	53,7%	72,5%	67,3%
	% der Gesamtzahl	14,7%	52,7%	67,3%
Gesamt	Anzahl	67	178	245
	% von Landtagsabgeordneter/AM Name korrekt?	27,3%	72,7%	100,0%
	% von Ehrenamt	100,0%	100,0%	100,0%
	% der Gesamtzahl	27,3%	72,7%	100,0%

Frage 6. b): Landtagsabgeordneter/AM Partei korrekt? nach Ehrenamt

		Ausübung Ehrenamt	kein Ehrenamt	Gesamt
korrekt	Anzahl	34	47	81
	% von Landtagsabgeordneter/AM Partei korrekt?	42,0%	58,0%	100,0%
	% von Ehrenamt	50,7%	26,4%	33,1%
	% der Gesamtzahl	13,9%	19,2%	33,1%

nicht korrekt	Anzahl	12	24	36
	% von Landtagsabgeordneter/AM Partei korrekt?	33,3%	66,7%	100,0%
	% von Ehrenamt	17,9%	13,5%	14,7%
	% der Gesamtzahl	4,9%	9,8%	14,7%
keine Anga-be/ trifft nicht zu	Anzahl	21	107	128
	% von Landtagsabgeordneter/AM Partei korrekt?	16,4%	83,6%	100,0%
	% von Ehrenamt	31,3%	60,1%	52,2%
	% der Gesamtzahl	8,6%	43,7%	52,2%
Gesamt	Anzahl	67	178	245
	% von Landtagsabgeordneter/AM Partei korrekt?	27,3%	72,7%	100,0%
	% von Ehrenamt	100,0%	100,0%	100,0%
	% der Gesamtzahl	27,3%	72,7%	100,0%

Frage 7. a): Bundestagsabgeordneter/MP Name korrekt? nach Ehrenamt

		Ausübung Ehrenamt	kein Ehrenamt	Gesamt
korrekt	Anzahl	9	33	42
	% von Bundestagsabgeordneter/MP Name korrekt?	21,4%	78,6%	100,0%
	% von Ehrenamt	13,4%	18,5%	17,1%
	% der Gesamtzahl	3,7%	13,5%	17,1%
nicht korrekt	Anzahl	21	27	48
	% von Bundestagsabgeordneter/MP Name korrekt?	43,8%	56,3%	100,0%
	% von Ehrenamt	31,3%	15,2%	19,6%
	% der Gesamtzahl	8,6%	11,0%	19,6%
keine Anga-be/ trifft nicht zu	Anzahl	37	118	155
	% von Bundestagsabgeordneter/MP Name korrekt?	23,9%	76,1%	100,0%
	% von Ehrenamt	55,2%	66,3%	63,3%
	% der Gesamtzahl	15,1%	48,2%	63,3%
Gesamt	Anzahl	67	178	245
	% von Bundestagsabgeordneter/MP Name korrekt?	27,3%	72,7%	100,0%
	% von Ehrenamt	100,0%	100,0%	100,0%
	% der Gesamtzahl	27,3%	72,7%	100,0%

Frage 7. b): Bundestagsabgeordneter/MP Partei korrekt? nach Ehrenamt

		Ausübung Ehrenamt	kein Ehrenamt	Gesamt
korrekt	Anzahl	26	59	85
	% von Bundestagsabgeordneter/MP Partei korrekt?	30,6%	69,4%	100,0%
	% von Ehrenamt	38,8%	33,1%	34,7%
	% der Gesamtzahl	10,6%	24,1%	34,7%
nicht korrekt	Anzahl	13	16	29
	% von Bundestagsabgeordneter/MP Partei korrekt?	44,8%	55,2%	100,0%
	% von Ehrenamt	19,4%	9,0%	11,8%
	% der Gesamtzahl	5,3%	6,5%	11,8%
keine Anga-be/ trifft nicht zu	Anzahl	28	103	131
	% von Bundestagsabgeordneter/MP Partei korrekt?	21,4%	78,6%	100,0%
	% von Ehrenamt	41,8%	57,9%	53,5%
	% der Gesamtzahl	11,4%	42,0%	53,5%
Gesamt	Anzahl	67	178	245
	% von Bundestagsabgeordneter/MP Partei korrekt?	27,3%	72,7%	100,0%
	% von Ehrenamt	100,0%	100,0%	100,0%
	% der Gesamtzahl	27,3%	72,7%	100,0%

Frage 8. a): Ministerpräsident/First Minister Name korrekt? nach Ehrenamt

		Ausübung Ehrenamt	kein Ehrenamt	Gesamt
korrekt	Anzahl	29	49	78
	% von Ministerpräsident/First Minister Name korrekt?	37,2%	62,8%	100,0%
	% von Ehrenamt	43,3%	27,5%	31,8%
	% der Gesamtzahl	11,8%	20,0%	31,8%
nicht korrekt	Anzahl	9	8	17
	% von Ministerpräsident/First Minister Name korrekt?	52,9%	47,1%	100,0%
	% von Ehrenamt	13,4%	4,5%	6,9%
	% der Gesamtzahl	3,7%	3,3%	6,9%
keine Anga-be/ trifft nicht zu	Anzahl	29	121	150
	% von Ministerpräsident/First Minister Name korrekt?	19,3%	80,7%	100,0%

		Ausübung Ehrenamt	kein Ehrenamt	Gesamt
	% von Ehrenamt	43,3%	68,0%	61,2%
	% der Gesamtzahl	11,8%	49,4%	61,2%
Gesamt	Anzahl	67	178	245
	% von Ministerpräsident/First Minister Name korrekt?	27,3%	72,7%	100,0%
	% von Ehrenamt	100,0%	100,0%	100,0%
	% der Gesamtzahl	27,3%	72,7%	100,0%

Frage 8. b): Ministerpräsident/First Minister Partei korrekt? nach Ehrenamt

		Ausübung Ehrenamt	kein Ehrenamt	Gesamt
korrekt	Anzahl	34	63	97
	% von Ministerpräsident/First Minister Partei korrekt?	35,1%	64,9%	100,0%
	% von Ehrenamt	50,7%	35,4%	39,6%
	% der Gesamtzahl	13,9%	25,7%	39,6%
nicht korrekt	Anzahl	5	6	11
	% von Ministerpräsident/First Minister Partei korrekt?	45,5%	54,5%	100,0%
	% von Ehrenamt	7,5%	3,4%	4,5%
	% der Gesamtzahl	2,0%	2,4%	4,5%
keine Angabe/trifft nicht zu	Anzahl	28	109	137
	% von Ministerpräsident/First Minister Partei korrekt?	20,4%	79,6%	100,0%
	% von Ehrenamt	41,8%	61,2%	55,9%
	% der Gesamtzahl	11,4%	44,5%	55,9%
Gesamt	Anzahl	67	178	245
	% von Ministerpräsident/First Minister Partei korrekt?	27,3%	72,7%	100,0%
	% von Ehrenamt	100,0%	100,0%	100,0%
	% der Gesamtzahl	27,3%	72,7%	100,0%

Frage 9: subjektive Identität nach Ehrenamt

		Ausübung Ehrenamt	kein Ehrenamt	Gesamt
b-w. nicht deutsch/ Welsh not British	Anzahl	8	26	34
	% von subjektive Identität	23,5%	76,5%	100,0%
	% von Ehrenamt	11,9%	14,6%	13,9%
	% der Gesamtzahl	3,3%	10,6%	13,9%
mehr b-w. als deutsch/ more Welsh than British	Anzahl	18	41	59
	% von subjektive Identität	30,5%	69,5%	100,0%
	% von Ehrenamt	26,9%	23,0%	24,1%
	% der Gesamtzahl	7,3%	16,7%	24,1%
gleicherm. b-w. & deutsch/ Welsh & British in equ	Anzahl	17	46	63
	% von subjektive Identität	27,0%	73,0%	100,0%
	% von Ehrenamt	25,4%	25,8%	25,7%
	% der Gesamtzahl	6,9%	18,8%	25,7%
mehr deutsch als b-w./ more British than Welsh	Anzahl	16	28	44
	% von subjektive Identität	36,4%	63,6%	100,0%
	% von Ehrenamt	23,9%	15,7%	18,0%
	% der Gesamtzahl	6,5%	11,4%	18,0%
deutsch, nicht b-w./ British, not Welsh	Anzahl	5	10	15
	% von subjektive Identität	33,3%	66,7%	100,0%
	% von Ehrenamt	7,5%	5,6%	6,1%
	% der Gesamtzahl	2,0%	4,1%	6,1%
weiß nicht/ Keins/ don't know/ none of the above	Anzahl	3	24	27
	% von subjektive Identität	11,1%	88,9%	100,0%
	% von Ehrenamt	4,5%	13,5%	11,0%
	% der Gesamtzahl	1,2%	9,8%	11,0%
keine Angabe	Anzahl	0	3	3
	% von subjektive Identität	,0%	100,0%	100,0%
	% von Ehrenamt	,0%	1,7%	1,2%
	% der Gesamtzahl	,0%	1,2%	1,2%
Gesamt	Anzahl	67	178	245
	% von subjektive Identität	27,3%	72,7%	100,0%
	% von Ehrenamt	100,0%	100,0%	100,0%
	% der Gesamtzahl	27,3%	72,7%	100,0%

Frage 10: Mundart/Sprache nach Ehrenamt

		Ausübung Ehrenamt	kein Ehrenamt	Gesamt
Schwäbisch ja	Anzahl	15	33	48
	% von Mundart/Sprache	31,3%	68,8%	100,0%
	% von Ehrenamt	22,4%	18,5%	19,6%
	% der Gesamtzahl	6,1%	13,5%	19,6%
Schwäbisch nein	Anzahl	12	39	51
	% von Mundart/Sprache	23,5%	76,5%	100,0%
	% von Ehrenamt	17,9%	21,9%	20,8%
	% der Gesamtzahl	4,9%	15,9%	20,8%
Welsh yes,	Anzahl	0	3	3

since birth	% von Mundart/Sprache	,0%	100,0%	100,0%
	% von Ehrenamt	,0%	1,7%	1,2%
	% der Gesamtzahl	,0%	1,2%	1,2%
Welsh yes, learned it at school	Anzahl	11	27	38
	% von Mundart/Sprache	28,9%	71,1%	100,0%
	% von Ehrenamt	16,4%	15,2%	15,5%
	% der Gesamtzahl	4,5%	11,0%	15,5%
Welsh no, forgot what I learned	Anzahl	17	44	61
	% von Mundart/Sprache	27,9%	72,1%	100,0%
	% von Ehrenamt	25,4%	24,7%	24,9%
	% der Gesamtzahl	6,9%	18,0%	24,9%
Welsh no, never was	Anzahl	12	31	43
	% von Mundart/Sprache	27,9%	72,1%	100,0%
	% von Ehrenamt	17,9%	17,4%	17,6%
	% der Gesamtzahl	4,9%	12,7%	17,6%
keine Angabe	Anzahl	0	1	1
	% von Mundart/Sprache	,0%	100,0%	100,0%
	% von Ehrenamt	,0%	,6%	,4%
	% der Gesamtzahl	,0%	,4%	,4%
Gesamt	Anzahl	67	178	245
	% von Mundart/Sprache	27,3%	72,7%	100,0%
	% von Ehrenamt	100,0%	100,0%	100,0%
	% der Gesamtzahl	27,3%	72,7%	100,0%

Frage 15: Identität der Region nach Ehrenamt

		Ausübung Ehrenamt	kein Ehrenamt	Gesamt
ja, sehr/ yes, a lot	Anzahl	11	22	33
	% von Identität der Region	33,3%	66,7%	100,0%
	% von Ehrenamt	16,4%	12,4%	13,5%
	% der Gesamtzahl	4,5%	9,0%	13,5%
ja/ yes	Anzahl	14	29	43
	% von Identität der Region	32,6%	67,4%	100,0%
	% von Ehrenamt	20,9%	16,3%	17,6%
	% der Gesamtzahl	5,7%	11,8%	17,6%
nicht wirklich/ not really	Anzahl	24	66	90
	% von Identität der Region	26,7%	73,3%	100,0%
	% von Ehrenamt	35,8%	37,1%	36,7%
	% der Gesamtzahl	9,8%	26,9%	36,7%
nein, überhaupt nicht/ no, not at all	Anzahl	18	52	70
	% von Identität der Region	25,7%	74,3%	100,0%
	% von Ehrenamt	26,9%	29,2%	28,6%
	% der Gesamtzahl	7,3%	21,2%	28,6%
weiß nicht/ don't know	Anzahl	0	6	6
	% von Identität der Region	,0%	100,0%	100,0%
	% von Ehrenamt	,0%	3,4%	2,4%
	% der Gesamtzahl	,0%	2,4%	2,4%
keine Angabe	Anzahl	0	3	3
	% von Identität der Region	,0%	100,0%	100,0%
	% von Ehrenamt	,0%	1,7%	1,2%
	% der Gesamtzahl	,0%	1,2%	1,2%
Gesamt	Anzahl	67	178	245
	% von Identität der Region	27,3%	72,7%	100,0%
	% von Ehrenamt	100,0%	100,0%	100,0%
	% der Gesamtzahl	27,3%	72,7%	100,0%

Presse

1. Der Teckbote

(vom Sa, 10. Juli 2004, S. 18)

FORSCHUNG / Workshop am Schlossgymnasium zur regionalen Identität

Besuch aus Aberystwyth

Dank der engen Zusammenarbeit zwischen den Universitäten Tübingen und Aberystwyth (Wales) mit dem Schlossgymnasium hatten Kirchheimer Zehntklässler die einmalige Möglichkeit, an einem internationalen Forschungsprojekt mitzuwirken.

KIRCHHEIM ■ Zu Gast am Schlossgymnaisum waren die Wissenschaftler Giselle Bosse von der University of Wales, Aberystwyth, und Alexander Böhm von der Universität Tübingen, die mit ihrem Team derzeit Schulen in Baden-Würtemberg und Wales besuchen. Das Forschungsziel der beiden ist es, Unterschiede und Gemeinsamkeiten in politischer Bildung und regionaler Identität von Jugendlichen in den beiden Regionen zu analysieren. Im Rahmen eines Workshops arbeiteten die Schülerinnen und Schüler mit einem speziell entwickelten mehrsprachigen Fragebogen.

Im ersten Teil der Untersuchung konnten die Zehntklässler sowohl ihr politisches Wissen unter Beweis stellen als auch ihrem Verständnis von regionaler Identität Ausdruck verleihen.

Im zweiten Teil des Workshops hatten die Schülerinnen und Schüler die Möglichkeit, sich in kleineren Arbeitsgruppen Gedanken über die Entwicklung Baden-Württembergs in den kommenden zehn Jahren zu machen.

Die aufgeschlossenen Schüler überraschten Lehrer und Wissenschaftler gleichermaßen mit wertvollen und kundigen Kommentaren und Fragen: Können wir in Baden-Württemberg in Zukunft noch an unseren Traditionen festhalten? Bleibt uns die schwäbische Mundart erhalten? Wird es in Zukunft überhaupt noch waschechte Schwaben geben?

Die Zusammenarbeit zwischen den Wissenschaftlern der Universitäten und dem Deutsch- und Gemeinschaftskundelehrer Helmut Haugg verlief äußerst erfolgreich und kann in ihren positiven Wirkungen sowohl für Schüler als auch Wissenschaft wohl kaum überschätzt werden.

Im Anschluss an den Workshop äußerten sich alle Beteiligten sehr zufrieden mit dem Verlauf des Workshops. Dieses neue Konzept der Zusammenarbeit ermöglichte den Schülern einen ersten Einblick in die universitäre Forschung und vergrößerte deren Interesse an einem späteren Hochschulstudium beträchtlich.

Die erfolgreiche Kooperation bestärkt das Wissenschaftlerteam in der Absicht, die Untersuchungen weiter zu internationalisieren und die Zusammenarbeit mit den Schulen auch in Zukunft aktiv zu fördern.

Weitere Informationen sowie aktuelle Fragebögen und den neusten Stand der Forschung sind im Internet unter: www.intelligent-mr-toad.de oder www.aber.ac.uk/interpol/wire zu finden.   ab

2. Esslinger Zeitung

(vom Mo, 24. Januar 2005, 16; im Internet unter http://www.cannstatter-zeitung.de/lokal/leser/pinnwand/Artikel86922.cfm)

PINNWAND

Theodor-Heuss-Gymnasium

Mitarbeit an internationalem Projekt

Dank der engen Zusammenarbeit zwischen den Universitäten von Tübingen und Aberystwyth (Wales) mit dem Theodor-Heuss-Gymnasium konnten Schülerinnen und Schüler der elften und zwölften Klasse von Oberstudienrätin Gabriele Gschwendtner an einem internationalen Forschungsprojekt mitwirken. Zu Gast war der Wissenschaftler und Forschungsleiter Alexander Böhm von der Universität Tübingen, der mit seinem Team derzeit zahlreiche Schulen in Baden-Württemberg und Wales besucht. Forschungsziel ist es, Unterschiede und Gemeinsamkeiten in politischer Bildung und regionaler Identität von Jugendlichen in den beiden Regionen zu analysieren. Im Rahmen eines Workshops arbeiteten die jungen Leute zunächst mit einem speziell entwickelten mehrsprachigen Fragebogen.

Im ersten Teil der Untersuchung stellten die Schüler ihr politisches Wissen unter Beweis und stellten ihr Verständnis von regionaler Identität vor. Im zweiten Teil machten sich kleine Arbeitsgruppen Gedanken über die Identität eines Baden-Württembergers und über die Entwicklung des Landes in den nächsten zehn Jahren.

Können wir in Baden-Württemberg in Zukunft noch an unseren Traditionen festhalten? Bleibt uns die schwäbische Mundart erhalten? Wird es in Zukunft überhaupt noch waschechte Schwaben geben? Garantieren schwäbischer Erfindergeist und Tüftlertum den wirtschaftlichen Erfolg in einer globalisierten Welt? Mit solchen Fragen beschäftigten sie sich dabei. Im Anschluss an den Workshop äußerten sich alle Beteiligten sehr zufrieden. Dieses von Rektorin Christa Vossschulte aktiv unterstützte neue Konzept der Zusammenarbeit ermöglichte den Schülern einen ersten Einblick in die universitäre Forschung.

Die Zusammenarbeit bestärkt das Wissenschaftlerteam, die Untersuchungen weiter zu internationalisieren und die Zusammenarbeit mit den Schulen zu fördern. Eine weiterführende Kooperation von Schule und Universität im Rahmen eines Informationsaustauschs über Studium und Berufsmöglichkeiten der Jugendlichen wurde vereinbart.

HINWEIS

Literatur

Ajzen, Icek/Fishbein Martin (1980) *Understanding Attitudes and Predicting Social Behavior.* Englewood Cliffs: Prentice Hall.

Albrecht, Clemens (1999) *Die intellektuelle Gründung der Bundesrepublik. Eine Wirkungsgeschichte der Frankfurter Schule.* Frankfurt/Main und New York: Campus Verlag.

Almond, Gabriel A./Verba, Sidney (1966) *The Civic Culture: Political Attitudes and Democracy in five Nations.* Princeton, New Jersey: Princeton University Press. (3. Auflage, Erstauflage von 1963)

Almond, Gabriel A./Verba, Sidney (eds.) (1980) *The Civic Culture Revisited.* Boston, Toronto: Little, Brown and Company.

Anderson, Benedict (1991) *Imagined Communities.* London: Verso.

Arbeitsgruppe Bildungsbericht am Max-Planck-Institut für Bildungsforschung (Hrsg.) (1994) *Das Bildungswesen in der Bundesrepublik Deutschland: Strukturen und Entwicklungen im Überblick.* Hamburg: Rowohlt.

Balsom, Dennis (1985) 'The Three-Wales Model', in: Osmond, John (ed.) *The National Question again: Welsh political Identity in the 1980s.* Llandysul, Gomer Press, 1-17.

Baumert, Jürgen (2003) 'PISA 2000 Die Studie im Überblick. Grundlagen, Methoden und Ergebnisse', in: Zweimonatszeitschrift für Politik und Zeitgeschehen. Politische Studien (3/2003) *Bildung: Standards Tests Reformen.* München: Atwerb-Verlag.

Bausinger, Hermann (1996) *Kulturelle Raumstruktur und Kommunikation in Baden-Württemberg. Eine Studie zur Identität der Baden-Württemberger.* Stuttgart: Süddeutscher Rundfunk.

Behrmann, Günter C. (1987) 'Wertwandel, Bildungsexpansion, Säkularisierung und politische Sozialisation in der Bundesrepublik', in: Berg-Schlosser, Dirk/Schissler, Jakob (Hrsg.) *Politische Kultur in Deutschland: Bilanz und Perspektiven der Forschung.* Opladen: Westdeutscher Verlag, 166-182.

Bergmann, Klaus/Schneider, Gerhard (Hrsg.) (1982) *Gesellschaft – Staat – Geschichtsunterricht. Beiträge zu einer Geschichte der Geschichtsdidaktik und des Geschichtsunterrichts von 1500-1980.* Düsseldorf: Paedagogischer Verlag Schwann.

Berg-Schlosser, Dirk/Schissler, Jakob (Hrsg.) (1987) *Politische Kultur in Deutschland: Bilanz und Perspektiven der Forschung.* Opladen: Westdeutscher Verlag.

Bernstein, Basil B. (1961) 'Social Class and Linguistic Development: a Theory of Social learning', in: Halsey, A. H., Floud, Jean und Anderson, C. A. (eds.) *Education, Economy and Society.* New York: The Free Press.

Bertram, Hans (1987) *Jugend heute: die Einstellungen der Jugend zu Familie, Beruf, und Gesellschaft.* München: Beck.

Blackledge, Robert (1986) 'Europa in den Lehrplänen für die politische/staatsbürgerliche Bildung im Vereinigten Königreich', in: Bundeszentrale für politische Bildung (Hrsg.) *Europa in der Schule: Zur politischen Bildung in der Bundesrepublik Deutschland, in Dänemark, Frankreich, Großbritannien und den Niederlanden,* Bonn: Bundeszentrale für politische Bildung, 138 – 178.

Blankertz, Herwig (1969) *Bildung im Zeitalter der großen Industrie: Pädagogik, Schule und Berufsbildung im 19. Jahrhundert.* Hannover: Hermann Schroedel Verlag.

Bogdanor, Vernon (1999) *Devolution in the United Kingdom.* Oxford: Oxford University Press.

Börzel, Tanja A. (2002) States and regions in the European Union: institutional adaptation in Germany and Spain. Cambridge: Cambridge University Press.

Breit, Gotthard (2003) 'Max Weber', in: Massing, Peter/Breit, Gotthard (Hrsg.) *Demokratie-Theorien von der Antike bis zur Gegenwart.* Bonn: Bundeszentrale für Politische Bildung, 173-179.

282

Bridges, David (1997) ,Personal Autonomy and Practical Competence: Developing politically effective Citizens', in: Bridges, David (ed.) *Education, Autonomy and democratic Citizenship: Philosophy in a changing World*. London and New York: Routledge, 153 – 164.

Bundeszentrale für politische Bildung (Hrsg.) (1986) *Europa in der Schule: Zur politischen Bildung in der Bundesrepublik Deutschland, in Dänemark, Frankreich, Großbritannien und den Niederlanden*, Bonn: Bundeszentrale für politische Bildung.

Bungenstab, Karl Ernst (1970) *Re-education-Politik im Bildungswesen der US-Zone 1945 - 1949*. Düsseldorf: Bertelsmann.

Burdewick, Ingrid (2003) *Jugend – Politik – Anerkennung: Eine qualitative empirische Studie zur politischen Partizipation 11- bis 18-Jähriger*. Bonn: Bundeszentrale für Politische Bildung.

Buzan, Barry; Wæver, Ole (2003) Regions and powers: the structure of international security. Cambridge: Cambridge University Press.

Carlyle, Thomas (1991, erste Auflage 1833/34) *Sartor Resartus: Leben und Meinungen des Herrn Teufelsdröckh*. Zürich: Manesse Verlag.

Castells, Manuel (2002) *Die Macht der Identität: Teil 2 der Trilogie Das Informationszeitalter*. Opladen: Leske + Budrich.

Crick, Bernard (1991) ,The English and the British', in: Crick, Bernard (ed.) *National Identities*. Oxford: Blackwell.

Crick, Bernard/Porter, Alex (1978) (eds.) *Political Education and Political Literacy*. London: Longman

Crouch, Colin (2003) *Commercialisation or Citizenship – Education policy and the future of public services*. London: Fabian Society.

Dahrendorf, Ralf (1961) *Gesellschaft und Freiheit. zur soziologischen Analyse der Gegenwart*. München: Piper & Co.

Dornheim, Andreas/Greiffenhagen, Sylvia (Hrsg.) (2003) *Identität und politische Kultur*. Stuttgart: Verlag W. Kohlhammer.

Easton, David/Dennis, Jack (1969) *Children in the Political System: Origins of political Legitimacy*. New York: McGraw-Hill.

Elwyn Jones, Gareth (1990) *Which Nation's Schools?: Direction and Devolution in Welsh Education in the Twentieth Century*. Cardiff: University of Wales Press.

Elwyn Jones, Gareth (1997) *The Education of a Nation*. Cardiff: University of Wales Press.

Elwyn Jones, Gareth/Wynne Roderick, Gordon (2003) *A History of Education in Wales*. Cardiff: University of Wales Press.

Entwistle, Harold (1971) *Political Education in a Democracy*. London: Routledge & Kegan Paul.

Epstein, Stephan R. (ed.) (2001) Town and country in Europe, 1300–1800. Cambridge : Cambridge University Press

Europäisches Zentrum für Föderalismusforschung (Hrsg.) (2003) *Europäischer Föderalismus im 21. Jahrhundert*. Baden-Baden: Nomos Verlagsgesellschaft.

Fischer, Thomas/Frech, Siegfried (2001) *Baden-Württemberg und seine Partnerregionen*. Stuttgart: Landeszentrale für politische Bildung.

Flusser, Vilém (1996) *Kommunikologie*. Mannheim: Bollmann.

Frech, Siegfried/Hesse, Wolfgang/Schinkel, Thomas (Hrsg.) (2000) *Internationale Beziehungen in der politischen Bildung*. Schwalbach: Wochenschau Verlag.

Freedland, Jonathan (1998) *Bring Home the Revolution – The Case for a British Republic*. London: Fourth Estate.

Gagel, Walter (2002) ,Der lange Weg zur demokratischen Schulkultur: Politische Bildung in den fünfziger und sechziger Jahren', in: Aus Politik und Zeitgeschichte, B 45/2002, 6 – 16.

Geddes, Patrick (1997) *Cities in Evolution: An Introduction to the Town planning Movement and to the Study of Civics.* London: Routledge. Erstveröffentlichung 1915

Gerhards, Jürgen (2000a) ‚Regionale Identifikation und Loyalität zu Gruppennormen: Empirische Befunde aus der Umfrageforschung', in: Metze, Regina/Mühler, Kurt/Opp, Karl-Dieter (Hrsg.) *Normen und Institutionen: Entstehung und Wirkungen.* Leipzig: Leipziger Universitätsverlag, S. 115-136.

Gerhards, Jürgen (2000b) *Die Vermessung kultureller Unterschiede.* Opladen: Westdeutscher Verlag (Verlag für Sozialwissenschaften).

Giddens, Anthony (1984) *The Constitution of Society.* London, Polity Press.

Goeudevert, Daniel (2001) *Der Horizont hat Flügel. Die Zukunft der Bildung.* München: E-con.

Greiffenhagen, Martin/Greiffenhagen, Sylvia (Hg.) *Handwörterbuch zur politischen Kultur der Bundesrepublik Deutschland.* Wiesbaden: Westdeutscher Verlag.

Harvie, Christopher (1994) *The Rise of Regional Europe,* London/New York: Routledge.

Harvie, Christopher (1998) ‚Kultur und Gesellschaft', in Kastendieck, Hans/Rohe, Karl/Volle, Angelika (Hrsg.) *Länderbericht Großbritannien: Geschichte, Politik, Wirtschaft, Gesellschaft,* Bonn: Bundeszentrale für politische Bildung/Campus, 562-587.

Harvie, Christopher (2006) *The Rise of Regional Europe,* revised version, Vorabveröffentlichung.

Haslinger, Peter (Hrsg.) (2000) *Regionale und nationale Identitäten: Wechselwirkungen und Spannungsfelder im Zeitalter moderner Staatlichkeit.* Würzburg: Ergon Verlag.

Herrlitz, Hans-Georg/Hopf, Wulf/Titze, Hartmut (1993) *Deutsche Schulgeschichte von 1800 bis zur Gegenwart. Eine Einführung.* Weinheim: Juventa Verlag. (Erstauflage von 1981)

Hirschmann, Albert O. (1970) *Exit, Voice and Loyalty. Responses to Decline in Firms, Organizations, and States.* Cambridge (Massachusetts): Harvard University Press.

Hitler, Adolf (1925) *Mein Kampf.* München: Zentralverlag der NSDAP.

HMSO (1963): *The Newsom Report- 'Half Our Future'.* Central Advisory Council for Education. London.

Höreth, Marcus (2003) When dreams come true: the role of powerful regions in future Europe. Bonn: Zentrum für Europäische Integrationsforschung,

Hrbek, Rudolf (Hrsg.) (1995) *Die Anwendung des Subsidiaritätsprinzips in der Europäischen Union – Erfahrungen und Perspektiven.* Baden-Baden: Nomos.

Hrbek, Rudolf/Weyand, Sabine (1994) *betrifft: Das Europa der Regionen: Fakten, Probleme, Perspektiven,* München: C. H. Beck.

Huber, Stefan/Pernthaler, Peter (Hrsg.) (1988) *Föderalismus und Regionalismus in Europäischer Perspektive* Wien, Wilhelm Braumüller.

Ishay, Micheline R./Dahbour, Omar (eds.) (1999) *The Nationalism Reader.* New York: Humanity Books.

Iwand, Wolf Michael (1983) *Paradigma Politische Kultur: Konzepte, Methoden, Ergebnisse der Political Culture-Forschung in der Bundesrepublik – ein Forschungsbericht.* Aachen: Rheinisch-Westfälische Technische Hochschule.

Jacobs, Jane (1993) *The Death and Life of great American cities.* New York: Modern Library. Erstveröffentlichung 1961.

Jacobs, Konrad/Henning Kössler (Hrsg.) (1989) *Identität: fünf Vorträge.* Erlangen: Universitätsbund Erlangen-Nürnberg.

Jürgen Baumert/Deutsches PISA-Konsortium (Hrsg.) (2001), *PISA 2000. Basiskompetenzen von Schülerinnen und Schülern im internationalen Verlgeich.* Opladen: Leske + Budrich.

Kerschensteiner, Georg (1909) *Staatsbürgerliche Erziehung der deutschen Jugend.* Erfurt: Villaret. (4. Auflage, Erstauflage von 1901)

Kilper, Heiderose/Lhotta, Roland (1996) *Föderalismus in der Bundesrepublik Deutschland – Eine Einführung* Opladen: Leske + Budrich, 1-75.

Kinealy, Christine (1999) *A Disunited Kingdom? England, Ireland Scotland and Wales, 1800-1949.* Cambridge: Cambridge University Press.

Kirsch, A. D. (1963) 'Social Distance and Some Related Variables in Voting Behaviour', in: Remmers, H. H. (ed.) *Anti-Democratic Attitudes in American Schools.* WO??? (USA) Northwestern University Press.

Knodt, Michèle (1998) *Tiefenwirkung europäischer Politik.* Baden-Baden: Nomos Verlagsgesellschaft.

Kötters-König, Catrin (2001) ,Handlungsorientierung und Kontroversität. Wege zur Wirksamkeit der politischen Bildung im Sozialkundeunterricht' in: *Aus Politik und Zeitgeschichte,* B 50/2001, 6-12.

Kraul, Margret (1982) ,Gymnasium, Gesellschaft und Geschichtsunterricht im Vormärz', in : Bergmann, Klaus/Schneider, Gerhard (Hrsg.) (1982) *Gesellschaft – Staat – Geschichtsunterricht. Beiträge zu einer Geschichte der Geschichtsdidaktik und des Geschichtsunterrichts von 1500-1980.* Düsseldorf: Paedagogischer Verlag Schwann, 44 – 76.

Kübler, Hans-Dieter (1989) 'Auf dem Weg zur eigenständigen Adoleszenz? Jugend und Jugendforschung am Ende der 80er Jahre', in: Das Parlament Nr. 5 vom 27. Januar 1989, 14.

Kuhn, Hans-Werner/Massing, Peter/Skuhr, Werner (1993) (Hrsg.) *Politische Bildung in Deutschland: Entwicklung – Stand – Perspektiven.* Opladen: Leske + Budrich. (2. Auflage, Erstauflage von 1989)

Laufer, Heinz/Münch, Ursula (1997) *Das föderative System der Bundesrepublik Deutschland,* Bonn: Bundeszentrale für politische Bildung.

Leschinsky, Achim/Roeder, Peter Martin (1976) *Schule im historischen Prozeß: zum Wechselverhältnis von institutioneller Erziehung und gesellschaftlicher Entwicklung.* Stuttgart: Klett.

Lilli, Waldemar/Diehl, Michael (1999) ,Regionale Identität in der Kurpfalz und in Südhessen: Untersuchungen zur Raumwahrnehmung, Raumbindung und Bewahrung regionaler Identität', in: Bornewasser, Manfred/Wakenhut, Roland (Hrsg.) *Ethnisches und Nationales Bewußtsein – Zwischen Globalisierung und Regionalisierung.* Frankfurt am Main: Lang, S. 101-121.

Löffler, Berthold (2003) 'Politische Kultur als teil der gesellschaftlich konstruierten Wirklichkeit – Eine theoretische Skizze', in: Dornheim, Andreas/Greiffenhagen, Sylvia (Hrsg.) *Identität und politische Kultur.* Stuttgart: Verlag W. Kohlhammer. S. 127-138.

Loughlin, John (ed.) (2001) *Subnational Democracy in the European Union: Challenges and Opportunities.* Oxford: University Press.

Massing, Peter (2003) ,Joseph Schumpeter', in: Massing, Peter/Breit, Gotthard (Hrsg.) *Demokratie-Theorien von der Antike bis zur Gegenwart..* Bonn: Bundeszentrale für Politische Bildung, S. 180-192.

Massing, Peter (2003) ,Ralf Dahrendorf', in: Massing, Peter/Breit, Gotthard (Hrsg.) *Demokratie-Theorien von der Antike bis zur Gegenwart..* Bonn: Bundeszentrale für Politische Bildung, S. 223-232.

Maunz, Theodor/Zippelius, Reinhold (1994) *Deutsches Staatsrecht.* München: C. H. Beck.

McCann, Philip (2001) Urban and regional economics. Oxford: Oxford University Press.

McLaughlin, Terence/Juceviciene, Palmira (1997) 'Education, Democracy and the Formation of National Identity', in: Bridges, David (ed.) *Education, Autonomy and democratic Citizenship: Philosophy in a changing World.* London and New York: Routledge, 23 – 35.

Mielke, Rosemarie/Mummendey, A./Klink, A./Wenzel, M./Blanz, M. (1999) 'Socio-structural characteristics of intergroup relations and identity management strategies: Results from a field study in East Germany' In: *European Journal of Social Psychology.* 29. Jg. 259-285.

Miller, David (1993) 'In Defence of Nationality', in: *Journal of Applied Philosophy 10,1.*

Miller, David (1995) *On Nationality.* Oxford: Clarendon Press.

285

Misselwitz, Hans-J. (2002) ‚Aufbau Ost, zweite Hälfte: Eine neue Agenda für die politische Bildung', in: Politik und Zeitgeschichte, B 45/2002, 28 – 35.

Mordt, Gabriele (2000) *Regionalismus und Spätmoderne*. Opladen: Leske + Budrich

Morgan, Kenneth O. (1999) ‚Welsh devolution: The past and the future', in Taylor, Bridget/Thomson, Katarina (ed.) *Scotland and Wales: Nations again?*, Cardiff: University of Wales Press, 199-220.

Mühler, Kurt/Opp, Karl-Dieter (2004) *Region und Nation – Zu den Ursachen und Wirkungen regionaler und überregionaler Identifikation*. Wiesbaden: VS Verlag für Sozialwissenschaften.

Müller, Harald (2003) *Supermacht in der Sackgasse: Die Weltordnung nach dem 11. September*. Bonn: Bundeszentrale für politische Bildung.

Nairn, Tom (1977) *The Break-Up of Britain: Crisis and Neo-Liberalism*. London: Verso.

Niethammer, Lutz (2000) *Kollektive Identität: Heimliche Quellen einer unheimlichen Konjunktur*. Reinbek: Rowohlt.

Nitschke, Peter (ed.) (1999) *Die Europäische Union der Regionen: Subpolity und die Politiken der dritten Ebene*. Opladen: Leske + Budrich.

Oakeshott, Micheal Joseph (1966) ‚Rationalismus in der Politik', in: Hennis, Wilhelm/Maier, Hans (Hrsg.) *Politica: Abhandlungen und Texte zur politischen Wissenschaft (Band 25)*. Neuwied: Luchterhand.

Osmond, John (1985) (ed.) *The national Question again: Welsh political Identity in the 1980s*. Llandysul: Gomer Press.

Paulsen, Friedrich (1885) *Geschichte des gelehrten Unterrichts auf den deutschen Schulen und Universitäten vom Ausgang des Mittelalters bis zur Gegenwart mit besonderer Rücksicht auf den klassischen Unterricht*. Leipzig: Veit.

Perlot, Enzo/Teufel, Erwin (eds.) (2000) *Starke Regionen für ein starkes Europa, Enti locali forti per un' Europa forte: Dokumentation des zweiten deutsch-italienischen Interregio-Forums vom 27./28. Mai 1999 in Stuttgart, Documentazion del Secondo Forum Interregionale Italo-Tedesco del 27/28 maggio 1999 a Stoccarda*. Baden-Baden: Nomos Verlagsgesellschaft.

Pernthaler, Peter (1988) ‚Föderalismus und Regionalismus', in: Huber, Stefan/Pernthaler, Peter (Hrsg.) *Föderalismus und Regionalismus in Europäischer Perspektive*. Wien: Wilhelm Braumüller, 13-24.

Pilkington, Colin (2002) *Devolution in Britain Today*. Manchester, New York: Manchester University Press.

Prisching, Manfred (1994) ‚Identität und Nation. Individuen auf der Suche nach der Gemeinschaft', in: Prisching, Manfred (Hrsg.) *Identität und Nachbarschaft. Die Vielfalt der Alpen-Adria-Länder*. Wien, Köln, Graz: Böhlau Verlag.

Prisching, Manfred (1995) *Soziologie: Themen – Theorien - Perspektiven*. Wien, Köln, Weimar: Böhlau Verlag.

Quesel, Carsten (2003) ‚Perspektiven Politischer Bildung in England', in: Zeitschrift für Politik Jahrgang 50, Heft 3, August 2003, Baden-Baden: Nomos, 335-348.

Raich, Silvia (1995) *Grenzüberschreitende und interregionale Zusammenarbeit in einem »Europa der Regionen«*. Baden-Baden: Nomos.

Renan, Ernest (1999) ‘What is a Nation?', in: Ishay, Micheline R./Dahbour, Omar (eds.) (1999) *The Nationalism Reader*. New York: Humanity Books, 143–155.

Roessler, Wilhelm (1961) *Die Entstehung des modernen Erziehungswesens in Deutschland*. Stuttgart: W. Kohlhammer Verlag.

Röhrig, Paul (1964) *Politische Bildung, Herkunft und Aufgabe* Stuttgart: Klett.

Rougemont, Denis de (1977, 1983) *The Future is within us*. Oxford: Pergamon Press.

Rousseau, Jean-Jaques (1963) ‚Emile oder über die Erziehung', in: Rang, Martin (Hrsg.) *Emile oder über die Erziehung*. Stuttgart: Reclam.

Rudolf, Karsten (2002) ‚Politische Bildung: (k)ein Thema für die Bevölkerung? Was wollen die Bürger? Ergebnisse und Schlussfolgerungen einer repräsentativen Bevölkerungsbefragung', in: Politik und Zeitgeschichte, B 45/2002, 45 – 53.

Sander, Wolfgang (2002) ‚Politische Bildung nach der Jahrtausendwende: Perspektiven und Modernisierungsaufgaben' in: Politik und Zeitgeschichte, B 45/2002, 36 – 44.

Sander, Wolfgang (2003) *Politik in der Schule. Kleine Geschichte der politischen Bildung*. Bonn: Bundeszentrale für politische Bildung.

Scharpf, Fritz (1999) *Regieren in Europa*. Frankfurt am Main: Max-Planck-Institut für Gesellschaftsforschung Working Paper 05/1, S. 16-27.

Schmitt-Egner, Peter (2000) *Handbuch der Europäischen Regionalorganisationen: Akteure und Netzwerke des Transnationalen Regionalismus von A bis Z*. Baden-Baden: Nomos Verlagsgesellschaft.

Schneider, Reinhart (1992) ‚Bildungspolitik', in: Nohlen, Dieter (Hrsg.) *Lexikon der Politik – Band 3 – Die westlichen Länder*. München: C. H. Beck, 59 – 69.

Schrader, Achim/Kuebart, Friedrich (1997) ‚Bildung/Bildungspolitik', in: Nohlen, Dieter (Hrsg.) *Lexikon der Politik – Band 4 – Die östlichen und Südlichen Länder*. München: C. H. Beck, 99 – 111.

Schultze, Rainer-Olaf (1998) ‚Politik/Politikbegriffe', in: Nohlen, Dieter (Hrsg.) *Lexikon der Politik – Band 7 – Politische Begriffe*. München: C. H. Beck, 488 – 489.

Schumpeter, Joseph (1950) *Kapitalismus, Sozialismus und Demokratie*. München: Francke, S. 413-420

Schwab, Andreas (2002) *Devolution – Die asymmetrische Staatsordnung des Vereinigten Königreichs*. Baden-Baden: Nomos Verlagsgesellschaft.

Simon, Brian et al (1987) *The Rise of the modern Educational System*. London and Paris: Cambridge University Press.

SINUS-Institut im Auftrag des Bundesministers für Jugend, Familie und Gesundheit (1984) *Jugendforschung in der Bundesrepublik, Ein Bericht*. Opladen.

Stephens, W. B. (1998) *Education in Britain 1750-1914*. Hampshire and London: Macmillan.

Sturm, Roland (1991) *Grossbritannien: Wirtschaft, Gesellschaft, Politik*. Opladen, Leske + Budrich.

Sturm, Roland (1999) ‚Regierung und Verwaltung', in Diehl, Elke/Faulenbach, Jürgen/Hesse, Christine/Irrgang, Astrid (Hrsg.) *Großbritannien*, Bonn: Bundeszentrale für politische Bildung, 6-14.

Sturm, Roland (Hrsg.) (2002) *Grenzen und Grenzüberschreitungen – Brücken von Region zu Region*. Erlangen-Nürnberg: Friedrich-Alexander-Universität.

Sturm, Roland/Weinmann, Georg (eds.) (2000) *The Information Society and the Regions in Europe: A British-German Comparison*. Baden-Baden: Nomos Verlagsgesellschaft.

Sutor, Bernhard (2002) ‚Politische Bildung im Streit um die ‚intellektuelle Gründung' der Bundesrepublik Deutschland', in: Aus Politik und Zeitgeschichte, B 45/2002, 17 – 27.

Tauras, Olaf (1997) *Der Ausschuß der Regionen: Institutionalisierte Mitwirkung der Regionen in der EU*.Münster: Agenda Verlag.

Todd, Emmanuel (2003) *Weltmacht USA: Ein Nachruf*. München und Zürich: Piper.

Weber, Helmut (1998) ‚Recht und Gerichtsbarkeit', in Kastendieck, Hans/Rohe, Karl/Volle, Angelika (Hrsg.) *Länderbericht Großbritannien: Geschichte, Politik, Wirtschaft, Gesellschaft*, Bonn: Bundeszentrale für politische Bildung/Campus, 178-193.

Wehling, Hans-Georg (1977) ‚Konsens à la Beutelsbach?', in: Schiele, Siegfried/Schneider, Herbert (Hrsg.) *Das Konsensproblem in der politischen Bildung*. Stuttgart: Klett, 173 – 184.

Wehling, Hans-Georg (2002) ‚Regionale/Lokale politische Kultur', in: Greiffenhagen, Martin/Greiffenhagen, Sylvia (Hg.) *Handwörterbuch zur politischen Kultur der Bundesrepublik Deutschland*. Wiesbaden: Westdeutscher Verlag, 521-525

Wehling, Hans-Georg (ed.) (1991) *The German Southwest: Baden-Württemberg: History, Politics, Economy and Culture*. Stuttgart, Berlin, Köln: Verlag W. Kohlhammer.

Weidenfeld, Werner (Hrsg.) (1985) *Die Identität Europas*. München, Wien: Carl Hanser Verlag.

Weidenfeld, Werner/Wolf, Anita (1990) *Europa ,92: Die Zukunft der jungen Generation*. Bonn: Europa Union Verlag.

Weight, Richard (2002) *Patriots – National Identity in Britain 1940 – 2000*. London: Macmillan.

Whitty, Geoff (1997) ,School Autonomy and Parental Choice: Consumer rights versus citizen rights in Education Policy in Britain', in: Bridges, David (ed.) *Education, Autonomy and democratic Citizenship: Philosophy in a changing World*. London and New York: Routledge, 87 – 98.

Wilkinson, Helen/Mulgan, Geoff (2003) *Freedom's Children: Work, relationships and politics for 18-34 year olds in Britain today*. London: Demos.

Williams, Gwyn Alf (1985) *When Was Wales? A History of the Welsh*. London: Penguin.

Williams, Raymond (1989) *What I came to say*, London: Hutchinson Radius.

Wuthe, Gerhard (1987) ,Probleme der nationalen Identität', in: Berg-Schlosser, Dirk/Schissler, Jakob (Hrsg.) *Politische Kultur in Deutschland: Bilanz und Perspektiven der Forschung*. Opladen: Westdeutscher Verlag, 197-204.

Zürker, Matthias (2004) *Promotion of regional development through inter-regional cooperation with the accession countries of the enlargement of the European Union: the example of the south west of England region*. Kaiserslautern: Technische Universität.